閱讀蒙田，
是爲了生活。

Sarah Bakewell
莎拉・貝克威爾——著
黃煜文——譯

HOW TO LIVE

Or A Life of Montaigne in One Question and Twenty Attempts at an Answer

推薦序

蒙田與人生哲學

阮若缺

essayer 這個動詞在法文中是「嘗試」、「試探」，而 essais 這個名詞則可翻譯為「試驗作品」，再可衍義為「漫談」、「隨筆」、「短評」……它是蒙田所創的新文類、新名詞，也讓文學範疇中多了散文這一項。

讀者在閱讀蒙田《隨筆集》時，可從中尋獲日常小故事的樂趣，短短的幾句話即充滿啟發，且可對當代歷史產生另類理解，或帶來純屬個人生活領域的體會；它對「人」與「自我」等概念進行多面向且充滿人性的思考。總之人們可從中各取所需，而蒙田成了最佳的對話者、陪伴者，這是他作品的迷人之處。

寫作對蒙田而言，是最佳的療癒劑，因為他經歷了個人瀕死經驗，喪親（父、弟、女兒）、喪友（拉博埃西）之痛，還有戰亂；在身心俱疲的情況下，欲脫離波爾多政治圈而渴望過憩靜的日子，這些因素都誘使他選擇新的生活方式，思索人生。蒙田最喜愛且長時間待著的地方便是他的書房，那裡象徵著心靈的自由解放，也不禁令人想到伍爾夫（Virginia Woolf）的《自己的房間》（*A Room of One's Own*）。

蒙田的中心思想其來有自，它源自古希臘最著名的三種思想體系：斯多噶主義（Stoicism）、伊比鳩魯主義（Epicurism）和懷疑論（Scepticism）。其實這三派追求的目標一致，都想實現「幸福」、「快樂」或「富足」（eudaimonia）的境界，而通往它的最佳途徑是「冷靜」、「免於焦慮」（ataraxia），這即為蒙田晚年藉寫作修身養性、學習控制自己情緒的正果。斯多噶主義和伊比鳩魯主義教人如何面對困難、使你精神專注、養成勤於思考的習慣，進而運用技巧說服自己勿鑽牛角尖。懷疑主義關心的範圍則較狹窄，只專注在知識問題。蒙田承襲蘇格拉底「一無所知」的態度，凡事均質疑，他「存而不論」的座右銘即是：「我知道什麼？」（Que sais-je?）法國知識分子或文學家受其影響甚深，尤其在獨立思考及議題批判上。

首先，從書本目錄上即顯見莎拉．貝克威爾（Sarah Bakewell）的意圖。作者向蒙田提出「如何生活」、以及進一步「如何熱愛生活」的問題，結果尋獲二十種妙不可言的回答。❶「如何生活」這個實際問題，可衍生出無數實用性問題。蒙田和眾人一般，在生活中亦曾茫然和疑惑，他僅就個人經驗，以實用哲學的方式與人們分享，毫無說教意味，卻帶給我們莫大的開釋。例如：如何面對死亡的恐懼？如何克服喪子之痛或好友逝去的悲傷？如何平心靜氣接受失敗？如何充分運用時間，不致虛擲人生？除了上述人生的大哉問外，蒙田甚至對令人煩心的日常瑣事也有不同視角的解讀：如何避免與妻子或僕人發生無謂的爭吵？如何讓自認遭女巫下詛咒的朋友安心？如何令難過的鄰居破涕為笑？如何保衛家園？若被盜匪劫持，最後辦法為何？如果發現兒女家教教導有誤，是否應當面糾正？如何面對蠻不講理者？假使你和寵物意見不一時，如何對牠說？這些看來天馬行空、雞毛蒜皮的小事，很難有個標準答案，不過蒙田往往採正面思考，其間不乏寶貴的處世哲學。再者，他對細節的描述足以讓人們感同身受，且覺得他平易近人，就像一位年長的老友，娓娓訴說著他的雜感，進而與他產生心靈的交流。從他意識流式的《隨筆集》當中，讀者將發現作者的私密習性，這又有些像他的小傳；也許有人會以盧梭的《懺悔錄》（*Confessions*）作為自傳體的始祖，吾人則認為應追溯到蒙田。譬如他唯一喜歡的水果是瓜類；他喜歡躺著做愛，不喜歡站著做愛；他不會唱歌；他喜歡活潑的朋友；坦承自己健忘、懶散、膽小和愛慕虛榮；想過平靜、閒適的生活。不過蒙田的冷靜與節制，也是他人少有的優點。閱畢其大作，曾不只一位讀者發出如獲知音的讚嘆：「他怎麼這麼了解我？」巴斯卡（Blaise Pascal）、維吉妮亞．伍爾夫、伯納．列文（Bernard Levin）亦若是。

《閱讀蒙田，是為了生活》

有別於當下許多學者，用理論套理論來分析經典文學的作者，莎拉．貝克威爾寧願以歷史研究的角度，爬梳蒙田的人生哲學思想，實屬難得。以下幾段，吾人特感興趣。

〈論友誼〉是蒙田《隨筆集》中情感投入最多的篇章，其中一段即足以表達他與外表並不出眾的拉博埃西之間的情誼：「你也知道，愛這種東西就是這麼一回事：你看到有男人愛上一個獨眼的女人，你問那名男子為什麼愛上那個醜女人，你以為對方真的願意告訴你嗎？事情的真相只存在於他們兩人之間。正是這種說不出來的東西，使我愛他，使他愛我。」蒙田也曾感性地說：「因為是他，因為是我。」（Parce que c'est lui, parce que c'est moi.）或許有人揣測他與拉博埃西可能有同性戀關係，但在當時一小撮高知識分子中，知音難覓，對重感情的蒙田而言，兩人的心靈交流是必然存在的。

此外，蒙田最喜歡以動物故事來針砭人類的自負心態，它們不僅具趣味性，同時也帶有嚴肅的寓意。例如動物的分工合作：有鸚嘴魚吃了漁夫的餌，其他同伴會過來咬斷魚線讓牠逃脫。再者，動物與人類同樣是感性的：大象會因一時情緒失控而殺死照顧牠的人，結果牠因悲傷絕望而將自己活活餓死；還有雌翠鳥會忠實地以肩膀背負受傷的伴侶，至死方休。這些都足以證明人類在道德上不比動物們優越。另外，蒙田與貓之間的互動，亦為《隨筆集》裡吸引人的小段落，這些都體現了他崇尚自然、尊重生物的特性，但當時衛道人士卻不以為然，認為人獸有別。十七世紀放蕩主義者拉封丹（Jean de la Fontaine）的寓言故事則以動物的聰明與愚蠢為主題，因此較見容於世，不過仍對人類的唯我獨尊造成挑戰。他們的共通性在於：動物與人類相去無幾。

蒙田還喜歡檢視世界各地南轅北轍的風俗習慣，以寬容、好奇的心接納百川。在他兩篇隨筆〈論習慣〉和〈說說古人的習慣〉中，介紹了許多國家的風俗民情：有的地方女性站著小便，男性則蹲著小便；有的地方認為孩子生下來第一天就吃奶會有生命危險，有的地方小孩卻直到十二歲仍在吃奶；有的地方父親到了一定歲數，兒女就得殺死他；有的地方人們將前面頭髮留長，而把後面頭髮剪短……每個文化皆有其特殊性，知道各地的奇風異俗有助我們打破成見，以較寬容的態度以待之。列維．斯特勞斯（Claude Lévi-Strauss）等考古人類學家在研究少數民族文化之際，所秉持的尊重各民族文化與文明的態度和蒙田不謀而合，足見他的影響力是跨越時空的。

附帶一提，蒙田出生時，正值發現新大陸之際。歐洲從美洲帶回不少寶物，如金銀礦產。辣胡椒、巧克力、番茄、馬鈴薯等食物，也大大改變了歐洲人的飲食文化；當然梅毒也是上蒼附贈的「禮物」。蒙田除了嚮往新大陸，同時也懷念原始的生活方式，最令他感興趣的是單純的圖皮族人生活。特別的是，他不以肯定句表述，而是以一連串否定句來讚揚他們：「在這個國家……沒有買賣，不識文字，不懂算術，不設官長，無蓄奴之風，無貧富之別，不訂契約，無財產繼承，亦無財物分配，無工作職業……愛無等差……無衣裳，不務農，不用金屬，不飲酒也不食小麥。找不到詞彙來表示說謊、背叛、虛偽、貪婪、嫉妒、輕視與饒恕。」這就是蒙田的快樂谷、烏托邦，它並非勉強大家認同他的想法，而以「虛無」做為嚮往的目標，這與東方哲學的許多想法頗為契合。

英吉利海峽對岸的共鳴

莎拉．貝克威爾從十七世紀末的「蒙田風」開始講起，認為有這麼多英格蘭讀者能自由閱讀蒙田的作品，宗教是其中一個重要因素：閱讀蒙田的作品令英格蘭新教徒覺得自己比天主教徒高人一等，而且能念法國人念不到的書，更是有滿足感、虛榮感。法國人未能賞識自己國內的優秀作家，因而被譏為有眼無珠，這種微妙的精神角力，令旁觀者不禁莞爾。

她接著剖析英格蘭讀者喜歡《隨筆集》的書寫風格及其內容：「蒙田喜愛細節甚於抽象，這一點頗合英格蘭人的口味；他對學者的不信任，對穩健與舒適的看重，以及私人空間的追求，也深受英格蘭人青睞。另一方面，英格蘭人也跟蒙田一樣喜愛旅行與欣賞異國事物。蒙田沉浸於安詳的保守主義中，但有時也會猝不及防地表現出激進的立場；英格蘭人也是如此。……」這非要徹底了解英格蘭民族特性，並對蒙田研究入裡，才能做此有趣的評比，也有助於讀者一窺深層細微的西方文化基底。

在浪漫主義時代，蒙田坦率表達自己的做法，受到了讀者喜愛，尤其吸引英吉利海峽對岸的讀者。英國評論家馬克・帕提森（Mark Pattison）曾寫道：「在人們眼中，蒙田的自我中心使他的形象躍然於紙上，如同小說人物一般。」貝爾・聖約翰（Bayle St. John）評論道，所有真正的「蒙田愛好者」都喜歡他的「廢話連篇」，因為那使他的性格看起來真實，也使讀者從他身上找到了自己。蘇格蘭評論者約翰・斯特林（John Sterling）把蒙田描寫自己的方式拿來與社會普遍接受的公眾人物回憶錄做對比，後者只記述令人厭煩的「喧鬧應酬」這類外在事件，蒙田則給予我們「人物本身」：他的「核心本質」。在《隨筆集》中，其內心世界清晰可見。由此我們不難發現，著重自我感受的浪漫主義者，以蒙田為師，應不足奇。

蒙田 vs. 莎士比亞

本書還提到十八世紀末曾掀起一陣尋章摘句的熱潮，有人在莎翁劇作中找到與蒙田作品類似的描述，這項對比令人拍案叫絕。若當時他們有幸相識、相遇，兩位大師對話，不知會迸出什麼火花！

莎翁筆下的完美社會是這樣的：

在這個國家，我要施行
完全相反的制度，我要禁止
所有的買賣交易；不設官員；
不習文字；富有、貧窮，
與僕役，全都廢止；契約、繼承、
疆界、領域、耕作、葡萄園，無一存在；
不使用金屬、玉米、酒或油；
沒有職業，所有人閒散無事，毫無例外。

上述詩句與蒙田對圖皮族人的描述極為類似。讀畢這部分，我們不禁讚嘆兩者想法的相似度幾乎達到百分百，難道是因文藝復興晚期社會動盪，才有感而發，產生不如歸去、反璞歸真的思緒？而十八世紀正是啟蒙運動時代，工業革命及法國大革命造成整個歐洲社會的大變動，相信當時蒙田這部淡泊名利的作品，確實可撫慰眾人浮躁般的情緒。

結語

本書部分章節講述了蒙田一生的心路歷程，並勾勒出當時的政治、社會與宗教氛圍，其中又穿插了各時代文人、哲人對他的讚譽及批評。其中主軸如下：

- 笛卡兒和巴斯卡兩人對蒙田的懷疑論，以及他抹除人類與其他動物界線的說法，一方面表示不滿，另一方面又深受吸引；
- 十七世紀放蕩主義者喜愛蒙田，他們認為蒙田是大膽的自由思想家；
- 十八世紀啟蒙哲學家受蒙田懷疑論的吸引，而蒙田對新世界文化的喜愛與他們對異國風情的偏好不謀而合；
- 浪漫主義者一方面欣賞蒙田的「自我中心」，另一方面又覺得他太「冷漠」，應更熱情。
- 歷經政治活動與戰爭者，將蒙田視為英雄或夥伴；

英格蘭讀者發現蒙田頗合乎他們的口味，這也讓「蒙田學」再紅回法國；

編輯、抄寫者或重新增刪內容者，依其偏好，又將蒙田塑造成不同面貌，呈現給世人。

或許蒙田《隨筆集》的架構鬆散，有時會離題，但它自然不造作，寬容開放，且內容包羅萬象，思考高妙，又愛好自然，崇尚理性，足以代表文藝復興人文主義思想的典型，它也是法蘭西人愛智的最高境界。蒙田的慢活方式與博雅學習，更是現代人嚮往及願意師法的方向。總的來說，不論眾人的褒貶如何，相信蒙田仍會堅持做自己，過自己的生活。套句福樓拜的話：「讀讀蒙田吧……他能讓你冷靜下來。」其實人世間所有的爭吵擾攘都是枉然，把《隨筆集》當成枕邊書，是不錯的選擇。

本文作者為政大歐語學程專任教授兼外語學院副院長

註釋

❶ 請參看本書目錄。

目錄

Introduction

問題：如何生活？

以文字描述自己可以創造出一面鏡子，旁人可以藉由這面鏡子看出自己的人性。

這種想法的產生並非理所當然，它是被創造出來的。

和許多文化創造不同，這種想法可以追溯到某個人身上，那就是米歇爾·艾坎·德·蒙田。

向蒙田提出一個問題，與二十個嘗試的回答

二十一世紀到處可見不吝於表現自我的人。如果你花半小時上網瀏覽部落格、推特、YouTube、Windows Live 分享空間、臉書與一些個人網頁，你會發現在這片網路大海裡可以捕撈到數千名有趣的人物，他們使出千奇百怪的手法，只為了吸引瀏覽者的注意。這些人持之以恆地談論自己；他們每天貼文，在網上聊天，把自己做的每件事拍照上傳。他們一方面展現出無拘無束、活潑外向的性格，另一方面也顯現出少見的反思與內省。即使這群格主在部落格上深入探討自己的私人經驗，他們仍以一種大家都能參與的嘉年華風格，歡迎網路同好前來共襄盛舉。

有些樂觀主義者認為，這種匯集全球心靈的現象，可以為國際關係建立的新途徑立下基礎。歷史學家澤爾丁（Theodore Zeldin）設立了一處名叫「牛津繆斯」（The Oxford Muse）的網站，[1] 鼓勵大家以文字發表簡短的自我描述，內容不外乎自己每日的生活與學習。許多人上傳文章供他人閱讀與回應。對澤爾丁來說，與人分享自己每日的成長歷程，是在這個世界建立信任與合作的最佳方式，是用真實而活生生的個人來取代國家民族的刻板印象。澤爾丁表示，我們這個時代的巨大挑戰是「去發掘誰住在這個世界上，而且每次只發掘一個人」。「牛津繆斯」網站因此發表了許多個人隨筆或訪談，其中一些文章的標題如下：

為什麼一名受過教育的俄國人會在牛津當清潔工？

為什麼擔任美髮師可以滿足對完美的追求？

為什麼以文字描述自我，會顯示出自己並不像自己所想的那樣？

如果你不喝酒或跳舞，你能有什麼發現？

當你以文字描述自己時，會比用口語描述豐富多少？

如何在懶散度日的同時，又能獲得成功？

主廚該如何表現他的仁慈？

藉由描述自己與「他人」有什麼不同，這些投稿人反而顯現出他們與「所有人」的共通之處：身為人的經驗。

以文字描述自己可以創造出一面鏡子，旁人可以藉由這面鏡子看出自己的人性，這種想法的產生並非理所當然，它是被創造出來的。和許多文化創造不同，這種想法可以追溯到某個人身上，那就是米歇爾・艾坎・德・蒙田（Michel Eyquem de Montaigne）。蒙田是貴族、政府官員與葡萄莊園園主，生於一五三三年，卒於一五九二年，他一直生活在法國西南部的佩里戈爾（Périgord）地區。

蒙田是透過實踐來展現這種想法。與當時流行的回憶錄寫法不同，蒙田不記錄自己做了什麼偉大的事業或成就，也不描述自己目擊了哪些歷史事件，儘管他的確親身經歷過一些大事：他生存的年代正值宗教戰爭期間，數十年的戰亂使法國滿目瘡痍，蒙田正是在這段時期醞釀與書寫自己的作品。蒙田父親那一輩所抱持的希望與理想主義，到了蒙田這一代已一掃而空；面對當時瀰漫的悲傷與不幸，蒙田只能埋首於私人生活。他平安度過混亂時代，管理自己的家產，以法官身分審理法院案件，曾治理過波爾多（Bordeaux），並且成為該市有史以來最隨和的市長。在這段期間，蒙田一直寫著探索性的文章，但內容五花八門。作品完成後，他通常會取個簡單的標題：

論友誼
論食人族
論穿著習慣
我們為什麼為同一件事又哭又笑
論姓名
論氣味
論殘忍
論拇指
我們的心靈如何畫地自限

論轉移注意力
論馬車
論經驗

蒙田總共寫了一百零七篇隨筆，有些只有一兩頁的篇幅，有些則屬長篇，而最近出版的蒙田全集版本竟達千頁以上。這些隨筆很少解釋或教導任何事物。蒙田把自己呈現成一個腦子裡想到什麼就匆匆記下的人，隨時振筆疾書，不斷捕捉心靈的感受與狀態。他以這些經驗做為向自己提問的根據，特別是某個讓他深感興趣、同時是當時人們關注的大問題。雖然這麼說不完全合於文法，但我們還是可以用幾個簡單的字來表達這個問題：「如何生活？」

這個問題不同於「應該如何生活」這類倫理問題。蒙田固然對道德兩難的問題感興趣，但他關心的不是人應該做什麼，而是人實際上做了什麼。他想知道如何過好的生活，亦即，不僅要過著正確而高尚的生活，也要過著充滿人性、順遂而富足的生活。這個問題驅使蒙田不斷寫作與閱讀，因為他對人類的一切生活（無論過去或現在）充滿好奇。他持續思考人類行為背後的情感與動機；由於自己就是最為現成的例子，他也同樣努力思考自己的生活。

「如何生活」這個實際的問題可以衍生出無數實用性的問題。蒙田與其他人一樣，生活上也曾遭遇許多令他茫然的疑惑：如何面對死亡的恐懼？如何克服喪子之痛或摯友逝去的悲傷？如何平心靜氣地接受失敗？如何充分運用每一寸光陰，使自己不致虛擲人生？但除了這些問題，有些日常瑣事也令人煩心：如何避免與妻子或僕人發生無意義的爭吵？如何讓認為自己被女巫下咒語的朋友安心？如何讓難過的鄰居破涕為笑？如何保衛自己的家園？如果你被一群武裝盜匪劫持，而他們不確定是要殺了你還是拿你來勒贖，此時最好的辦法是什麼？如果你無意間聽到女兒的家庭女教師教導的內容，而你不認為那是正確的，此時出面糾正是明智的做法嗎？你如何面對蠻不講理的人？如果你的狗想出去玩，而你只想待在書桌前寫書，你該怎麼對狗說？

蒙田提出的解答一點也不抽象，他告訴我們面對每一種狀況「他」做了什麼，做的時候感覺又是什麼。他描述了一切足以讓我們感同身受的細節，有時還遠超過我們需要的程度。蒙田無來由地告訴我們：他唯一喜歡的水果是瓜類；他喜歡躺著做愛，不喜歡站著做愛；他不會唱歌；他喜歡活潑的朋友，機智的問答總能讓他雀躍不已。但蒙田也描述了一些言語難以形容、甚至難以察覺的感覺：懶惰、勇氣或猶豫不決是什麼感覺；愛慕虛榮、想改掉過於膽小的毛病又是什麼感覺。他甚至描述了單純活著是什麼感覺。2

蒙田花了二十多年的時間探索這些現象，他不斷質問自己，並且建立自我的形象——這是一幅不斷變動的自畫像，讀者感受到的是一個活生生的蒙田，彷彿他就坐在你身旁，注視著你的一舉一動。他能說出令人驚奇的話語。蒙田出生的時間距今已近五百年，在這漫長的歲月裡，許多事物改變了，無論風俗還是信仰，恐怕都已難以辨識。然而，閱讀蒙田的作品卻能讓人經歷一連串熟悉的震撼，二十一世紀的讀者將驚覺蒙田與他們之間，幾乎不存在任何隔閡。讀者不斷從蒙田的作品中看到自己，就好像瀏覽「牛津繆斯」的訪客，在一名受過教育的俄國人擔任清潔工的故事中，或是在選擇不去跳舞的感覺中，看見自己或自己的某個面向一樣。

一九九一年，《泰晤士報》（*The Times*）記者伯納・列文（Bernard Levin）為這個主題撰寫文章時表示：「我不相信有哪個人在閱讀蒙田作品時不會中途停下來，半信半疑地說：『他怎麼這麼了解我？』」[3]當然，蒙田之所以能了解你，是因為他了解自己。相對地，讀者之所以能了解蒙田，是因為讀者了解自己擁有的「一切」經驗。布萊士・巴斯卡（Blaise Pascal）是早期一名熱愛蒙田作品的讀者，他在十七世紀時寫道：「我在蒙田作品中看到的一切不是蒙田，而是我自己。」[4]

小說家維吉妮亞・伍爾夫（Virginia Woolf）想像人們在畫廊時走過蒙田的自畫像前。每個人都會在畫前駐足，傾身凝視玻璃畫框上反射的人影。「總有一群人站在畫前，深深地注視著。他們看著玻璃映照自己的臉孔；凝視得愈久，愈說不出自己看到了什麼。」[5]肖像的臉孔與他們的臉孔疊合為一，對伍爾夫來說，這就是人們平日回應彼此的方式：

> 當我們在公車與地鐵中面對面時，我們望著的是一面鏡子……未來的小說家將愈來愈了解這些鏡像的重要性，因為想當然耳，這裡不只存在一個、而是近乎無窮的鏡像。這些鏡像將是

他們要探索的奧祕，也是他們要追索的幽靈。6

蒙田是第一位以這種方式細心創造作品的作家，而他運用的大量題材完全出自自己的生活，而非來自純粹的思辯或虛構。他是最具人性的作家，也是喜愛交際的作家。如果蒙田活在這個大眾網路傳播的時代，他應該會對人與人之間交流規模之龐大感到吃驚：不是在畫廊中的數十或數百人，而是數百萬人從不同的角度，在對方身上看到自己。

無論是蒙田的時代還是我們的時代，這種從他人身上看到自己的感覺，總會讓人興奮不已。十六世紀蒙田的崇拜者塔布洛．德．阿寇德（Tabourot des Accords）曾說，凡是讀過蒙田《隨筆集》（*Essays*）的人都會產生一種錯覺，以為這些文章是他們自己寫的。兩百五十年後，隨筆作家愛默生（Ralph Waldo Emerson）幾乎用同樣的話表達相同的看法：「我覺得自己彷彿在上輩子寫下了這部作品。」二十世紀小說家紀德（André Gide）說：「我幾乎要把蒙田的傑作當成自己的作品了，他簡直就是另一個我。」斯蒂芬．褚威格（Stefan Zweig）這名奧國作家在二次大戰期間被迫流亡，曾一度瀕臨自殺邊緣，他發現蒙田是他唯一真正的朋友：「這裡的『你』反映出我的『我』，此刻一切距離都泯除了。」書頁上的鉛字漸漸模糊，換得活生生的人走入房內。「四百年就像輕煙般消散無蹤。」7

在亞馬遜網路書店訂購蒙田作品的熱心讀者，他們的反應也是一樣。有人說蒙田的《隨筆集》「與其說是一本書，不如說是人生的伴侶」，另一個人則預言它將是「你交往過最好的朋友」。一名總是將《隨筆集》放在臥榻旁的讀者哀嘆說，這本書（完整版）太厚重，沒辦法隨時帶在身上。另一個人則表示：「這本書可以讓你讀一輩子。雖然是這麼大部頭的經典，讀起來卻宛如新近完成的作品。要是它真的在昨天出版，作者早就登上*Hello!*名人雜誌了。」[8]

這些感想的產生有跡可循，因為《隨筆集》並不宣揚偉大的意義，也沒有核心的本旨，更沒有需要發展的論點。《隨筆集》並未要求讀者該如何閱讀它，你愛怎麼讀就怎麼讀。蒙田盡情傾洩自己的想法，從不擔心自己在某頁說了某事，到了下頁乃至於下一句又說出完全相反的觀點。蒙田應該會把惠特曼（Walt Whitman）這幾行詩當成自己的座右銘：

我自相矛盾嗎？
很好，那麼我就是自相矛盾，
（我心胸寬大，能夠包容各種不同的說法。）[9]

只要一想到某種全新看待事物的方式，哪怕只是寥寥數語，蒙田就會改變方向。即使他的想法非常不理性，如同做夢一樣，他還是照樣寫下這些想法。蒙田說：「我無法讓我的主題保持靜止，它總是昏昏沉沉、跌跌撞撞，好像天生處於酩酊狀態。」[10]任何人可以自由跟隨他的想法，想跟到哪兒就跟到哪兒，就算你不想隨著他的思緒起舞，也可以在一旁看著他天馬行空。遲早，你們的想法會在某一點上出現交集。

藉由這種寫作方式，蒙田創造出了一種新的文類，並為此發明一個新的名詞：essais。今日，「essay」這個字一聽就讓人覺得單調沉悶。它讓許多人回想起在學校或大學時代用來檢視閱讀成果的練習：將作者文章裡的論證重新說明一遍，然後在開頭與結尾分別添上乏味的導言與簡單的結論，感覺就像把兩支叉子叉在已經啃光的玉米上。這種制式的論述方式也存在於蒙田的時代，但蒙田所說的 essais 並不是這種寫作方式。法文的 essayer，意思指「嘗試」。essay 某事（當動詞使用）就是測試或嘗試某事，或者是稍做試探。十七世紀一名蒙田主義者把 essay 定義成試射一把手槍，[11]看其彈道是否呈一直線，或是試騎一匹馬，看這匹馬是否容易駕馭。然而對蒙田而言，即使槍子亂竄，馬兒四飆，也不讓他感到心煩。他倒是樂於見到自己的作品以不可預知的方式呈現在大家面前。

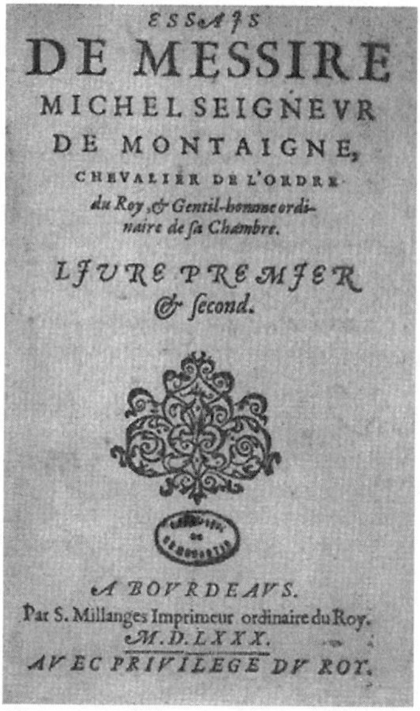

蒙田《隨筆集》，一五八〇年版。

蒙田也許從未打算單槍匹馬掀起一場文學革命，但回顧往事，他知道自己的確創造了些什麼。「這是世上獨一無二的作品」，他寫道：「一本充滿狂野與古怪計畫的書。」[12]或者更符合實情地說，這是一部毫無計畫可言的作品。《隨筆集》寫作時從頭到尾並未按照一定次序，它就像珊瑚礁一樣，從一五七二年到一五九二年，長達二十年的時間，文章一篇篇地緩慢覆蓋上去，結成堅硬的外殼。《隨筆集》的末尾也是因為蒙田去世而不得不宣告結束。

從另一個角度來看，《隨筆集》從未結束。它持續發展著，不是藉由無止盡的寫作，而是透過無止盡的閱讀。從十六世紀蒙田鄰居或友人在他的書桌上瀏覽草稿開始，到最後的人類（或者其他有意識的生命體）從未來虛擬圖書館的記憶銀行中取出這段資料，每次全新的閱讀都意謂著新的《隨筆集》誕生。讀者透過自己的私人視角接觸蒙田，投入自己的生命經驗。在此同時，這些經驗也受到古往今來各種思潮的衝擊，潮起潮落，悠哉地拍打你的思緒。回顧四百三十年來許多人對蒙田的解讀，可以發現各種思潮的興起與退卻，就像天上的雲朵或月台上等待通勤電車的旅客一樣聚散無常。每一種解讀方式的出現似乎再自然也不過；然後新的解讀出現，舊的解讀消失。有時候一些解讀實在太過陳舊，甚至得要勞動歷史學家才能看懂他們在說什麼。

《隨筆集》因此不僅是一本書，它也是一部延續長達數世紀的對話錄，是蒙田與所有接觸他的讀者之間的對話。這是一段隨著歷史而變遷的對話，然而每一場對話的開頭幾乎都會出現同樣的驚呼：「他怎麼這麼了解我？」通常，對話存在於作者與讀者之間，但讀者與讀者之間也不斷進行著橫向對話。無論讀者是否意識到這點，每個世代在接觸蒙田時總會帶入自己這一代與上一代的各種期待。隨著故事的發展，整個場景變得愈來愈擁擠，從私人的晚餐擴大成為熱鬧的宴席，而身為晚宴的主人，蒙田卻對此渾然不知。

本書是一部談論蒙田這個人與這名作者的作品。本書也討論蒙田舉辦的這場漫長宴會——四百三十年來不斷累積的共同與私人對話。這趟旅程將是古怪而顛簸的，因為蒙田的作品在每個時代的遭遇並不平順；它並非溪流中的鵝卵石，在河水的打磨中逐漸呈現光滑的流線外型。相反地，它遭受各方的撞擊，半途還裹上各種殘石碎礫；有時還會擱淺，露出詭譎的一角。我的故事將隨著這些潮流行進，它也將「昏昏沉沉、跌跌撞撞」，經常地轉變航向。一開始，本書會比較仔細地討論蒙田其人：他的生平、人格與文學事業。然後，主題將轉而深入探討蒙田的作品與他的讀者，並且一路延伸到最晚近的時期。由於本書是二十一世紀的作品，因此不可避免將瀰漫著二十一世紀風格的蒙田。蒙田有一句相當喜愛的諺語，說明我們永遠無法擺脫自己的觀點：我們只能靠自己的腳走路，只能靠自己的屁股坐著。[13]

絕大多數閱讀《隨筆集》的讀者總想從中得到一些收穫。他們也許在尋找樂子，或尋求啟發，或歷史的理解，或某種純屬個人的啟悟。小說家福樓拜（Gustave Flaubert）的朋友對於該如何閱讀蒙田感到苦惱，而他的建議是：

> 不要像孩子一樣想從中得到樂趣，也不要像野心家一樣想從中得到指示。你閱讀他的目的只有一個：「為了生活」。[14]

福樓拜近乎命令的說法給我留下深刻的印象，於是我以文藝復興時代的問題——如何生活——做為我的導引繩，協助我穿越蒙田複雜糾結的人生及其身後世界。這個問題將貫串全書，但章節將採取二十種解答的形式來表現，每個解答都是想像蒙田可能給予的答案。事實上，蒙田回答問題時通常會反問對方，或者提出大量的趣聞軼事；這些回應通常會指向各種不同的方向，並且產生矛盾的結論。這些問題與故事「就是」蒙田的解答，或者是嘗試性的回應。

同樣地，本書的二十種嘗試回答，也將採取某種趣聞軼事的形式：這些插曲或主題不僅出自蒙田的生平，也取材自他的讀者。這裡將不會出現漂亮工整的解答，但這二十篇回應的「隨筆」將可讓我們一窺這段漫長對話的部分片斷，並且充分享受蒙田本人的陪伴。他將是最和藹可親的對話者與東道主。

蒙田畫像。作者佚。

Ch 1

我們問：如何生活？蒙田說：別擔心死亡

死亡是上古之人永不厭倦的課題，西塞羅以一句話漂亮地總結道：「探究哲理就是學習死亡。」

蒙田的發現悖逆了古典哲學典範；對他來說，只有完全不懂哲學的人，才能像哲學家說的那樣勇敢地面對死亡。

「別擔心死亡」是蒙田對如何生活這個問題最根本、也最解放的回答。你只要做一件事就行了：「活著。」

懸於他的唇尖上

蒙田並非總是熱中於社交聚會。在他年輕時，有時候朋友跳舞、歡笑與飲酒，他則會一個人坐在一旁。在這樣的場合裡，他的朋友幾乎認不出他來：他們平日見到的蒙田總是與女人打情罵俏，或者拿出自己剛成形的想法熱切地找人辯論；他們狐疑蒙田是否因為他們說了什麼而動怒。事實上，蒙田日後在《隨筆集》中吐露，當時他正深陷於某種情緒之中，幾乎忘了身旁還有其他人。蒙田在節慶中突然想起最近聽來的一則可怕故事——幾天前，有個年輕人剛從類似的節慶歸來，他先是抱怨自己有點發燒，不久後便一命嗚呼，而當時他的朋友甚至還沒從節慶的宿醉中清醒。[1] 如果死神會開這種玩笑，那麼蒙田覺得自己與虛無之間幾乎只有一線之隔了。他變得非常害怕失去生命，即使此刻他仍活著，也無法敞開心房享受人生。

蒙田二十多歲時，因為過度沉迷於閱讀古代哲學家的作品，所以腦子裡經常縈繞著這種憂鬱的妄念。死亡是上古之人永不厭倦的課題，西塞羅（Cicero）以一句話漂亮地總結道：「探究哲理就是學習死亡。」蒙田日後將以這個可怕的想法做為《隨筆集》某一章的標題。[2]

然而，如果蒙田的問題起源於他在易受影響的年紀讀了太多哲學，那麼這些問題並沒有因為他長大成人而消失無蹤。三十幾歲的蒙田，按理想法應該更為沉穩，然而那時的他卻感受到死亡逐步迫近；這種感覺甚至比過去來得更為強烈，也更為私人。死神從抽象轉為現實，祂舉起長柄鐮刀，一路揮砍蒙田關愛的每一個人，而且離他愈來愈近。一五六三年，蒙田三十歲，他最好的朋友拉博埃西（Étienne de La Boétie）死於瘟疫。一五六八年，他的父親去世，死因或許是腎結石引發的併發症。隔年春天，蒙田的胞弟阿爾諾・德・聖馬丁（Arnaud de Saint-Martin）在一場意想不到的體育競技意外中喪生。蒙田大約也在這時候結婚：他的第一個孩子只活了兩個月，於一五七〇年八月死亡。接下來他又失去了四名子女：在六個孩子中，只有一個平安活到成年。一連串喪失親友之痛，使死亡不再只是個模糊的威脅，但它的面目亦不見得清楚。蒙田的恐懼仍與過去一樣強烈。

拉博埃西的死顯然最令蒙田傷痛，他們畢竟是莫逆之交，但最讓他震驚的還是弟弟阿爾諾的不幸遭遇。阿爾諾在打網球（jeu de paume，今日網球的前身）時被球擊中頭部。這種傷害不可能太嚴重，而他看起來亦無大礙，但五、六個小時之後他卻陷入昏迷而死亡，死因也許是血栓或腦出血。沒有人能想到如此輕微的頭部撞擊，竟然會奪去一名年輕男子的性命。這毫無道理，而且也比那則年輕男子因發燒而升天的故事更為驚悚。蒙田談到阿爾諾的死時說：「在我們眼前經常出現這種尋常的例子，我們的腦子一直縈繞著死亡的念頭。死神是不是隨時會掐住我們的喉嚨呢？」[3]

蒙田無法擺脫死亡的念頭，而他也不想這麼做；他仍然深受哲學家的影響。「讓我們的心靈盡情充斥著死亡」，蒙田在早期一篇談論死亡的隨筆中提到：

讓我們隨時隨地任由自己的想像去描繪死亡的模樣。在馬兒失足倒地、屋瓦掉落、細得不能再細的針刺入體內時，讓我們好好思忖：死亡本身到底是什麼？[4]

蒙田最喜愛的斯多噶哲人（Stoics）說，如果你經常想著死亡的形象，那麼當死亡來臨時，你將不會感到驚恐。知道自己做好萬全準備，你就可以毫無恐懼，自由地活著。但蒙田發現實際上剛好相反。他愈是想像可能降臨在自己與朋友身上的各種意外，愈是無法平靜。即使他能短暫而抽象地接受死亡，但只要一想到細節，就難以承受。他的心靈充斥著受傷與發燒的景象，或是臨終前人們圍繞在他床邊啜泣，或者是「熟悉的手」按著他的額頭向他告別。他想像自己躺在墓穴裡，眼前的一小圈天光就是人生的最後一幕：他的財產會被清算，他的衣物將分送給朋友與僕人。[5]這些念頭非但未能給他自由，反而使他成了階下囚。

幸運的是，這樣的壓迫感並未持續下去。到了四、五十歲時，蒙田變得無憂無慮。他可以寫出最流暢、充滿生活樂趣的文章，從他的文字完全看不出早期人生陷入的憂鬱。我們之所以能知道蒙田曾一度苦悶，其實是他在作品中主動告訴我們的，只不過現在的蒙田已不想再操心任何事。他在最後幾則附加的筆記裡提到，死亡只是人生結束時一個短暫令人不適的時刻，為這種事焦慮只是浪費時間。[6]原本在朋友中最為憂鬱的蒙田，此時卻成了最無憂無慮的中年男子，而且也成為享受人生的專家。蒙田的改變，歸功於他在鬼門關前走了一回：他曾戲劇性地遭遇死亡，而後接踵而來的中年危機，使他開始了《隨筆集》的寫作。

蒙田與死神的相遇發生在一五六九年或一五七〇年初的某一天，確切時間已不可考。當時他為了排遣心中焦慮而外出，想藉此擺脫眼前的雜務，而他做的事情是騎馬。[7]

蒙田此時約三十六歲，正是諸事煩心之時。父親過世後，他繼承了家族位於多爾多涅（Dordogne）的城堡與莊園。這是塊美麗的土地，覆蓋著葡萄園（今日亦是如此），有著平緩的丘陵、村落與廣闊的森林。但對蒙田來說，這些代表了責任與負擔。莊園裡事事都要他負責，他必須滿足每個人的要求，也必須接受許多人的挑剔。他是這塊土地的領主，事無巨細，他都要照顧妥當。

幸運的是，要找到理由外出通常不難。蒙田二十四歲時開始在波爾多（當地首府，離蒙田的莊園約三十英里）擔任法官，所以他可以假借法院有事而外出。蒙田擁有廣闊的葡萄園[8]，這些園地零星散布在綿延數英里的鄉野中，因此若他覺得有必要，也可以表示要探視葡萄園而出門。蒙田偶爾也會到鄰近的城堡拜訪：敦親睦鄰顯然也是件重要工作。以上的任務都是蒙田在風和日麗的天氣裡騎馬穿過樹林的好藉口。

走入林間小徑時，蒙田可以放任自己的思緒四處奔馳，儘管這時他的身旁依然有僕役與親信陪伴。十六世紀時，人們很少單獨外出，不過蒙田可以縱馬疾馳，逃離無聊的對話，或索性做起白日夢，或看著日光穿過繁密的枝葉，閃爍在小徑上。他也許想著：柏拉圖說男人的精液來自脊髓，這是真的嗎？鯽魚真的這麼有力氣，只要用嘴唇把船身牢牢吸住，船隻就動彈不得？某天他在家裡看到的怪事又該怎麼說：他的貓專心看著樹上，結果有隻鳥掉了下來，剛好落在牠的腳爪之間。鳥已經死了？這隻貓擁有什麼樣的力量？[9]蒙田太過專注於空想，完全沒注意路況，也未留心隨從的動靜。

蒙田平靜地穿過樹林，身旁還有一群騎士，他們絕大多數是蒙田的手下，此時已離開城堡三到四英里。這是一趟輕鬆的旅程，蒙田不認為會遭遇什麼麻煩，所以他騎了一匹溫和而力氣不大的馬。他穿著日常的服裝：褲子、襯衫、緊身上衣，或許還加了一件披風。他的劍佩戴在腰間（貴族外出一定會佩劍），但他並沒有穿戴甲冑或其他特別的防護措施。然而，只要走出城鎮或城堡的高牆，總是會遭遇危險：強盜非常普遍，身處兩次內戰之間的法國此時正是毫無法紀的時代。無業的士兵在鄉間流竄，他們搶掠戰利品，以取代在和平時期損失的薪餉。儘管蒙田對於死亡感到焦慮，他卻對這類特定的危險淡然處之。他不像一般人對可疑的陌生人感到畏懼，也不會因樹林裡傳來的奇異聲響驚慌失措。然而空氣中瀰漫的緊張感一定感染了蒙田，當他感覺身後被重重敲了一記，他第一個念頭是：他遭人暗算了。他覺得攻擊他的武器是火繩槍。[10]

蒙田沒有時間思索「為什麼」有人對他開槍，他覺得自己「好像被雷劈中一樣」。他的馬倒地不起，自己則飛了出去。他重重摔在幾公尺外的地上，隨即失去意識：

馬倒地不起，我離馬匹有十到十二步的距離，像死屍般仰躺著。我的臉傷痕累累而且破皮流血，原本拿在手裡的劍也甩落到十步以外的地方，我的皮帶斷成碎片。我像根木頭一樣，無法移動也沒有任何知覺。

蒙田事後覺得自己被火繩槍攻擊；事實上，整起事件跟武器毫無關係。蒙田有一名身材強壯的僕役，騎著一匹精力充沛的馬跟在蒙田後頭。他驅策馬匹全速奔馳在小徑上，蒙田猜測：「他大概是為了炫耀自己的大膽才超前他的同伴。」他沒有注意到蒙田就在路中間，或許他誤判了路的寬度，以為自己可以從旁邊穿過。結果，他「就像個巨人一樣砸在這名瘦弱的男子與這匹瘦弱的馬身上」。

其他騎士驚恐地停了下來。蒙田的僕役下馬試圖喚醒他，但他還是昏迷不醒。僕役們把蒙田抬起來，費力地將他鬆軟的身軀運回城堡。他第一個感覺是頭部遭到撞擊（他的昏迷不醒說明這是正確的），但他也開始咳嗽，彷彿胸部遭到了撞擊。看到蒙田喘不過氣來，僕役們於是七手八腳地將他的身體直立起來，使其維持一種奇怪的角度，就這樣將他抬回城堡。蒙田數度吐血，這是個危險的徵兆，但咳嗽與嘔吐有助於使他保持清醒。

隨著城堡逐漸接近，蒙田的神智也慢慢清醒，但他覺得自己似乎更接近死亡，而非重返人世。他的視線開始模糊，幾乎感受不到光亮。他可以感覺到自己的身體，但談不上舒適，因為他的衣服沾滿了吐出來的鮮血。就在蒙田逐漸失去意識之際，腦子裡浮現了火繩槍。

目擊者後來告訴蒙田，接下來的他開始拚命掙扎。他用指甲撕扯自己的緊身上衣，彷彿想減輕身上的重量。「我的胃脹滿了淤血；我的手不由自主地往肚子上扯，就好像平日在抓癢一樣，並不是出於自己的意志。」他看起來彷彿試圖撕開自己的身體，又像是想把身體從自己身上拉開，好讓靈魂能夠離去。然而，就在這個時候，他的內心卻異常平靜：

我覺得自己的生命就懸於自己的唇尖上；我覺得此時應該閉上眼睛，試著推靈魂一把。當我逐漸軟弱無力，準備聽任自己離去時，一股愉悅感油然而生。那是一種只漂浮在靈魂表面的念頭，就跟其他觀念一樣，既纖細又脆弱。然而實際上，它不僅讓我擺脫一切煩憂，也夾雜著甜蜜的情感，就像人自然而然地進入夢鄉一樣。

就在這種內在平靜而外在激動的狀態下，僕役們繼續帶著蒙田朝莊園前進。他的家人發現外頭一陣騷動，於是出來一探究竟；蒙田日後說，他們「發出了這種情況常有的哭喊聲」。他們問起事情的緣由，蒙田還能回答，雖然說得七零八落。他還看見妻子艱難地走在崎嶇不平的路上，心裡想著吩咐屬下讓夫人騎馬。你會以為能夠這麼做的人應該「腦袋很清醒」，但蒙田寫道：「實際上我已神智不清。」蒙田已經在路上折騰一段時間。「這些都是無意義的念頭，我的靈魂早已出竅，我的舉止全由眼睛與耳朵操控；做主的不是我。」他的行動與言語全由他的身體產生。「此時靈魂正忙著做夢，感官的微弱印象只是輕輕觸摸、甚至只是舔舐著靈魂，或輕灑於其上。」蒙田與他的人生，即將在毫無悼念又無正式道別下分離，就像兩名酒醉的賓客離開筵席，因為醉得暈頭轉向而無法向對方說再見。

當蒙田被搬進屋內之後，他的神智還是一片混亂。他仍然覺得自己被高高端在魔毯之上，而不是被僕役的手抬著。他沒感到疼痛，而且對於周遭的危急氣氛毫無感觸；他只覺得慵懶與虛弱。僕役們把蒙田抬上床，他躺在那兒，感到全然的幸福，腦子裡只覺得休息實在是一件美好的事。「我在歇息中感受到無盡的甜蜜，因為我一直被這群可憐的傢伙粗暴地拉扯著，然而他們也辛苦地用雙手抱著我，在非常惡劣的道路上行走了漫長的距離。」蒙田拒絕接受醫治，他相信自己註定要死，而這將是「一場非常幸福的死亡」。

這個經驗遠超過蒙田早先的瀕死想像。這是進入死亡領域的一趟真實旅程：他悄悄地接近，然後用嘴唇輕輕地碰了一下。他「嘗」了一口，就像人們嘗試陌生的口味一樣。這是一篇有關死亡的隨筆：當他記述這次經驗時，他用了「預演」（exercitation）這個詞。日後他將花上許多時間反覆重溫當時心靈的感受，盡可能精確地重現它們，並且從中學習。幸運之神給了他一次完美的機會，去檢視哲學對死亡的共識，但我們難以確知蒙田是否學到了正確答案，斯多噶思想家必然會對他的結論深感懷疑。

蒙田得到的啟示有部分是正確的：藉由「預演」，他學到毋須恐懼死亡。死亡正如哲學家所許諾的，可能有一張友善的臉孔。蒙田仔細看過這張臉，但他未能像一名理性的思想家，仔細地把這張臉看清楚。蒙田並未像士兵一樣睜大眼睛邁步向前，相反地，他幾乎是在意識不清的情況下受到死亡的誘惑，徐緩地漂向死亡。蒙田現在了解，在瀕死的狀態中，你無法完全遭遇死亡，因為你的意識會在抵達死亡的前一刻消失。死亡就像睡著一樣，是意識逐漸消散的過程。如果其他人試圖把你拉回人世，你會在「靈魂的邊緣處」聽見他們的呼喊。你的存在被一條繩子繫著——如蒙田所說，它就落在你的唇尖。瀕死不是一場行動，你無法為它做出準備。瀕死是一場漫無目標的幻想。

此後，當蒙田閱讀有關死亡的作品時，他不再對偉大哲學家無懈可擊的論證感興趣，而是對一般人的感想投以更大的關注，特別是那些在「虛弱而恍惚」的狀態中感受死亡的人。在他最成熟的隨筆中，蒙田讚美像佩特羅尼烏斯（Petronius）與提吉里努斯（Tigillinus）這樣的人。這兩個羅馬人死的時候身邊圍繞著笑語、音樂與日常對話，死亡就在充滿歡樂的美好氣氛下流入他們體內。他們不像蒙田年輕時的想像，把宴會變成死亡場景；相反地，他們把臨終變成一場宴會。蒙田尤其喜愛馬爾克里努斯（Marcellinus）的故事，他不想因為疾病而痛苦地死去，於是以溫和的方式進行安樂死。在絕食數天之後，馬爾克里努斯讓自己浸泡在燒燙的熱水裡。無疑地，疾病已令他極為虛弱，熱水澡只是讓他能輕鬆嚥下最後一口氣。馬爾克里努斯慢慢地失去意識，最後終於離開人世。離世之前，他疲憊地低聲向朋友說，他感到無比愉快。[11]

人們也許希望死的時候能像馬爾克里努斯一樣感到愉快，但蒙田學到某種更令人驚訝的東西：即使他的身體不斷抽搐與扭動，在旁人眼中看來是飽受折磨，但他仍然享受著同樣愉快而漂浮的感受。

蒙田的發現悖逆了他的古典哲學典範，也挑戰了那個時代居於支配地位的基督教理想。對基督徒來說，人臨終前應該神智清醒地將自己的靈魂交給上帝，而不是在極樂的狀態下忘情地叫嚷。蒙田自己的經驗顯然沒有想到上帝，而他也不認為因耽溺酒色而死，會對基督徒造成危害。他比較有興趣的是純粹世俗的理解，認為人類的心理狀態與一般的自然規律，是瀕死之人最好的朋友。對他來說，只有完全不懂哲學的人，才能像哲學家所說的那樣勇敢地面對死亡，像是在他莊園與村落裡生活的那些無知無識的農民。「我從未見過我的農人鄰居有誰仔細想過要以什麼樣的面容與自信來面對人生最後一刻」，[12]蒙田寫道；如果有誰真的做到這一點，那麼他一定知道。一切順其自然。自然告訴他們，除非到了臨終那一刻，否則不需要去思考死亡。然而，即使真的到了臨終那一刻，他們也一樣對死亡不加思索。哲學家總覺得離開人世是一項艱難的事，那是因為他們一直想掌控一切，所以才有「探究哲理就是學習死亡」這句話。哲學要人「捨棄」自然的技巧，而這些技巧卻是每個農民與生俱有的東西。

在瀕死那一刻，儘管蒙田願意離開人世，但他並沒有死。他恢復了健康；從此以後，他活得跟過去不一樣了。在蒙田談論死亡的隨筆中，他提到自己得到一個明顯不屬於哲學的哲學教訓。

他以隨性的語氣總結自己的收穫：

> 如果你不知道如何死亡，別擔心，到了那個時候，自然會充分而適當地告訴你。自然會周全地為你做好這份工作；不用費神去想這件事。[13]

「別擔心死亡」成了蒙田對如何生活這個問題所做的一個最根本也最解放的回答。你只要做一件事就行了：「活著。」

然而活著比死亡更難；活著不能被動屈服，活著必須靠專注與管理。活著可能更痛苦。蒙田曾在死亡的潮水中愉快地漂浮著，然而他並未繼續漂浮下去。兩三個小時後，當他清醒過來，他遭到劇痛侵襲，四肢「受重擊而傷痕累累」。往後幾個夜晚，他疼痛難耐，這些傷也留下長期的後遺症。至少在三年之後，蒙田寫道：「至今我仍感受得到那場撞擊所帶來的震撼。」[14]

蒙田的記憶花了比身體更長的時間才恢復，而他也花了幾天的時間詢問目擊者，試圖還原事件原貌。但無論他再怎麼詢問，也無法重建那電光火石的一幕，除非他還想再從背後被撞擊一次；再度承受那種閃電通過全身的痛苦，重演最初遭「雷電」擊中的震撼。然而，生命此時已深深嵌進他的體內；反觀死神，只是輕巧拂過他的肌膚，隨即離去。

從這時起，蒙田嘗試將死亡的況味與輕盈帶進生活之中。他在晚期的隨筆寫道，走到哪裡都有可能遭遇「最壞的狀況」，[15]我們最好能腳步輕盈地滑步走過世界的表面。在滑動與漂浮的探索中，他不再感到莫名的恐懼，同時也取得嶄新的意義。生命——那穿過他的身體、獨一無二的「他的」生命，蒙田的生命，是非常有趣的調查對象。蒙田將繼續關注感覺與經驗，不是為了探討它們該是什麼，或它們可能提供何種哲學教訓，而是要了解它們的真實過程。他將跟著感覺與經驗走。

這對蒙田來說是一項新課題，它不僅掌控了他的日常生活，透過寫作，它還給了他一個不朽的形式。因此，正值中年的蒙田，原本迷失了他的人生方向，卻在此時重新找到了自己。

Ch 2

我們問：如何生活？

蒙田說：活在當下

從現在起，蒙田將為自己而活，而非為責任而活。

學習如何死亡，就是學習如何放手；學習生活，就是學習把握人生。

蒙田把自己當成河流一樣書寫自己的經驗，開啟了一項仔細觀察內在的文學傳統。

「別擔心死亡」與「活在當下」，是蒙田針對自己中年人生陷入茫然所做的回應。

開始寫作

墜馬的意外改變了蒙田的生命視野。雖然意外本身只持續幾個月，它卻以三種不同的階段連綿了數年之久。在第一階段，蒙田倒在地上，感到愉悅的同時又撕扯著自己的胃。然後是第二階段，蒙田在往後幾個星期乃至幾個月不斷思索這段經驗，並且試圖將其與自己的哲學閱讀結合。最後一個階段是在數年之後，蒙田開始坐下來書寫這段經歷，同時還夾雜了其他各種事情。第一個階段可能發生在任何人身上；第二個階段可能發生在文藝復興時期任何敏感且受過教育的年輕人身上。然而最後一個階段，卻是蒙田所獨有。

這種連結並不是那麼簡單：他並沒有在病榻上坐直身子，在意外發生後馬上振筆疾書。相反地，他開始寫作《隨筆集》是在兩年之後，也就是一五七二年，而即使在那個時候，他寫的也是別的篇章，與喪失意識完全無關。然而，等到他打算寫作時，這段經驗卻使他嘗試不同的書寫方式，一種幾乎沒有任何作家嘗試過的方法：他重現了感受的次第順序，從內在的源頭開始，將接續的每一個瞬間變化完整地記錄下來。這看起來就像是在意外與人生另一個轉折點之間做出了編年性的連結，同時也開啟了他的文學之路：蒙田因此決定辭去波爾多法官的工作。

在此之前，蒙田一直過著兩種人生：一種是城市與政治的，另一種是鄉村與管理的。蒙田雖然從一五六八年父親過世後就接掌了莊園，他還是持續到波爾多工作。然而，到了一五七〇年初，他決定出售他的法官職位。理由不只是因為墜馬意外，他才剛在申請法官職位升遷的案子上被打了退堂鼓，或許是因為政敵從中阻撓。通常的做法是提出申訴，或索性發動抗爭，但蒙田卻選擇退出。或許他是在氣憤之下才決定不當法官，但也可能是出於理想幻滅。或許他與死神的擦身而過，加上弟弟去世，使他對未來的人生有了不同的規畫。1

蒙田做此決定之前，已然在波爾多法院工作了十三年。此時的他三十七歲，以當時的標準來說算是中年，但還不算老。然而他認為自己應該退休，離開生活的主流，另行開啟全新而反思的生命。當三十八歲生日即將來臨之際，蒙田把自己的決定——幾乎是在他實際下決定的一年之後——用拉丁文題寫在書房隔壁的小房間牆上：

主後一五七一年，二月的最後一日，度過第三十八次生日的蒙田，長久以來對法院與公務深感勞累。此後，他將投向學問女神的懷抱，在免受俗務攪擾的平靜中，把已消耗過半的殘餘生命投入其中。若命運允許，他將返歸故鄉，在愜意的祖先安眠之處，好好地保有自由、平靜與安閒。2

從現在起，蒙田將為自己而活，而非為責任而活。他也許低估了管理莊園的辛苦，也未提及寫作；他只提到「平靜」與「自由」。儘管如此，他已完成了幾項簡易的文學計畫。過去，在父親要求下，蒙田曾不情願地翻譯了一篇神學作品。之後，他編輯好友拉博埃西的遺稿，並且附上獻詞與一封描述拉博埃西最後時光的書信。在一五七〇年轉折的前後數年時間，蒙田開始涉獵文學，也有了各種人生體驗：一連串喪親之痛與自己的瀕死經驗；想從波爾多政治圈脫身，渴望平靜的生活——此外還有其他事，例如他的妻子懷了第一個孩子。對新生命的期待遭逢死亡的陰影，這些因素誘使蒙田選擇新的生活方式。

蒙田在三十五歲以後的轉變，可以媲美文學史上幾樁最著名的生命轉變危機，如唐吉訶德放棄自己的例行工作，決心尋求騎士的冒險生涯；但丁在「人生走到半道」時於森林中迷了路。[3]蒙田此時也走進中年的迷霧之中，但他終究找到了出路，並且留下一連串足跡——標誌著一個男人蹣跚、跌撞，卻又繼續前進的過程：

一五六八年六月——蒙田完成他的神學翻譯。父親去世，他繼承莊園。

一五六九年春——弟弟死於網球意外。

一五六九年——在波爾多升職無望。

一五六九年或一五七〇年初——差點意外身亡。

一五六九年秋——妻子懷孕。

一五七〇年初——決定退休。

一五七〇年夏——退休。

蒙田的城堡，他起居的塔樓在左下方。

一五七〇年六月——第一個孩子誕生。

一五七〇年八月——第一個孩子死亡。

一五七〇年——編輯拉博埃西的作品。

一五七一年二月——在書房牆上題寫生日感言。

一五七二年——開始寫作《隨筆集》。

一旦決定過著沉思冥想的新生活，蒙田隨即發現實際過這樣的生活，跟打算過這樣的生活同樣不易。退休以後，他在城堡角落兩座塔樓之中挑了一座，做為全心隱遁與起居之所；另一座塔樓就留給他的妻子。這兩座塔樓，連同城堡主樓及連接各樓的城牆，剛好圍成一個簡單的矩形庭院。整座城堡則隱身於田野與森林之中。

主樓現已不存。它在一八八五年遭遇

蒙田的書房。John Stafford 攝。

祝融之災，之後原地又重建了一座設計完全相同的新建築物。幸運的是，火災並未波及蒙田的塔樓，它基本上仍維持舊貌，而且可以讓人入內參觀。走進裡面一看，不難想見蒙田為什麼如此喜歡這個地方。從外表看來，這座四層樓的塔樓圓圓胖胖地相當可愛，牆壁的厚度就跟沙堡一樣。塔樓原本做為防衛之用，但蒙田的父親將它改建成承平時期也可利用的地方。他把一樓變成小禮拜堂，並且在裡面增設了迴旋梯；小禮拜堂的樓上成了蒙田的臥房，他通常睡在這裡，而不回到主樓。樓梯旁的牆壁剛好有個凹處用來設置廁所。再往上走，那放置「大鐘」（敲鐘時會發出震耳欲聾的聲響）的閣樓下方，就是蒙田最喜愛且長時間待著的地方：他的書房。[4]

今日走上階梯（多年來在眾人的踩踏下，石階的表面已經凹陷），人們可以進到書房，在狹窄的圓形空間裡走著，從窗戶俯瞰庭院景色；想必蒙田當年也曾這麼做。外頭的景致或許與他當初所見沒有太大差別，但房間本身卻有很大的變動。書房的地板如今看來是白色光禿裸露在外的石頭，但過去應該鋪著一層草蓆，或許是藺草編的蓆子；牆上則應是繪製好不久的壁畫。冬天時，絕大多數的房間都會生火，但主書房無法這麼做，因為這裡沒有壁爐。天冷時，蒙田會到隔壁舒適一點且可以生火的小房間取暖。

蒙田使用的主書房最明顯的特徵是精美的藏書，這些書籍全放在五層美麗的曲型書架上。曲型是必要的，因為要配合圓塔的弧形牆面，而這肯定花了木匠一番巧思。蒙田只要一眼就能飽覽書架上的書籍，光是這樣就能讓人心滿意足。搬進這間書房時，蒙田擁有的書籍約有一千冊，其中不少是繼承自朋友拉博埃西的藏書，有些則是自己購入。蒙田的藏書相當豐富，而他也確實讀過每一本。今日，這些藏書早已散佚各地，書架也已消失無蹤。[5]

書房裡還有蒙田的其他收藏：具有歷史價值的紀念品、家傳的物品、來自南美洲的手工藝品。提到祖先，蒙田寫道：「我保留他們的手稿、印章、他們使用過的祈禱書與寶劍，而我也未將父親慣用的手杖從書房裡清理出去。」南美的收藏品在旅人的饋贈下慢慢累積起來，包括珠寶、木劍，與跳舞時使用的儀杖。[6]蒙田的書房不只是個置物間或工作室，還是個充滿驚奇的房間，聽起來就像佛洛伊德在倫敦漢普斯特（Hampstead）的最後住處的十六世紀版本：它是一間藏寶屋，裝滿了書籍、文章、小雕像、繪畫、花瓶、避邪之物與各地民族的珍奇物品，用來激發他的想像與思考。

這間書房也顯示蒙田是個追求流行的人。這種尋求僻靜的潮流，源於上個世紀的義大利，並且慢慢地在法國傳布開來。富人會在房間裡擺滿書籍與閱讀架，然後把這個地方當成擺脫俗務之處；他們常用的藉口就是我必須到書房工作。蒙田則更進一步，索性讓書房與住家分離。對蒙田而言，這間書房的位置優越，就像洞穴一樣；或者用他自己的話來說，這是一間「店鋪後間」（arrière-boutique）——即「店鋪後頭的小房間」。如果他願意，他可以邀請訪客進到他的書房，而他也經常這麼做，但絕非出於強迫。他倒是頗樂在其中。「對我來說，一個人在家裡完全沒有屬於自己的地方，沒有不需要看別人臉色的地點，沒有可藏身之處，是很可憐的！」7

正因書房象徵自由，無怪乎蒙田會儀式性地裝飾這裡，並且將其與住家分離。在書房旁邊的小房間裡，除了為慶祝退休而題寫的文字，蒙田還把連接地板與天花板的牆壁全彩繪了壁畫。這些壁畫的色彩已然褪去，但從殘餘的形象，仍可看出牆上繪製的是激烈的戰爭、維納斯（Venus）哀悼阿多尼斯（Adonis）之死、滿臉鬍鬚的海神尼普頓（Neptune）、暴風雨中的船隻，以及田園生活景象——這些全是古典世界的主題。蒙田在主書房橫梁上題寫的字句，絕大多數仍是出於古典時代的作品。這種做法也是當時習尚，不過只在少數菁英階層裡風行。義大利人文主義者菲奇諾（Marsilio Ficino）在其位於塔斯坎尼（Tuscany）的別墅牆上題寫名言錦句。後來，在波爾多地區，孟德斯鳩（Montesquieu）為了表達對蒙田的敬意，也寫下了一些句子。8

隨著時光流逝，屋頂的橫梁也褪了色，但日後它們經過修復，又回到了往日的清晰可讀。因此，現在當你在蒙田書房走動時，會聽到從頭頂傳來的低語聲：

只有一件事是確定的，那就是沒有任何事是確定的。
世上沒有任何生物比人類更悲慘或更傲慢。

——老普里尼（Pliny the Elder）

光是人生首次遭遇的意外就可能完全毀滅你，
你如何能視自己為偉人？

——歐里庇得斯（Euripides）

人生最美好的事，莫過於當個無憂無慮的人；
沒有煩惱確實是一種不會帶來痛苦的邪惡。

——索福克勒斯（Sophocles）

這根橫梁是個醒目的提示，它象徵蒙田決定離開政治圈，投入沉思生活——此後生活的重心將是哲學，不再是政治。這種生活領域的轉變，也是古人提出的忠告。偉大的斯多噶學派哲學家塞內卡（Seneca）苦口婆心地呼籲他的羅馬同胞們擺脫俗務，以「找到自己」。文藝復興時代跟古羅馬時代一樣，擺脫俗務是完善管理自身生活的一環。你已經盡了市民應盡的義務，接著你應該退下來探索人生真諦，並且開始為死亡做漫長的準備。蒙田對於第二階段有所保留，但無

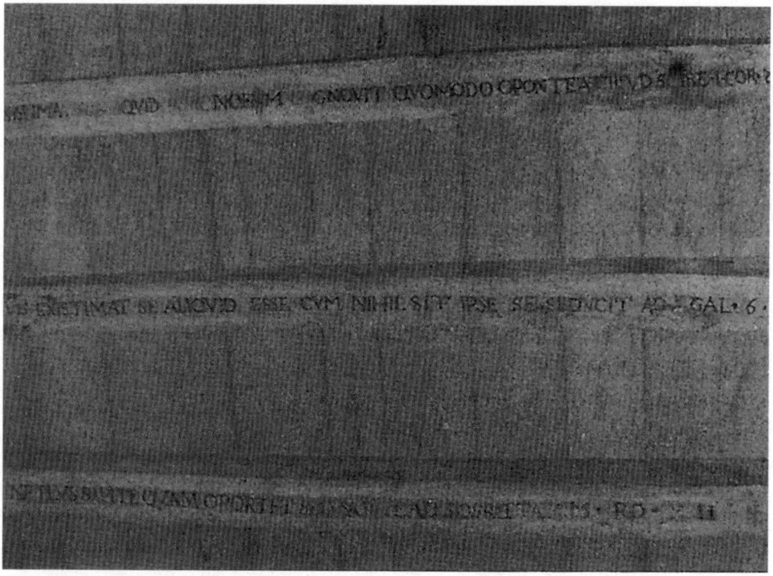

蒙田書房屋頂的橫梁。作者攝。

疑地，他對思索人生有濃厚的興趣。他寫道：「讓我們把捆綁自己與他人的繩索切斷；讓我們從自我取得力量，好好孤獨地活著，過著悠閒自在的生活。」[9]

塞內卡雖然奉勸大家擺脫俗務，卻也提出危險的警告。在一篇題為〈論心靈的寧靜〉（On Tranquillity of Mind）的文章中，塞內卡寫道，閒散與孤立可能令生活誤入歧途，而這種錯誤通常可以藉由保持忙碌來加以避免[10]——你也可以說這是以過去錯誤的生活方式來避免新的錯誤。閒散與孤立可能造成欲求不滿、自我嫌惡、恐懼、優柔寡斷、死氣沉沉與憂鬱。放棄工作會導致精神萎靡，如果又不幸染上閱讀過多書籍的惡習，情況將更為不妙；或者更糟的是不讀書，只陳列書籍，彷彿光是注視它們的外觀就能讓他心滿意足。

一五七〇年代初，也就是蒙田價值觀出現轉變的時期，他似乎經歷了塞內卡所警告的存在危機。他手邊仍有工作，但不如以往繁重。活動的減少使蒙田產生各種奇怪的念頭，也出現與他以往的個性迥然不同的「憂鬱氣質」。蒙田說，他才剛退休，整個心就像野馬一樣不斷奔馳；想想最近發生的事，這樣的比喻還真是貼切。他的腦子充滿奇想，就像休耕的田地長滿野草。而在另一個生動的意象中（蒙田喜歡用這種方式加強印象），他把自己閒置的腦袋比擬成女性不孕的子宮，就像當時流傳的說法，這些子宮只能生下不成人形的肉塊，無法生下嬰孩。此外，蒙田也借用維吉爾（Virgil）的比喻，描述自己的思想就像照射水碗的陽光反射到天花板的圖案一樣，隨著時光流逝而舞動搖晃。又如老虎條紋般的光影踉蹌移動，蒙田心猿意馬的思緒同樣無預警地產生瘋狂而混亂的妄念。[11] 它只會產生奇想（fantasy）或幻想（reverie）[12]——這兩個語詞在當時可不像現在這麼正面，與其說是白日夢，不如說是瘋癲的妄想。

蒙田的「幻想」反過來令他產生其他瘋狂的想法：寫作。他也認為寫作是一種幻想，不過是一種承諾提供解決之道的幻想。蒙田發現自己的心靈充滿「奇邁拉（chimera）❶與各種幻想怪物，一頭接一頭，毫無秩序也毫無目的」。[13] 他決定將這些幻想寫下來，不是為了直接克服它們，而是反正閒著也是閒著，乾脆仔細考察這些幻想的詭異內容。他提起筆，《隨筆集》的第一篇於焉誕生。

塞內卡想必也會同意蒙田的做法。如果你在退休之後感到沮喪或無聊，他建議你環顧四周，試著讓自己對事物的多采多姿與崇高產生興趣。一個人能否獲得救贖，取決於他能否全心投入於自然之中。[14] 蒙田做出嘗試，不過他眼中的「自然」主要是最貼近自己的自然現象，事實上就是他自己。他開始觀察、質疑自己的經驗，並且將所得一一記錄下來。

起初，這主要意謂著要遵循個人的熱情，尤其是他閱讀到的各種故事：奧維德（Ovid）的傳說、凱撒與塔西佗（Tacitus）的歷史、普魯塔克（Plutarch）留下的傳記片斷，以及塞內卡與蘇格拉底針對如何生活提出的建言。然後，他寫下從朋友那裡聽來的故事、莊園的大小事、過去他在法律與政治界服務時聽到的案例，以及他在旅行（雖然次數不多）中聽到的鄉野奇聞。開始的時候內容平淡無奇，往後材料愈來愈多，乃至於包括所有經歷過的情感或思想的細微變化，而不僅限於他在無意識內外穿梭的奇妙體驗。

出版的想法也許很早就在蒙田心中浮現，不過他表示，自己寫東西只是為了家人與朋友。或許蒙田一開始就存有編纂一本尋常書籍的想法：一部根據各項主題收錄各式名言錦句的作品，這是當時文人雅士的習尚。[15] 即使如此，蒙田卻很快超越了原先的構想；之所以會這樣，可能是受到另一名令他喜愛更勝塞內卡的作家影響，這個人就是普魯塔克。普魯塔克是西元一世紀的著名作家，他以平易生動的文字寫下歷史人物的傳記生平。此外，他也完成許多短篇論文，後來集結成《倫理論集》（*Moralia*）一書，這部作品剛好在蒙田開始寫作《隨筆集》那年翻譯成法文。

《倫理論集》蒐羅了各種思想與軼事，其中包括對一些問題的思索，例如：「動物有智力嗎？」以及：「人如何獲得心靈的平靜？」就第二個問題來說，普魯塔克的建議與塞內卡相同：專注於眼前的事物，並且投入其中。

一五七〇年代過去，蒙田也適應自己在危機後的新生活，「活在當下」成為他最喜愛的消遣活動。一五七二年是蒙田寫作分量最多的一年，《隨筆集》第一卷絕大多數的文章與第二卷的部分文章，都是從這一年開始動筆。其餘部分則於一五七三年與一五七四年陸續完成。然而，此時距離蒙田準備好要出版《隨筆集》，還有很長一段時間；或許這只是因為他沒想過出版的事，也或許是因為他還需要好幾年的時間，才能對自己完成的作品感到滿意。從一五七〇年蒙田退休開始，一直到一五八〇年三月一日他過四十七歲生日，中間已有十年時間，而就在生日這天，他為《隨筆集》第一版的序言署名並註明日期。蒙田將因此一夕成名。[16]

寫作曾使蒙田熬過「瘋狂幻想」的危機；現在，寫作教導他更仔細地注視這個世界，而且逐漸讓他養成精確描述內在感受與日常酬酢的習慣。蒙田引用老普里尼的想法，希望人們留意捉摸不定的片斷：「每個人都可以從自己身上學到東西，前提是他能仔細地審視自己。」[17] 當身為主人的蒙田每日為莊園事務忙進忙出時，身為作家的蒙田也在他身邊跟前跟後，仔細觀察並進行記錄。

當蒙田終於開始描述自己的落馬意外時，不僅表示他已將死亡的恐懼如抖落鞋上塵土般拋諸腦後，也顯示他的觀察技巧已提升到前所未有的水準。意外發生後幾天，他反覆要求僕役告訴他事情的始末，希望再次體驗那些漂浮的感受，那種氣若游絲或靈魂與肉體若即若離的感覺，以及神智恢復後的痛苦。今日的心理學家大概會說，蒙田藉由文學「加工」了這些體驗。然而透過寫作，蒙田想「如實」重構這些經驗，而不是像哲學家一樣，主張經驗應該是什麼。

蒙田的新嗜好一點也不輕鬆。他總喜歡裝出《隨筆集》是無心之作的樣子，但偶爾還是會露出馬腳，承認寫作是一件辛苦的工作：

> 追尋心靈遊蕩的腳步，穿透內心最深處的雜陳意念，拾取那些攪擾心神的刺激之源並予以固定，是一件艱難無比的工作，而且比原先想像辛苦許多。[18]

蒙田輕巧地走過生活的表面，讚頌生活的美好；事實上，隨著年齡增長，他捕捉日常感受的技巧也愈來愈高超。而身為作家，蒙田也努力培養測度心靈深度的技藝。「我思索滿足是怎麼一回事」，他寫道：「並非只是浮光掠影地描述它，而要測量它的深度。」就連一般無法界定的現象——睡眠——蒙田也要追根究柢，於是他要僕役（真是辛苦這些下人了）固定在半夜叫他起床，希望能在無意識離開他之前窺得它的蹤影。[19]

蒙田一方面想遠離現實，另一方面又想抓住現實，從中汲取每一分經驗。寫作同時實現了兩者。即使蒙田沉迷於幻想中，他也會在每件發生的事情上祕密插入一根鉤子，好讓他能隨心所欲地將自己拉回原處。學習如何死亡，就是學習如何放手；學習生活，就是學習把握人生。

意識流

然而不管怎麼努力，人永遠不可能完整找回過去的經驗。上古哲學家赫拉克利特（Heraclitus）曾說過一句名言，你無法踏進同一條河流兩次。即使你回到原來的岸邊，流經你的河水已不再是先前的河水。同樣地，要看到跟半小時之前完全一模一樣的世界是不可能的，正如同樣的世界，身旁的人看到的不可能與你相同。心靈不斷流動，就像永不停歇的「意識流」（stream of consciousness）——心理學家威廉·詹姆斯（William James）於一八九〇年創造了這個語詞，不過這個詞在小說界較為風行。[20]

蒙田跟許多人一樣引用赫拉克利特的話語，他思索人類如何被自己的思想帶著走，「隨著水勢的湍急和緩，有時輕柔，有時劇烈……每天都有新奇的念頭，我們的情緒就跟天氣一樣陰晴不定」。也難怪心靈如此，因為即使外表看似固定不變的物質世界，也不斷地緩慢變動。看著宅邸周圍的地貌，蒙田想像它們如同煮沸的麥片粥一樣上下起伏。當地多爾多涅河切穿河岸的模樣，宛如木匠在木頭上鑿刻出紋路。蒙田曾驚訝於梅多克（Médoc，蒙田有個弟弟住在這附近）沙丘的千變萬化：它們在地面漫遊，吞噬一切。蒙田想到，如果我們能以不同的速度來看世界，會發現萬事萬物「總是變幻無常」。物質不斷地「搖晃」（branloire），這個字詞源自十六世紀的農民舞蹈布蘭諾舞（branle）。世界是個搖晃的宇宙，就像不斷扭肩擺臀的西迷舞（shimmy）。[21]

其他十六世紀的作家也和蒙田一樣深受不穩定事物的吸引，但蒙田的特點在於他的本能告訴他，觀察者與被觀察的對象一樣不可靠。兩者之間彼此互動，就像複雜數學方程式的變數一樣，人們最終找不到一個確定的點來衡量任何事物。想了解世界，就如同抓住一團氣體或一灘液體，而用來抓住氣體或液體的手，本身也是氣體或液體做的。只要你伸手接近它們，它們馬上消失無蹤。

因此，蒙田的作品不斷流動，它跟隨著作者的意識流，從未嘗試暫停或遏止。《隨筆集》典型的描述是一連串迂迴、轉折與歧出；你必須隨波逐流，並且留心不要在方向轉變時因失去平衡而傾覆。《隨筆集》裡有一篇〈論跛子〉，蒙田依照他的習慣先提出一則有關跛足女子的傳言：聽說，跟這種女子做愛妙不可言。為什麼呢？蒙田感到納悶，因為她們的動作不同於常人嗎？或許吧，但蒙田緊接著說：「我最近才發現古代哲學其實已經解答這個問題。」亞里斯多德認為，跛足女子的陰道肌肉比較發達，因為她們的腿喪失的養分全都集中到陰道這兒來。[22] 蒙田記下這個看法，但隨即提出質疑：「要這樣說的話，豈不是什麼理由都說得通？」這類理論完全是不可靠的。事實上，蒙田最終揭示，他親自做了實驗，而且得到相當不同的觀點：這個問題沒什麼意義，因為你的想像力會讓你「相信」自己真的比較快活，至於「實際上」是不是如此根本沒人在意。最後，我們能確定的是人類心靈的確是相當奇怪的事物——這個離奇的結論，跟他原先討論的主題一點關係也沒有。

另一篇隨筆〈幸福要等死後方可定論〉，一開頭就引用梭倫（Solon）的陳腔濫調：一個人幸不幸福，要等他死後才能確定。[23] 話剛說完，蒙田就轉向另一個更有趣的想法：或許，我們判斷一個人是否幸福，跟他「怎麼」死比較有關係。善終的人，我們總覺得他的人生一定過得不錯。而在舉出一些例子之後，蒙田又換了一個話題。事實上，一個曾經過著好日子的人有可能不得善終，反之亦然。而在蒙田生存的時代，他知道有三名惡名昭彰之人得以善終，「他們的死法無可挑剔」。這篇隨筆有如一條扭了三次的長麵包，然後蒙田在結尾說道，無論如何，他希望自己好死。但在最後，蒙田又表示他的「好死」是指「安詳而不知不覺地死去」——跟一般認為的死得光彩不太一樣。此話說完，這篇隨筆就畫下句點，而讀者才剛開始猜想蒙田這句話，到底是在說他的人生過得好，還是不好。

因此，蒙田絕大多數的想法全是由一連串的領悟所構成，那就是生活不像他想的那樣簡單，往往結論剛出來，馬上就遭到推翻：

> 如果我的心靈可以獲得一個穩固的立足點，我就不會寫隨筆了，我會做出各種決定；然而事實上，心靈總像一名學徒，不斷跌跌撞撞嘗試錯誤。[24]

蒙田寫作方向的多變，部分是因為他對許多事情抱持著存疑態度，部分也是因為他的寫作持續了二十年漫長的時間。一個人歷經二十年的發展，當然會有很大的變化，尤其這個人在這段期間還四處旅行、閱讀、與有趣的人交談，並且參與高層的政治與外交活動。蒙田反覆修改早先的隨筆，只要一有靈感，他就為作品增添材料，但他從不試圖把作品硬生生地塞進前後一貫的小框框裡。在寥寥數行的空間中，我們可能遇見年輕的蒙田，然後是一隻腳已經踏進棺材的老蒙田，然後又看到被職務壓得喘不過氣來的中年蒙田市長。我們聆聽蒙田抱怨性無能，但才過一會兒，又看到他生龍活虎、精力充沛，一副充滿「幹勁」的樣子。蒙田急躁魯莽，有話直說，但有時又謹慎周到。他深受其他人吸引，有時又覺得受夠了這些閒雜人等。蒙田的思考往往停留在當下。他要我們「感受」他內在世界的推移遞嬗。「我不描寫存在」，他寫道：「我描寫的是流逝的過程。不是一個時代流逝到另一個時代……而是每日的變遷，每分的經過。」25

蒙田描寫經驗流動的方式吸引許多讀者，其中包括二十世紀初「意識流」小說的偉大先驅維吉妮亞．伍爾夫。她的文學技巧的主要目的，就是讓自己沉浸在心靈的河水中，不預設任何目的，只是一意隨著河水流動。她的小說探索人物「每分鐘意念的流轉」。有時她會將流動的渠道接往別的地方，就像麥克風一樣，從這個人嘴邊移到另一個人嘴邊，但流動本身從不停歇，直到作品結束為止。伍爾夫認為蒙田是第一位嘗試這種寫作方式的作家，只不過他只描寫自己的「意識流」。她也認為蒙田是第一位如此專注於「活著」這種單純感受的作家。「觀察，不斷地觀察」，這就是他的規則，伍爾夫說[26]——而他所觀察的，主要就是流經他的存在的生命之河。

蒙田是第一位以這種方式寫作的作家，但不是第一位嘗試專注於「活在」當下的人。早在古典時代就有許多哲學家討論活在當下的各種方式。生命就是當你在計畫其他事情時所發生的事，所以哲學必須周而復始地引導你的注意力回到原來的地方——「當下」。哲學扮演的角色就像赫胥黎《島》（*Island*）當中的八哥鳥，人們訓練牠鎮日到處飛行，然後一邊叫著：「注意！注意！」以及：「就是現在！」[27]如塞內卡所言，生命不會停下來提醒你它正愈用愈少，唯一能讓你保持警醒的就是你自己：

> 生命不會大張旗鼓地提醒你它流逝得有多快，而是靜悄悄地移動著……結果會是什麼？當你全神貫注的時候，生命正急速逝去。當死亡來臨時，你已經喪失擁有生命的機會。

如果你未能掌握生命，生命就會逃避你。但即使你抓住了生命，無論如何它也會掙脫你。所以你得跟著它，「你必須快些喝下它，彷彿這水來自一條不會永遠流動下去的湍流」。[28]

訣竅是對每個經驗時刻保有一顆天真驚奇之心，但蒙田也學到，最能做到這點的技巧就是把所有的事情寫下來。單純地描寫桌上的東西，或是從窗戶看出去的景象，睜開你的眼睛看看日常平凡無奇的事物有多麼令人不可思議。注視自己的內在，將會開啟更令人難以置信的領域。哲學家梅洛龐帝（Maurice Merleau-Ponty）稱蒙田是一位「把意識置於人類存在的核心，因而使意識對自己感到吃驚」的作家。最近，評論家柯林．布洛（Colin Burrow）談及這種驚訝的感受時，也提到蒙田其他的重要特質，例如多變。他認為這些都是哲學應有的性質，只是長久以來一直受到西方傳統的忽視。[29]

隨著蒙田年紀增長，他對生命投以驚奇注意的欲望未嘗稍減，反而愈加熾烈。《隨筆集》長期寫作的過程愈接近終點，他長保天真驚奇的訣竅也臻於完美。知道自己來日無多，蒙田說道：「我試著增加生命的重量，試著加快捕捉的速度，以趕上生命飛翔的速度……我擁有的生命愈短，我愈要更深刻而充實地揮灑它。」[30] 蒙田發現一種散步沉思的技巧：

> 當我一個人走在這座美麗的果園時，如果我的思緒在某段時間已經飄到與此地無關的事物上，那麼我會在另一段時間將思緒重新拉回散步這件事上，回到果園，回到這孤獨的美好，回到我自己身上。

像這樣的時刻，他彷彿達到禪定的境界；一種純粹感受「存在」的能力：

> 我跳舞時就跳舞；睡覺時就睡覺。[31]

看起來很簡單，就是做好當下的事，但沒有任何事比這個更難。禪宗大師必須花費一生，乃至於好幾世的時間學習這個道理。即使如此，我們從傳統禪宗故事得知，他們只有在導師以巨大的木板（「香板」，用來提醒冥想者集中注意力）敲打他們之後，才能達到頓悟的境界。但蒙田卻在相當短的時間內就領悟這個道理，部分原因即是他花了許多時間不斷在紙上書寫。他手上的筆桿其實就像一根小巧的香板，它不斷警醒著他。

把自己當成河流一樣書寫自己的經驗，蒙田開啟了一個仔細觀察內在的文學傳統。這種寫作方式現在極為常見，但實在太過普遍，以致人們幾乎忘了它「是」一項傳統。生命就像這個樣子，而觀察內在狀態的演變正是作家的工作，但這種做法在蒙田之前並不普遍，他特有的那種永不停止、形式自由的寫法，在當時是相當陌生的。在創造這種寫法，並因此嘗試對「如何生活」這個問題提出第二種解答——「活在當下」——的過程中，蒙田克服了自己的危機，甚至化危機為轉機。

「別擔心死亡」與「活在當下」，是蒙田針對自己中年時人生陷入茫然所做的回應。這是一名年紀大到足以犯下錯誤，而且好幾次重新出發卻又不斷犯錯之人，根據自己的經驗所做的答覆。然而，這兩個答案也標誌一個開始，它們催生了蒙田撰寫隨筆的新自我。

譯註

❶ 希臘神話裡的噴火怪獸，結合了各種動物的特徵，如獅子的身體、羊的頭，尾巴的末端則像蛇首。

Ch 3

我們問：如何生活？

蒙田說：呱呱墜地就是福

蒙田早期的學習完全出於好奇心，選擇未來的道路也全然出於己意，而非一味順從責任與紀律。

蒙田說，學習不一定需要書籍，想學跳舞就實際去跳舞；思考也是一樣，生活更是如此。

每個經驗，就是一次學習的機會。

米修

最初的蒙田，也就是還沒開始撰寫隨筆，只是像其他人一樣四處走動、呼吸的蒙田，人生其實相當單純。蒙田在一五三三年二月二十八日來到這個世界，他與英格蘭女王伊麗莎白一世同一年出生。出生的時刻在十一點到正午之間，地點在家族城堡，而這裡也將成為他畢生的住所。他被取名為米歇爾，但家人通常稱呼他米修（Micheau），至少他父親是這麼叫他的。即使在蒙田成年之後，米修這個名字依然在一些正式文件中出現，例如蒙田父親的遺囑上。[1]

在《隨筆集》裡，蒙田提到自己在母親肚子裡待了十一個月。這個說法相當古怪，因為眾所皆知這種異於自然的事幾乎不可能存在。喜歡惡作劇的人自然會想到一些不入流的事。在拉伯雷（Rabelais）的《加岡圖瓦》（*Gargantua*）中，那位名叫加岡圖瓦的巨人就在母親肚子裡待了十一個月。「這聽起來奇怪嗎？」拉伯雷問道。為了回答這個問題，他提到一連串難以置信的案子，儘管父親早在孩子出生前十一個月就已經「死亡」，聰明的律師硬是有辦法證明孩子不是私生子。「多虧這些博學的律師，我們這些貞潔寡婦才能在丈夫死後不到兩個月就縱情玩樂，為所欲為。」[2]蒙田讀過拉伯雷的作品，他必定知道這些笑話，但他顯然毫不在乎。

蒙田在《隨筆集》裡對於真實父親的懷疑僅止於此；在其他篇章，他甚至思索著家族遺傳的威力，列舉從曾祖父、祖父與父親遺傳到他身上的特徵，包括了個性隨和誠實，以及容易罹患腎結石的毛病。他顯然認為自己的確是父親的孩子。[3]

蒙田樂於談論誠實與遺傳疾病，但對於其他的世襲傳承則有所保留，因為蒙田的家世並非源遠流長的貴族後裔（無論父系母系都不是）。蒙田家能擁有貴族頭銜，乃是數代商人力爭上游的結果。蒙田甚至表示家族先祖「絕大多數」[4]都是在這座莊園出生的，然而他的說法完全是胡扯，因為蒙田的父親是家族裡第一個在這裡出生的人。

不過，這片莊園屬於他們家已有很長一段時間，這一點倒是真的。蒙田的曾祖父拉蒙·艾坎（**Ramon Eyquem**）在一四七七年買下這塊地，這是他長年成功從事葡萄酒、魚與菘藍（一種可以提煉出藍色染料的植物，是當地的重要特產）買賣獲得的最終成果。拉蒙的兒子格里蒙（**Grimon**）對這塊地沒什麼建樹，頂多只是修築了一條通往鄰近教堂、兩旁種滿橡樹與西洋杉的道路。儘管如此，格里蒙卻更進一步擴充艾坎家的財產，而且開啟了另一項家族傳統：參與波爾多的政治圈。格里蒙逐漸放棄了商業，開始過著「貴族般」的生活，這是相當重要的一步。成為貴族並不只是階級或風格這類抽象的事物，它具有技術性的內容，最重要的規則是你與你的子孫必須未從事商業，而且必須至少三代不用繳稅。格里蒙的兒子皮耶（**Pierre**）也不從事商業，於是貴族的身分在蒙田身上便首次落到了第三代。諷刺的是，就在這個時候，蒙田的父親皮耶開始把莊園移來從事商業用途，而且生意興隆。城堡成為大型釀酒事業總部，每年可以釀造數萬公升的葡萄酒；至今這裡依然持續釀酒。這種做法是允許的，你可以利用自己土地生產的作物來賺錢，這種行為不算是商業。[5]

艾坎家族的故事說明了當時社會流動的可能程度，至少它顯示出向上攀升的面向。新貴族有時很難獲得尊敬，但這主要反映在所謂的「袍貴族」（nobility of the robe）身上，這些人透過在政治與文官系統上做出貢獻而獲得擢升；而非「劍貴族」（nobility of the sword），[6]這些人藉由財產獲得地位。蒙田的家族即屬此類，而他們對於自己預期背負的軍事任務深感自豪。在此同時，農民絕大多數只能維持原來的地位，即待在底層。他們的生活仍然受到地方領主的支配；以這裡的例子來說，就是聽從艾坎家大家長的吩咐。領主擁有農民的住房，雇用他們，將酒醡與烤麵包爐出租給他們使用。當蒙田繼承莊園時，無論他在《隨筆集》裡多麼讚賞農民的智慧，然而從農民的觀點來看，他或許跟一般的領主沒什麼兩樣——莊園裡的農工不可能讀他的書。

蒙田城堡產的葡萄酒，John Stafford 攝。

家族紀錄簿上關於蒙田出生的條目，寫著他生於「波爾多與佩里戈爾的邊境」。[7]這一點至關重要，因為波爾多絕大多數是天主教徒，而佩里戈爾絕大多數是新宗教的支持者，如改革派或新教徒。艾坎家族必須同時與這兩派人馬和平相處，而宗教的歧異，將在蒙田有生之年使歐洲分裂，甚至在蒙田死後持續下去。

宗教改革在當時仍是相當晚近的事件：它的起點一般定於一五一七年，也就是馬丁・路德（Martin Luther）撰文抨擊天主教販賣贖罪券的傳統那年，而後他將論綱釘在威騰堡（Wittenberg）教堂的大門上，形同向教會提出挑戰。在廣泛傳布下，路德的論綱點燃了反教會的大叛亂。教宗起初把路德當成「日耳曼的醉漢」而不予理會，隨後又將他逐出教會。神聖羅馬帝國的世俗權威宣布路德是法外之人，人人得而誅之，此舉反而使他成為人民英雄。最後，歐洲絕大部分地區分裂成兩個陣營：忠於教會的人，與支持路德叛亂的人。但這場分裂在地理與意識形態上絕非截然二分。歐洲的分裂比較像是碎裂的麵包，而非一剖為二的蘋果。幾乎每個國家都受到牽連，但很少有國家明確完全屬於某個陣營。在許多地方，尤其在法國，斷層線不是沿著行政區的界線延伸，而直接劃過村落乃至於家庭。

蒙田所在的吉衍地區（Guyenne，又稱阿奎丹〔Aquitaine〕）的確顯示出這種模式：粗略來說，鄉村信仰的是一種宗派，首府信仰的則是另一種。緊張的情緒其實早在宗教改革前就已開始醞釀，因為一般認為阿奎丹並不屬於法國的一部分。它有自己的語言，與北方的法國沒有什麼歷史連結。過去，阿奎丹一直屬於英格蘭的領土。一四五一年，英格蘭人被驅離該地，法國入侵者被當地人視為外人，與不可信任的掠食者。民眾以懷舊的情緒回顧過去，不是因為他們非常想念英格蘭人，而是因為他們痛恨北方的法國人。暴亂頻傳，當局建立了三座堅固的要塞來監視城市：特隆佩特堡（Château Trompette）、杜哈堡（Fort du Hâ）與路易堡（Fort Louis）。這三座要塞都受到憎恨，而今也都已消失無蹤。

如果可能的話，波爾多寧可與任何國家建立外交關係，也不願與它的征服者打交道。在蒙田的時代，這個地區深受信奉新教的納瓦爾（Navarre）朝廷影響，這是個位於南方西班牙邊境貝恩城（Béarn）的小邦國。波爾多也與英格蘭維持連繫，後者對波爾多的葡萄酒情有獨鍾。英格蘭的運酒船隊固定來此買酒，這不僅對艾坎家族是件好事，對當地的酒類供應商也是如此。[8]

隨著莊園漸形重要，「蒙田」這個名號也逐漸蓋過艾坎這個老家名。艾坎這一姓氏帶有特定的地方色彩，人們仍然記得艾坎家族的一個分支擁有一處傳奇的產酒莊園：迪坎堡（Château d'Yquem）。儘管蒙田對於地方上各項事務存有濃厚興趣，他還是率先選擇以蒙田這個較具法國風味的姓氏做為家名。傳記作家因此對他頗有微詞，但他只是追踵父親的做法；他父親在文件上簽的其實都是「蒙田」這個姓氏。不同的是，他父親簽名時若想省略，往往會先刪掉蒙田，但蒙田自己卻是先刪掉「艾坎」。[9]

米歇爾・艾坎・德・蒙田——其家族的社會地位在短時間內急速攀升——在《隨筆集》裡對於父親從商的背景往往一筆帶過，這可能是為了讓作品能更迎合貴族與有錢有閒階級的市場，但也有可能是因為蒙田自己對這方面確實所知甚少。他的父親也許一直避免在他面前提起家族過去的歷史，蒙田成長的過程也幾乎未經歷這些事。無疑地，這當中也帶有虛榮的因子，這是蒙田欣然承認的諸多弱點之一，他說：

> 如果其他人跟我一樣聚精會神地檢視自己，他們同樣會發現自己充滿空洞而愚蠢的言行。想擺脫這些弱點，我就必須擺脫我自己。我們每個人都深陷在這些弱點之中，沒有一個人能置身事外；但是，能察覺自己的弱點畢竟還是比全然無知好些——不過我不確定是否真是如此。[10]

最後一句話，「不過我不確定是否真是如此」，完全表現出蒙田的風格。我們必須想像蒙田每次寫完一篇文章，最後都會加上這麼一句話，或者在精神上帶有這樣的意味。這段話完全捕捉到蒙田哲學的神髓。是的，他說，我們是愚蠢的，但我們的愚蠢是與生俱來的，所以我們乾脆敞開心胸，好好地與愚蠢相處。

如果說蒙田的父親有一段不願提起的過去，那麼蒙田的母親安東妮特．德．維倫諾夫（Antoinette de Louppes de Villeneuve）的家族，潛藏的祕密亦不容小覷。安東妮特的祖先是商人，也是西班牙移民；就當時的時空背景來看，很可能是猶太難民。與其他猶太人一樣，他們在脅迫下改信基督宗教，並且在十五世紀末因西班牙大肆迫害猶太人而逃離當地。[11]

即使蒙田真的具有猶太血統，他自己可能也沒察覺到這一點。蒙田對於猶太人的主題興趣不高，《隨筆集》只偶爾提到他們，而且語氣要不是像個旁觀者，就是只帶點同情，從文字中嗅不出分毫他個人對猶太人的關心。[12]蒙田日後到義大利旅行，參觀了猶太會堂且目睹割禮，但他對這些事物的好奇就跟面對其他事物，例如新教儀式、處決犯人、妓院、整人噴泉、岩石花園與罕見傢俱一樣，看不出有什麼不同。

蒙田也對近來一些難民的「改信」深表懷疑——其實事實很明顯，這些人改信並非出於己意。有些人認為，蒙田這種懷疑其實是變相挖苦母親的家族，而這點並不令人意外。蒙田的政治生涯不斷遭受母親在波爾多的親戚百般刁難，他甚至與安東妮特相處得不太融洽。

蒙田的母親顯然是位個性強悍的女子，然而傳統的限制使她無法掌握權力，同時也使她飽受挫折。她跟當時的女性一樣，年紀輕輕就出嫁，而且或許沒有多少選擇的權利。皮耶・艾坎的年紀顯然比她大上許多：根據一五二九年一月十五日的婚姻文件記載，皮耶當時三十三歲，而安東妮特則是「適齡」。適齡二字可能意謂著從十二歲到二十五歲之間的任何年齡，畢竟蒙田的母親懷最後一胎時已經是婚後三十年的事，因此我們應該可以認定她的年齡相當年輕。她在蒙田之前已生了兩胎，然而都未能存活。生下蒙田時她可能只有十來歲，但這已經是她結婚第四年的事了。[13]

即使安東妮特初為人婦時曾有過稚氣、嬌羞的一面，但這些特質如曇花一現，很快就消失無蹤。從她人生各個時期留下的法律文件，可以看出她是一名性格暴烈、堅持己見且極為幹練的女子。她的丈夫於一五六一年擬就的第一份遺囑（雖然他日後做了更動），將家中大小事全託付給妻子而非長子。此時的皮耶．艾坎要不是對米修（快二十八歲了）缺乏信心，就是對妻子有著很高的評價——尤其是在一個咸信女性沒有理性思考能力的時代裡。[14]

皮耶於一五六七年九月二十二日擬了第二份遺囑，當中顯示他對兒子的能力已經大為放心，但此時的他似乎想利用這份遺囑來提醒妻子要疼愛自己的子女，同時也囑咐自己的子女應該尊重與敬愛自己的母親。他顯然擔心妻子與長子無法和睦相處，所以他吩咐蒙田，如果他與母親無法共處一室，那麼他必須想辦法為母親另覓良居棲身。但安東妮特在丈夫死後還是與兒子一家人共同居住了很長一段時間（直到一五八七年左右），儘管相處起來並不是非常愉快。一五六八年八月三十一日，蒙田與母親簽訂了一份法律文件，言明安東妮特有權享有「子女對她的敬愛、尊重與侍奉」，她理當擁有僕役在身邊伺候，每年也能得到一百圖爾里弗爾（livre tournois）的零用金。相對地，安東妮特必須承認蒙田對城堡與莊園擁有「命令與支配」的權力。從這份契約可以看出，安東妮特覺得自己沒有受到妥善的照顧，而蒙田則希望母親停止過問家中的大小事務。[15]

然而母子二人的關係並未因此改善，反倒是愈來愈惡化。安東妮特在一五九七年四月十九日（她的兒子已經去世五年，而她還活著）擬好的遺囑中表示，她不想葬在莊園裡，也不想把遺產分給蒙田的女兒雷歐娜（Léonor）。安東妮特抱怨當初她帶來的嫁妝應該用來購買更多的地產，卻沒有這麼做。她又說道：「我在蒙田家跟著丈夫工作了四十年，我勤奮努力、照顧與管理，讓這個家興旺起來，家產也日漸增長。」她的兒子蒙田一輩子享盡了好處，孫女雷歐娜也一樣，他們的生活已經夠「富有」了，因此不需要把遺產分給他們。最後，安東妮特提到，她知道自己已經到了「意見容易被忽略的年紀」；她可能已經八十歲左右。顯然，她擔心有人會以年紀大而腦筋不清楚為由，拒絕履行她的遺囑。

從《隨筆集》頻繁出現對自己懶散與笨拙的懺悔，不難看出安東妮特為什麼認為莊園在蒙田主持下受到荒廢。蒙田覺得這些實際的管理事務實在令人厭煩，因此他總是盡可能地規避責任。比較令人驚訝的是，安東妮特竟然也對自己丈夫皮耶有相同的怨言，而這一點與《隨筆集》的描述有很大的差異。蒙田筆下的父親是一名精力充沛的男子，他勇於負責，而且不斷地改善莊園——只要有一丁點兒不滿意，他就會按捺不住，親自前去處理。[16]

皮耶．艾坎．德．蒙田生於一四九五年九月二十九日，因此勉勉強強算是十五世紀的人物。[17]他的言行舉止與兒子的世界有著極大的反差。皮耶遵循貴族傳統，選擇從軍做為自己的職業，他也是艾坎家第一個這麼做的人。蒙田並未追隨父親的腳步：身為貴族，他必須隨身佩戴刀劍，但這些武器似乎沒能派上用場，至少《隨筆集》很少提到他拔劍。與蒙田同時的布朗托姆（Brantôme）形容蒙田「拖著」劍在鎮上走動，說他寧可帶筆也不願佩劍。[18]這樣的誹謗從未落到皮耶頭上，因為他一有機會就自告奮勇地加入法國在義大利的戰事。

從一四九四年開始，法國軍隊就定期攻擊、征服義大利半島上的小邦國，這種情況一直維持到一五五九年《卡托．康布雷西斯和約》（Peace of Câteau Cambrésis）簽訂為止，才結束了法國外力入侵的歷史，並由此開啟法國真正的十六世紀災難：內戰。法國在義大利從事的冒險行為造成的損害不大，但代價高昂且毫無意義，許多參與義大利戰事的士兵身心都出現創傷。皮耶投入戰場大約是一五一八年的事。除了隔年短暫回鄉休息外，他一直在外征戰到一五二九年初，而後才返鄉結婚。[19]

十六世紀的戰爭不再是馳騁沙場的風光景象，更多的是骯髒汙穢不堪入目的狀況。士兵們飽受失溫症、熱病、飢餓、疾病、刀傷與槍傷感染的荼毒，而這些痛苦當時尚無有效方式可以治療。此外，在圍城戰中，不僅是士兵，就連民眾也遭受敵軍斷糧逼降的威脅。皮耶也許參與了一五二二年米蘭與帕維亞（Pavia）的圍城戰，或許還參加了一五二五年慘烈的帕維亞圍城戰，這場戰爭最後造成法軍大量傷亡，就連法國國王也淪為階下囚。皮耶晚年時經常向家人談起這些令人毛骨悚然的戰爭經驗，包括好幾個村子的居民在飢餓下求生無門，索性「全體」自殺的故事。如果蒙田成長的過程中變得寧可拿筆而不願持劍，這或許是原因之一。

義大利戰爭就某方面來說也許不甚光彩，但它確實產生了教育功能，大幅提升法國人的知識水準。法國人在圍城戰以外的時間，看到了許多令人眼睛為之一亮的事物，例如科學、政治、哲學、教育以及當地流行的風俗習慣。雖然義大利文藝復興此時已盛極而衰，但義大利仍是歐洲最文明的地區。法國士兵在這裡學習到全然不同的思維方式；當他們返鄉時，也將這些新的發

矯健的皮耶宛若十六世紀的體操手。

現帶回國內。皮耶顯然也是深受義大利文明影響的貴族之一，旅行不僅增廣他們的見聞，在充滿魅力的近代化領袖法蘭索瓦一世（François I）的帶領下，他們受文藝復興的薰陶也更深一層。法蘭索瓦之後的法國國王放棄了他的文藝復興理想，在內戰期間，每個人也喪失了對未來的信仰——然而，皮耶年輕時看到的一切確實使他產生許多的想像，至於幻滅則是很久以後的事。儘管如此，日後回想起文藝復興的理想，還是足以讓他興奮莫名。[20]

皮耶與他的兒子體格大致相仿，唯一的差別是他的言談舉止帶有軍人的氣質。蒙田形容父親是個「個子嬌小的男子，充滿活力、姿態端正且穠纖合度」，有著一張「吸引力十足且容易曬黑的臉龐」。他的身材勻稱，而且始終保持標準的體格。他喜歡在木棍上掛滿鉛塊，利用舉重來訓練他的二頭肌，或者在鞋底加上鉛塊，鍛鍊自己跑步與跳躍的能力。跳躍尤其是皮耶的特長。「他的跳躍能力在許多人心中留下不可思議的印象」，蒙田寫道：「我親眼目睹年過六十的他做出的矯健動作，確實讓我們這些年輕人汗顏：他穿著毛皮長袍跳上馬鞍，用拇指撐起身體翻跟斗，每次回房時總是三、四個階梯當一個階梯爬。」[21]

這位宛如威廉老爹（Father William）❶般的人物還有其他優點，而這些長處主要是他那個世代特有的性格，與蒙田這個世代稍有不同。皮耶認真嚴謹，要求自己的外表穿著要整齊美觀，對所有事情表現出「負責謹慎」的態度。皮耶身手不凡，加上他的騎士風度，自然深得女性青睞。蒙田形容他「總是能把女人照顧得服服貼貼，這是他的本性使然，但他的技巧也確實高明」。為了取悅女性，皮耶甚至可以跳上餐桌。至於性方面的越軌行為，皮耶告訴兒子的說法前後不一：一方面他提到「相當隱私的內容，特別是他與一些有身分地位的女性之間的關係，且說得繪聲繪影」，另一方面「他又鄭重宣誓，結婚前他仍是處子之身」。蒙田似乎不大相信父親的說詞，他只是淡淡地說：「這個人在結婚前可是在義大利戰場待了很長一段時間。」

皮耶從義大利返國然後結婚，之後便開始了在波爾多的政治生涯。一五三〇年他獲選為法官與市政官員，一五三七年當上副市長，一五五四年終於成為市長。這段時間剛好是波爾多遭遇艱難的時期：一五四八年，地方新課徵的鹽稅引發了暴亂，而「法國」為了懲亂，剝奪了波爾多各項法律權利。皮耶身為市長，努力地恢復城市財富，但各項特權要重新追回，顯然需要很長一段時間。壓力腐蝕了他的健康。正如皮耶講述的戰爭殘暴故事使蒙田對軍旅生活敬而遠之，此時蒙田眼見皮耶為了市政而身心俱疲，因而也萌生遠離政治的念頭。只是在三十年後，他還是追踵父親，成為波爾多的市長。[22]

皮耶曾提出一些絕妙的點子，其中包括類似十六世紀 eBay 的概念。他提議每座城鎮應該設立一個地點，讓每個人可以宣布他需要的事物給大家知道：「我想賣珍珠；我想買珍珠。某人想結伴一同前往巴黎；某人想找符合某些條件的僕人；某人想找雇主；某人想找工人；某人要這個，某人要那個。」[23]他的想法聽起來很合理，但不知何故，他的計畫並沒有實現。

皮耶另一個不錯的點子是把每天發生的事記錄下來，例如他自己記錄了莊園裡發生的大小事：僕役的雇用與去職，各種財務與農業資料。皮耶鼓勵兒子也這麼做。在他死後，蒙田起初還認真照做，但最後不了了之，只留下一份未完成的文件。「我覺得自己實在太蠢了，居然沒有持續下去」，他在《隨筆集》中寫道。他的確努力賡續父親開始的一項記錄，借用現成的曆書印刷品來進行，這種曆書稱為天體曆（Ephemeris），製作者是日耳曼作家米歇爾・波特（Michel Beuther）。蒙田的記事只少了幾頁，保留得相當完整，當中寫滿了他與其他家族成員的筆記。一年三百六十五天，每一天都有完整的一頁供人記錄。此外，上面還印了歷史上這一天曾發生的大事，並且留有空白讓你逐年增補記事。蒙田使用波特的天體曆記錄一生中家族成員的誕生、他的旅行，以及重要人物的來訪。他相當忠實地記下這些事情，卻總是把發生的日期、年齡與其他精確的訊息搞錯。[24]

皮耶顯然相當熱愛工作，致力於開發莊園。儘管如此，皮耶的妻子還是滿腹怨言。或許令安東妮特不悅的是皮耶傾向改善莊園，而非添購新的地產；此外，皮耶似乎有虎頭蛇尾的習性。

他後來放棄了開設貿易站的想法，之所以如此，與其說是現實考量，不如說是他的性格使然。皮耶去世的時候，蒙田繼承了許多半途而廢的工作，他總認為自己可以接續完成，然而實際上沒有任何一樣順利結尾。荒廢的建築工地看了最讓人惱火，或許蒙田的處理方式就是置之不理；相反地，他的母親安東妮特看到這種狀況，則是暴跳如雷。[25]

這些中途放棄的工作也顯示皮耶的精力已大不如前；從六十六歲開始，腎結石便逐漸耗盡他的元氣。在人生最後幾年，蒙田總是看見父親痛苦地蜷曲身子。他永遠無法忘記首次目擊病症發作時的震撼，無預警的疼痛讓皮耶當下昏了過去，蒙田趕緊摟住父親。皮耶最後可能是因為腎結石或其他層出不窮的併發症而去世。他死於一五六八年六月十八日，享年七十四歲。[26]

早在去世之前，皮耶就已經擬妥新遺囑以取代原先的遺囑。第一份遺囑隱約顯示皮耶對蒙田的能力存有疑慮，但在新遺囑中，他把照顧弟妹的責任交付給米修，要他擔負起父親的角色。他在遺囑中明確寫著：「他必須取代我的位置，代替我來照顧他們。」蒙田的確擔負起父親的角色，而且一直覺得這是個重擔。[27]

在《隨筆集》中，蒙田是以皮耶的反面形象出現，經常在誇讚父親之後，指出自己是完全相反的典型。他一方面描述皮耶對建設莊園投注的熱情，另一方面則以近乎喜劇的誇張手法，形容自己對這類工作既缺乏能力又毫無興趣。他說，無論自己做了什麼，不管是「完成一道停工許久的圍牆，還是修繕破舊的建築物」，都是為了榮耀記憶裡的父親，而不是為了滿足自己。十九世紀的哲學家尼采曾提出警告：「人們不該努力超越自己的父親，那只會讓自己精神失常。」大致來說，蒙田「並未」嘗試這麼做，所以他還能保持神智清醒。[28]

蒙田知道自己欠缺實際的生活技能，但他了解自己的長處，特別是在文學與學問上面。皮耶對書籍的了解相當有限，但他對書籍的熱愛卻難以衡量。在蒙田眼裡，他的父親就跟他那個世代的人一樣，把書當成膜拜的對象，而且花費很大的工夫找來作者，「將他們當成聖人一樣在宅邸中接待」，並「將他們的言談話語當成神諭一樣收集」。[29]然而皮耶對於書本欠缺理解；按照蒙田的講法，他也許可以用拇指撐起身子翻跟斗，表現他的男子氣概，但談到書籍這種需要動腦的事物，他可就一籌莫展了。皮耶崇拜書，卻不懂書裡面寫什麼。他的兒子正好相反。

蒙田正確指出了皮耶那個世代的特點。十六世紀初的法國貴族喜歡一切看似聰慧且具有義大利文藝復興氣息的事物；他們有意與上一輩粗鄙無文的形象劃清界線。但蒙田卻沒有發現，自己對盲目崇拜書本的反感，其實正反映出「他」這個世代的特徵。許多父親讓自己的兒子學習文學與歷史，訓練他們批判性思考，要他們往復論辯古典哲學，就像玩拋球的雜耍戲法一樣。而這些兒子感謝父親的方式，卻是視書本如糟粕，擺出了拒斥的態度。有些人甚至試圖恢復老一輩反對鑽研學問的傳統，彷彿這是一種前所未有的激進嘗試。

蒙田這個世代的人普遍帶有一股厭倦與乖僻的傾向，然而在反叛精神中也孕育著一種新形式的創造力。我們不難了解這個世代的人為什麼充滿憤世嫉俗的情緒：他們眼睜睜地看著指引自己成長的理想淪為可怕的笑話。在早期思想家口中為教會帶來清新空氣的宗教改革，最終卻引發了戰爭，使整個文明社會遭受毀滅的威脅。文藝復興美麗、均衡、清晰與理智的原則，逐漸被暴力、殘忍與極端主義神學所取代。蒙田生存的那半個世紀，法國受到災難性的破壞，致使它需要「另外」半個世紀的時間才能恢復。就某方面來說，法國一直未能恢復元氣，因為十六世紀晚期的動亂，使它未能像英格蘭與西班牙一樣在新世界裡建立龐大的帝國，而法國也因此過度閉鎖在國門之內。蒙田去世時，法國的經濟已飽受疾病、饑荒與戰亂的殘虐。無怪乎蒙田這個世代的年輕貴族全成了學養豐富的厭世者。

蒙田也帶有這種反智傾向。他在成長的過程中，逐漸覺得人類唯一的希望就在於農民的單純與無知。農民是近代世界真正的哲學家，是塞內卡與蘇格拉底這類古典哲人的繼承者。只有他們才知道如何生活；或者精確地說，除了生活，他們什麼都不知道。蒙田因此轉而崇拜無知，這狠狠給皮耶打了一記耳光。

然而這種反璞歸真的現象與中世紀的反智不完全相同。蒙田的隨筆與大膽陳述，以及總是在自己的文章結尾添上一句不確定的話語，這些都足以說明他與中世紀貴族有所分別。蒙田在文字末尾隱約或明白寫上「不過我不確定是否真是如此」，這種做法顯然迥異於舊日的作風。皮耶的理想仍然在蒙田身上留存著，只是形式變了：它變得柔和、陰沉，而且剝奪了所有的確定性。

實驗

這種質疑確定性與偏見的傾向，也許源自於家族特質。在教會分裂期間，艾坎家族以不涉入教派間的爭議著稱（蒙田以「聞名」二字來形容）。絕大多數艾坎家族的成員仍信奉天主教，但還是有一些人改信新教；儘管如此，家族內部很少有人對此表達不滿。當一名信奉新教的年輕艾坎家族成員顯露出極端的傾向時，蒙田的朋友拉博埃西便會奉勸他不可如此：「你的家族向來重視和諧，你應當珍惜這份優良的名聲——我尊敬你的家族，一如我尊敬世界上其他的家族。老天，這是多麼了不起的家族啊！它的成員所作所為完全符合一名受尊敬的人該有的舉止。」[30]

這個令人尊敬的家族也是個人口眾多的家族。蒙田有七個弟妹，這還不包括在他之前出生、已經夭折的兩名兄姊，也因此他成了長子。他與其他弟妹的年齡相差甚多，差距最大的幾乎隔了一個世代；最小的弟弟貝特隆（Bertrand de Mattecoulon）出生時，蒙田已經二十七歲。[31]

就目前所知，蒙田的弟妹中沒有人像他小時候那樣獲得許多關注與教育。皮耶的女兒接受的應該是當時一般女性的教育，也就是說，幾乎沒受過教育；其他兒子接受的也是比較傳統的教育。在艾坎家，關於孩子的資料記載最詳盡的就是蒙田——他不只受過教育，還成了史無前例的教育實驗對象。

這場不尋常的實驗從蒙田出生後不久即告展開，他被送到鄰近村落的窮人家中生活。找農民當奶媽是當時相當普遍的做法，但蒙田的父親希望兒子除了品嘗農民的乳汁外，也要了解一般平民的生活方式，好讓他能與這些最需要「領主」協助的人相處融洽。皮耶不是把奶媽帶到嬰兒身邊，而是把嬰兒送到奶媽家，並且讓他住在那裡直到斷奶為止。就連在受洗命名時，皮耶也讓「最底層的民眾」抱著襁褓中的蒙田到洗禮盆前。從一開始，蒙田就產生一種印象，他既是農民中的農民，同時又與眾不同。這種混雜的情緒將會跟著他一輩子。他覺得自己很平凡，但也了解自己的平凡造就了自己的不平凡。[32]

送村計畫有一項缺點是皮耶未曾想到的：與陌生人一起生活，蒙田勢必無法和自己的親生父母建立「紐帶關係」（我們也許可以用這個詞來形容）。這一點或許可以適用在所有由奶媽帶大的孩子身上，但絕大多數孩子除了吃奶的時間外，主要還是跟自己的母親在一起。蒙田顯然不是如此。如果二十與二十一世紀的觀念是有效的（當然也有可能不成立，也就是說，母子之間的紐帶關係，很可能就跟孩子與奶媽一樣淡薄），那麼生命最初關鍵幾個月的分離，將永久影響他與母親的關係。然而，以蒙田自己來說，他認為這個計畫相當有效；他還奉勸讀者，可能的話最好照著做。蒙田說，讓你的孩子「在平民與自然的法則下，由命運來養成」。[33]

當蒙田返回城堡時，無論他的年紀多大（或許一兩歲），他與寄養家庭之間的關係勢必馬上中斷，因為這場教育實驗的第二階段，將與第一階段完全不相容。回到親生父母身邊之後，已經成了小農民的蒙田，現在要學習以拉丁文做為他的母語。

到目前為止，蒙田在寄養家庭聽到最多的語言，是當地通行的佩里戈爾方言。如果蒙田的年紀已經大到能吃他們的食物，那麼他的耳朵應該也已習慣他們的語言，儘管他還沒能學會怎麼說。蒙田現在必須跳過這個語言直接學習拉丁文，而且要越過他未來用來書寫的語言：法文。對任何人來說，光是想像這樣的計畫就已令人感到吃驚，遑論付諸實行，而它也顯示出實際的困難。皮耶只懂一點拉丁文，他的妻子與僕人則對拉丁文一竅不通。即使到外地尋訪，當時也已經沒有人以拉丁文為母語。在這種情況下，皮耶憑什麼認為他可以讓蒙田流利地講出西塞羅與維吉爾的語言？

皮耶想出的解決方式分成兩個步驟。第一步是聘請一名家庭教師，雖然母語不是拉丁文，但至少要說出近乎完美的拉丁文。皮耶找來日耳曼人霍斯特博士（Dr. Horst），他最大的長處就是精通拉丁文，但幾乎不懂法文，更甭說佩里戈爾方言。如此一來，他就只能以拉丁文與小蒙田溝通。因此，霍斯特博士或霍斯塔努斯博士（Dr. Horstanus，以拉丁文拼寫後的名字）從最初階段開始——蒙田說「從我牙牙學語的時候開始」——就成為蒙田人生中最重要的人物。[34]

第二步是禁止家中任何人以任何通行的語言與蒙田說話。如果他們想叫蒙田吃早餐，他們必須使用拉丁文的祈使句，並且依照文法格式做相應的語尾變化。每個人都要適切地學習一定程度的拉丁文，包括皮耶在內，他必須溫習兒子學會的拉丁文知識。蒙田寫道，因為這個緣故，每個人都學到了一點拉丁文：

我父母學習的拉丁文已足以讓他們聽懂這個語言，而他們也懂得各種必要的拉丁文語彙；我的貼身僕人當然也必須懂一點拉丁文。所以我們全家上上下下都拉丁化了，這種現象甚至一路蔓延到村子裡。直到現在，因為經常使用的緣故，村子裡已經習慣用拉丁文來稱呼工匠與一些器具。至於我，則一直要到六歲之後，了解的法文或佩里戈爾方言才超過阿拉伯文。

因此，「不用不自然的方法、不用書本、不用文法或規則、不用鞭子、不用流淚」，蒙田就學會了拉丁文，而且說得跟他的老師一樣流利，甚至比霍斯特還要自然天成。蒙田後來遇到的老師，每位都誇讚他的拉丁文既臻於完美，且切實中用。[35]

皮耶為什麼要這麼做？思索這個問題，馬上讓我們感受到五百年的時代隔閡，確實造成我們理解上的障礙。今日許多人一定會認為，為了一個死掉的語言而讓親子分離，這種舉動實在過於瘋狂。然而在文藝復興時代，這麼做可以得到的報償值得人們做這樣的犧牲。精通優美而文法正確的拉丁文，是人文主義教育的最高目標：它不僅打開通往古代世界（被認為是人類智慧的寶庫）的大門，也開啟了走向現代文化的坦途，因為絕大多數學者仍以拉丁文寫作。拉丁文是拓展事業的敲門磚，是從事法律事務與成為政府官員的必要條件。凡是能說拉丁文的人，都能獲得拉丁文給予他的神奇祝福。如果你能說一口好拉丁文，你的思路也一定能清楚通透。皮耶想讓自己的兒子獲得人們所能想像的最大優勢，使他不僅能連結古代的失樂園，也能連繫成功的個人未來。

皮耶為蒙田規畫的學習「方式」，也顯示出當時的理想。許多男孩在學校裡辛苦地學習拉丁文，羅馬人卻不需要這麼做：他們說拉丁文就像呼吸一樣自在。當時有一種說法認為，正因今人以不自然的方式學習這個語言，他們智慧或靈魂的偉大，才會永遠無法與古人等量齊觀。[36]

皮耶的做法絕非殘酷的實驗，至少就外表來看不是如此。新教育理論強調學習應該愉快，因此孩子唯一需要的動機就是他們內在固有的知識欲望。等到蒙田年紀稍長，開始學習希臘文時，同樣也是在愉快的精神下進行。「我們把球拋向空中，在它還沒落地時必須講出語尾變化」，蒙田回憶說：「就像有些人利用西洋棋來學習算術與幾何學一樣。」他的希臘文沒能學成，他日後坦承自己對這個語言所知有限。[37]然而一般來說，這種快樂主義的教育方式確實對蒙田帶來影響。由於他早期的學習完全是在好奇心的引領下進行，使他成長為一名具有獨立心智的人。他完全出於己意選擇未來的路徑，而非一味順從責任與紀律——他的父親恐怕沒想到自己的做法會造成這麼深遠的影響。

除了教育之外，蒙田的童年生活也奉行類似的自由原則。當時的人認為，「早上突然把孩子搖醒會傷害孩子柔軟的腦袋」，所以皮耶每天像吹笛人引誘眼鏡蛇一樣，在床邊彈奏魯特琴或其他樂器，利用哀傷的曲調吸引蒙田下床。蒙田從未遭受過體罰；他只吃過兩次棍子，但都相當輕微。那是一種「智慧與機敏」的教育。[38]

皮耶的想法源自於他喜愛的幾位學者朋友，有些或許來自他在義大利遇見的人士。然而，他

皮耶在床邊彈奏魯特琴，吸引小蒙田下床。

接受的這些觀念其實都可追溯到荷蘭人鹿特丹的伊拉斯謨斯（Erasmus of Rotterdam）身上，他撰寫的教育論文在二十年前傳入義大利，並且在當地奠定基礎。蒙田表示，這套教育計畫是他父親「窮盡各種方式進行研究，請教了許多學者與智者」才得出來的。[39] 這是皮耶典型的風格，同時具備學者的觀念與他個人的奇想。這項實驗顯然是由皮耶而非安東妮特一手主導，人們應該很想知道她對此做何感想。蒙田一出生就被送往農家，這已經使他與母親產生隔閡，此時他的教育又是如此，更增添了母子間的疏離。現在他們住在同一棟房子裡，但語言與文化卻彷彿來自不同的星球。雖然蒙田表示母親為他學習拉丁文，但她不可能嫻熟這個語言。蒙田也提到，皮耶的拉丁文僅僅只有基礎程度。即使這個實驗真的像蒙田描述的那麼嚴謹（我們只能從最好的方面去想），他的父母也只能用造作不自然的方式與兒子交談。霍斯特就算再怎麼學識淵博，也無法完全下意識地使用拉丁文和蒙田溝通，這顯然與「自然」的學習有一段距離。我們因此有理由懷疑（乃至於預料）皮耶的教育計畫，有時會有窒礙難行之處，但蒙田卻從未提到這一點；相反地，他認為這項實驗非常成功。

從培養蒙田使他能以拉丁文為母語的角度來看，早年的這些努力確實具有成效，只是這些效果未必能夠傳之久遠。在疏於練習之下，蒙田的拉丁文最後也只是跟其他受過良好教育的年輕貴族一樣程度。儘管如此，拉丁文已經深植於他的內心之中。數十年後，當父親因腎結石發作而昏厥，蒙田摟住他時大聲叫嚷的竟是拉丁文。[40]

蒙田受的教育對他影響最大的主要是他的人格。蒙田幼年的生活經驗帶給他很多好處，但同樣也造成傷害。他不僅與家人分離，也與當時的世界脫節。這麼做固然使他擁有獨立的心靈，卻也使他失去締結人際關係的機會。蒙田在古代最偉大作家的陪伴下成長，對於鄰近的法國地方作家一無所知，他因此對自己有很高的期許。然而，他也因此對其他比較傳統的事物興趣缺缺，因為他總是質疑其他人追求的目標。年輕時期的蒙田特立獨行，他不需要與人競爭，只需要展現自我。他在成長過程中遭受極其古怪的限制，相信沒有任何一個孩子有過像他這樣的經歷，但也沒有任何一個孩子擁有像他一樣近乎無限的自由。他的自我自成一個世界。

蒙田最後還是精通了法文，不過他使用的法文，並非往後幾世紀的作家堅持使用的那種嚴謹而完美的法文。蒙田的寫作具有他個人獨特的風格；有人可能指責他的文字讀起來活像未受過訓練的鄉巴佬。對蒙田來說，法文不同於拉丁文，它只是可有可無的語言。他在《隨筆集》中提出了古怪的解釋，說法文不可能像古典語言那樣永久流傳，因此他的作品絕對不會存在太久，他可以隨心所欲不計毀譽地寫作。事實上，正因為毋須拘執於完美無瑕，才使得蒙田樂於用法文書寫：如果法文本身就不完美，那麼使用法文時，也就少了追求完美的壓力。[41]

蒙田不太喜歡唯心主義的想法，但在教育上他卻贊成父親的實驗。當他撰寫教育方面的文章時，他的觀念看起來像是比較穩健一點的皮耶——皮耶的想法太極端，很難讓其他人接受。與蒙田同時代、風格也與其接近的作家塔布洛・德・阿寇德，的確提到有一群士紳想一起建立一個拉丁文社區，讓他們的子女在裡面生活，因為光憑一個家庭要營造出說拉丁文的環境實在太難了，但最後這個計畫似乎沒有成功。[42]

十六世紀「以孩子為中心」的教育，其中比較不古怪的面向的確在往後數年不斷發展，而且持續至今。在十八世紀，盧梭狂熱地崇拜以自然方式養育小孩的方法。他從蒙田身上借用了一些觀念，特別是蒙田在有關教育的隨筆中提到的一些不尋常的指示。

蒙田必然會寫下一些指示，因為〈論教育〉這篇隨筆其實是有孕在身的鄰居，顧爾松女伯爵（comtesse de Gurson）黛安娜・德・弗瓦（Diane de Foix）委託他寫的，她希望蒙田能指點她如何讓孩子（假設是個男孩）的人生有個最好的開始。蒙田的建議顯示他非常贊同自己幼年的經驗。他說，首先，她必須充分克制自己的母性，然後找個外人擔任兒子的老師。父母太容易受到親情的牽絆，他們會忍不住擔心孩子是否因為淋雨而著涼，或者從馬上摔下來，或者在練習擊劍時受傷。家庭教師一方面要能勤教嚴管，另一方面也不能太過嚴酷。學習應該是一件快樂的事，孩子在成長過程中應該想像智慧是帶著笑臉的，而非充滿凶猛可怕的神情。[43]

蒙田指責許多學校採行的野蠻方式。「停止使用暴力與強迫學習的方法！」蒙田說。如果你在授課時間進到學校，「你只會聽到被責罰的孩子的哭聲，與盛怒教師的吼聲」。這種教育方式只會讓孩子終身拒絕學習。

學習不一定需要書籍，想學習跳舞就實際去跳舞，想學習彈奏魯特琴就實際去彈奏魯特琴。思考也是一樣，生活更是如此。每個經驗就是一次學習的機會，包括「侍從的惡作劇、僕人犯的錯誤、餐桌旁的議論」。孩子應該懂得對每件事提出質疑，「仔細探查事情的原委，不能只因為權威與信任就接受別人的說法」。旅行可以增廣見聞，社交也是一樣；孩子可以藉由社交學習向他人敞開心房，並與周圍的人相處。乖僻的性格愈早消除愈好，否則會在人際關係上出現障礙。「我曾經見過有人討厭蘋果的香味更甚於火繩槍擊發的火藥味，有人怕老鼠，有人看到鮮奶油就想吐，還有些人則看到膨鬆的羽絨被就逃之夭夭。」這些詭異的習性都是良好關係與生活的絆腳石。這些都是可以避免的，因為年輕人的可塑性很高。

或者至少在一定程度之內，年輕人的習性很容易被改變。蒙田說，不管再怎麼努力，你都無法真正改變本性。你可以引導它或訓練它，但無法擺脫它。蒙田在另一篇隨筆中寫道：「只要願意聆聽自己的聲音，任何人都可以發現自己有一套習性，一種與生俱來的性格，它會頑強地抗拒教育。」[44]

不難想像皮耶對人性的看法不像蒙田那樣宿命論；他認為年輕的蒙田「可以」被塑造，因此實驗再麻煩也值得一試。皮耶抱持著「人定勝天」的一貫態度，像建設與開發自己的莊園一樣，著手打造與培育自己的兒子。

可惜的是，跟其他計畫一樣，皮耶培養兒子的工作並沒有完成，至少蒙田是這麼認為。六歲時，蒙田突然從原本特別為他打造的溫室中被移出，並且像其他孩子一樣被送進學校裡念書。終其一生，蒙田一直深信這是他自己的錯：他的冥頑不靈——他的「本性」——終於讓父親對他袖手不管。然而，也許蒙田的父親只是屈服於傳統，特別是過去給他建議的人，此時已不在他身旁出謀劃策。然而更有可能的是，皮耶早就打算在蒙田到達某個歲數時，送他到學校上課。蒙田不了解父親的盤算，因而將父親的做法解讀成對自己的批評，但這一切完全是子虛烏有。這是個多階段的進程，從農民家庭到學習拉丁文再到學校，目的是為了讓蒙田成為一名完美的士紳，除了具有獨立心靈，必要時也能夠融入社會。在這種情況下，到了一五三九年，蒙田必須與其他同年齡的男孩一起就讀波爾多的吉衍學校（Collège de Guyenne）。[45]

到一五四八年為止，蒙田至少要在這所學校待上十年的時間。雖然他終將適應這裡的生活，但起初學校的一切卻帶給他極大的震撼。首先，在鄉野過著無拘無束生活的蒙田，必須試著習慣城市的環境。波爾多離蒙田家約四十英里，即使騎乘快馬也要數小時才能抵達。這趟旅程也因為必須橫渡多爾多涅河而格外費時。渡船從綠意盎然的和緩山丘與葡萄園搭載旅客，下船的地方則是波爾多商業區的核心——一個完全不同的世界。

城市四周圍起高牆與外界完全隔絕，居民緊密聚居於岸邊。十六世紀的波爾多，面貌與今日迥然不同，古老的街道早於十八與十九世紀拆除，取而代之的是大道與巨大的乳脂色建築，使波爾多披上一層略微抽象的外衣。在蒙田時代，波爾多完全不是乳脂色，它是一座人口稠密的城市，擁有約兩萬五千名居民，市容繁忙熱鬧。波爾多旁的河川駛滿貨船，岸邊設有卸貨碼頭。這裡的貨物主要是葡萄酒，空氣中混雜著醃漬的魚、鹽與木材的香氣。[46]

抵達吉衍學校之後，人的心情會為之一變。這座學校位於城內一處寧靜的區域，周圍環繞著榆樹，遠離市中心商業區的吵雜喧囂。雖然蒙田對此地有所批評，但不可否認，這裡的確是一所優秀的學校，它的課程與教學方法肯定會讓現代人感到震驚。所有的教學內容都以死背拉丁文為核心，蒙田在這門科目上顯然有很大的優勢，他的老師們想必會對他的表現感到吃驚。在學校裡，師生間的交談必須以拉丁文進行。就跟在蒙田家一樣，學校裡經常可以聽見古怪不自然的對談聲調——然而兩者之間也只有這點類似。在學校裡，沒有人彈奏輕柔的樂曲；學校的教育也不強調快樂。但更令小蒙田震撼的是，他不再是世界的中心。

蒙田現在必須學習與其他人和睦相處。早上的課程是仔細研討文學作品，通常使用的是像西塞羅這類最無法引起年輕學子興趣的作家作品。下午，學生在毫無具體例子的情況下抽象地學習文法。到了晚間，由老師朗讀文章並分析，學生則要記憶與複誦這些內容。

起初，蒙田對拉丁文的精通使他輕易超越了同儕。然而其他學生程度的低下也對他造成不良的影響，甚至使他的拉丁文大為退步。因此蒙田說，當他離開學校時，所擁有的知識反而比入學前更少了。[47]

事實上，吉衍學校已算是相對前衛而開放的學校，蒙田對於學校生活其實也頗能樂在其中，只是他不願坦承。到了高年級時，學生開始在演說與辯論上力求表現，當然使用的全是拉丁文，但學生專注的重點與其說是內容，不如說是鋪陳的方式。蒙田在這個階段養成了修辭的技巧與批判性的思維，而這將影響他的一生。蒙田或許也是在這段時期開始使用「筆記本」（commonplace book），用來記下閱讀時看到的片段知識，並且發揮自己的創意加以分類比對。之後，十幾歲的蒙田開始研讀比較有趣的主題，包括哲學。然而遺憾的是，學校傳授的不是他喜歡的討論如何生活的哲學，而是亞里斯多德的邏輯學與形上學。課程中也有輕鬆的一面，學校的新教師馬克安東尼．穆雷（Marc-Antoine Muret）自己寫作與執導劇作，蒙田在當中飾演一角。事實證明，蒙田是個天生演員，（他自己寫道）他擁有出人意表的「自信神情，以及靈活的聲音與動作」。[48]

這些事情全發生在吉衍學校特別艱難的時期。一五四七年，高瞻遠矚的校長安德烈・古維亞（André Gouvéa）在保守政治派系施壓下被迫去職。[49]他前往葡萄牙，並且帶走了最優秀的教師。隔年，波爾多爆發動亂，鹽稅引發的暴動帶給蒙田的父親（當時擔任市長）極大的壓力。法國西南地區傳統上一直是免除鹽稅的，國王亨利二世（Henri II）才剛登基就突然開徵這項稅捐，不滿的情緒隨即延燒開來。[50]

反抗的群眾集結示威，從一五四八年八月十七日到二十二日，暴民們在街頭恣意縱火焚燒稅吏的房子。有些人看到狀似有錢人家的房子就進行攻擊，事態逐漸有擴大成全面性的農民暴動之勢。幾名稅吏遭到殺害，他們的屍體被拖到街上，再覆蓋上成堆的鹽巴，以凸顯訴求的核心。其中最糟糕的一起事件，是駐防波爾多的陸軍中將兼總督（國王的官方代表）崔斯坦・德・莫蘭（Tristan de Moneins）遭到私刑致死。莫蘭駐守在波爾多巨大的皇家要塞特隆佩特堡閉門不出，但群眾在堡外聚集，向他大聲叫囂。莫蘭或許是想藉由與民眾面對面商談來贏得對方的尊敬，於是大膽出城，但這是個錯誤。他被民眾活活打死。[51]

蒙田當時十五歲，學校因暴亂而停課，他閒來無事便上街一探究竟。他親眼目睹莫蘭被殺，那幅景象令他終身難忘。他的內心產生一項疑問（或許是第一次），這個疑問將以各種不同的面貌在他的《隨筆集》中出現：是抵死不從才能贏得敵人的尊敬，還是任由對方處置、擺出低姿態，才能說服對方或引起對方的同情？

在這個例子裡，蒙田認為莫蘭的錯誤在於他根本沒搞清楚自己想做什麼。他一方面勇敢地面對群眾，另一方面又喪失自信，表現出屈服的樣子，如此一來等於釋放出混亂的訊息。莫蘭也低估了暴民扭曲的心理。一旦民眾陷入狂暴難制的狀態，如果不使用懷柔，就只能進行鎮壓；這時候你不能期望他們像正常人一樣會同情你。莫蘭似乎不了解這一點，他以為民眾會跟他一樣對一個示弱的人表示憐憫。

莫蘭當然是個勇者，因為他毫無武裝地置身於「一群瘋子」當中。然而他唯一能全身而退的希望，就是必須從頭到尾保持大無畏的態度。他

> 必須態度一貫，絕不能放棄自己的角色；他後來遭受的慘劇，起因於一看到危險迫近就陷入恐慌。他的勇氣不翼而飛，表情也變得畏畏縮縮，說話的聲調充滿恐懼，眼神流露出驚惶與悔恨。他試圖躲藏的行徑激怒了群眾，說是自掘墳墓也毫不為過。

莫蘭被殺的一幕，以及那個星期接連出現的不安場景，令蒙田感到震撼，也讓他深刻體認衝突的心理狀態極其複雜。一個人身處危機之中，要做出正確的選擇並不容易。這場暴動之所以能夠平息，主要歸功於蒙田未來的岳父喬弗瑞・德・拉夏瑟涅（Geoffrey de La Chassaigne），是他促成雙方的和解。然而波爾多將因為這一連串不服從的行為而受到嚴懲。同年十月，蒙莫朗西騎士統帥（Constable de Montmorency）率領一萬大軍進駐當地；「騎士統帥」這個官銜原本的職務

是「主掌皇家馬廄」，此時已成為大權在握的重要官職。軍隊在波爾多停留了三個月，蒙莫朗西在此地實行恐怖統治。他鼓勵士兵像占領外國土地那樣進行搶掠殺戮，凡是被直接指認曾參與暴動的人，將處以車輪刑或火刑。波爾多在物質、財政與道德上遭受徹底羞辱，它喪失獨立的司法管轄權，它的火炮與火藥全數充公，它的「法院」（parlement）被解散，而且有一段時間必須接受法國其他地區行政長官的統治。波爾多還必須支付軍隊占領當地期間的所有費用。當莫蘭的遺體被掘出，並且重新安葬於主教座堂時，波爾多的官員必須跪在蒙莫朗西的住所前乞求饒命。[52]

在蒙田的父親（波爾多的市長）四處奔走下，波爾多逐漸恢復了各項權利，並且在國王密切關注下重新回復榮景。令人驚訝的是，如果我們把時間拉長來看，這場暴亂的確達成了它的目的。在暴亂震撼下，亨利二世決定不徵收鹽稅。然而這個代價實在太過高昂。

正當波爾多逐漸走出陰霾之際，一五四九年，城市爆發瘟疫。雖然疫情為期不長，規模也不大，但已足夠讓每個人不安地檢視自己的皮膚，或是在聽到咳嗽聲時提心吊膽。瘟疫也使學校暫時停課——不過蒙田此時或許已經離開波爾多。他大約在一五四八年左右畢業，準備展開下個階段的人生。

接下來直到一五五七年為止，這段漫長的時間，我們不清楚蒙田做了些什麼。他也許回到家鄉的莊園，也許被送進學院，完成最後階段的學校教育。年輕人在此學習貴族應有的技能，如騎馬、決鬥、打獵、紋章學、歌唱與跳舞。（若真是如此，蒙田唯一專心學習的大概就是騎馬，他日後表示自己只擅長騎馬。）在這段期間，蒙田勢必也研讀了法律。他在邁入成年時，一定在學校裡學習了身為年輕成功「領主」所需的各項有用能力與經驗（儘管他不喜歡這類經驗）。在各種探索中，有一樣最能取悅他的父親，那就是書籍，以及書籍為他開啟的世界。書籍不僅使蒙田不受吉衍葡萄園的限制，也使他從十六世紀枯燥乏味的學校課程裡解脫。

譯註

❶ 路易斯．卡洛爾（Lewis Carroll）《愛麗絲夢遊仙境》（*Alice in Wonderland*）中某首詩的主人翁。雖然年紀老邁，他卻還能倒立與前空翻，一副老當益壯的模樣。

Ch 4

我們問：如何生活？蒙田説：大量閱讀，然後把所學拋諸腦後，讓自己遲鈍一點我們無法想像蒙田像伊拉斯謨斯或詩人佩脫拉克那樣，把書本當成聖物來親吻。

如果有人覺得蒙田是一名治學認真的學者，他會發火。

蒙田閱讀的原則是從奧維德那裡學來的：讀書是為了追求樂趣。

「如果我遇到艱澀難懂的書籍」，他寫道：「我不會繼續苦思下去；我的做法就是放下這本書。我不做沒有樂趣的事。」

蒙田的文學興趣，差點因為過度鑽研西塞羅與賀拉斯（Horace）作品的文法，而胎死腹中。幸好在學校老師的協助下，他得以維持對文學的愛好。當老師看見蒙田閱讀娛樂性質的書籍時，並不會沒收這些作品。他們或許還會悄悄留下幾本，讓蒙田在不經意間發現——老師們刻意這麼做，使蒙田在享受閱讀的同時，又能滿足青少年反抗師長的樂趣。[1]

蒙田在七、八歲時找到一本不屬於他這個年紀該閱讀的作品，這部作品將改變他的人生，那就是奧維德（Ovid）的《變形記》（*Metamorphoses*）。[2]這本書收集了大量古代神祇與人類不可思議地變化外形的故事，要說文藝復興時代有什麼書與這部作品最類似，大概非童話大全莫屬。《變形記》與格林或安徒生童話一樣，充滿恐怖而有趣的內容。它迥異於學校的課本，足以讓充滿想像力的十六世紀男孩一邊讀一邊瞪大眼睛，連兩隻手也因為害怕而緊抓著書本不放。

在奧維德的書中，人會變化外形，會化身為樹木、動物、星辰、水流或無形的聲音。他們能改變性別，甚至會變成狼人。一個名叫絲奇拉（Scylla）的女子走進一座有毒的池子，發現自己的四肢變成像狗一樣的怪物；她無法從這些怪物脫身，因為牠們就是她。獵人阿克提恩（Actaeon）變成了一頭雄鹿，遭到他自己養的獵犬獵捕。伊卡魯斯（Icarus）飛得太高，結果太陽融化了蠟製的雙翼，使他活活摔死。國王與王后變成了兩座山。女神薩瑪西絲（Samacis）縱身跳入俊美的赫馬弗洛狄特斯（Hermaphroditus）沐浴的池子裡，像烏賊緊抓獵物一樣全身包裹著他，直到兩人的身體合而為一，成了一個雌雄同體的人。一旦開啟了對這類事物的興趣，蒙田便開始大量閱覽其他有著類似故事的書籍：先是維吉爾的《伊尼亞斯紀》（*Aeneid*），然後是泰倫斯（Terence）、普勞圖斯（Plautus）以及當時流行的各種義大利喜劇。蒙田閱讀了一些學校禁止的書籍，並且從中獲得刺激。這是他求學期間遇到的少數幾件好事之一。（「然而」，蒙田補充說：「這裡畢竟是學校。」）[3]

王后洛多皮（Rhodope）與國王海莫（Hemo）（上圖）、赫馬弗洛狄特斯（下圖），出自奧維德《變形記》。

蒙田幼年的各種探索，直到他成年之後仍持續不輟。雖然《變形記》帶給他的刺激隨時光流逝而逐漸消散，但蒙田仍經常在《隨筆集》裡提到這些故事。他仿效奧維德的風格，在主題之間不做任何穿插，也沒有明顯的次序。雖然成熟時期的蒙田坦言《埃涅阿斯紀》中的一些段落可能「需要整理一下」，但這無損於維吉爾在他心目中的地位。[4]

與想像相比，蒙田更想知道人們真實的作為，因此他的喜好很快就從詩人轉移到史家與傳記作家身上。蒙田說，從真實的人生故事中，你可以看到人性極其複雜的一面。你不僅能學習人的「多樣與真實」，也能了解「人的性格是以千奇百怪的方式組合而成，而人無時無刻不面臨著各種威脅。」[5]在所有史家中，蒙田最喜歡塔西佗，他說自己曾一口氣讀完他的《歷史》（*History*）。他喜愛塔西佗從「私人行為與性格」來分析公共事件，也驚訝於塔西佗如此幸運地活在一個「詭譎而極端」的時代，就像他自己一樣。事實上，蒙田提到塔西佗時表示：「你可以說，塔西佗描寫的是我們這個時代。」

蒙田希望傳記作家不僅能夠描述傳主的外在行為，也能嘗試從各項證據重建其內在世界。他最喜愛的作者正是這方面的翹楚：希臘傳記作家普魯塔克（約生於西元四十六年，卒於一二〇年左右），他的巨著《希臘羅馬名人傳》（*Lives*）透過各種主題將希臘與羅馬名人兩兩配對起來，進行比較性的敘述。普魯塔克之於蒙田，正如蒙田之於後世的讀者：他是可遵循的典範，是觀念的寶庫，他的作品擁有豐富的名言軼事可資引用。「普魯塔克的著作無所不包，涵蓋一切可能的內容，無論你選擇的主題有多古怪，都能從他的作品中找到題材。」蒙田最後的說法無庸置疑，因為《隨筆集》有幾個部分幾乎是一字不改地引用普魯塔克的作品。沒有人認為這麼做是抄襲，從另一個角度來看，這可以說是對偉大作家的仿作，而當時的人也認為這是相當好的練習。此外，蒙田也對自己竊取的句子做了些微調整，也許是在完全不同的脈絡下引用這些句子，也許是在文章末尾表現出存疑的語氣，以規避抄襲的嫌疑。

蒙田喜愛普魯塔克寫作的方式，他描述各種形象、對話、人物、動物與事物，而不是冷冰冰地陳列抽象的說詞與論證。蒙田說，普魯塔克的作品充滿了「事物」。如果普魯塔克想告訴我們活得好的訣竅在於知足常樂，那麼他會講故事來說明這點，例如有人朝自己的狗扔石頭，結果沒砸中狗，反而誤傷了後母，這人於是叫道：「也沒那麼糟嘛！」或者，如果普魯塔克想說明人總是忘記生活上的許多好事，而總惦記著壞事，那麼他會說，蒼蠅沒辦法安穩停在鏡子上，因為光滑的鏡面會讓牠四處滑動，除非牠落在粗糙的表面，否則不可能立定腳跟。普魯塔克從不留下完整的結局，但他開啟的各項主題卻延伸出各種探索的可能。他表示，我們可以隨心所欲地談論任何主題；普魯塔克不是引導話題的人，我們可以自由決定是否要接續他的主題繼續談論下去。

蒙田也喜愛普魯塔克作品中強烈的個人色彩：「我覺得自己甚至可以感受到他內心深處的靈魂。」這是蒙田在普魯塔克作品中追尋的東西，也是後世讀者在蒙田作品中追尋的東西：與相隔數世紀的古人心靈相通。閱讀普魯塔克時，蒙田忘卻了彼此的時間隔閡——他與普魯塔克間隔的時間比他與我們間隔的更久。蒙田寫道，自己所愛的人無論是已死了一千五百年（如普魯塔克）還是十八年（如他的父親），對他來說並沒有太大差別。兩人都一樣遙遠，也一樣貼近。6

蒙田將自己喜愛的作者拿來與父親相提並論，充分顯示他閱讀的方式：把書當成人一樣，歡迎它們加入他的家庭。這名嗜讀奧維德的叛逆小子，有天將會擁有藏書千冊的書房，但這些書並非隨意收集而來，其中某些繼承自他的朋友拉博埃西，其他則是自行出資購得。[7]蒙田並非有系統地收集書籍，精美的裝訂或罕見的奇書並不是他收藏的重點。蒙田絕不重蹈父親的覆轍，盲目地以收集書籍與崇拜作者為能事。我們無法想像蒙田會像伊拉斯謨斯或詩人佩脫拉克（Petrarch）一樣把書本當成聖物來親吻，他也不可能像馬基維利（Machiavelli）一樣在讀書前必先換上最好的衣服。馬基維利寫道：「我脫掉滿身塵土與臭汗的工作服，換上宮廷禮袍。穿上這身華服，我就能進入古人的殿堂，接受他們的熱忱歡迎。」[8]蒙田一定會覺得這種想法荒謬可笑。他比較喜歡與古人平起平坐地對話，有時甚至會揶揄他們，例如他嘲弄西塞羅炫耀自己的才學，還要維吉爾再加把勁。

蒙田也說自己最缺乏的就是努力，無論閱讀還是寫作都是如此。「我隨意翻覽這本書，接著又匆匆翻閱另一本書」，他寫道：「我毫無次序也毫無計畫，得到的全是片段的印象。」如果蒙田發現有人覺得他是一名治學認真的學者，他可是會發火的。有一次，他被人聽到自己說了書籍可以撫慰人心這種話，便隨即補上一句：「其實我跟那些不知書為何物的人沒什麼兩樣，我幾乎不看書的。」他講話時也經常這麼起頭：「我們這種幾乎不碰書的人……」蒙田閱讀的原則是從奧維德那裡學來的：讀書是為了追求樂趣。「如果我遇到艱澀難懂的書籍」，蒙田寫道：「我不會繼續苦思下去；我的做法就是放下這本書。我不做沒有樂趣的事。」[9]

事實上，蒙田有時的確會下苦功，但只有在他認為值得的時候才如此。在蒙田的藏書中，有些還留存著他做的註解，比較知名的如盧克萊修（Lucretius）的《物性論》（*On the Nature of Things*）[10]——顯然是一部值得細讀的作品。這本書一看就知道是蒙田會喜歡的類型，它風格獨特、觀念大膽，不難想見蒙田會不厭其煩地鑽研它。

蒙田形容自己是個心性不定的人，一拿到書往往只是隨便翻上幾頁，然後便打聲哈欠把書扔到一旁。這種感覺倒是挺符合蒙田的形象，他總是在自己的寫作中營造出一股粗淺涉獵文藝的氣氛。但從蒙田在盧克萊修作品上留下的註解可以看出，他絕不只是一名業餘的文藝愛好者。然而不可否認，他的確跳過不少令他厭煩的部分，畢竟他從小到大接受的教育就是如此。皮耶告訴他，不管學習什麼，都必須「和緩而自由，不需過於嚴謹拘束」。[11]父親的這句話成了蒙田一生奉行的準則。

書痴。A. Dürer 刻。

遲緩而健忘的蒙田

蒙田說他遍覽群書，但總是看過就忘。「記憶是件好用的工具，如果沒有記憶，下判斷會變成一件難事」，接著便補了一句：「像我就沒什麼記性。」[12]

我大概是最沒有資格談論記憶的人，因為我幾乎沒什麼記性。我想天底下應該沒有人跟我一樣健忘。[13]

蒙田坦承這為他添了不少麻煩，而最讓他懊惱的是，如果外出騎馬時腦子裡剛好浮現絕妙的想法，此時手邊苦無紙筆，就只好任由珍貴的點子從腦中消失。蒙田又說，要是他能記得更多夢境裡的東西就好了，他引用泰倫斯的句子：「我的腦子到處都是裂縫，才想到什麼，馬上就從四面八方流出去。」[14]

蒙田經常為有記憶障礙的人辯護。舉例來說，當他讀到林塞斯提（Lyncestes）的故事時，內心充滿了「憤怒」與「切身的憎惡」。林塞斯提由於被指控陰謀顛覆亞歷山大大帝，因此被迫在士兵面前自清。他默記了一篇講稿，然而等到他面對軍隊時，腦子裡早已一團混亂，稿子也忘個精光。結果他只講了幾句話就開始結巴，說話也吞吞吐吐，旁邊的軍士聽了不耐煩，索性拿起長槍將他刺死。他們認為林塞斯提的語塞，證明了他心裡有鬼。「這傢伙死得還真冤啊！」蒙田叫道。這件事充其量只能證明人在壓力之下，大腦負擔太重會把記憶的內容全忘得一乾二淨，就像驚慌的馬兒將背上的擔子全挑翻到地上一樣。[15]

撇開這種危及性命的極端例子不提，背稿絕不是件好事，自然的談話通常較容易引起聽者的興趣。當蒙田得在公眾面前發言時，他總是試著冷靜下來，擺出「自然而未經演練的動作，彷彿演說全是即興發揮」。他尤其避免分點敘述（「接下來我要討論六種可能的做法……」），這麼做不僅無趣且容易出錯，講者要不是會漏掉其中幾項，就是講到最後可能多出好幾項。[16]

蒙田有時就是無法記住事物最重要與最有趣的部分。他曾有幸與法國殖民者從巴西帶來的圖皮族人（Tupinambá）見面，他仔細聆聽這些人被問到對法國有何看法時的回答。圖皮族人說了三件事，每一件都讓蒙田印象深刻，但當他準備在《隨筆集》裡記下這段對話時，卻發現自己只記得其中兩件。這還不是最糟的。在一封已出版描述拉博埃西（這位蒙田最好的朋友）去世的信裡，蒙田坦承，他已經不太記得朋友臨終時的情景與遺言。[17]

蒙田承認的缺點，完全悖反了文藝復興時期口齒便給、能言善道的理想典型。當時普遍認為思想清晰就能辯才無礙，而演說流暢取決於清楚掌握一連串的論證，並且善用名言錦句與華麗詞藻來裝飾自己的言詞。記憶術的學習者努力練習串連話題的技巧，好讓自己能滔滔不絕講上好幾個鐘頭，這種技巧甚至可以發展出一套哲學性的自我改善計畫。但蒙田對此興趣缺缺。

有些讀者從一開始就不相信蒙田的記性像他說的那麼差，蒙田因此很不高興，甚至在《隨筆集》中抱怨。但懷疑者振振有詞，說蒙田似乎輕輕鬆鬆就能想起自己讀過的每一句話：《隨筆集》到處可見其他書籍的引文，蒙田曾說自己的腦袋像一只漏水的瓶子，這只是諸多從別處引用來的比喻之一。因此，蒙田要不是腦子不像他宣稱的那麼健忘，就表示他應是個極為勤勉的人。這些引文若非透過回憶寫下，就有可能是他先前看書時抄錄的。有些人可能對此感到不悅，一名大約與蒙田同時的詩人波迪耶（Dominique Baudier）表示，蒙田哀嘆自己的記憶力奇差無比，讓他感到「作嘔與可笑」——真是極端的反應。十七世紀哲學家馬爾布朗許（Nicolas Malebranche）認為蒙田說謊，對於一名標榜自己誠實的作家來說，這是一項嚴重的指控。[18]

然而這項指控並非空穴來風，蒙田的記性肯定比他自己宣稱的好。但不可否認，我們每個人總會抱怨自己的記性欠佳；沒有人是完美的。我們不難想像蒙田在成長過程中已過慣了愜意的日子，幾乎沒有人逼迫他強記任何事情，由此可知他的記憶並未經過訓練。蒙田虛心地表示自己的記性不好，其實這裡表現的是一種他認為比記性更重要的美德。諷刺的是，這項美德就是誠實。古語說得好，記性不好的人不適合說謊。如果蒙田無法完整記住自己編造的故事，那麼他最好誠實為上。此外，也因為記性不好，蒙田的演說總是簡短，講述的軼事也總是簡潔明瞭，因為長的故事他記不住，而這也使他擁有高明的判斷力。記憶超群的人腦袋裡總是裝了一堆資訊，但蒙田的腦子卻因為少了大量資料的堆砌，而得以順暢地運用常識來判斷。最重要的是，由於他聽了就忘，人們的批評也很少放在心上，因此他幾乎不會產生憤懣不平的情緒。簡單地說，蒙田形容自己彷彿坐在一條能讓人忘卻一切不如意的魔毯上，使他能自在地遊歷世界。[19]

蒙田的記憶也有表現絕佳的時候（其實他若真的想記，就能記得住），那就是重建個人經驗之時，例如落馬事件。蒙田描述這起事件時並不是井然有序地重建事物的來龍去脈；相反地，他恢復的是內在的感受——儘管仍不完整，因為赫拉克利特的時間之流不斷推著他往前走，我們只能說他拼湊的圖像已極為接近原貌。十九世紀心理學家道格爾・史都華（Dugald Stewart）認為，蒙田記憶力不佳反而有助於完成這項工作。[20]蒙田這種「無心」的記憶深深吸引了普魯斯特，過去的記憶在毫無徵兆下突然出現在腦海，或許是聞到許久未聞的味道，或嘗到許久未嘗的滋味而引發。這種情況只有置身於各種被遺忘的事物中才有可能，此時只需要一股適切的情緒與充足的時間，就能召喚出塵封的記憶。

蒙田當然不喜歡死記。他在談到自己的記憶時說：「我想求它，但必須裝出若無其事的樣子。它想記的時候自然會記，它不會順著你的意思去做。」你愈是努力回想過去，愈是想不起來。相反地，蒙田說，記住事情最有效的方式，就是努力地忘記它。[21]

「我只是順其自然地輕鬆記憶」，蒙田說：「如果嚴厲要求自己記憶，那我什麼也記不住。」自然而然地記憶，這點的確符合蒙田的風格，他總是想做什麼就做什麼，不願勉強自己。童年的時候，他經常看起來一副懶散的樣子，顯得一無是處，而從各方面來看也真是如此。蒙田寫道，儘管父親不斷鼓勵他多做點事，但他的「懶散、漫不經心與呆滯，讓人不禁懷疑我是否一輩子都要跟慵懶為伍，甚至連玩耍都提不起勁」。[22]

蒙田認為自己不只是懶散，還有點遲鈍。他的智力無法理解最淺顯的事物：「天底下的事無論多麼簡單，總是能難倒我。只要與動腦有關的遊戲，像是西洋棋、紙牌這類事物，我頂多只能學個皮毛。」他的「理解力遲緩」、「想像力薄弱」、「腦袋遲鈍」，再加上記憶力差，說是無藥可救也不為過。[23]他的能力似乎全睡著了，而且還打著微弱的呼聲；他的腦子似乎正在開茶會，只是客人全睡死了。

然而與記憶力差一樣，遲鈍也是有好處的。蒙田雖然事情懂得慢，但一旦理解就能觸類旁通。還只是個孩子時，他就已說：「我看東西一定看得非常仔細。」此外，蒙田也刻意利用自己的遲鈍當成一種掩護，讓自己可以隱藏一些「大膽的觀念」與個人的想法。[24]他外表看似駑鈍，實際上卻得到比機智更重要的東西，那就是周延的判斷能力。

蒙田可以成為現代「慢活」運動（Slow Movement）的優良典範。慢活始於二十世紀晚期，在休閒風氣的推波助瀾下，逐漸成為民眾關注的焦點。與蒙田一樣，慢活的支持者也將緩慢當成一項道德原則。這項運動最早是從史登・拿多尼（Sten Nadolny）的小說《發現緩慢》（*The Discovery of Slowness*）開始的，書中描述北極探險家約翰・富蘭克林（John Franklin）的生平。富蘭克林的生活與思考步調完全遵循自然，他就像一隻享受長時間按摩且抽了一袋鴉片菸的老樹懶一樣遲緩。富蘭克林被人當成小孩一樣嘲弄，但當他抵達極北之地時，他發現自己的性格在當地如魚得水：在此地，人們可以依照自己的步調生活，日子過得悠閒平靜；你有充足的時間思前想後，避免做出匆促的決定。《發現緩慢》於一九八三年在德國上市後一直相當暢銷，甚至被宣傳成另類的管理手冊。在此同時，義大利也發起了「慢食」運動（Slow Food），這場運動原本是為了抗議麥當勞在羅馬設立分店，最後卻擴大成講求生活品質的哲學觀。[25]

蒙田應該很了解緩慢的好處。對他而言，緩慢開啟了通往智慧的道路，也養成了穩健節制的精神，這種精神可以制衡法國當時盛行的過度與狂熱。蒙田很幸運，他的本性完全不受過度與狂熱這兩種特質影響，也不像其他人那樣容易被熱情沖昏了頭。「我幾乎從未離開原有的立場，就像笨重而遲緩的身體一樣」，蒙田寫道。一旦決定立場，他就能輕易抗拒任何威脅，他的本性令他「難以屈服於恐嚇與暴力」。[26]

與蒙田的諸多特質一樣，緩慢只是他的性格之一。他年輕時其實是個容易發怒的人，而且經常感到不安。他在《隨筆集》中說：「我不知道是控制心靈比較難，還是控制肉體比較難。」[27]或許，蒙田選擇緩慢只是因為這麼做適合他。

「把所學拋諸腦後」與「遲鈍一點」，成了蒙田回應如何生活的兩個最佳答案。它們使蒙田睿智地思索，而不只是能言善道；它們使蒙田免於像其他人一樣，淪為狂熱觀念與愚弄欺詐的受害者；它們使蒙田在自己思想的引導下生活，亦即，做自己真正想做的事。

遲鈍與健忘是可以培養的，但蒙田相信他的遲鈍與健忘完全出於天性。他很小就表現出特立獨行的傾向，伴隨著異於常人的自信。蒙田說：「我記得在非常年幼時，身旁的人就已注意到我的身體流露出某種難以言喻的氣質，而我的舉止則透露了自負與近乎愚蠢的自尊。」虛榮心是膚淺的，然而蒙田並未沉溺其中，他只是把它當成外表的「點綴」。[28]蒙田內在的獨立使他冷靜自持。年輕的他已準備好陳述自己的心聲，也準備好讓其他人聆聽他要吐露的一切。

動亂下的年輕蒙田

想維持冷靜自重的態度並不像蒙田說的那麼容易，尤其是像他這種身材矮小的男子；蒙田對於這個外形上的缺憾一直耿耿於懷。女孩子個子矮沒什麼關係，他說道，只要她們在其他地方展現出美麗的一面，就能彌補身高的不足。但就男性來說，體格是「唯一審美的標準」，而他缺乏的正是這一點：

一旦身材矮小，那麼儘管額頭寬闊飽滿、眼神清澈柔和、鼻子大小適中、口耳小巧玲瓏、牙齒潔白如貝、茶色的鬍鬚濃密滑順如栗子殼、波浪般的捲髮、渾圓的頭形、氣色紅潤、表情怡人、體味清新芬芳、四肢比例完美，這些都無法讓你成為一名英俊的男子。

蒙田的僕役甚至都未仰頭向他請示，而且，當他帶著一群隨從進宮時，他總會遇到一個令人氣惱的問題：「你的主人在哪裡？」面對這種情況，蒙田無計可施，除非他立即跳上馬背——這是他最喜愛的消遣。[29]

只要造訪蒙田的塔樓，就能了解他說的是實情：塔樓入口只有五英尺高。當時的人個子普遍比現代人矮小，而這扇門早在蒙田住進這裡之前就已存在。顯然，蒙田進出時並不需要特別低頭，因此他從未因感到不便而叫人把這扇門的頂端敲掉。當然，我們無從得知他為什麼不改造這扇門，也許真的是因為他個頭矮小，但也有可能是因為他生性懶惰，不想大興土木。

蒙田雖然矮小，但他告訴我們他的體格強健厚實，舉止優雅。他經常拄著一根拐杖外出散步，且總是「做作地」倚在拐杖上。他晚年的穿著與他的父親一樣，喜歡樸素的黑白色調，不過年輕時他則穿著當時流行的款式，「把披風當圍巾，披肩只搭一邊，長襪有一只特別鬆垮」。[30]

有一段文字生動描繪了年輕時期的蒙田，這是年紀稍長的好友拉博埃西寫給他的詩。[31]在點出蒙田缺點的同時，這首詩也透露出這些缺點正是蒙田的魅力所在。拉博埃西認為蒙田很優秀，他的人生理應前途光明，但他也可能虛擲自己的才華而一事無成。蒙田需要一名冷靜且睿智的導師從旁指引，拉博埃西扛起了這份重任，但蒙田經常頑固地拒絕旁人給他的指點。他太容易受到年輕美麗女性的吸引，也過於自滿。「我的家族給了我龐大的財富，我的年少給了我無窮的精力」，拉博埃西在詩裡讓蒙田如此滿意地說道：「事實上，現在就有一名甜美的女孩正對著我笑。」拉博埃西把蒙田比擬成受命運眷顧、外表俊美的阿爾西比亞德斯（Alcibiades），以及建立了英雄事蹟卻在道德的十字路口上猶豫不決的赫丘利斯（Hercules）。蒙田最吸引人的地方，也是他最大的缺點。

拉博埃西寫這首詩的時候，蒙田早已離開學校很久，此時的他已進入波爾多高等法院工作。蒙田在波爾多完成學業後，有關他的生平記載便一片空白；等到再有他的消息時，他已經是波爾多的年輕法官了。

蒙田能夠當上法官，想必一定在某處攻讀過法律。他學習的地點不可能在波爾多，比較可能的城市是巴黎或土魯斯（Toulouse），也許這兩個地方蒙田都曾待過。32 從《隨筆集》的描述來看，蒙田對土魯斯相當熟悉，而他也花了相當多的篇幅描述巴黎。蒙田告訴我們，他從小就非常喜歡巴黎——這裡的小時候可能是指二十五歲以前的某個時期。「我喜愛這座城市」，蒙田說：「甚至包括它的缺點與瑕疵。」蒙田向來以身為加斯孔人（Gascon）❶為榮，但只有在巴黎，他才能自在地當個法國人。巴黎不管從哪方面來看，都是一座偉大的城市：「它人口眾多，居於地理樞紐，最重要的是，你不可能在別的城市擁有如此富足、舒適而多樣的生活。」

蒙田在哪裡攻讀法律並不重要，重點是他能將所學派上用場；一如父親的期望，他終於開展了自己的法律與政治事業。從此，蒙田在波爾多工作了十三年。各家傳記對蒙田這段時期的記載並不多，通常是一些補綴性質的敘述，然而這段歲月（從蒙田即將滿二十四歲到他剛過完三十七歲生日）其實相當重要。當他退休返鄉，在自己的莊園種植葡萄、蟄居塔樓伏案寫作時，已經累積了相當豐富的公職經驗。從早期幾篇隨筆可以看出，當時的蒙田談起自己的工作仍記憶猶新。但時間愈往後，回憶早年的工作經驗就愈發成了一件苦差事。

蒙田第一個職位並不在波爾多，而是在波爾多附近的佩里格（Périgueux），這座小鎮就在蒙田莊園的東北方。佩里格法院才剛於一五五四年設立，隨即就在一五五七年遭到廢除。設立法院的主要目的是為了籌錢，藉由販售法院公職來賺取收入。後來遭到廢除，主要是因為權力更大的波爾多高等法院不承認佩里格法院，但更令前者光火的是佩里格人員的薪水居然比他們高。

一五五六年底，蒙田前往佩里格上任，時間雖短暫，但他的法律生涯於焉展開。往後一連串事件的發生，使蒙田加快進入波爾多政治圈的腳步。佩里格法院的廢除，使當地工作人員轉調到波爾多，蒙田也是其中一員，轉職名單上有他的名字。波爾多的法官不歡迎佩里格的人前來，但他們對這波人事調動沒有置喙的權力。為了發洩怨氣，他們處處為難佩里格的人員，除了將其安排至狹小的辦公室，還不分配僚屬供他們使用。這種怨憎的情緒不難理解；儘管轉調到波爾多，佩里格人員的薪水依然比波爾多的人員高。一五六一年八月，佩里格來的人員終於被減薪，這回輪到他們不高興了。蒙田此時二十八歲，是資淺的法官，但他還是接受推舉，代表大家向法院提出申訴。從波爾多的文書紀錄來看，此次發言是蒙田參與公眾事務的濫觴。他雖然使出剛磨練好的演說訣竅——即興展現他的魅力——卻未能奏效。高等法院駁回抗議者的申訴，薪水照減。[33]

儘管官場上明爭暗鬥不斷，波爾多高等法院的生活肯定比佩里格來得有趣。波爾多是法國八個高等法院之一，雖然它的特權仍未完全恢復，卻已掌握了比其他高院更大的權限。波爾多法院負責絕大多數的地方法律與民政，它可以否決國王的詔令，或在國王頒布民眾不喜歡的法律時，向其提出正式抗議信——在這個多災多難的時代，經常可見抗拒王命的景象。

起初，蒙田每天處理的多半是法律案件，與政治無關。[34]他在調查庭（Chambre des Enquêtes）工作，負責評估案情過於複雜、大審議庭（Grand' Chambre）的法官無法立即解決的案子。蒙田要研讀細節，做出摘要，並且寫下自己的法律見解交給評議員。此時還輪不到蒙田做出裁決，他只要寫出明智而清晰的總結，切實抓住當事人的觀點即可。蒙田或許從這份工作體會到應該從多元角度觀看人類的處境，這種感受也貫串了整部《隨筆集》。

從蒙田的工作內容可以看出，十六世紀的法律需要從業人員全神貫注地探求究理，但繁瑣的尋章摘句經常讓人吃不消。所有的法律論證必須根據成文的權威，符合既定的範疇。案例事實是次要的，最重要的是法典、法律、成文的風俗、司法文件，以及評釋與註解——這些文書可說是卷帙浩繁。即使簡單的案子也需要研讀無窮無盡的冗言贅語，而這類工作總是交給資淺的法官處理，蒙田就經常成為受害者。

在各種二手文件中，蒙田最討厭的是司法評釋：

這是詮釋詮釋，而不是詮釋事物。這是討論書的書，而不是討論某個主題的書：我們只是不斷地彼此註解。[35]

拉伯雷曾諷刺每件案子總會產生堆積如山的案牘：他筆下的人物布里德古斯法官（Judge Bridlegoose）會花上幾小時的時間閱讀與思索，但到了最後時刻卻以擲骰子的方式決定，他認為這比任何方法都要可靠。[36]許多作家也抨擊法律界的腐敗無能。蒙田抱怨說，整體而言，司法不公的印象深植人心，民眾避之唯恐不及。蒙田提到當地發生的一個案件，一群農民發現一名男子倒在路旁，身體遭到刺傷。這名男子懇求農民給他水喝，扶他站起來，但這群農民一哄而散，沒有人敢碰他，他們害怕攻擊的罪名會賴到自己頭上。當這些人一個個被找出來之後，蒙田與他們談話。「我能跟他們說什麼呢？」他寫道。他們害怕是應該的。蒙田提到另一件案子，某人已經被判有罪而且即將處死，此時有一夥人承認是他們犯下殺人案。按理說應該馬上停止行刑才是，但，並沒有，法院表示：這樣會立下判決被推翻的惡例，所以必須繼續行刑。[37]

蒙田並非十六世紀唯一呼籲司法改革的人，他提出的許多批評與當時開明的法國掌璽大臣米歇爾．德．洛皮塔（Michel de L'Hôpital）若合符節，後者推動一連串措施，促成真正的改革。[38]蒙田還有一些具獨創性且影響深遠的論點。對他而言，當時司法最大的問題是未考慮到根本的人性事實：人會犯錯。我們希望審判能夠定讞，但我們也知道最終的審判結果不可能完全正確。證據總是充滿瑕疵，錯誤百出，而雪上加霜的是，法官自己也會犯錯。[39]誠實的法官不會認為自己的判決完美無瑕：法官受自身偏見的影響更甚於證據，就連午餐吃得好不好也會影響判決品質。這種事相當自然且難以避免，但明智的法官至少能意識到自己並非完人，會反省自己可能做出錯誤的判決。他知道事緩則圓，會再三考慮自己最初的見解，謹慎做出最後的判斷。法律至少有一項好處，它充分顯示人類的不完美，這是個值得省思的哲學教訓。

如果法界人士容易犯錯，那麼他們訂定的法律也好不到哪裡去，因為法律是人類的產物。[40] 既然法律容易出錯的事實無法改變，我們只能承認與適應。這種迂迴的自我懷疑、察覺與承認不完美，成為蒙田思考各種主題（不只是法律）的特徵。我們有理由相信這種思維是早年他在波爾多的經驗所養成的。

除了法院，蒙田的工作還延伸到政治，他將在這個領域充分感受到人類事務的局限與不可靠。蒙田經常出差到其他城市，其中有幾次前往巴黎，每次都會停留一個星期左右。[41] 除了拜會巴黎高等法院，蒙田有時還必須進宮。進宮這件事，尤其使他見識到人性真實的一面。

蒙田首次進宮覲見，當時的國王是亨利二世。他應該親眼見到了國王，因為他抱怨亨利「從來沒有叫對這位來自加斯科尼（Gascony）的紳士的姓名」[42]——或許是因為蒙田在此時仍使用具有地方色彩的姓氏，艾坎。一五四七年，亨利二世繼承父親法蘭索瓦一世的王位，但他顯然不像父王那麼英明。亨利缺乏法蘭索瓦的政治才能，因此極為倚重左右的建言。然而他聽取建議的對象卻是徐娘半老的情婦黛安娜・德・普瓦提耶（Diane de Poitiers），以及強勢的王后凱薩琳・

德・梅第奇（Catherine de' Medici）。亨利二世的軟弱是法國日後陷入動亂的主因，敵對派系利用主上無能趁機從事權力鬥爭，內部的傾軋主導法國往後數十年的政局。權力競爭主要在三大家族間發生：吉斯家族（the Guises）、蒙莫朗西家族與波旁家族（the Bourbons）。與歐洲其他國家一樣，這些家族的政治野心和法國既有的宗教緊張合流，因而使得衝突延燒擴大。

在宗教事務上，亨利二世比法蘭索瓦更強勢。直到一五三四年，法蘭索瓦才因新教傳布愈來愈具威脅而下令鎮壓異端。法國宗教改革領袖約翰・喀爾文（John Calvin）逃往日內瓦，並且在當地成立流亡的革命總部。往後，法國新教主流不是宗教改革初期出現的溫和的路德派，而是喀爾文派。喀爾文派對法國王室與教會權威構成真實的威脅。[43]

今日的喀爾文派是規模很小的教派，但他們的意識形態仍相當強大。喀爾文派最根本的原則是「完全墮落」，認為光憑人類無法產生美德，一切必須仰賴上帝的恩典，無論是救贖還是改信喀爾文派，都要依靠上帝的意旨。人類幾乎沒有對自己負責的能力，因為一切都由神預先決定，沒有任何妥協的餘地。面對上帝，你只能完全順從，而上帝將會賦予信徒無可匹敵的力量：你雖放棄自己的意志，但上帝的國度會成為你的後盾。儘管如此，這並不表示你可以袖手旁觀，無所事事。路德派傾向於不過問世俗，只依照自己的良知過活；喀爾文派則不然，他們積極參與政治，努力在世間傳布上帝的意旨。十六世紀的喀爾文派信徒通常先在瑞士一所特殊學院接受培訓，然後得以辯才無礙地帶著禁書進入法國傳教，顛覆政府。到了一五五〇年代，「胡格諾派」

（Huguenot）逐漸成為法國內外喀爾文派信徒的代稱。胡格諾派一詞可能源自早期流亡到國外的改革派分支，當時稱為「盟友派」（Eidgenossen; confederates），後來便固定下來，不僅法國新教徒這麼稱呼自己，就連新教徒的敵人在攻擊他們時也使用這個名稱。

面對新教的威脅，天主教會起初的回應是先從內部進行改革。因此，蒙田成長時接觸的天主教會主要從事靈魂的自我探索與自我質疑，至於外在活動則非宗教機構強調的範圍。但往後教會內部主戰派勢力抬頭，羅耀拉（Ignacio López de Loyola）於一五三四年創立耶穌會（Jesuit），與宗教敵人進行思想鬥爭。而從一五五〇年代開始，法國反新教的運動從思想論辯轉為訴諸暴力，這群人沒有嚴密組織，被概括地稱為「天主教同盟」（Leagues）。他們不想透過論辯的方式駁倒異端，而是以赤裸裸的武力將對方從地球表面抹除。天主教同盟與喀爾文派水火不容，雙方對宗教的狂熱也不分軒輊。天主教同盟反對法國國王寬容新教，而且時間拖得愈長，反對寬容的聲浪也愈來愈大。

在天主教同盟的壓力下，亨利二世很快就屈服了。他訂定嚴格的異端法，甚至要求巴黎高等法院設立宗教法庭，專門審理宗教案件。從一五五七年七月開始，褻瀆聖人、出版禁書與非法傳教最重可以判處死刑。然而在推動這些措施的同時，亨利有時會收回成命，讓胡格諾派有喘息的機會，例如他讓某些地區可以信仰新教，或者減輕對異端的刑罰。然而只要亨利稍微放寬，天主教團體就會發起抗爭，此時他便轉而加強壓迫的力道。亨利的做法反反覆覆，兩邊都不討好。

在此同時，法國還有其他值得憂心的問題，例如失控的通貨膨脹，受害最深的是底層貧民，獲利最大的則是地主鄉紳。地主可以因此獲取更多地租，並且趁機兼併貧農的土地，這是蒙田家族幾個世代以來慣用的手法。對於運氣欠佳的階級來說，經濟危機促使他們走向極端。人類帶著原罪，並為這個世界帶來許多苦難，因此人類必須遵循唯一而真實的教會，才能取悅上帝。然而，誰能代表真正的教會呢？

法國在宗教、經濟與政治上蓄積的不滿，是內戰發生的主因。這場持續到十六世紀末的內戰，從一五六二年，也就是蒙田二十九歲時開始，直到一五九八年，也就是蒙田已去世多年後才結束。一五六〇年代之前，法國忙於義大利與其他地區的戰事，為國內緊張提供了一個宣洩的出口。一五五九年四月，《卡托．康布雷西斯和約》結束了好幾場對外戰爭，民眾的注意力因此又回到國內。在經濟蕭條下，國內充斥了大量無業的復員軍人。於是，和平的到來反而在國內引發更慘烈的戰爭。

伴隨著和約簽訂，王室也進行聯姻。然而在慶祝婚禮的比武大會上，卻發生一件不幸的事，人們認為這是日後內戰的第一個不祥徵兆。在比武大會上，喜愛馬上競技的國王親自下場一展身手。但在比試中，對手折斷的長矛意外撞開國王的面甲。一塊木頭碎片從國王眼睛上緣刺進臉部。國王被抬出場外；在床上躺了幾天之後，他看似神智清醒，然而碎片已然插進腦中。第四天，他開始發高燒，而後於一五五九年七月十日去世。

新教徒認為亨利二世的死是上帝懲罰他打壓他們的結果，然而亨利的死對他們來說有害無益。王位依序由他的三個兒子繼承：法蘭索瓦二世（François II）、查理九世（Charles IX）與亨利三世（Henri III）。前兩任國王都是幼沖即位，分別在十五歲與十歲登基。這三任國王健康狀況都不好，大權掌握在母親凱薩琳．德．梅第奇手中，而他們均無法平息宗教衝突。法蘭索瓦二世剛即位不久就因為結核病去世，之後查理繼位，一直統治到一五七四年。查理即位之初由他的母親擔任攝政，凱薩琳試圖在宗教與政治派系間求得平衡，可惜成效不彰。

一五六〇年代，蒙田這十年間一直待在波爾多發展法律事業。而從一五六〇年代初開始，法國就面臨著主少國疑、黨派傾軋、經濟艱困與宗教衝突日益嚴重的難題。一五六〇年十二月，掌璽大臣洛皮塔在一場演說中表達當時瀰漫的氣氛，他說：「要讓不同信仰的人和平相處、和諧相待與維持友誼，簡直是痴人說夢。」雖然想做到這點，無奈這是不可能實現的理想。想要政治統一，首要條件就是要宗教統一。一名西班牙神學家表示，如果「每個人都認為自己的上帝才是唯一真實的上帝……而其他人都是盲目且遭到欺騙」，那麼國家絕對不可能長治久安。絕大多數的天主教徒認為這是不證自明的道理，連提都不需要提。然而即使是新教徒也認為如果他們能擁有自己的國家，他們也一定會要求宗教統一，所謂「一個國王、一個信仰與一個法律」（un roi, une foi, une loi）。[44]這些不同信仰的人唯一的共同點，就是他們都仇視主張妥協的人。

洛皮塔及其盟友並未推動現代意義下的宗教寬容或「宗教多元」，但他確實認為若想讓新教徒迷途知返，重點是讓天主教會更具吸引力，而非以恐嚇脅迫的方式逼迫他們放棄新教。在洛皮塔的主導下，一五六〇年代初，異端法稍微放寬。一五六二年一月的敕令允許新教徒在城外公開舉行崇拜儀式，但在城內只能私下進行。與先前的妥協一樣，這項措施兩面都不討好。天主教徒覺得遭到背叛，新教徒則大受鼓舞，他們認為自己應該提出更多要求。而就在幾個月前，威尼斯大使表示有一股「巨大的恐懼」正在法國境內蔓延；如今這種恐懼已經擴展成近在咫尺的災難。[45]

導火線發生於一五六二年三月一日，地點在東北部香檳（Champagne）地區的瓦西鎮（Vassy）。五百名新教徒聚集在鎮上一座穀倉裡進行崇拜，然而這項舉動是違法的，因為這類集會只能在鎮外進行。吉斯公爵（duc de Guise）是天主教激進派領袖，此時他剛好帶著一隊士兵經過此地。聽說有這麼一場聚會，公爵於是率兵前往。根據生還者的描述，他縱容士兵衝進穀倉，並且吶喊著：「把他們殺個精光！」

胡格諾派的信眾開始反擊：他們早已預料會遇上這種麻煩，也已經做好防衛的準備。他們將士兵趕出穀倉外，然後堵住穀倉大門。接著爬到屋頂的鷹架上，那裡早已屯積了一些石塊，他們拿起便朝著吉斯的士兵丟擲。士兵一方面以火繩槍射擊屋頂上的信眾，另一方面則設法再度攻入穀倉。此時新教徒開始四散逃命，許多人從屋頂摔下來，有些人則在逃跑時中彈。在這場騷動中，大約有三十人死亡，一百多人受傷。

這起事件的後果充滿戲劇性。法國新教領袖孔代親王路易一世・德・波旁（Louis I de

Bourbon, prince de Condé）呼籲新教徒起身抵抗接下來可能出現的攻擊。許多新教徒拿起武器，天主教徒也跟著做出相同的回應——雙方這麼做與其說是出於仇恨，不如說是因為恐懼。查理九世此時才十二歲，母后凱薩琳·德·梅第奇以他的名義下令調查瓦西鎮事件，然而與公開聽證一樣，這場調查最後不了了之，而且時間也已經太遲。雙方領袖連同他們的支持群眾群聚巴黎，進城時吉斯公爵剛好遇見孔代親王率領的新教群眾；兩人只是以劍柄圓頭冷冷地向對方打聲招呼。

一名觀察此次事件的人士——艾提安·帕斯基耶（Étienne Pasquier），他是蒙田的朋友，也是一名律師——在書信中指出，幾乎每個人都認為瓦西鎮的屠殺是一場戰爭。[46]「如果允許我評估這起事件，我會告訴你，這是一場悲劇的開端。」他說的沒錯，雙方的衝突不斷升溫，最後終於演變成赤裸裸的戰爭，法國內戰就此展開。這場戰爭雖然殘酷但為時不長，第二年吉斯公爵遭到槍殺，戰事因此難以為繼。天主教徒在頓失領袖下，只能勉強訂定和約。然而問題並未獲得解決，雙方仍感到不滿，於是第二次內戰於一五六七年九月三十日爆發，這次也是由一場屠殺引起，只不過換成新教徒殺害天主教徒，地點是尼姆（Nîmes）。

一般來說，法國內戰總是以複數形來表示，但我們也可以合理地將這些內戰視為一場長期戰爭，只是中間穿插了幾段和平時期。蒙田與當時的法國人通常稱這些衝突為「動亂」（troubles）。一般認為法國前後一共爆發了八次動亂，我們可以簡要地列出它們，從而了解蒙田的人生受這些戰爭的影響有多大：

第一次動亂（一五六二—六三年）。始於瓦西新教徒遭到屠殺，終於《昂布瓦斯和約》（Peace of Amboise）。

第二次動亂（一五六七—六八年）。始於尼姆天主教徒遭到屠殺，終於《隆朱莫和約》（Peace of Longjumeau）。

第三次動亂（一五六八—七〇年）。始於新的反新教立法，終於《聖日耳曼和約》（Peace of Saint-Germain）。

第四次動亂（一五七二—七三年）。始於巴黎等地在聖巴爾多祿茂日（St Bartholomew's Day）對新教徒進行的屠殺，終於《拉羅歇爾和約》（Peace of La Rochelle）。

第五次動亂（一五七四—七六年）。始於普瓦圖（Poitou）與桑通吉（Saintonge）的衝突，終於《王弟殿下和約》（Peace of Monsieur）。

第六次動亂（一五七六—七七年）。始於布洛瓦三級會議（Estates-General of Blois）通過的反新教立法，終於《普瓦提耶和約》（Peace of Poitiers）。

第七次動亂（一五七九—八〇年）。始於新教徒攻下諾曼第（Normandy）的拉費爾（La Fère），終於《弗雷克斯和約》（Peace of Fleix）。

第八次動亂（一五八五—九八年）。最漫長與最慘烈的一次內戰，始於天主教同盟的暴動，終於《維爾凡條約》（Treaty of Vervins）與《南特詔令》（Edict of Nantes）。

每一場內戰都重複了第一次與第二次內戰的模式。和平時期往往因為突如其來的屠殺或挑釁而中止，隨之而來的便是戰爭、圍城與舉目可見的苦難，直到其中一方示弱，雙方開始締結和約為止。和約通常無法令雙方滿意，但他們會先休養生息，直到下次挑釁出現再做廝殺——然後相同的模式又會重來一遍。事實上，就連最後一次和約也未能生效。此外，敵對的陣營並非涇渭分明，至少有三大派系參與絕大多數動亂，其背後目的主要是為了控制國王。法國這幾場內戰與同時期其他歐洲國家爆發的戰爭一樣屬於宗教戰爭，但這些戰爭本身也具有濃厚的政治意義。

最初，一場對外衝突的結束使內戰一觸即發。到了一五九五年，法王亨利四世（Henri IV）對西班牙宣戰，另一場對外衝突徹底終結了經年累月的內戰。當時的人其實很清楚矛頭對外的好處。在最後一次「動亂」期間，蒙田發現有很多人希望將戰火移往國外。暴力需要抒解，就像傷口感染流膿一樣。然而蒙田對於這種做法的倫理性感到五味雜陳：「我們居然為了一己之便而啟釁鄰國，我不認為上帝會贊許這種不義的行徑。」[47]然而這是法國需要的，而亨利四世這位法國不世出的英主，也確實為法國帶來和平。

回到一五六〇年代，這場漫長的內戰才剛開始，人們做夢也沒想到恐怖可以持續這麼久的時間。蒙田在高等法院任職期間經歷了第一次到第三次動亂；即使在和平時期，政治氣氛還是非常緊繃。到了第三次動亂結束時，蒙田已經受夠了，他決定從公職退休。在此之前，他在波爾多擔任的職務，使他置身於極其複雜的社群之中。波爾多是座天主教城市，但四周圍繞的是信奉新教的地區，波爾多城內新教徒亦不在少數，這些人隨時可能做出破壞偶像與其他具威脅性的行為。

一五六二年六月二十六日深夜，也就是瓦西鎮屠殺的幾個月後，波爾多爆發一場相當嚴重的暴力衝突，一群新教暴民攻擊象徵政府權力的特隆佩特堡。這場暴動最後遭到鎮壓，不過與鹽稅暴動一樣，隨後的懲罰遠大於罪行。為了給管理無方的波爾多當局一點教訓，國王派遣新任陸軍中將布萊士．蒙呂克（Blaise Monluc）前來，命他「平定」暴亂的地區。

蒙呂克知道「平定」指的是「大屠殺」，於是他不經審判就大量絞死新教徒，或在車輪上打斷他們的四肢。攻下特洛布（Terraube）這個村落之後，他殺死許多村民，並且將他們的屍體全棄置在井裡；由於數量實在太多，站在井邊伸手幾乎就可以摸到堆上來的村民屍首。數年後，當蒙呂克寫回憶錄時，他還記得一名叛軍首領被俘後向他討饒。但蒙呂克一把掐住他的喉嚨，重重地將他往石頭十字架上一摔，用力過猛的結果，不僅石頭碎了，那人也死了。「如果我不這麼做」，蒙呂克寫道：「我會遭到世人的嘲笑。」有一名信奉新教的陸軍上尉許多年前曾追隨蒙呂克在義大利打仗，他希望老長官能念及舊日情誼網開一面，然而蒙呂克當下就殺了他，理由是他知道這個人有多勇猛善戰：他是個危險的敵人。這些場景不斷出現在蒙田的隨筆中，有人求饒，有人思忖著要不要饒恕，這當中牽扯的道德兩難吸引了他的注意。什麼樣的道德兩難？蒙呂克說過，殺戮一直是最正確的解決方式：「絞死一個人，要比在戰場上殺死一百個人來得有效。」事實上，由於他在當地處決的人太多，使得絞刑台不敷使用，他因而要求木匠製作更多絞刑台、用來打斷四肢的車輪，以及執行火刑的木柱。當絞刑台全掛滿屍體時，蒙呂克便改用樹木來行刑，他誇耀人們只要沿著路旁晃盪的屍體走，就能知道他在吉衍的行進路線。當他結束這場行動時，他說，此後這個地區應該不會再生事。倖存的人應該了解什麼叫沉默是金。[48]

蒙田認識蒙呂克（雖然這是日後的事），他對蒙呂克的興趣主要是他私底下的個性，而非他的公眾行為——特別是他未能扮演好父親的角色。[49]他的兒子年紀輕輕就去世，喪子之痛始終折磨著他，令他痛悔不已。蒙呂克向蒙田坦言，他太晚才了解自己對待兒子的方式過於冷酷，事實上他非常疼愛自己的兒子。他誤信當時流行的教養方式，以為父母不該對子女流露任何情感。「可憐的孩子對我的印象，大概只有一臉怒容與鄙夷的神情」，蒙呂克說：「我努力克制、折磨自己，彷彿戴上一只毫無意義的面具。」面具這個詞用得恰如其分；一五七一年，也就是蒙田退休之時，蒙呂克的臉遭火繩槍射中而毀容，此後他都必須以面罩遮住傷疤才能出門。蒙呂克這名心狠手辣的將領，在毀容前已無人敢正視他那如面具般冷酷的神情，毀容後他又戴上一只真正的面具，更令人感到不寒而慄。

在動盪的一五六〇年代，蒙田經常為了高等法院業務到巴黎出差。幾乎整個一五六二年與六三年初蒙田都不在波爾多，雖然他從巴黎返回波爾多就像現代人開車或搭火車一樣方便。

一五六三年八月，摯友拉博埃西逝世，蒙田此時一定回到了波爾多。一五六三年十二月，蒙田應該也在波爾多，因為當時發生了一起離奇的事件。市府檔案裡關於蒙田的記載並不多，但很多集中在這個時間，因此值得我們特別留意。

就在前一個月，天主教極端派人士法蘭索瓦・德・佩魯斯・戴斯卡（François de Péruse d'Escars）公然挑戰溫和派的高等法院院長賈克貝諾瓦・德・拉吉巴東（Jacques-Benoît de Lagebâton）。戴斯卡大剌剌地走進法庭，當面指控拉吉巴東沒有資格擔任院長。拉吉巴東當場反駁他的指控，但過了一個月戴斯卡又故技重施。為了反制，拉吉巴東擬了一份支持戴斯卡的法官名單，這些人或許是為了錢才與戴斯卡共謀。令人驚訝的是，名單裡赫然出現蒙田的名字，而且也包括才過世不久的拉博埃西。一般認為這兩個人應該是拉吉巴東的堅強支持者；與拉吉巴東一樣，拉博埃西也積極支持掌璽大臣洛皮塔，至於蒙田則是在《隨筆集》裡

布萊士・蒙呂克。

公開讚揚洛皮塔的派系。然而另一方面，戴斯卡也是蒙田家的朋友，拉博埃西養病時曾暫住戴斯卡家中，雖然最後他還是被病魔奪走性命。蒙田與戴斯卡的關係引發疑慮與聯想，因此必須接受調查。

所有被告都有權在高等法院為自己辯護——蒙田又有了展現辯才的機會。在他們之中，蒙田是最引人注目的發言者。「他展現出特有的活力」，檔案中的註記這麼寫著。蒙田在結尾陳詞時表示「他叫得出全體法官的名字」，然後便拂袖而去。

法官叫住蒙田，問他這句話是什麼意思。蒙田回答說，他不是拉吉巴東的敵人，拉吉巴東不僅是他的朋友，也是他家族的朋友。但是——蒙田在提到「但是」時故意拉高音量——他知道依照慣例，被告有向原告提出反訴的權利，而他也準備行使這項權利。蒙田再次讓現場的人滿頭霧水，但他話裡的意思是說行為不適切的人不是他，而是拉吉巴東。蒙田未再多做說明。法院方面向其施壓，希望他撤回反訴，蒙田照做了，這起事件就這樣不了了之。這起訴訟案件顯然無關緊要，因此很快就被大家遺忘。[50]

真相依然成謎，但有一件事是確定的，那就是訴訟時的蒙田完全不同於《隨筆集》中冷靜、節制的作者形象，也難以連結到他自稱年輕時一看到書就想睡的模樣。蒙田向來以「活力充沛」著稱，他總是來去匆匆，提出各種不著邊際的指控，說起話來雜亂含糊，沒有人能確定他話裡的意思。蒙田在《隨筆集》裡坦承：「我天生想到什麼就說什麼，儘管無傷大雅，卻足以毀了我的工作。」[51]這段話的末尾不禁讓人懷疑他是否因為口無遮攔，而葬送了自己在高院的前程（不一定是因為這件案子，也許是別的事情）。

年輕的蒙田行事魯莽，這點並不意外，真正令人驚訝的是他居然與頑固的極端主義者為伍。他的政治效忠對象撲朔迷離，我們難以預測他對特定主題會有什麼看法。但蒙田的立場與其說是信念，不如說是一種個人忠誠。他的家族與兩派政治人物都有來往，因此兩邊他都不願得罪。或許因為如此，雙方衝突造成的緊張使他不得不反覆無常。拉吉巴東對他的指控是一種侮辱——不僅對他是如此，對拉博埃西來說更是如此，因為後者已不可能再為自己申辯。事實上，拉吉巴東質疑的是蒙田心目中最高尚的人物的名聲，這個人大概也是蒙田一生中最敬愛的人，而他這輩子已不可能再見到他。因此，蒙田發出無助的怒吼，完全是可理解的。[52]

到目前為止，遲緩與健忘似乎可以做為如何生活的好答案。它們可以充當絕佳的掩飾，使人們有充足的空間仔細思考，做出周詳的判斷。但另一方面，人生有些體驗卻能燃起強烈的熱情，驅使人們追求不同的答案。

譯註

❶ 法國南部地區居民。

Ch 5

我們問：如何生活？蒙田說：經歷愛與失去

拉博埃西死後，蒙田收起叛逆的性格；他將拉博埃西的藏書搬進書房，從自己最珍貴的財產中，挪出一塊空間給他的朋友。

蒙田開始寫下記憶中拉博埃西的逝世過程，並將這名年輕哲學家的遺言傳諸後世。

寫下拉博埃西的一切，這個想法終使蒙田完成了《隨筆集》。

拉博埃西：愛情與暴政

蒙田遇見拉博埃西是二十五歲左右的事。[1] 兩人都在波爾多高等法院工作，彼此見面之前已經耳聞對方大名。拉博埃西聽說蒙田是個坦率而早熟的年輕人；蒙田知道拉博埃西是一名前途看好的作家，他的手稿《論自願為奴》（*De la Servitude volontaire*）在當地流傳，引發不少爭議。蒙田最早讀到這篇文章是在一五五〇年代晚期，他後來寫了一篇謝詞，感謝這篇文章讓他結識作者。它開啟了一段美好的友誼：「如此完美無缺的關係肯定世間少有……需要多少因緣際會才能交到這樣的朋友，只有非常幸運的人才能得到這個千載難逢的機會。」[2]

雖然這兩名年輕人對彼此感到好奇，但一直沒有機會見面。兩人碰面其實相當偶然。他們參加了一場在波爾多舉行的宴會，從閒聊中發現「彼此非常契合，彷彿相交多年的舊識一樣」；[3] 從此，他們成為最好的朋友。蒙田與拉博埃西結識六年，但由於兩人有時會被派到外地工作，因此六年之中有三分之一的時間是分隔兩地。即使是這麼短的時間，也足以讓他們像相處一輩子的好友一樣緊密。

從有關蒙田與拉博埃西的描述，你會得到一種印象，拉博埃西的年紀似乎比蒙田大，而且更為睿智。事實上，拉博埃西只比蒙田年長兩歲。他既不英俊也不瀟灑，卻給人一種聰明、親切、言之有物的感覺。拉博埃西與蒙田不同，他們相識時拉博埃西已經結婚，而且在高等法院擔任較高的職位。同事眼中的拉博埃西既是作家又是公職人員，而此時的蒙田還沒有自己的作品，唯一完成的只有法律文書。拉博埃西吸引眾人的注意與尊敬；如果時光回到一五六〇年代初期，你對那些認識拉博埃西的人說他在現代之所以出名，主要因為他是蒙田的好友，而不是因為他本身的才學，他們絕不會相信你說的話。

拉博埃西給人一種成熟穩重的感覺，這可能跟他幼年時是個孤兒有關。一五三〇年十一月一日，拉博埃西生於市集城鎮薩爾拉（Sarlat）一棟優美而華麗的建築物裡，此地離蒙田莊園約七十五英里。拉博埃西的父親在五年前興建了這座宅邸，與蒙田的父親一樣，他也是個精力旺盛的人物，但他在拉博埃西十歲時就已去世。母親不久也撒手人寰，留下拉博埃西獨自一人。他的叔叔——名字也叫艾提安·德·拉博埃西——收養了他，而且讓他接受當時流行的人文主義教育，不過不像蒙田那麼極端。

與蒙田一樣，拉博埃西後來也攻讀法律。一五五四年，他娶了一名已經有兩個孩子的寡婦瑪格麗特·德·卡爾（Marguerite de Carle），其中一個孩子後來嫁給了蒙田的弟弟托馬斯·德·波瑞加爾（Thomas de Beauregard）。同年五月，也就是蒙田到佩里格上任的前兩年，拉博埃西進入波爾多高等法院工作。往後當佩里格的法官轉調到波爾多，仍然領取較高薪資時，拉博埃西的心裡恐怕也不是滋味。

拉博埃西在波爾多高等法院的表現相當傑出。撇開一五六三年發生的詭異指控不提，他給人的印象一直是信心十足。院方放心把敏感的任務交付給他，讓他擔任協商者的角色——蒙田日後也是如此。在同事心中，拉博埃西相當可靠。他行事穩重、工作認真且富責任感。他與蒙田的個性有著天壤之別，然而令人不解的是，這兩個人卻一拍即合，成為知心好友。他們有許多特別的共通點：心思細膩、對文學與哲學充滿熱情，以及決心像他們從小喜歡的古典時代作家與軍事英雄一樣擁有美好的人生。這些特質拉近了彼此的距離，也使他們有別於其他受過相同教育但厭惡冒險的同事。

我們現在知道的拉博埃西，主要來自蒙田的描述——一五七〇與八〇年代，蒙田帶著悲傷與追思的心情回顧已經過世的好友。他的描述創造出一種懷舊的迷霧，使人必須瞇著眼睛辨識拉博埃西的真正形象。反觀拉博埃西呈現的蒙田則清楚許多，他的十四行詩明確表達他對蒙田的看法，包括他希望蒙田精益求精的部分。拉博埃西的詩顯示的不是凍結在記憶中的完美蒙田形象，而是活生生的、不斷轉變的蒙田。他不確定蒙田是否能改正性格上的缺點，因為他看到的蒙田，一直將精力虛擲於宴會與追求美女上面。[4]

雖然拉博埃西提到蒙田時像個循循善誘的長者，他的關懷卻不像家人間的情感：「蒙田，你我緊緊相繫，這不僅出於天性，也基於德行；這是愛的甜蜜引誘。」蒙田在《隨筆集》裡也用相同的口吻表示友情攫住了他的意志，「引領他的意志融入拉博埃西的意志之中，兩者合而為一」，正如它攫住拉博埃西的意志，「引領他的意志融入我的意志之中，兩者合而為一」。這種說法看似詭異，但在當時並不罕見。[5]在文藝復興時代，同性戀的暗示雖然令人感到驚恐，但男性之間的書信往來卻時常像熱戀中的青少年，而時人也習以為常。與其說他們彼此愛戀，不如說他們愛上了崇高的理想友誼，如同希臘與拉丁文學表現的那樣。兩名出身上流社會的年輕人能夠緊密結合，表示他們已達哲學的頂點：他們一起研究學問，接受彼此的監督看護，惕勵彼此提升生活的技藝。蒙田與拉博埃西深深著迷於這種典範，或許當他們見面之時，兩人正追尋著這樣的可能，而相聚時間的短暫使他們免於幻滅。在詩中，拉博埃西表達了自己的期許，希望自己與蒙田的名字能一同流傳後世，就像歷史上「著名的莫逆之交」一樣。他的心願的確實現了。

蒙田與拉博埃西似乎認為他們的關係足以與古典時代的典範相比——哲學家蘇格拉底與他的俊美小友阿爾西比亞德斯。拉博埃西曾在詩中將蒙田比擬成阿爾西比亞德斯。相對地，蒙田則暗示拉博埃西宛如蘇格拉底：他擁有智慧，但更令人驚訝的是他的醜陋。[6]蘇格拉底以外表極不討喜著稱，蒙田毫不避諱地表示拉博埃西的「醜陋掩蓋了他美麗的靈魂」，而這正呼應了柏拉圖《饗宴篇》（*Symposium*）裡阿爾西比亞德斯把蘇格拉底比擬成森林之神西勒努斯（Silenus）的小塑像，這種塑像在當時經常用來收藏珠寶與其他貴重物品。與蘇格拉底一樣，這些塑像的臉孔與身形相當醜怪，但裡面收藏的東西卻價值連城。蒙田與拉博埃西顯然樂於扮演這兩種角色，而且還刻意強調這一點。至少對蒙田來說是如此。拉博埃西如果因此感到冒犯，他的哲學尊嚴絕不可能讓他勉強自己裝出樂在其中的樣子。

根據柏拉圖的說法，醜陋的蘇格拉底婉拒了俊美的阿爾西比亞德斯的殷勤追求，但他們的關係充滿挑逗與肉體誘惑則不容懷疑。蒙田與拉博埃西也是如此嗎？今日已很少有人認為他們之間存在著性愛關係，但這種說法亦非全然無據。他們之間使用的語言非常醒目，不僅拉博埃西的十四行詩如此，連蒙田在隨筆中也形容他們的友情具有超驗的神祕性，像愛的狂潮般將他們席捲而去。蒙田平日的穩健與獨立，在提到拉博埃西時完全消失無蹤。他寫道：「我們的靈魂融合得天衣無縫，無法分離。」任何文字都無法形容這種關係，他在頁緣寫下註記：

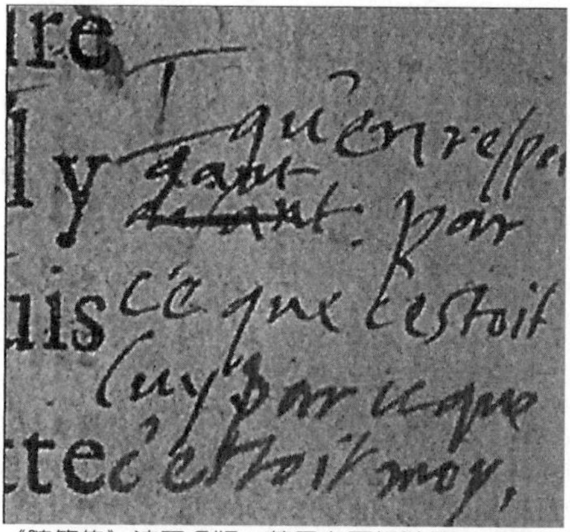

《隨筆集》波爾多版。蒙田在頁緣註記：「只能說：因為是他，因為是我。」

> 如果你硬要我說明為什麼愛他，我覺得這實在難以說清，只能說：因為是他，因為是我。

文藝復興時代的友情，就像古典時代一樣，理當建立在當時普遍接受的風俗上。正因如此，這些友情形式才具有哲學價值。但蒙田卻無法套用任何形式來描述這「難以說清」的愛。事實上，蒙田坦承：「我們的友誼沒有其他模式可以形容與比擬，它自成一種模式，只能自己描述自己。」如果一定要找出一個參考點，還是只能以《饗宴篇》為例。阿爾西比亞德斯同樣對蘇格拉底的魅力意亂情迷，他說：「有好幾次我多麼希望他能從世間消失，但我知道，如果那一天真的到來，我的悲傷將遠超過我的解脫。事實上，我不知道該拿他怎麼辦。」[7]

拉博埃西的十四行詩不像蒙田那樣糾結，他的情感也不像蒙田一樣帶著回憶的感傷。類似的情感與個人吸引力的表現其實並未顯現在十四行詩裡，而是呈現在其餘的作品中，甚至出現在他寫給其他女性的平庸情詩。事實上，這類情感也隱約表現在他早期談論政治的文章——這篇論文在波爾多廣泛傳閱，蒙田就是因為這篇文章才得知拉博埃西這號人物。

拉博埃西完成《論自願為奴》這篇論文時顯然還很年輕。根據蒙田的說法，拉博埃西當時才十六歲，這篇文章只是學生的習作：「從各種書籍蒐集上千筆資料，拼湊成一個共通的主題。」蒙田很可能是故意淡化這篇文章的嚴肅性，因為這篇文章引發不少爭議，他既不希望毀了拉博埃西的名聲，也不希望自己因為他的文章惹上麻煩。然而，這篇文章其實不像蒙田說的那樣稚氣未脫；相反地，它顯示出拉博埃西的早慧。有作家曾經說過，拉博埃西是政治社會學的韓波（Arthur Rimbaud）。[8]

《論自願為奴》談的是歷史上的暴君何以能輕鬆地支配群眾，明明群眾只要拒絕支配，就能讓暴君的權力瞬時瓦解。民眾不需要進行革命，只要停止合作，不提供奴隸與阿諛者來支持暴君，如此便能推翻暴政。然而，即使君主殘暴地虐待臣民，臣民也不可能這麼做。君主愈是讓人民挨餓，愈是忽視他們，人民就愈敬愛君主。尼祿（Nero）暴虐無道，他去世時羅馬人仍同聲哀悼。凱撒（Julius Caesar）遇刺身亡時也是如此——拉博埃西並不欣賞凱撒，這點很不尋常（蒙田也對凱撒有所保留）。凱撒「廢棄法律與自由，在我眼裡，這樣的人一無是處」，但他卻廣受民眾愛戴。暴政的神祕程度就跟愛情一樣令人難以理解。[9]

拉博埃西相信，暴君可能使用某種手段來催眠人民，雖然在拉博埃西那個時代還沒有「催眠」這個詞。換句話說，就是人民迷戀上了暴君。他們喪失自己的意志，以暴君的意志做為自己的意志。看到「一百萬人可悲地讓人在脖子上架起牛軛，不是出於強迫，而是惑於君主的名號」，那真是一幅可怕的景象，「其實他們根本不需要懼怕，因為君主只有一個人，而且他也不值得眾人敬愛，他總是野蠻而毫無人性地對待自己的臣民」。[10]然而，民眾就是不願從夢中醒來。拉博埃西的敘述彷彿這些人中了巫術一樣。如果巫術只迷惑少數人，那麼施法的人可能會被綁上火刑柱，然而當整個社會都被蠱惑時，就不會有人質疑巫覡了。

拉博埃西對政治權力的分析，像極了蒙田從拉博埃西身上感受到的神祕力量：「因為是他，因為是我。」暴君的魅力就像咒語或春藥，這一點可以從晚近歷史出現的一連串獨裁者身上清楚看出。當烏干達獨裁者伊迪．阿敏（Idi Amin）的追隨者在訪談中被問及為什麼如此忠心地敬愛他的領袖時，他回答的方式就跟蒙田提到拉博埃西，或阿爾西比亞德斯提到蘇格拉底一樣：

你也知道，愛這種東西就是這麼一回事：你看到有男人愛上一個獨眼的女人，你問那名男子為什麼愛上那個醜女人，你以為對方真的願意告訴你嗎？事情的真相只存在於他們兩人之間。正是這種說不出來的東西，使我愛他，使他愛我。11

暴政創造了一齣臣服與支配的戲碼，就像蒙田形容的激烈戰爭場景一樣。百姓心甘情願地放棄，而這只會讓暴君得寸進尺，奪走他們的一切——如果他決定送他們上戰場的話，那麼甚至還包括他們的生命。人性中有某種事物驅使著他們「打從心裡忘卻自由」。整個體制從頂端到底層，每個人都被為奴的意願與習慣的力量所催眠，因為他們眼裡只能看到這些東西。然而，民眾需要的只是清醒，一旦能清醒，就不會再與暴君合作。12

拉博埃西又說，有些人能掙脫束縛得到自由，通常是因為他們研讀了歷史而開闊眼界。13當他們得知歷史上的暴政總是雷同時，他們很自然就發現自己身處的社會的困境。這些人不願接受自己出生後就面臨的處境，因此想盡辦法要脫離，並且從不同的角度來觀看每件事情——蒙田在《隨筆集》中也曾提到這種獨特的思考與寫作訣竅。可惜呀，擁有自由精神的人太少，產生不了影響。他們無法通力合作，只是「獨自想像地」活著。

從這裡不難理解蒙田在讀了《論自願為奴》之後，為什麼急著想見文章的作者。這是一部大膽的作品，無論蒙田是否同意當中的論點，這篇文章都令他感到震驚。文中對習慣的力量所做的反思（這也是蒙田《隨筆集》的關鍵主題），以及認為閱讀史書與傳記可以讓人獲得自由，在在都與蒙田不謀而合。而文章呈現的大膽進取與思考能力，也令蒙田心有戚戚焉。

拉博埃西寫這篇論文時，或許沒有鼓動革命的意思。他只準備少量複本流通，從未打算印行出版。就算他有此意，目的也只是敦促統治菁英為自己的行為負責，而非呼籲下層階級起而奪權。[14]如果他能多活幾年，也許會對作品造成的影響感到恐慌。就在他去世十年後，《論自願為奴》成為新教激進派的代表作品，並被重新命名為《反對定於一尊》（*Contr'un*）。它產生更大的影響，鼓動了反對法國君主的風潮。一連串新教出版品刊載了這篇論文，先是佚名的《警醒法國人與周鄰》（*Reveille-matin des François et de leurs voisins*, 1574），然後是西蒙．古拉爾（Simon Goulart）不同版本的《查理九世時代法國回憶錄》（*Mémoires de l'estat de France sous Charles IX*, 1577）。[15]古拉爾的作品具有煽動性，而它也得到具煽動性的回應。一五七九年五月七日，波爾多高等法院公開燒毀古拉爾的第二版作品，就在兩天後，蒙田獲得官方批准首次出版他的《隨筆集》。無怪乎蒙田想強調拉博埃西的作品是年輕時的習作，不會對任何人構成威脅。

從此，便開啟了《論自願為奴》漫長而多采多姿的發展歷程。即使到了現在，《論自願為奴》有時仍可用來號召群眾，至少可以用來鼓吹原則性的抗爭。二次大戰期間，《論自願為奴》在美國被改名為《反獨裁者》（*Anti-Dictator*）。[16]書本頁緣註記了一些醒目的主題，例如「綏靖政策是沒有用的」與「為什麼獨裁者要演說」。往後，無政府主義者與自由放任主義者團體也使用《論自願為奴》從事宣傳，他們會自行添入激進的前言與評註。拉博埃西的名聲之所以能流傳後世，除了他是蒙田的朋友，也因為他被當成了無政府主義的英雄。

無政府主義者與自由放任主義者最讚賞拉博埃西的地方，在於他的觀念與甘地頗為相似：他認為社會想從暴政中解脫，要做的事情只有一項，就是寧靜地拒絕合作。有一篇今人寫的序言指出，拉博埃西鼓勵人們進行「匿名的、低調的、個人式的革命」[17]——這是人類所能想像最純粹的革命。「自願主義」援引拉博埃西的觀點來支持自己的論點，認為應該迴避一切政治活動，包括民主投票，因為它會產生一種假象，好像國家會因為投票選舉而具有正當性。早期有些自願主義者基於這一點而反對婦女投票權：既然男人不應該投票，那麼女人也不應該才是。[18]

《論自願為奴》在政治上採取「寧靜拒絕」的做法，這一點顯然對蒙田深具吸引力。蒙田也認為在面對政治壓迫時，最重要的事就是維持個人的心靈自由——這種想法可能意謂著脫離公共生活，而非參與其中。《論自願為奴》堅持以不合作的方式維護自身的正直，從這點來看，它宛如蒙田自己寫的一篇隨筆；我們可以把它當成蒙田早年仍喜爭論時所寫下，但論點不夠周延的作品。蒙田閱讀《論自願為奴》產生的感受，很可能跟幾個世紀之後愛默生閱讀他的《隨筆集》產生的感受相同。蒙田也許也會禁不住叫嚷：「我覺得自己彷彿寫下了這部作品，它由衷地說出我的想法與經驗。」[19]

早在胡格諾派挪用《論自願為奴》來為新教宣傳之前，蒙田就已經打算將這篇文章收錄到他的《隨筆集》裡，不過他還是忠實標上了拉博埃西的姓名。蒙田準備將這篇文章擺在〈論友誼〉

的後面——這篇隨筆是蒙田情感投入最多的作品。蒙田把《論自願為奴》穿插到書中，如同眾星拱月一般，把它當成《隨筆集》最重要的篇章。[20]

然而，當蒙田把書交給出版社時，局勢卻有了變化。《論自願為奴》現在已被當成革命的宣傳品：蒙田如果出版這篇論文，不僅無法表彰拉博埃西的才學，反而可能引起眾怒，造成反效果。蒙田只好撤回這篇論文，但他也留下一小段簡介，說明刪除的始末。他寫道：「我發現有些居心不良、企圖顛覆與改變政府狀態的人四處傳布這篇論文，但這些人毫不考慮自己是否真有能力改善現狀，他們也利用這篇論文來偷渡自己的想法，因此我改變心意，不在這本書發表這篇論文。」或許就是在這個時候，蒙田添入了自己的說詞，解釋這篇論文是拉博埃西年輕時的練筆。

做了這件事之後，蒙田又改變心意。他不想讓拉博埃西看起來言不由衷，於是增添了一段註記，裡頭提到拉博埃西當然對自己寫下的東西深信不疑；他不是那種說一套做一套的人。蒙田甚至至說他的朋友寧可出生在威尼斯共和國，也不願生在法國的地方小鎮薩爾拉。咦，等等！——這麼說豈不是讓拉博埃西更像叛國賊嗎？此時蒙田話鋒一轉：「但拉博埃西的心裡銘記著一個至高無上的準則，他必須以最虔敬的心，遵守並服從他出生之地的法律。」總而言之，蒙田身陷於拉博埃西論文引發的混亂之中。不難想見他窩在出版社的某個角落，在印刷前一刻潦草寫下這些話，胳肢窩還夾著已經移除的手稿。

考慮到當時波爾多已開始焚毀《論自願為奴》，我們不得不說，蒙田公然提起這篇文章是相當大膽的舉動，更甭提他還撰文為拉博埃西辯護。然而，蒙田還是一如以往充滿矛盾，一方面小心翼翼地放棄出版，另一方面卻勇氣十足地提出不同的看法。此外，在討論拉博埃西為何要寫這篇文章時，蒙田還說出作者真實的姓名。[21]或許已經有不少人知道拉博埃西的名字，但就連新教的出版品，也很少敢直接標出作者的姓名。

決定刪除《論自願為奴》之後，蒙田寫道：「我打算用其他文章取代這篇嚴肅的論文，這些文章與《論自願為奴》同時完成，但內容較為輕鬆活潑。」蒙田選了幾首拉博埃西所作的詩，這些詩不是寫給蒙田，而是寫給一名身分不明的年輕女性，一共有二十九首。然而幾年後，蒙田再度改變主意，又刪了這些詩。最後留下的只有他自己寫的介紹與獻詞，再加上一小段註記：「這些詩還有別的版本。」[22]一整章，也就是《隨筆集》第一卷第二十九章，前後被刪除了兩次。對於留下的殘餘與漏洞，蒙田似乎完全不想遮掩，他甚至特別讓讀者注意到這一點。由於這樣的行為實在太過詭異，因此引起許多揣測。蒙田是否只是慌亂地增刪資料，完全不考慮進行整理，抑或他是故意如此，為的是要提醒我們某事？

近年來流傳著一種激進的說法，認為《論自願為奴》實在太近似蒙田的風格，因此幾乎可以推論它可能是蒙田的作品。《論自願為奴》談到習慣、天性、觀點與友誼——這四項主題在《隨筆集》中反覆出現。它強調內在自由是通往政治抵抗的道路，這也是蒙田的立場。這篇文章充滿古典時代的例證，這點與《隨筆集》相同。它給人的「感覺」就像一篇隨筆。它具有說服力、娛樂性而且經常離題。作者時常岔題談起另一件事，例如討論十六世紀的七星詩社（Pléiade），談完後再補上一句「我差點忘了，回到我們的主題吧」，或「回到原先討論的主題吧，真是怪了，我居然在不知不覺中講到別的地方去了」。[23]一般說來，年輕人的習作應該不會出現這種以戲謔方式帶過雜談的做法，不過這種寫作的確充滿了生機與活力。作者跟我們說話的方式，彷彿是一群人坐在一起，一邊啜飲葡萄酒一邊閒聊，或者是在波爾多的街角巧遇，就這樣聊了起來。人們不禁懷疑：該不會《論自願為奴》的真正作者是蒙田，而不是拉博埃西吧？

然而，《論自願為奴》肯定是拉博埃西寫的，理由是他的手稿複本曾在波爾多流傳。不過今日留存下來的複本並非出自拉博埃西之手，全是其他人製作的。而能夠證實這篇論文確實曾在波爾多「流傳」的唯一證據，卻是蒙田本人。此外，指出文章作者是拉博埃西的也是蒙田，而蒙田也說這篇文章是學生的習作。或許這名十幾歲的韓波並不是早熟而睿智的拉博埃西，而是個性急躁、在高院各個法庭來回穿梭的蒙田。又或許，這篇文章根本不是年輕人寫的，而這正可解釋文本中為什麼會出現時代不符的內容。或許就像某些一頭熱的陰謀論者所說，蒙田日後自己寫了這篇文章，而且故意在文中穿插時代倒錯的句子，聰明的讀者自然能看出其中的陷阱。

第一個認為《論自願為奴》是蒙田所作的人，是特立獨行的亞瑟安東尼·阿曼戈（Arthur-Antoine Armaingaud），他於一九〇六年提出這項論點。在此之前，他已提出許多令人震怒的見解，而在引起軒然大波之後，他往往是兩手一攤，一副事不關己的樣子。當時幾乎沒有人同意阿曼戈的見解，即便到了現在，也只有極少數人支持。儘管如此，他的假設還是獲得了新生代非主流派的認同，其中比較著名的有丹尼爾・馬丁（Daniel Martin）與大衛・劉易斯・薛佛（David Lewis Schaefer）。薛佛與阿曼戈一樣，專注於尋找蒙田帶有革命思想的蛛絲馬跡。馬丁則傾向把《論自願為奴》當成一本字謎，認為書中充滿各種線索。他表示：「把《論自願為奴》從《隨筆集》中刪除，就好像把長笛從交響樂團剔除一樣。」[24]

認為蒙田寫了這麼一篇激進、具無政府主義傾向的論文，又故布疑陣埋下各種暗示，好讓眼光銳利的讀者看出其中奧妙，這種想法確實頗具吸引力。就跟各種陰謀論一樣，這種猜測能引發拼湊真相的興趣，也增添蒙田的魅力：一名骨子裡想革命的男子，又是個工於心計的陰謀家。

我們偶爾能從《隨筆集》裡看到一些跡象，顯示蒙田如果願意，確實有能力玩弄這種把戲。有一次，為了幫助一名罹患陽痿、卻又深信自己是被下了符咒才會如此的朋友，蒙田略施小技，不跟朋友講大道理，只拿了一件睡袍與一枚刻著「天使圖案」、看似施了魔法的紀念幣給他。蒙田告訴他，每次行房前務必用這枚紀念幣進行一連串儀式。首先將它貼於腎臟的位置，然後將它綁在腰上，再跟妻子躺下，並且將睡袍覆蓋在兩人身上。[25]這個建議奏效了。雖然結果是好的，但蒙田仍覺得有些良心不安。從這點可以看出，如果蒙田覺得有必要，或事情令他覺得特別有趣，他確實會使出騙人的伎倆。

不過，整體來說，蒙田確實很少耍這種把戲，他寧可表現出誠實與坦率，以及自己拙於猜謎的一面。[26]當然，表現誠實與拙於猜謎也有可能是他裝出來的。但是，如果蒙田是個不折不扣的騙子，我們便不得不懷疑他在書中說過的每一個字；若真是如此，我們可就要暈頭轉向了。而且，這樣也會產生各種難解的狀況。如果拉博埃西並未寫下《論自願為奴》，那麼他顯然不是蒙田在《隨筆集》中形容的那個人。[27]他成了一個沒有明確輪廓與清楚特質的人物，在聰明的蒙田眼裡，他只會成為無足輕重的傢伙。如果拉博埃西沒有任何特殊之處——如果他不是那種能寫出《論自願為奴》的飽學之士——為什麼蒙田會如此深愛著他？拉博埃西一定有什麼過人之處，才使蒙田鍾情於他，而這個特點絕非俊美的外形，除非蒙田在這個地方又對我們說了謊。

如果人們認真看待他們的愛情故事，那麼陰謀論的說法就幾乎難以成立。如果蒙田供稱《論自願為奴》是拉博埃西所作，只是為了掩蓋他才是真正作者這件事，那麼蒙田顯然是在玩弄對拉博埃西的追憶——他在回憶拉博埃西時，幾乎是把對方當成偶像來崇拜。當《論自願為奴》在波爾多廣場被公開焚毀時，蒙田居然透露這篇論文的作者是拉博埃西，他這麼做令人感到吃驚。然而，如果拉博埃西並非文章的作者，這件事將會更令人驚駭，這簡直是背叛，甚至是針對拉博埃西所做的仇恨行為。從蒙田《隨筆集》（包括未出版的旅行日記）中對拉博埃西的描述，實在看不出他對拉博埃西有任何怨恨。

蒙田與拉博埃西情感的緊密，有助於解釋為什麼這兩個人的寫作風格如此類似。他倆無話不談，彼此相互混合，這不是指作家與筆名的相混，而是指兩個作家共同發展出他們的想法。他們經常爭論，經常意見相左，但也不斷「吸取」彼此的觀念。在他們短暫相處的時光中，蒙田與拉博埃西一定時常從早晨聊到深夜。他們談論習慣、反對既有的觀念、改變觀看世事的角度、討論暴政與個人自由。起初，拉博埃西的觀念陳述得較為清楚；而後，或許蒙田逐漸超越了他，並開始從拉博埃西未嘗試過的角度來思索風俗與觀點。最後，這些想法全匯聚到《隨筆集》之中，這本書也成為從各方面表彰拉博埃西的作品。蒙田與拉博埃西的心靈緊緊交織，即使運用世界上最具批判性的工具，也無法將他們分離。

我們有充分的理由相信，蒙田與拉博埃西可以這樣攜手共度數十年，在現代版的雅典中成為成功而著名的思想家。然而，年輕的蘇格拉底終將離開宴席，提早踏上歸途。

拉博埃西：死亡與哀悼

這事要從一五六三年八月九日星期一說起。拉博埃西當天待在戴斯卡開闊的莊園裡，前面提過，戴斯卡反叛了波爾多高等法院的拉吉巴東。當晚，拉博埃西與蒙田約好共進晚餐，當他準備離開戴斯卡的宅邸時，卻因胃痛腹瀉而倒地不起。他差人告訴蒙田他病了，可否改由蒙田到這兒來看他。蒙田趕來了。接下來我們知道的一切，全來自蒙田寫給父親的信上的漫長描述，後來蒙田還出版了這封信。[28]

來到戴斯卡宅，蒙田發現他的朋友深陷痛苦之中。拉博埃西告訴蒙田自己一整天待在外頭，染上了風寒，然而他的病情看起來似乎沒那麼單純。兩人已經想到有可能是感染了鼠疫，當時疫情已蔓延到當地、波爾多與阿吉內（Agenais），而拉博埃西最近才到阿吉內出差。就算拉博埃西還沒有感染鼠疫，以他目前如此衰弱的情況來看，也有感染鼠疫的危險。蒙田勸他搬到疫情較不嚴重的地區，跟他的妹妹與妹夫（雷斯托納克家族〔the Lestonnacs〕）一塊兒住。但拉博埃西的身體太過虛弱，無法旅行。事實上也已經太遲了，他幾乎已經可以確定染上鼠疫。

蒙田當晚就離開，第二天早晨拉博埃西的妻子前來通知他，說她的丈夫病情愈來愈嚴重。蒙田再度來到戴斯卡宅，在拉博埃西的請求下，他留在這裡過夜：「他極為懇切又極其堅持地要求我盡可能陪在他身邊，我的內心極為難受。」第二天晚上，蒙田又留下來過夜；拉博埃西的病情持續惡化。星期六，拉博埃西坦言自己的病具有傳染性，而且不太樂觀——這暗示他知道自己的確染上了鼠疫。他再次要求蒙田留下，但不希望他停留太久，以免也受到感染。蒙田未理會他的提醒。「我不會再離開他」，他寫道。

星期日，拉博埃西極其衰弱且深受幻覺所苦。在度過這段危險期後，拉博埃西說他「似乎陷入一場巨大的混亂之中，眼前烏雲密布，濃霧中伸手不見五指，所有的事物一團凌亂，毫無秩序」。蒙田安慰他說：「死亡不會比你看見的更糟，我的兄弟。」拉博埃西聽了便回答：「的確，最糟的狀況也就是如此。」此時，他告訴蒙田，他對自己的病情已不抱任何希望。

拉博埃西決定交代身後之事，他要蒙田好好照顧他的妻子與叔叔，不要讓他們過於悲傷。等到拉博埃西做好準備，蒙田把他的家人叫進房間。他們圍坐在床邊，「盡可能不哭喪著臉」。拉博埃西向他們交代遺言，並且明確表示絕大多數的藏書都將給予蒙田。之後，他把教士找來。拉博埃西臨終告別時神智相當清楚，蒙田曾一度認為病情有好轉的可能，然而等事情交代完畢，他又再度陷入昏迷。

幾個小時之後，仍在床邊守候的蒙田對拉博埃西說，與在一旁目睹死亡的自己相比，直接面對死亡的拉博埃西反而表現出更大的勇氣，這點令他「深感慚愧」。蒙田向拉博埃西承諾，他會牢記他樹立的典範，直到自己的大限之日來臨。很好，拉博埃西說，你能這麼做就太好了。他提醒蒙田，他們過去已經就死亡這個主題有過許多次啟迪人心的討論。他說，這個經驗是「我們思考的真正對象，也是哲學的真正主題」。

拉博埃西握著蒙田的手，安慰他說，自己這一生已經歷許多比死亡更痛苦、也更艱困的事。「當人生走到盡頭」，他說：「我已做好萬全準備，我的心裡也謹記學到的教訓。」拉博埃西與這個時期的蒙田一樣，兩人都奉行古人的教訓，對於自己的死亡已來回想過好幾遍。他又說，無論如何，他這輩子活得健康，也活得夠久，他感到心滿意足——這種想法仍舊呼應著古人的智慧。他了無遺憾。然而，拉博埃西真的已享盡天年了嗎？「我將滿三十三歲」，他說：「上帝待我不薄，我活到現在，人生充滿健康與喜樂。世事無常，如此幸福的日子不可能一直持續下去。」老年只會為他帶來痛苦，很可能讓他變得吝嗇貪婪；能避免變老反而是件好事。蒙田的神情憂傷，拉博埃西叮嚀他一定要堅強。「怎麼了，我的兄弟，難道你希望我心存恐懼？如果我感到恐懼，除了你，還有誰能為我消除？」

拉博埃西充滿勇氣與理性智慧，他實現了完美的斯多噶式死亡。蒙田也有應盡的責任：他要協助朋友保存勇氣，並且擔任死亡的見證者；他要詳細記錄這段過程，讓其他人也能從拉博埃西的故事中獲益。這麼做或許也能為改善現實略盡薄力，讓拉博埃西看起來更加高尚而勇敢。或許根本毋須如此；拉博埃西深受古典美德的薰陶，直到死前，他都力圖讓自己符合心目中哲學英雄的典範。如蒙田所言：「他的心靈是以其他時代為準繩，而非我們這個時代。」[29]

然而蒙田與拉博埃西並非同一類型的人物。從蒙田的文字中，可以看出他真正的性格乃是多疑，對令人尷尬的小事特別在意，對於事實總是不吐不快。蒙田的描述甚至帶有不敬的成分。當天稍晚，當他寫下拉博埃西的臨終告別，他評論道：「整個房間充斥著嚎啕的哭聲，儘管如此，他還是連珠炮般地說著，讓人覺得有點冗長。」

隔天，星期一早晨，拉博埃西時而清醒時而昏迷，靠著醋與葡萄酒稍微恢復體力。他責備蒙田：「你難道看不出來嗎？你現在為我做的不過是延長我的痛苦！」不久，他突然喪失視力，身旁的人哀傷慟哭。由於看不見，他對這些哭聲感到恐懼。「主啊，是誰為我哀痛逾恆？在安詳寧靜之中，我感到無比安適，他們為什麼一再來攪擾？讓我耳根清靜一點吧，我求你們。」

拉博埃西喝了一小口葡萄酒，他的視覺又恢復了，但無法挽救江河日下的身體。「他的四肢乃至於他的臉，都已冰冷；瀕死的身體淌滿了汗水，脈搏幾乎摸不到。」

星期二，拉博埃西接受臨終儀式，他要教士、叔叔與蒙田為他祈禱。他叫嚷了兩、三次，其中一次喊道：「好的！好的！該來的總是會來，我已等候多時，我的腳步強健而堅定。」

晚上，「毫無生氣、徒具人形」的拉博埃西再度出現幻覺，他向蒙田描述這次看見的景象「不可思議、無窮無盡，且難以形容」。他試著安慰自己的妻子，說有故事要告訴她。「但我現在要闔眼了」，他說。然而看到妻子驚慌的樣子，他又改口道：「我要睡了。」

她離開房間，拉博埃西對蒙田說：「我的兄弟，拜託，靠近一點。」床邊還有許多人在，蒙田說他們「全是親朋好友」。在文藝復興時代，很少事情是獨自進行的，臨終更是如此。拉博埃西的妻子似乎是唯一被叫出房間的人。

此時，瀕死的拉博埃西變得激動起來，在床上猛烈翻滾，開始提出詭異的要求。蒙田寫道：

他非常激動，而且不斷求我給他一個位置，我因此懷疑他已經喪失了判斷力。即使我非常輕柔地提醒他，他已經被病魔牽著鼻子走，這些不是向來神智清醒的他會說的話，他卻不理會我的勸告，反而更強烈地直嚷道：「兄弟，我的兄弟，『你』拒絕給我位置嗎？」我不得不努力說服他，他還有氣息還能說話，顯然還擁有身體，他當然有自己的位置。「是啊，你說的沒錯」，他回說：「我是有位置，但不是我需要的位置；等我死的時候，我在人世間就沒有任何位置了。」

拉博埃西的話很難回應，蒙田試著安慰他說：「上帝很快會給你一個更好的位置。」「我已經在那兒了嗎？」拉博埃西說：「三天了，我掙扎著要走，卻走不了。」往後幾個小時，拉博埃西時常喊叫，蒙田寫道：「他只是想知道我是否還在身旁。」蒙田一直陪著他。

到了此時，蒙田的描述逐漸與開頭的寫法不同，除了更具情感，也有些怪誕。他把拉博埃西說過的話與做過的事，無論是否具有哲學意涵，全都鉅細靡遺地記錄下來。拉博埃西已經偏離了他想效法的典範。當他說自己需要一個位置時，似乎是在無意識之下說出這些話，就跟幾年後蒙田無意識地胡言亂語與撕扯身上的緊身上衣一樣。

凌晨兩點，拉博埃西終於平靜下來，這似乎是個好兆頭。蒙田離開房間告訴拉博埃西的妻子，兩人都對病情的改善感到高興。但一個小時之後，當蒙田回到房裡，拉博埃西又躁動起來。他呼喚蒙田的名字一兩次，然後嘆了一口氣，便沒了氣息。拉博埃西死了——「一五六三年八月十八日星期三凌晨三點左右去世，享年三十二歲九個月又十七天」，蒙田這麼寫著。

這是近距離觀察的死亡——或許是蒙田第一次就近觀察自己深愛的人死去。實際看到的景象令人震撼，尤其鼠疫是如此令人聞之色變的病症，不過蒙田絲毫未提及他個人對感染的恐懼。蒙田在目擊死亡時產生的念頭，日後也在他自己面臨死亡時浮現腦際：他希望人能平靜安詳地經歷死亡，儘管從外表看來似乎不是如此。他曾與拉博埃西討論過這個問題：蒙田認為人死的時候看起來雖然痛苦，但內心應該感到平靜；拉博埃西不這麼認為。[30]現在，蒙田想必非常希望自己的想法是對的。他希望拉博埃西的身體在冒汗與掙扎的同時，內心能感到極樂與至福。往後當蒙田提到自己失去意識的經驗時，可以看到他又重提這個話題。他想問他的朋友：「看吧，你並不覺得痛苦，是嗎？」並且希望拉博埃西會回答：「是的，我不痛苦。」

雖然蒙田藉由文字來舒解情緒，但他實在太過悲傷，這種痛苦也並未隨時間沖淡，反而更形加深。拉博埃西死後，一切都成了「陰暗而沉鬱的深夜」。十八年後，蒙田到義大利旅行，他在日記裡寫著：「在忌日這天，清晨寫信給多薩（d'Ossat）先生，想起拉博埃西先生，內心滿溢著痛苦。這股情緒持續很久，一直揮之不去，帶給我莫大的傷害。」蒙田也在《隨筆集》裡提到，他多麼希望在義大利覓得真正的朋友，與他志同道合，興趣相投。「在旅途中，我一直深切地想念這個人。」

> 少了情感的交流，任何愉悅都沒了滋味。就算自己想出什麼有趣的事，身旁少了人可以分享，只會更讓人惱火。[31]

蒙田從不排除也許有人可以取代拉博埃西的地位。塞內卡曾提出忠告：智者很容易交到新朋友，並且臉不紅氣不喘地換掉舊朋友。蒙田有時會在《隨筆集》裡向一些可能的人選提出吸引人的呼喚：他希望他的作品能夠取悅「一些相稱的人物」，進而與他交往。然而，蒙田並不認為真有人能取代拉博埃西的地位。他一直感到沮喪：

我不與命運安排下相遇且生活上不可缺少的那一千人好好相處，卻執迷於……追求不可能再次相逢的人，這不正是我愚蠢的性格造成的嗎？[32]

每當蒙田冷淡或不願搭理他人時——他有時會如此——我們應該想到拉博埃西。蒙田寫道，我們不應該讓其他人「跟我們黏得太緊，以免未來分開時非得撕下一層皮，或扯下一塊肉不可」。[33]這是一個曾遭受錐心之痛的人會說的話。

拉博埃西在世時，蒙田顯然有時會違逆他精益求精的勸告，但現在已沒有人苦口婆心地叮嚀他。拉博埃西死後，蒙田收起叛逆的性格，毫無保留地聽從摯友過去的勸誡——拉博埃西曾要求他做的事，他都願意做到，包括給他一個位置。

蒙田先將拉博埃西的藏書搬進書房裡，從他最珍貴的財產中挪出一塊空間給他的朋友。然後，蒙田開始盡可能寫下自己記憶中拉博埃西的逝世過程，並將這名年輕哲學家的遺言傳諸後世。他準備將拉博埃西的著作付梓。最後，當蒙田退休時，他以拉博埃西做為他新事業的指南針。在書房牆上，除了退休時寫下的字句外，蒙田又另外寫下一些句子。文字已模糊難辨，但他顯然想在未來「辛勤工作」，以做為對拉博埃西的緬懷，因為他是十六世紀所能找到「最甜蜜、可愛，也最親密的朋友」。[34]拉博埃西將會監督蒙田在書房裡的一舉一動，他將成為蒙田的文學守護天使。

死去的拉博埃西從蒙田現實人生中不完美的夥伴，搖身一變成了他塑造的理想典型。與其說拉博埃西是個人，不如說他變成了一種哲學技巧。塞內卡曾建議他的追隨者以這種方式運用他們的朋友。他說，如果找到值得讚賞的人，就應該把他當成在你身旁聆聽你說話的聽眾，這樣你才能努力改善自己，以符合更高的標準。塞內卡又說，如果你想為自己而活，你就應該為別人而活——特別是為你自己選擇的朋友。[35]

如果這麼做能帶來安慰的話，蒙田當然願意嘗試這種技巧。當蒙田為拉博埃西死後出版的作品撰寫獻詞時，他寫道：「他仍然如此完整而生動地活在我的心裡，我幾乎無法相信他已長眠於九泉之下，此生不復與我有任何連繫。」[36]讓拉博埃西繼續活在蒙田心中，是實現他臨終心願的一種做法，也能舒解蒙田的寂寞。此外，蒙田也運用轉移注意力的技巧，讓自己克服喪友之痛。最重要的是他發現寫作具有療癒的效果。以書寫傳達拉博埃西的死亡與臨終告別，這使蒙田重新經歷當初的過程，也成功度過這段過程。他無法忘懷拉博埃西的一切，但他學會了在沒有對方的世界裡生活，並因此改變了自己的人生。寫下拉博埃西的一切，這個想法終使蒙田完成了《隨筆集》：這真是最高明的哲學技巧。

Ch 6

我們問：如何生活？蒙田說：略施小技

猛烈的攻擊、爭論、失去朋友，這些都是人生在向你咆哮質疑，如同學校老師一天到晚盯著你有沒有專心上課。

就連煩悶也屬於此類。

無論發生什麼事，不管它多麼突然，你都應該以適當的方式來回應。

正因如此，蒙田認為，學會如何「適切地」生活，是一項「了不起的人生成就」。

小訣竅與生活的藝術

對於學院哲學家，蒙田總是嗤之以鼻，厭惡這些人的學究氣息與說話不著邊際。然而對另一項哲學傳統，蒙田卻露出無窮的嚮往，那是偉大的實用主義學派。這個學派專門探索以下問題：如何面對朋友的死亡？如何鼓起勇氣？如何在艱難的道德處境下堅持善行？如何讓生命充實？當蒙田面臨悲傷與恐懼，遭遇日常生活中微不足道卻令人氣惱的事情時，他往往求助這類哲學。[1]

其中最著名的三種思想體系是斯多噶主義（Stoicism）、伊比鳩魯主義（Epicureanism）與懷疑論（Scepticism）。這三種哲學統稱為希臘化時代哲學，起源於西元前三世紀，希臘的思想與文化在這個時期傳布到羅馬與地中海其他地區。這三種哲學在細節上容有不同，但本質極為接近，讓人難以區別。與其他人一樣，蒙田往往根據自己的需要交替混用這些哲學，有時也會比較它們之間的差異。

這三個學派目標相同，都想實現某種生活方式，也就是古希臘文的 eudaimonia，我們通常翻譯成「幸福」、「快樂」或「富足」。eudaimonia 意指在各方面都過著良好的生活，除了生活過得富足快樂之外，還要成為品德高尚的人。這三個學派都認為通往 eudaimonia 的最佳途徑是 ataraxia，也許可以翻譯為「冷靜」或「免於焦慮」。[2] ataraxia 意指均衡，這是一種讓心情維持平靜的技巧，使你不致在一帆風順時揚揚得意，也避免在挫折時意氣消沉。要做到這點，你必須學習控制自己的情感，才不會受到情感的打擊與拉扯，像根被狗群爭搶的骨頭。

在如何獲得平靜這個問題上，三種哲學開始出現分歧。舉例來說，學派之間對人們該與真實世界妥協到什麼程度，有不同的看法。西元前四世紀，伊比鳩魯（Epicurus）建立最早的伊比鳩魯社群，他要求追隨者離開自己的家人，像小型教派一樣共居於隱蔽的「庭園」（garden）。懷疑論者則完全相反，他們跟一般人一樣投入於喧囂的公共事務中，差別在於抱持的心態與一般人大不相同。斯多噶學派介於伊比鳩魯學派與懷疑論者之間，該學派最著名的作家是塞內卡與埃皮克特圖斯（Epictetus）。他們的讀者主要是羅馬的菁英階級，這些上層人士平日忙於處理事務，沒有閒工夫待在庭園裡，但無論他們身處何地，都渴望一處寧靜安詳的綠洲，供他們休息。

斯多噶學派與伊比鳩魯學派在理論上也有許多共通點。他們認為有兩項重大弱點會削弱人們享受人生的能力：無法控制情感，以及鮮少專注於當前的事物。人們只要改正這兩個弱點，學習「控制」與「專注」，剩下的問題就能迎刃而解。但癥結在於這兩件事幾乎不可能做到。它們實在太困難，沒有人能正面靠近。你必須從側面迂迴地切入，用一些訣竅來抓住它們。

因此，斯多噶與伊比鳩魯思想家努力設計出各種技巧與思想實驗。例如，想像今日是你人生最後一日，你準備好面對死亡了嗎？甚至你可以想像就在這個時候——「現在！」——是你人生最後一刻，你的感受是什麼？你有遺憾嗎？如果重新來過，有什麼事是你想改變的？在這一刻，你是生龍活虎，還是充滿恐慌、否定與悔恨？這個實驗讓你檢視什麼對你來說是重要的，而且提醒你時間如何持續地從我們指間流過。

有些斯多噶學派學者甚至為「最後時刻」實驗找來了道具與配角。塞內卡提到一個名叫帕庫維烏斯（Pacuvius）的富人，他每天為自己舉行隆重的喪禮，喪禮最後以一場宴席作結。宴席過後，他躺在棺架上，讓人從桌旁抬到床上，此時所有賓客與僕役齊聲吟誦：「他享盡天年，此生無憾。」你可以用更簡單、更廉價的方式獲得同樣的效果，你只需要在心裡想像死亡，並且專注地投入其中。伊比鳩魯作家盧克萊修建議人們想像自己的死亡，並且考慮兩種可能。如果你這一生衣食無缺，你可以像一名酒醉飯飽的賓客一樣，滿足地離席。如果你這一生貧病交迫，那麼失去生命又何妨，反正你的人生本來就一無所有。這麼做也許對於實際臨終的你起不了撫慰的作用，但如果你在世時這麼思考，將有助於改變你的人生觀。[3]

思想實驗的目的是為了促成態度的轉變。如果你失去至親好友或珍視的寶物，可以試著用不同方式評價他們。你可以想像自己從不認識那個人，或從未擁有那件物品。[4]你怎麼可能想念從未認識的人或未曾擁有過的東西呢？只需一念之轉，就能產生全然不同的情感。普魯塔克兩歲的女兒死了，他在寫給妻子的信上提到這種方式：他勸妻子回想女兒出生前的時光，假裝他們又回到了過去。這麼做是否成功安撫妻子，我們不得而知，但至少這讓她有事可做，免於繼續沉溺於一望無際的悲傷之海。蒙田與拉博埃西熟悉這封信，拉博埃西曾將它翻譯成法文，由蒙田編輯後付梓。每當蒙田遭逢喪子之痛，他想必會回想起這封信，而當拉博埃西去世時更是如此。他們成為朋友的時間如此短暫，要蒙田回想認識拉博埃西前的平靜時光，應該沒什麼困難。

這種想像的技巧不僅可以用在極端的狀況，也能用在日常生活；它們甚至可以有效排遣輕微的煩悶或沮喪。如果你對自己擁有的一切感到厭倦，普魯塔克建議，你可以假裝自己失去一切，並且極度想念這些東西。[5]無論這些東西是你喜愛的盤子、朋友、情婦或幸運地生活在和平時代與身體健康，想像失去可以神奇地讓你重新感受這些事物的可貴。這種做法跟想像死亡一樣：假裝自己「現在」失去了某件東西，你會馬上感受到這件東西的價值。

重點是培養專注力：prosoche，另一個關鍵的希臘字。專注是所有訣竅的根本。它要求傾聽內在世界——因此能看清外在世界，因為失控的情感會扭曲現實，如同淚水會模糊你的視線。塞內卡說，凡是能看清世事、洞徹世界真實面貌的人，他的人生絕不會感到厭煩。[6]

此外，只要你不是在這世上夢遊，那麼你一定能毫不猶豫地正確回應各種處境。一如埃皮克特圖斯所言，這些就好像突然提出的問題。猛烈的攻擊、爭論、失去朋友，這些都是人生在向你咆哮質疑，如同學校老師一天到晚盯著你有沒有專心上課。就連煩悶也屬此類。無論發生什麼事，不管它多麼突然，你都應該以適當的方式來回應它們。正因如此，蒙田認為學會如何「適切地」（à propos）生活，是一項「了不起的人生成就」。[7]

斯多噶學派與伊比鳩魯學派都是藉由排練與冥想來達成這個目標。就像網球選手每天花好幾個小時練習截擊與殺球一般，他們利用反覆排練的方式刻劃出習慣的溝漕，使心靈遵循著這些溝漕前進，就像水在河床上流動一樣。這是一種自我催眠。信仰斯多噶派的羅馬皇帝奧理略（Marcus Aurelius）有做筆記的習慣，他希望訓練自己從不同的角度看待事情：

當你烤肉或烘烤類似食物的時候，腦子裡可以想著這是魚、鳥或豬的屍體，那真是有趣極了。同樣地，佛勒努斯酒（Falernian wine）只是葡萄汁，滾紫邊的禮袍只是染了貝血的羊毛！性交不過是薄膜的摩擦與黏液的突然射出。[8]

奧理略也曾想像自己飛上雲端[9]，從高空俯瞰人類渺小的煩憂。塞內卡也曾這麼做過：「想像自己置身於遼闊開展的時光深淵中，然後思考整個宇宙；將我們的短促人生與無窮相比。」[10]斯多噶學派還有一種做法，就是想像時間不斷循環。[11]蘇格拉底再度降生，然後跟他第一次的人生一樣在雅典教書；每一隻蝴蝶舞動雙翅的方式跟第一次一樣；每一片雲朵經過頭上的速度也沒有改變。你將再度出生在世間，擁有與先前相同的思想與情感，一次又一次，永不停止。這個看似可怕的想像，卻能讓人感到安慰，因為——就像先前的觀念一樣——它使人們的煩憂看起來短暫而微不足道。此外，因為你遭遇過的事將再度糾纏著你，因此每一件事都很「重要」。沒有任何事應該遭到遺漏，也沒有任何事應該遭到遺忘。沉思這一點可以迫使你更留意自己每天是怎麼過的。它是一項挑戰，但也引導出聽天由命的態度：這就是斯多噶學派所說的「熱愛命運」（amor fati）。斯多噶學派的埃皮克特圖斯寫道：

不要企求每件事都稱心如意，而要希望該發生的事情能夠發生，你的人生便會充滿平靜。[12]

人應該心甘情願接受原本就會發生的事，不應該徒勞地想扭轉命運。蒙田覺得要他這麼想並不難，因為他的天性即是如此。「如果我必須再活一次」，他開心地寫道：「我會照我原來活的方式再過一遍。」[13]但絕大多數人必須靠學習才能做到，因此才需要心靈的練習。

塞內卡有一個極端的技巧，可以用來學習「熱愛命運」。他有氣喘的毛病，嚴重時幾乎可能讓他窒息。[14]他經常覺得自己快死了，但他也學習如何把氣喘發作當成哲學思考的良機。當塞內卡的咽喉閉鎖，肺掙扎著要呼吸時，他會試著接受發生在他身上的事：他會向它說，「好的」，我「接受」這些事，必要的話，我也「願意」因此而死。當症狀減輕時，他覺得自己變堅強了，因為他對抗恐懼而且戰勝了它。

斯多噶學派對於他們最害怕的事物，往往急於施予無情的心靈訓練。而伊比鳩魯學派則傾向於避開恐怖的事物，將心思專注於正面的事物上。斯多噶學派會繃緊肚子的肌肉，讓對手打他的肚子。伊比鳩魯學派則盡可能避免挨打，一旦遇上壞事，他們寧可躲得遠遠的。如果斯多噶學派是拳擊手，伊比鳩魯學派就類似於東方的武術家。

蒙田覺得伊比鳩魯學派的想法多數時候與他較為契合，因此他接受他們的觀念，並進一步加以發展。蒙田說他很羨慕瘋子，因為他們總是心猿意馬——伊比鳩魯學派的閃躲一旦發展到極致，就會變成這個樣子。瘋子有著扭曲的世界觀，但這又如何，重點是他很快樂。蒙田重述了幾則古典時代的故事，例如里卡斯（Lycas）每天四處遊蕩，且順利保有一份工作，但他一直認為自己眼前看到的一切全是舞台上的戲劇表演。當醫師治好他的幻覺後，里卡斯感到十分難過，於是他控告醫師奪走他的生活樂趣。另一則類似的故事，一個名叫斯拉西勞斯（Thrasylaus）的男子，相信每艘進出皮瑞烏斯（Piraeus）當地港口的船隻只為他一人載運貨物。他整天都很高興，每當有船安全進港，他便雀躍不已，至於這些貨物有沒有真的運到他手中，他似乎一點也不在意。可惜啊，當他弟弟克里托（Crito）治好他的妄想症後，他的快樂時光也隨之結束。[15]

不是每個人都能擁有瘋狂帶來的好處，但是想讓生活輕鬆一點的人，有時可以考慮少用一點理性。尤其在悲傷的時候，蒙田了解自己不可能光靠嘴巴提醒，就能從悲痛中恢復。他的確嘗試了斯多噶學派的一些訣竅，而且敢長期而專注地回想拉博埃西的死，並將其記錄下來。但絕大多數的時間，蒙田還是覺得把注意力轉向別的事物，對自己較為有利：

> 痛苦的念頭一直縈繞在我的腦海；我發現，換個想法要比壓抑想法來得有效。我可以換個完全相反的念頭，如果沒辦法這麼做，我就想一個完全不同的東西。換個想法總能撫慰、消除與驅散煩悶。若我無法對抗它，我就逃避它：為了逃避，我會躲藏起來，我會耍點伎倆。[16]

蒙田使用相同的技巧來幫助別人。有一回，他試著安慰一名真的因丈夫死去而陷入悲傷的婦人（蒙田提到有些寡婦的悲傷是裝出來的）。[17]蒙田起初想的是比較尋常的哲學方法：提醒她悲傷無益，或者說服她這輩子已不可能再見到她的丈夫。但蒙田後來決定用不同的方式：「慢慢地偏移我們的談話，逐步轉到鄰近的話題，然後再遠離一點。」寡婦起初沒注意到這點，但到了最後，其他的話題引起了她的興趣。因此，蒙田寫道，在她察覺發生了什麼事之前，「我不知不覺地偷走令她痛苦的念頭，讓她保持好心情。只要我陪著她，她就能獲得充分的撫慰。」蒙田承認他的做法並未根除她的悲傷，只是讓她度過眼前的危機，並且讓時間沖淡她的苦悶。

蒙田有些技巧得自於他閱讀的伊比鳩魯學派作品，有些則出自得來不易的親身經驗。「我曾遭受沉重悲傷的打擊」，[18]當蒙田這麼說時，他顯然是想起了拉博埃西。如果他只憑理性來拯救自己，恐怕他早已一蹶不振。蒙田知道自己需要「一帖猛藥」，於是想盡辦法讓自己墜入情網。他沒有說對象是誰，而這點亦無關宏旨，重點是他的情感因此找到抒發的對象。

類似的訣竅對於另一種不受歡迎的情感也同樣有用，這種情感就是憤怒。蒙田曾成功排解「年輕王侯」（此人或許是納瓦爾的亨利，也就是日後的亨利四世）報仇雪恨的莽撞情緒。蒙田並未告訴王子要放棄報復的念頭，或勸他忍辱負重，或警告他此舉可能造成的悲慘後果。蒙田從頭到尾都沒有提到與憤怒或報復有關的事：

> 我不提報復心切的事，我只是讓王子想像一幅完全相反的美麗景象，他將因為寬厚與仁慈而

獲得榮譽、愛戴與善意。我激起了他的野心，讓他忘記報復的事。[19]

蒙田在晚年時也利用轉移注意力的方式，使自己免於年老與死亡的恐懼。隨著歲月流逝，人逐漸走向死亡。蒙田無法拒絕死亡，但他不一定非得直接面對死亡不可。相反地，他選擇面向另外一邊，回顧自己的年輕歲月與童年時光，藉由愉快的回憶讓自己平靜下來。因此蒙田說，他努力「別過頭去，不讓自己直視前方的狂風暴雨」。[20]

蒙田成為規避話題的高手，他甚至覺得有些政治權謀也相當令人激賞，但前提是這些伎倆不能用來支持暴政。蒙田相當欣賞古希臘時代洛克里人（Locrians）的君主薩勒庫斯（Zaleucus）為國家減少額外開支的方式。[21]他下令婦女只有在喝醉的時候，才能擁有好幾名女僕服侍在側；如果婦女擔任娼妓的工作，那麼她可以穿金戴銀，擁有華美的服飾。如果男子是皮條客，那麼他可以炫耀他的金戒指。這個方法十分奏效：金飾與大批隨從一夜之間消失無蹤，但沒有人起而反對，因為沒有人覺得自己被逼著這麼做。

從自己的瀕死經驗，蒙田了解最能化解恐懼的做法就是順其自然：「不要為此煩心。」從失去拉博埃西的哀痛中，他發現這是最能度過悲傷的辦法。大自然有自己的韻律。轉移注意力之所以有用，正是因為它符合人性：「我們的心思無法停留於一處。」我們的想法失焦，總是逃避痛苦與錯失快樂，「僅僅掃過它們的表皮」，以上完全出於天性。我們所要做的就是順著自己的本性。[22]

蒙田從斯多噶與伊比鳩魯學派中擷取自己需要的養分，正如他的讀者只從他的《隨筆集》中擷取他們需要的部分，其餘則不去煩心。對於與蒙田同時代的人來說，他們擷取蒙田的部分多半是那些與斯多噶及伊比鳩魯學派有關的篇章。他們把蒙田的書詮釋成生活手冊，稱讚他是具有古風的哲學家，足以與古代哲人平起平坐。蒙田的朋友帕斯基耶說他是「法文世界的塞內卡」。[23]蒙田在波爾多的朋友與同事弗羅里蒙·德·雷蒙（Florimond de Raemond）也稱讚他有勇氣面對人生的痛苦，並且建議讀者從他的著作中尋找智慧，特別是學習如何看待死亡。克洛德·艾斯匹利（Claude Expilly）在其十四行詩（發表於一五九五年出版的蒙田著作中）推崇《隨筆集》的作者是「器度恢宏的斯多噶派」，而且熱切提到他在寫作中表現出來的男子氣概與無畏，以及他總能讓最軟弱的靈魂獲得勇氣。[24]艾斯匹利認為蒙田「充滿勇氣的隨筆」將受到後世的讚揚，因為蒙田就像古代的賢哲一樣，教導人們如何好好地說話、好好地生活，與好好地死亡。

艾斯匹利的說法預示了往後幾個世紀蒙田在讀者心中經歷的轉變，因為每一代的讀者都各取所需地從蒙田作品中獲得啟發與智慧。每一股熱潮的讀者或多或少都從蒙田書中尋找自己預期的東西，通常是將自己的想法投射到他身上。最早閱讀蒙田作品的人是文藝復興時代晚期的讀者，這些人大多屬於新斯多噶與新伊比鳩魯學派，他們深受如何好好生活與如何在面對痛苦時獲得eudaimonia 等問題的吸引。他們把蒙田當成他們的一分子，因而使他成為暢銷作家。他們的熱情支持，也奠定了蒙田成為實用派哲學家與生活藝術指導者的基礎。

被奴役的蒙田

蒙田將拉博埃西與自己合而為一的做法——拉博埃西彷彿是鬼魂，也彷彿是蒙田所有行動的祕密參與者——似乎與他轉移注意力、不受悲傷影響的想法有所矛盾。然而就方式而言，這種做法確實也是轉移注意力的一種：它使蒙田走出喪友之痛，並且以全新的角度思考當下的人生。蒙田一方面保有自己的觀點，另一方面又想像如果拉博埃西尚在人世可能會怎麼想。藉由這種方式，他使自己隨時在不同的觀點間遊走。或許正是這一點給了蒙田靈感，使他說出這樣的話：「不知何故，每個人的內心似乎都有兩個我。」[25]

蒙田曾說，如果他的內心沒有分化出自己以及想像的拉博埃西，那麼他可能寫不出《隨筆集》。蒙田也提到，如果他沒有「傾訴的對象」，他很可能只會出版書信集這類比較傳統的文學作品。[26]但蒙田沒有這麼做，相反地，他在心裡想像自己與拉博埃西對話。現代評論家安東尼·懷爾登（Anthony Wilden）把蒙田的作品比擬成黑格爾（G. W. F. Hegel）哲學的主奴辯證：拉博埃西成了蒙田想像的主人，命令他工作，而蒙田則成了自願的奴隸，以辛勤的筆耕維繫主奴關係。[27]這是一種「自願為奴」的形式。《隨筆集》就是這樣誕生的，它幾乎可以說是蒙田為了排遺悲傷與寂寞而生出的副產品。

拉博埃西的死的確讓蒙田淪為文學的奴隸，而且這些文學相當具體，它們是拉博埃西遺留下來的大量未出版的手稿。這些稿子除了《論自願為奴》（假設它真的是拉博埃西的作品）之外，其他文章既不特殊，也不原創。但將這些手稿整理起來，總比任由它亡佚遺失來得好。無論是出於拉博埃西的要求，還是蒙田自身的意願，總之蒙田現在成了拉博埃西身後作品的編輯——一份吃力不討好的工作，但也促使他走上文學之路。

相當令人驚訝的是，拉博埃西的性格向來有條不紊，但他遺留下來的稿子卻雜亂無章。蒙田在出版作品的獻詞中提到，他「勤奮地收集拉博埃西散置各處的筆記與文稿」。[28]這是一件辛苦的任務，但他確實發現不少值得出版的作品，包括拉博埃西的十四行詩。此外還有一些古典作品的翻譯，例如普魯塔克為安慰妻子走出子女早夭的傷痛而寫的書信，以及色諾芬（Xenophon）《家政論》（*Oeconomicus*）的第一部法文譯本。這是一篇討論如何完善管理地產與土地的論文——剛好切合蒙田的需要，此時他正要辭去波爾多的法官工作。

將手稿分類整理之後，蒙田準備讓這些作品付印出版。他到巴黎與出版商接洽，並且進行宣傳。拉博埃西的每部作品，他都找到了合適的金主，並且為這些具影響力的人物寫下優美而奉承的獻詞，包括洛皮塔與一些波爾多的大人物。至於普魯塔克給妻子的信，這部作品的題詞則是獻給蒙田自己的妻子。雖然獻詞通常有一套制式的寫法，但蒙田的筆調卻相當生動而具有個人風格。蒙田也增補了一篇更具個人性的文章到拉博埃西的作品集之中，那是他對拉博埃西死亡的描述。蒙田出版拉博埃西的作品，充分顯示他現在已與拉博埃西的回憶結為文學夥伴，他們兩人也將共同開展美好的未來。此外，洽詢出版的過程使蒙田進一步了解出版界的工作方式，也認識到時尚巴黎人的閱讀口味，這些資訊將對他未來的事業發展產生助益。

蒙田在給父親的信上描述了拉博埃西的死，這是相當奇怪的做法。或許是皮耶要蒙田這麼做，他過去也曾提出類似的要求。一五六七年左右，皮耶交給蒙田一項非常具挑戰性的文學任務，一部分的用意就在於讓蒙田成為一名作家。

皮耶一開始這麼要求，是為了讓兒子不要再懶散下去。這算是一種「偏方」，看起來是件苦差事，其實是為了蒙田好。即使已經三十五歲，蒙田還是帶有青少年的倔脾氣。他對於法官這份工作不是很滿意，也不願擔任廷臣。他鄙視法律，對於莊園的建設與開發漠不關心。此外，雖然對文學有興趣，此時還看不出來蒙田有從事寫作的打算。皮耶也許感到自己來日無多，而認為蒙田必須盡快做好承擔責任的準備。蒙田需要挑戰。

米修想寫東西，好吧，那就讓他寫！皮耶交給蒙田一本一個世紀前加泰隆尼亞神學家所寫的五百頁對開本書籍，裡頭全是生硬的拉丁文。皮耶說：「有空的話就把它翻譯成法文，然後交給我。辦得到吧，兒子？」

這種做法很可能讓蒙田放棄以文學為志業，而這或許就是皮耶的目的。這本書不但冗長無趣，所主張的神學流派也與蒙田不相合。但這反而使他從神遊中醒來。拉博埃西作品的編輯工作及描述朋友臨終的書信，恐怕都沒有父親交代的翻譯任務更能點燃他日後寫作《隨筆集》的熱情。

這本書叫《自然神學，或創造物之書》（*Theologia naturalis, sive liber creaturarum*）。一四三六年，雷蒙・塞邦（Raymond Sebond）完成此書，卻一直等到一四八四年才出版，不過這個時間仍遠早於蒙田與皮耶。[29]這本書是皮耶一名愛書的朋友送他的，書中的拉丁文對他來說太難，因此他把它扔到一旁的書堆裡。幾年後他整理書堆，這本書的某些特質（也許是艱澀難懂的內容）讓他想起了陷入迷惘的兒子。

皮耶先是丟開這本書，然後又拿起它，這種立場的轉變可能與他對教會的愛憎有關。一五五八年，《自然神學》被列入《禁書目錄》（*Index of Prohibited Books*），隨後又在一五六四年被取消，因為它提倡的是一種「理性」神學，而教會對於如何看待這類神學，態度模稜兩可。正反爭論的核心，在於宗教的真實是否可以透過理性論辯，或檢視自然界的證據來加以證明。塞邦認為可以，這使得他與蒙田及教會（有一段時間是如此）的立場相左。蒙田的立場傾向於信心主義（Fideism），也就是認為不應該盡信人類的理性或努力，否認人類可以藉由信仰以外的事物來獲取宗教真理。蒙田對於信仰或許不抱熱情，但他十分厭惡人類的妄自尊大——因此結果是一樣的。

於是，蒙田必須翻譯這本厚達五百頁的神學論證，而且這本書論證的目的是要證明他不贊成的主張。「對我來說，這是一項十分詭異且從未嘗試過的工作」，蒙田寫道。在《隨筆集》中，蒙田把這件事說成是無意間從事的工作。「在閒暇無事時偶然接到這個要求」，蒙田說：「我那無可挑剔的父親下的命令豈可違抗，只能盡力而為。」然而，這本書的翻譯顯然工程浩大，蒙田花了一年多的時間才完成。[30]他或許對於自己從翻譯中得到的各種靈感感到驚訝。這本書對他的刺激，就好像沙粒刺激牡蠣一樣。在蒙田翻譯的過程中，他一定不斷思考著「但是……不過……」，乃至於「不！不！不是如此」；翻譯迫使他分析自己的想法。即使蒙田在翻譯時未曾深刻質疑過此書，數年後當他接到為這本書寫辯護文的委託時（或許是瑪格麗特．德．瓦洛瓦〔Marguerite de Valois〕的委託，她是國王的妹妹，也是新教徒納瓦爾的亨利的妻子），亦即，辯護一本他認為毫無道理的書，他也必定這麼做了。

這篇文章就是蒙田的〈為雷蒙．塞邦辯護〉（Apology for Raymond Sebond），[31]它同時也是《隨筆集》第二卷第十二章。〈辯護〉是《隨筆集》裡最長的文章，而且篇幅遠大於其他各章，幾乎可說是不成比例。在一五八〇年版中，其他九十三章的篇幅平均是九頁半，但〈辯護〉卻占了兩百四十八頁。儘管如此，它的風格與其他各章完全一致。它吸引讀者閱讀，而且就像其他章節一樣，交織了各種複雜而離題的陳述。就某個意義來說，它也賦予了《隨筆集》一定的重要性。少了這篇文章，《隨筆集》在往後幾個世紀將不具有那麼大的影響力。某些讀者將會不再那麼怨恨這本書，但相對地，閱讀它的人也將大為減少。

「辯護」意謂著「答辯」，因此這篇論文一開始就是為塞邦提出答辯。然而蒙田只為塞邦辯護了半頁，隨後便出現巨大轉折。其轉折幅度之大，往後蒙田的說詞與其說是在為塞邦辯護，倒不如說是在攻擊塞邦。如同評論家路易．孔斯（Louis Cons）所言，蒙田支持塞邦，「就像一條高掛著絞死者的繩索一樣」。[32]

如此一來，蒙田怎能說這篇文章是在為塞邦「辯護」呢？在此，蒙田使用了相當簡單的技巧。他聲稱要為塞邦辯護，企圖駁倒那些想以理性論證推翻塞邦的人。蒙田首先證明理性論證「普遍」帶有誤謬，因為人類的理性是不可靠的。因此，為了替塞邦這名理性論者辯護，反駁其他理性論者對塞邦的攻擊，蒙田主張凡是以理性為根據的宣示一概毫無價值。蒙田的辯護固然駁倒了塞邦的敵人，卻也對塞邦本人造成更致命的傷害。而蒙田對此心知肚明。

儘管〈辯護〉的篇幅龐大且論述複雜，卻絲毫不減它的娛樂價值，這是因為蒙田借用了普魯塔克的技巧：他以大量事實例證建構他的論點，每個段落的故事與事實就像錦簇花團般競相綻放。幾乎每一則故事都提供了人類理性毫無用處與人類力量極其微薄的例證，同時也顯示人類的愚蠢與痴妄——蒙田也不例外，而他也坦承不諱。

蒙田從普魯塔克的作品中引用了許多例子，但這篇未起到辯護作用的〈辯護〉，背後真正的力量來源卻非普魯塔克，或者說不只是普魯塔克。蒙田還求助了希臘化哲學的第三個學派，它也是希臘化哲學中最詭譎的思想潮流，即皮隆的懷疑論（Pyrrhonian Scepticism）。

Ch 7

我們問：如何生活？蒙田說：凡事存疑

蒙田的懷疑論使他讚頌不完美。

對蒙田來說，擺脫不完美是不可能的，理由顯而易見，沒有人能超脫人性。

純任自然與懷疑主義兩相結合，使蒙田成為新類型思想家的英雄。這些思想家們不會成天緊盯著某件東西，更不會睜圓了雙眼，讓自己活像隻靜止不動的貓頭鷹。

他們只是眼皮半瞇，狡獪地看著人類，如實觀察他們的模樣——而且從觀察自己開始。

我唯一知道的就是我一無所知，甚至連這點我也不確定

與斯多噶主義和伊比鳩魯主義相比，懷疑論顯得格外特殊。斯多噶主義與伊比鳩魯主義是兩條通往平靜與「富足」的道路。它們教你如何面對生活上的困難，使你精神專注，養成勤於思考的好習慣，讓你能運用一些技巧說服自己，不要鑽牛角尖。懷疑論關心的範圍則較為狹窄。懷疑論者總被當成是不斷追尋證據的人，對於旁人相信的表象，他們總是存疑。懷疑論者給人的印象是只專注知識問題，對於如何生活則漠不關心。然而在文藝復興時代，與產生懷疑論及其他實用哲學的古典時代，對於懷疑論卻有不同的看法。

與斯多噶主義和伊比鳩魯主義一樣，懷疑論也是一種療癒心靈的形式，至少皮隆的懷疑論就是如此。皮隆主義源自於希臘哲學家皮隆（Pyrrho），他去世的時間大約在西元前二七五年左右。到了西元二世紀，塞克斯圖斯．恩培里克斯（Sextus Empiricus）更嚴謹地發展皮隆的學說。（其他的懷疑論，如「教條的」（Dogmatic）或「學院的」（Academic）懷疑論，則未能廣泛傳布。）世上流傳著一些說法，提到皮隆主義對人的奇怪影響，這些說法顯然來自於亨利．艾斯提安（Henri Estienne，與蒙田同時代，最早將塞克斯圖斯的作品翻譯成法文的學者），尤其是他閱讀塞克斯圖斯《皮隆主義哲學概要》（*Hypotyposes*）時的反應。有一天，艾斯提安在書房工作，處理了大批例行公事之後，他感到有些厭煩，於是隨意翻覽舊書箱裡的一些文稿，結果發現一本

書。他一開始讀這本書，便笑得開懷，心中的厭煩不翼而飛，而且重新恢復了思考活力。[1] 同時代另一名學者姜提安・艾爾維（Gentian Hervet）也有類似經驗。他也是在雇主書房裡不經意地翻覽塞克斯圖斯的作品，當下便感到有個光明而愉悅的世界為他開啟。[2] 塞克斯圖斯的作品也許不能教導或說服讀者，卻能讓他們發出咯咯的笑聲。

今日的讀者即使細讀《皮隆主義哲學概要》，可能仍舊搞不懂這本書哪裡有趣。《概要》跟一些哲學作品一樣，裡面有一些生動活潑的例子，然而讀起來並不致讓人捧腹大笑。我們搞不懂這部作品為什麼能讓艾斯提安與艾爾維消除倦怠，也不清楚這部作品何以能對蒙田產生這麼大的影響——蒙田從《概要》中發現了完美的解救之道，他認為這本書可以讓人從雷蒙・塞邦提出的人類極為重要的神聖誇大觀念中解放。

《概要》療癒人心的關鍵，在於它顯示生命中沒有任何事情需要嚴肅看待，就連皮隆主義本身也可草草帶過。教條的懷疑論總是認為知識不可能存在，這種思維充分表現在蘇格拉底說過的一句話上：「我唯一知道的就是我一無所知。」皮隆的懷疑論從這個論點出發，但之後又說，事實上，「甚至連這點我也不確定」。這樣的哲學原則形成一種循環，不斷地吞噬自己，最後只剩下荒謬。

皮隆主義者以這種思維來處理生活上遭遇的種種難題，這種思維可以簡單地用一個字來表示：希臘文的 epokhe，意思是「存而不論」。或者是蒙田的法語說法，je soutiens，「不予置評」的意思。[3]這句話征服了所有敵人；它瓦解了對方，使對方在你眼前崩解成細小的原子。

這種說法聽起來就像斯多噶或伊比鳩魯「漠不關心」的觀念一樣，可以讓人精神為之一振。不過它（跟希臘化時代其他觀念一樣）確實管用，這才是最重要的。「存而不論」有如難解的禪門公案，是一種簡潔、奧妙而不可解的問題。例如：「一隻手能拍出什麼聲音？」起初，這類說法只會讓人更困惑。但日後卻開啟了一道海納百川的智慧之門。皮隆主義與禪門的親緣性並不令人意外：皮隆曾追隨亞歷山大大帝前往波斯與印度，對東方哲學稍有涉獵。當然這裡指的東方哲學不是禪宗（當時尚未存在），而是禪宗的前身。

「存而不論」這個技巧可以讓你發笑且心情愉快，因為你可以省去為各種問題尋找確定答案的麻煩。我們可以借用懷疑論史家艾倫・貝里（Alan Bailey）舉的例子[4]，如果有人宣稱撒哈拉沙漠的沙粒數量是偶數，並且徵詢你的看法，你的自然反應可能是：「我沒有意見。」或者：「我怎麼知道？」又或者，你想讓自己的說法聽起來比較具哲學味一點：「我存而不論。」——即 epokhe。如果第二個人說「鬼扯！撒哈拉的沙粒明明就是『奇數』」，你還是可以不慌不忙地說自己「存而不論」。事實上，你在回應時應該不露任何情感，因為塞克斯圖斯認為這麼做才真的叫「存而不論」：

> 我無法判斷人們提出的這些事哪些有說服力，哪些沒說服力。

或者：

> 我現在無法對大家正在研討的事項明確表示支持或反對。

或者：

> 對於我深入考察過的所有事物，有些事確有其理，但與這些事相反的事物也言之鑿鑿。兩者同樣合理，也同樣不合理。[5]

特別是最後一段陳述，大家應該默記下來；這應該可以讓那些提出古怪主張（例如撒哈拉沙漠的沙粒數量）的人閉嘴。複誦這些話，你會感到平靜。當人們不知道某件事的答案，而這件事有沒有答案也沒那麼重要時，就不要鑽牛角尖，免得讓自己不愉快。

對皮隆主義者來說，即使面對的問題變得更複雜，這種做法仍然管用。為了讓某人覺得好受而撒謊，是對的嗎？「存而不論。」我的貓比你的貓好看嗎？我比你仁慈嗎？愛使人幸福嗎？世上存在著正義之戰嗎？「存而不論。」尤有甚者，一名真正的皮隆主義者在回應一般人認為答案一目瞭然的問題時，也同樣「存而不論」。雞生蛋嗎？其他人真的存在嗎？我現在正注視著一杯咖啡嗎？全部都可以「存而不論」。

皮隆主義者這麼做，不是為了讓自己極度不安定，或陷入偏執的懷疑泥淖中。相反地，他們這麼做是為了讓自己輕鬆面對一切，藉此走向「平靜」（這是懷疑論者與斯多噶學派、伊比鳩魯學派的共同目標），並且進一步獲得快樂與富足。皮隆主義者的做法最明顯的好處，是他們不用擔心自己出錯。如果他們贏得論證，這就表示他們是對的。如果他們輸了，那也只是證明他們的確有理由懷疑自己的知識。皮隆主義者尤其喜歡跟人唱反調，而他們這麼做只是為了好玩。蒙田寫道：

> 如果你說雪是黑的，他們就會反過來說雪是白的。如果你認為雪既不是黑的，也不是白的，那麼他們會認為雪既是黑的，又是白的。如果你說自己在稍加考慮之後，認為自己一無所知，他們一定會說你知道。沒錯，如果你引用一句肯定的格言，向他們擔保你對這件事有所懷疑，他們會無視你的回應，仍然認為你很肯定，或者堅稱你無法判斷和證明自己有所懷疑。6

如果你賞他一記重拳，這次他們應該會閉嘴了吧！但即使如此也無法阻止他們，因為他們對於人們朝他們生氣這件事毫不在意，而且也不受肉體痛苦的影響。誰說痛苦比愉快來得糟呢？即使碎裂的骨頭插進他們的腦袋，要了他們的命，那又怎樣呢？活著真的比死了好嗎？

「多好啊，懷疑使人安適！」蒙田之後的愛爾蘭詩人托馬斯・摩爾（Thomas Moore）寫道：

駛離錯誤的浪頭
終於航抵你平靜的港口，真是愜意，
船隻在起伏的懷疑中搖曳，
我笑著迎接與世無爭的海風！7

這種安適自在的感受實在太強烈，人們一眼就能看出懷疑論者與一般民眾的不同。即便如此，這些懷疑論者也與隱居在庭園裡的伊比鳩魯學派南轅北轍，因為他們寧可融入真實世界。坊間流傳著一些關於皮隆的奇特故事，據說他極為冷漠而平靜，對於任何事幾乎沒有反應。當他外出時，即使碰上斷崖或遇上迎面而來的馬車，他也不為所動，照樣沿著自己的路線走去，因此他的朋友總要跟在他身旁，替他排除危難。而且，根據蒙田的記載，「如果皮隆開始談起某件事，他絕對會把這件事說完，就算他的談話對象已經離開，他也依然故我」──因為他不想受外在變化的牽掛而偏離了內在現實。

在此同時，其他故事卻顯示，即使像皮隆這樣的人，也無法隨時保持冷漠。8他的朋友有次意外發現他與妹妹發生「激烈爭吵」，於是指控他違背自己的信條。「什麼，跟這個蠢女人吵架也算數嗎？」皮隆回道。另一回，他被人發現正在躲避一條凶暴的狗，皮隆坦承：「要完全拋棄人性，實在是太難了。」

蒙田非常喜愛這兩則故事。其中一則呈現的皮隆，行為完全脫離常軌；另外一則呈現的皮隆，則與一般人沒什麼兩樣。此外，與真正的懷疑論者一樣，蒙田也嘗試對這些故事存而不論。然而實際上，蒙田認為皮隆跟他一樣都是普通人，他覺得皮隆只是努力讓自己目光敏銳，不把所有的事視為理所當然：

> 他不想讓自己麻木不仁；他希望成為活生生的、能思索推論的、可以享受一切自然愉悅與舒適、能施展運用自己身體與精神能力的人。

蒙田認為皮隆拒絕接受的，是一般人最容易用來自欺的託詞，也就是那些「被編派、安排好的固定真理」。[9] 這是懷疑論傳統最吸引蒙田的地方，他喜歡的不是懷疑論為了逃避痛苦與悲傷而採取的極端方式（對此，蒙田比較欣賞斯多噶學派與伊比鳩魯學派的做法，認為他們比較貼近真實生活），而是懷疑論以一種權宜且質疑的眼光看待所有事情，這也正是蒙田自己的處世之道。為了讓自己銘記在心，他特地在一五七六年打造幾枚紀念章，上面不僅刻了塞克斯圖斯的神奇咒語「存而不論」，還附上了蒙田家的家徽以及天平圖案。[10] 天平是另一個象徵皮隆的圖像，用來提醒蒙田維持平衡，在面對事情時不能只是接受，

蒙田打造的紀念章。作者繪。

而要仔細權衡。

蒙田使用的圖像很不尋常，但這種將個人喜愛的名言錦句刻在紀念章或錢幣的做法，卻是當時的習尚，既可做為「備忘錄」，又可做為個人歸屬或認同的象徵。如果蒙田不是生在十六世紀，而是二十一世紀初的年輕人，我敢打賭他會把皮隆的話刺在身上。

如果紀念章是用來提醒他牢記這些原則，那麼這個做法確實管用。懷疑論不僅成為他工作的指引，也引導他的家庭生活，甚至影響了他的寫作，例如《隨筆集》濃厚的懷疑論筆調，字裡行間經常出現「或許」、「某種程度來說」、「我認為」、「對我而言」等用語。蒙田自己也提到，這種說法可以「緩和、減輕我們提出觀點時的草率」。[11] 這具體印證了文學批評家胡戈·弗里德里希（Hugo Friedrich）❶說的，蒙田的思想是一種「謙遜」哲學。蒙田的作品沒有任何多餘裝飾，它們「是」蒙田最純粹的思想。蒙田樂此不疲，只要想到有數百萬人曾活躍在歷史上，卻無法完全掌握他們的真實事跡，就令他困惑不已。「即使我們得知的過去是真的，也有人可以作證，但這些已知的部分與未知的部分相比，不過是九牛一毛。」蒙田認為，即使是最古怪的人，我們也對他了解甚微；相較之下，這個世界是多麼讓人吃驚。[12] 我們可以再次引用弗里德里希的說法，蒙田「渴望得到驚奇的感受，因此他不斷追尋獨特的、不可名狀的與不可思議的事物」。[13]

而在所有不可思議的事情當中，最讓蒙田吃驚的還是他自己，一個最難以理解的現象。數不清有多少次，蒙田注意到自己的想法從一個極端變動到另一個極端，或者是喜怒無常，情感在轉瞬間波動得十分劇烈：

我的立足腳變得如此不牢靠與不穩定，我覺得它搖搖晃晃，隨時有可能滑倒。我的視線變得極不可信，只因為肚子空空如也，我便覺得與飽食之後的自己判若兩人。如果我的健康對我微笑，搭配上和煦晴朗的日子，那麼我是個好脾氣的人；如果我的腳趾頭長了雞眼，那麼我將搖身一變，成為擺著臭臉、一點也不可親的傢伙。[14]

就連最簡單的知覺也不可信。如果他發燒或吃藥，那麼他將食不知味、目不辨色。輕微的感冒足以昏迷心智，痴呆則使其完全癱瘓無用。中風或腦部損壞足以令蘇格拉底成為兩眼無神的白痴。如果患有狂犬病的狗狠狠咬了他一口，他會開始胡言亂語。狂犬的唾液將使「所有的哲學——如果哲學是人的話——口出狂言」。而這正是重點：對蒙田而言，哲學「是」人。哲學寄居在個別的、會出錯的人類身上；因此，哲學充滿了不確定。「在我眼裡，哲學家幾乎未曾觸及這點。」[15]

不同物種的知覺能力呢？蒙田正確地猜出（在他之前的塞克斯圖斯也猜對了）其他動物對色彩的知覺與人類不同。或許「看錯」的是我們，而非牠們。我們無從得知色彩真正的樣子是什麼。動物擁有的能力，我們要不是缺乏，就是相當微弱，也許這些能力當中有部分是充分理解世界的關鍵。「我們運用與統合五官來構成真理，然而或許我們需要八到十種感官的一致結論，才能真正而確實地掌握事物的本質。」[16]

這段看似尋常的陳述，卻帶有令人震撼的觀念：我們之所以無法如實地觀察事物，是因為天性的限制。[17]人類的視角不只是偶然犯錯，而是先天就有局限，如同我們理所當然（與高傲地）認為狗的智力有限一樣。唯有擁有非凡能力的人，才能跳脫自己眼前的一切，進而領悟這項觀點。蒙田就是如此，他能擺脫肉眼看見的景象，以皮隆的存而不論重新審視一切。就連原初的懷疑論者也未能提出如此激進的主張。這些懷疑論者懷疑周遭的一切，但他們通常未能思及自己內在的靈魂其實也充滿了不確定性。而蒙田總是如此懷疑：

> 我們與我們的判斷，連同世間一切生命短暫之物，不斷流逝，永不止息。因此，我們無法用一件事來確切衡量另一件事，因為判斷的與被判斷的都處於永恆的變遷與運動之中。[18]

這種說法似乎造成了僵局，它否定了認知事物的可能，因為沒有事物能被其他的事物衡量。儘管如此，這種說法仍為我們開啟了新的生活方式。它讓事物變得更複雜，也更有趣。世界變成一個多維度的風景，每個觀點都應該列入考慮。我們要做的就是謹記這項事實，才能如蒙田所言，「從自身的不足中得到智慧」。[19]

即使是蒙田，想保持專注也需要持續的努力：「我們必須繃緊自己的靈魂，才能意識到自己的錯誤百出。」《隨筆集》可以幫助他發現這一點。透過寫作，蒙田把自己當成實驗室裡的白老鼠。他手裡拿著筆記本，將自己的一舉一動仔細地記錄下來。每當他察覺自己的詭異行徑時，便禁不住感到雀躍，甚至對於自己的記憶模糊感到高興，因為這提醒了他自己有所缺陷，使他不致於錯誤地堅信自己絕對正確。[20] 蒙田「凡事存疑」的原則只有一項例外，那就是他始終謹慎地陳述自己認為正確無疑的宗教信仰。他謹守天主教會既成的教義，這點沒有任何討論的空間。

蒙田對宗教信仰的態度同樣令現代讀者感到吃驚。今日，懷疑論與有組織的宗教通常水火不容，後者代表了信仰與權威，而前者則與科學和理性為伍。在蒙田的時代，這條界線劃在不同的地方。現代意義的科學在當時並不存在，而人們不認為少了上帝的支持，人類理性還能單獨存在。當時的懷疑論者頂多懷疑人類心靈是否真能發現事物的本質。當時的教會也不贊成「理性神學」的信仰觀，因此它理所當然會把皮隆主義視為盟友。[21] 皮隆懷疑論抨擊人類的傲慢，所以它特別有助於對抗新教的「創新說法」，亦即個人的理性與良知高於教會的教義。

所以，長達數十年的時間，天主教一直支持皮隆主義，認為亨利・艾斯提安翻譯的塞克斯圖斯作品與蒙田的《隨筆集》可以有效對抗異端邪說。蒙田對教會的支持，不僅表現在他對傲慢理性的攻擊上，也表現在作品中到處可見的信心主義。蒙田寫道，我們從上帝手中獲得宗教，靠的是「超凡的灌注」，[22] 而非我們一己之力。上帝提供茶包，我們提供熱水與杯子。如果我們無法直接從上帝獲得啟益，那麼我們也可以信任教會，它是由上帝授權的巨大茶壺，裡面已預先泡好了信仰。蒙田清楚表示他承認教會有權管轄他的宗教信仰，甚至可以監督他的思想。[23] 蒙田寫道，當人們一窩蜂地標新立異時，無條件遵循教會，使他好幾次免於犯錯：

> 若非如此，我大概已經隨波逐流。由於上帝的恩典，我免於心猿意馬，我的良知未受到攪擾或妨礙。我依然堅信上古流傳至今的信仰，並且對於今日出現的各色各樣宗派說詞無動於衷。24

我們很難分辨蒙田所說的妨礙指的是靈性上的阻礙，還是指被貼上異端標籤而導致書籍被焚所帶來的不便。對於祕而不宣的不信仰者來說，唯信主義是個現成的託詞，表面裝出信仰上帝的樣子，就能規避所有不信仰的指控。理論上，只要表明自己是個虔誠的信徒，那麼其餘時刻再怎麼世俗，都不會有人管你。對於一個在每個細節上都順服上帝與教會教義的人，你還能指控他什麼呢？事實上，教會終究還是察覺到其中隱含的危險，因此到了下個世紀，也開始嚴詞抨擊唯信主義。然而在蒙田那個時代，主張唯信主義的人還不致於受到責難。蒙田是否屬於這一種人呢？

我們很難看出蒙田對宗教存有真正的興趣。《隨筆集》並未提到太多基督教的觀念。蒙田似乎對犧牲、悔改或救贖無動於衷，他既不畏懼地獄，也不渴望天堂。他對女巫與魔鬼橫行人間，遠不如他對貓兒如何讓小鳥陷入恍惚而從樹上墜下來得有興趣。當蒙田沉思死亡時，他顯然忘記自己應該相信來生。他把死亡形容成：「我愚蠢地一頭栽進死亡……如同陷入寂靜而黑暗的深淵之中，它一個箭步將我吞沒，瞬息間將我包圍。我深深睡去，沒有任何感受，也不再感到痛苦。」往後一個世紀的神學家對於這段無神的描述感到驚恐。此外，蒙田對耶穌基督也興趣缺缺。他提到蘇格拉底與加圖（Cato）為了崇高目的而死，卻不願提起釘十字架，這起關乎救贖的神聖事件未能引起蒙田的熱情。他更關心的是世俗道德——憐憫與殘忍的問題。正如現代評論家大衛・昆特（David Quint）做的總結，蒙田或許認為基督釘十字架帶給人類的訊息是：「別把人釘上十字架。」[25]

另一方面，蒙田不可能是個徹底的無神論者；在十六世紀，幾乎不會有人是無神論者。因此，我們毋須訝異蒙田會受唯信主義吸引；唯信主義不僅與蒙田的懷疑論哲學相符，也投合他的脾氣——儘管蒙田喜愛獨立，但他不喜歡事必躬親，特別是他沒有興趣的事。此外，雖然蒙田確實接受唯信主義裡頭上帝高高在上的說法，但真正吸引他的卻是眼前實際的「世俗」之事。

無論如何，終其一生蒙田均未與教會出現嚴重衝突，對於一個行事如此自由、生活在天主教與新教交界處，同時也在宗教戰爭時期擔任公職的人來說，這的確是了不起的成就。一五八〇年代，當蒙田到義大利旅行時，宗教裁判所的官員的確檢查了他的《隨筆集》，而且把他們不太同意的地方挑了出來，列出一張清單。其中一項是蒙田使用了「命運」這個字，而未使用官方准許的「神意」。（神意來自於上帝，自由意志在當中有揮灑的空間；命運則如同餅乾碎裂，要碎成什麼樣子沒有人能決定。）[26]其他一些地方則是蒙田引用了異端詩人的文字，以及他為背教者皇帝尤里安（Julian）開脫，還有他建議以自然與自由的方式養育孩子。儘管列出一堆問題，宗教裁判所對於蒙田的死亡觀、他對女巫審判的保留態度，以及（尤其是）他的懷疑論，其實並不怎麼介意。

事實上，《隨筆集》之所以首次出版就廣受歡迎，與這本書的懷疑論思想很有關係；當然，書中的斯多噶主義與伊比鳩魯主義也頗能迎合讀者的胃口。《隨筆集》吸引了好學而獨立思考的人士，但絕大多數的正統派教會成員也對此書愛不釋手，例如蒙田在波爾多的同事雷蒙就很喜歡《隨筆集》。雷蒙是個富有熱忱的天主教徒，他在自己的作品中寫道，他深信敵基督（Antichrist）即將到來，而且認為《聖經．啟示錄》裡記載的一切將要成真。雷蒙奉勸人們閱讀蒙田的作品，加強自身的信仰以對抗異端，他尤其推崇〈為雷蒙．塞邦辯護〉一文，認為這篇優美的文章有許多例證可以讓人們了解自己對於這個世界有多麼無知。雷蒙在自己的作品《敵基督》（*L'Antichrist*）中某個章節引用了一些故事，他將這個章節定名為〈無法解釋的奇聞〉。他問，為什麼一頭憤怒的大象一見到綿羊，馬上就冷靜下來？為什麼把野牛拴在無花果樹下，牠就會變得溫馴？鮣魚如何利用身上的小鉤抓住船身，使船在海中動彈不得？雷蒙的語氣和藹可親，而且對於大自然的奇觀表現出極大的驚奇。他的行文經常會讓我們忘記他其實是利用這些例子，警醒民眾世界末日即將到來。唯信主義促成了一些古怪的連結，它讓極端主義者與世俗的溫和派人士因為同樣對自身的無知感到驚奇，而結合在一起。[27]

正統派教會人士認為早期的蒙田是虔誠的懷疑論哲人，宛如皮隆與塞內卡再世。他的作品不僅撫慰人心，還能提升民眾的道德。因此，到了下個世紀，當人們開始避談蒙田的名字，他的《隨筆集》也被列入《禁書目錄》達一百八十年之久，這樣的轉折不得不讓人感到驚訝。

這一切，起源於某個人們認為微不足道的主題：動物。

動物與惡魔

蒙田最喜歡以動物故事針砭人類的自負心態，這些讓雷蒙興致盎然的故事，有許多出自普魯塔克之手。蒙田喜歡這些故事，不僅因為它們富娛樂性，也因為它們帶有嚴肅的寓意。描繪動物聰明敏銳的寓言，充分顯示了人類的能力並不特別高明。事實上，有很多事，動物做得比人類還好。

舉例來說，動物善於分工合作。牛、豬與其他生物為了自衛，會群聚起來。如果有鸚嘴魚吃了漁夫的魚餌，其他鸚嘴魚會趕過來咬斷魚線，讓牠脫逃。如果牠被漁網網住，那麼其他的鸚嘴魚也會將自己的尾巴伸進網中讓牠咬住，再將牠拖出網外。即使不是同類，動物也懂得互助，例如領航魚會引導鯨魚，而有些鳥類會清理鱷魚齒間的殘渣。[28]

鮪魚顯然很了解天文學。冬至的時候，鮪魚群會待在水裡動也不動，直到來年春分為止。鮪魚也懂得幾何學與算術，因為曾有人看見一群鮪魚組成了六面全等的正立方體。[29]

在道德上，動物證明牠們至少可以跟人類一樣高尚。以悔恨這件事情來說，誰能贏得了大象呢？因為一時脾氣失控而殺死照顧自己的人，牠悲慟莫名，於是絕望地將自己活活餓死。還有雌翠鳥，牠會忠實地用肩膀背負受傷的伴侶，直到自己死去為止。這些可愛的翠鳥也顯露出科技本領：牠們會用魚骨建造一個既能當巢又能當船的結構物；為了測試成品是否漏水，牠們會聰明地先在岸邊試驗，然後再推入海中。[30]

動物在各種活動上勝過我們。人類的臉色會變，但並非出於我們的控制。我們在困窘時臉紅，害怕時臉色蒼白。我們跟變色龍一樣，會在偶然的狀況下改變顏色。但跟章魚比就差遠了，無論何時何地，牠都可以隨心所欲地變幻各種色彩。我們與變色龍只能以崇拜的目光看著無所不能的章魚——這對人類的自負來說是個很大的衝擊。[31]

然而，人類仍堅持自己不同於其他生物；我們認為自己更接近上帝，與變色龍或鸚嘴魚迥然不同。我們從不認為自己與動物同列，也不思考動物會怎麼想；我們從來不曾停下來追問動物是否擁有心靈。然而對蒙田來說，光是看到狗在做夢，就足以說明動物跟人類一樣擁有內在世界。夢見羅馬或巴黎的人，他的內心浮現的是羅馬或巴黎的幻影；同樣地，夢見野兔的狗，必然看見一隻虛幻的野兔在夢境裡奔跑。我們看見睡夢中的狗兒腳爪抽動著，就知道牠正在追逐。牠看見了一隻野兔，儘管那是一隻「沒有毛皮或骨骼的野兔」。[32]動物的內在世界就跟我們一樣，充滿了虛構的幻影。

蒙田的動物故事對於早期讀者來說，不僅讀來有趣，也讓人覺得無害。就算提到道德層面，主要也是一些有益道德的說法，例如人類應該謙遜，不能自以為能夠主宰或了解上帝創造的世界。然而當十六世紀走入歷史，迎來十七世紀時，人們逐漸對於人類比章魚來得低等或無能的描繪感到不安。這種說法與其說是謙遜，不如說是貶抑。到了一六六〇年代，人們不再認為講述許多動物故事的〈辯護〉是提升人類智慧的百寶箱。相反地，它被視為上個世紀道德淪喪的明證。蒙田輕易接受人類註定犯錯與具有獸性的說法，使他的作品成為十七世紀攻擊的目標，幾乎把它當成了魔鬼的把戲。

這種態度的轉變，可以從一六六八年賈克貝尼涅・波敘埃（Jacques-Bénigne Bossuet）主教在講道壇上提出的抨擊中看出。他說蒙田：

> 喜歡動物甚於人類，喜歡動物的本能甚於人類的理性，喜歡動物簡單、純真而平易的本性……甚於人類的優雅與惡意。但告訴我，狡猾的哲學家，你如此聰明地嘲弄人類的自以為〔比動物優越〕，是否認為人類能認知上帝並不是什麼大不了的事？[33]

這種挑戰的語調是前所未有的，同樣新奇的是人們此時開始覺得必須護衛人類的尊嚴，使其不受「狡猾的」敵人汙衊。十七世紀的人們不再認為蒙田是哲人；相反地，他被視為騙子與破壞者。蒙田的動物故事與他對人類虛榮的揭穿，尤其令新時代兩位最偉大的作家——勒內・笛卡兒

（René Descartes）與布萊士．巴斯卡——感到心煩意亂。這兩個人對彼此並無好感，因此當他們異口同聲地反對蒙田時，就更值得令人注意了。

笛卡兒是近代初期最偉大的哲學家，他對動物感興趣，主要是為了與人類做對比。[34]人類擁有意識與非物質的心靈。人類可以反思自己的經驗，並說出「我思考」這句話，但動物不能。對笛卡兒而言，動物缺乏靈魂，牠們只是機器。動物被設計成能行走、奔跑、睡眠、打呵欠、打噴嚏、狩獵、吼叫、搔癢、築巢、哺育後代、吃喝與排泄，但牠們這麼做如同鐘錶的自動機械裝置，只是單純地轉動齒輪到處行走。笛卡兒認為，狗無法區別遠近，也沒有真實的經驗。狗無法在內在世界中創造出野兔，並在原野上追逐牠。狗可以打呼，牠的腳爪可以抽動，但笛卡兒認為這不過是肌肉收縮與神經激動所致，是腦子裡的機械運作造成的。

笛卡兒無法認真地與動物交換眼神；蒙田可以這麼做，而且也真的這麼做了。蒙田有一句名言，他沉思說：「當我跟我的貓玩耍時，誰知道是牠跟我消磨時間，還是我跟牠消磨時間？」他又說：「我們一起玩耍嬉戲，但我有想消磨時間的時候，也有不想玩耍的時候，而貓也一樣。」[35]蒙田會相對地站在貓的角度來看自己，正如他平常用自己的觀點看貓一樣。

蒙田與貓之間的小小互動，是《隨筆集》中最吸引人、也最重要的段落。它捕捉了蒙田的信念：所有生物共同分享著這個世界，但每個生物各有自己一套知覺世界的方式。「蒙田的所有想法全包含在這麼一句漫不經心的句子裡」，一名評論家說道。蒙田的貓聲名遠播，不僅啟發了一篇完整的學術文章，連菲利普・德桑（Philippe Desan）的《蒙田字典》（*Dictionnaire de Montaigne*）也特別為牠編寫了一個條目。[36]

蒙田描寫動物時，充分發揮了他來回轉換觀點的技巧。蒙田說，我們很難了解動物的心思，同樣地，動物一定也很難了解人類的想法。「這種缺陷阻礙了動物與我們的溝通，與其責怪動物不會說話，為什麼不反省自己聽不懂牠們的語言呢？」

> 我們對動物表情達意的方式稍有了解，動物對我們也是如此。動物討好、威脅與乞求我們，我們對動物也是如此。[37]

蒙田與貓。A. Ditchfield 繪。

蒙田每次看著他的貓，總會發現他的貓回頭看他，他因此想像自己在貓眼中的樣子。不同物種之間雖然存在著障礙，卻能相互感受到彼此，對於笛卡兒（以及跟他同時代的人）這種對不同物種間的互動感到不安的人來說，這類交流是絕不可能發生的。

笛卡兒的問題出在他的整個哲學結構完全立基在「絕對確定性」上，而絕對確定性只能存在於清楚明晰的意識觀念中。這種觀念沒有空間容納蒙田曖昧含糊的思維，無論他思索的是精神錯亂或染上狂犬病的蘇格拉底，還是主張狗的感官比人類來得優越。這些複雜的問題為蒙田帶來樂趣，笛卡兒卻不敢掉以輕心。諷刺的是，笛卡兒對純粹確定性的追求，是從回應皮隆懷疑論中產生的，而皮隆懷疑論卻是經由蒙田流傳下來——蒙田是近代世界的皮隆主義大師。

一六一九年十一月，笛卡兒得出了解答。在此之前他遊歷各地，遍覽各種民情風俗。此時身在日耳曼的他，把自己關進一個小房間裡，房內有個燒火的爐子可以取暖。就這樣，他整天不間斷地思考著。笛卡兒從懷疑論的假定出發，認為世界上沒有任何事物是真實的，因此他之前抱持的信念都是虛假的。[38] 然後他緩慢地、一步步地謹慎推論，「就像一個單獨在黑暗中行走的男子」，以經過邏輯證明的信念取代了虛假的信念。這純粹是一段心靈的過程：當他一步接一步地移動時，他的身體仍在火堆旁，我們可以想像他的眼睛直盯著餘火達數小時之久。火爐前的笛卡兒或許弓著身子，就像羅丹（Rodin）的《沉思者》（*Thinker*）一樣，這種形象與蒙田跑上跑下、從書櫃裡拉出書本、經常分神注意別的事情、把一些奇怪的想法告訴僕人以助記憶、在晚宴中與鄰人熱烈討論，或是在森林中騎馬時得到最珍貴靈感的形象大異其趣。即使已經「退休」，蒙田仍在充滿人聲的環境裡思考，他的四周總是不乏物品、書籍、動物與人群。反觀笛卡兒，則需要靜止的隱遁。

在火爐旁，笛卡兒逐漸纏繞出一條論理的鍊子，他認為每個鍊環都已牢牢地鉚接在一起，環環相扣。笛卡兒的第一項發現是他自身的存在不容懷疑：

我思，故我在。

以這個確然無疑的說法為根據，笛卡兒藉演繹法進行推論，認為上帝必定存在，因為他對上帝的存在具有一種「清楚而明晰」的觀念，這種觀念肯定來自於上帝本身。因此，其他能讓他產生清楚而明晰的觀念的事物，也一定為真。笛卡兒甚至大膽地在他的作品《沉思錄》（*Meditations*）中提出最後這個論點，他寫道：「我清楚而明晰地知覺到的事物，不可能不為真」[39]——這是哲學上最令人震驚的一段陳述，也是人們所能想見與蒙田行事方式差異最大的一種說法。然而，笛卡兒的思考卻是從蒙田喜愛的懷疑論中產生的——懷疑一切，甚至懷疑自己。歐洲哲學的核心因此被打上了一個巨大的問號。

笛卡兒所謂的絕對無誤的論理之鍊，聽起來有點荒謬，但如果把這條鍊子放在十六世紀的觀念脈絡裡，似乎就合理多了——笛卡兒主要是為了擺脫十六世紀的觀念，才提出這種主張。有兩項重要的思想傳統透過蒙田傳承到笛卡兒這一代，一個是拆解一切事物的懷疑主義，另一個是以信仰為基礎、將所有事物結合起來的唯信主義。笛卡兒不想接受這類思想傳統，他反對唯信主義。但現實擺在眼前，要擺脫傳統並不是那麼容易。

笛卡兒真正創新的地方是很少有人像他一樣如此渴求確定性。此外，笛卡兒的另一項特點在於他具有普遍的極端主義精神。為了擺脫懷疑主義，他對懷疑主義做出令人難以想像的延伸，就好像把黏在鞋底的口香糖拉成一條線一樣。人不可能像漂浮在「空想之海」一樣一直懷疑下去，也不可能像蒙田與原創的皮隆主義者那樣，把不確定性當成一種生活方式。對笛卡兒來說，充滿懷疑是他生命中的一個危機。我們可以從《沉思錄》中看出他的茫然：

> 昨日的沉思使我的心中充滿疑雲，至今徘徊不散……我無法將雙腳穩穩踏到底，也無法泅游以讓頭部露出水面。[40]

這是十七世紀與蒙田世界最為不同的地方，十七世紀從懷疑論中得到的是一場夢魘。在「昨日的沉思」中，笛卡兒——他總是善於使用生動的隱喻來形容自己的主張——甚至將他的不確定性擬人化，描繪出一個飽受驚嚇之人的樣子：

> 我想這個世界並沒有真實的上帝，也沒有決定真理的最高主宰；這個世界有的是邪惡的魔鬼，祂的狡猾欺詐強大無比，總是無所不用其極地讓我上當。我想，天空、空氣、大地、色彩、形狀、聲音與一切可見的外在事物，全是祂用來欺騙我的幻覺與陷阱。我會認為自己是沒有手、沒有眼、沒有血肉與感官的人，我只是誤以為自己擁有這些東西。[41]

在笛卡兒時代與在蒙田的時代一樣，惡魔仍被視為真實駭人之物。有些人認為祂們讓這個世界陷入迷霧，就像在微生物裡塞滿了汙染物。祂們與祂們的主人撒旦可以用空氣編織幻象，可以製造光影的變化，可以攪亂你的思緒，讓你以為自己看見了野獸與怪物。[42]惡魔有計畫地愚弄我們，使我們看不清整個外在世界的真實面貌，也看不清自己，這足以使人瘋狂。更糟的是，也許上帝本身就是個騙子[43]——笛卡兒曾做出這樣的暗示，但他很快就收回這句話。

詭異的是，笛卡兒擁護純粹理性，誓言擊敗想像的把戲，卻想盡辦法以小說手法玩弄讀者的感情。與絕大多數恐怖作家一樣，笛卡兒的動機本質上是相當保守的。惡魔對事物的秩序構成威脅，但祂終究會被擊敗，而世界也會在更穩固的基礎上恢復常態——如果未恢復，那就表示基礎不夠穩固。在恐怖小說中，怪物經常在故事末尾威脅要捲土重來：牠並沒有被徹底擊敗，故事還留個尾巴。笛卡兒不希望還有續集，他認為自己已經徹底彌補了漏洞，然而事實並非如此。在他信誓旦旦完成結尾的同時，他的主張也開始分崩離析。

最終我們還是找到了擺脫困境的方式，只不過不是笛卡兒提出的極端主義挑戰，而是與蒙田精神更為貼近的實用主義妥協。現代科學並不尋求完全的確定性，而是在理論上容許些微的懷疑。在實務上，科學家根據一套公認的準則從事研究，以觀察來驗證假說。我們看到漏洞，但並不十分掛心。就像蒙田安然接受人必犯錯的天性，我們接受世界的原貌，也接受了沒有任何事是確定的這項事實。惡魔在一旁伺機而動，但日子還是得過下去。

當蒙田的皮隆主義在十七世紀衍生出更焦慮與更自我分裂的心靈時，也難怪會出現笛卡兒的恐怖故事。蒙田也曾對自己的存在感到焦慮，他說「不知何故，每個人的內心似乎都有兩個我」，也提到「我們無法與人溝通」。但笛卡兒溺死在懷疑中的恐懼，恐怕蒙田是無法了解的。[44]今日，許多人也許更容易了解笛卡兒的恐懼。蒙田以及從懷疑論衍生出來的皮隆主義者，他們內心的安適反而無法讓現代人得到共鳴。將一切事物的根基歸於虛無，這種觀念顯然無法產生撫慰人心的效果。

我們的虛無感主要來自於笛卡兒對蒙田的反面解讀，這些解讀有一部分是透過十七世紀另一名蒙田的偉大門徒與反對者傳承下來。這個人對皮隆主義思想的不安，甚至比笛卡兒還要嚴重，他就是巴斯卡：哲學家、神祕主義者，同時也是恐怖作家。

巨大的誘惑機器

巴斯卡最讓人記憶深刻的作品是他的《沉思錄》（*Pensées*），這本書並不是要用來驚嚇他人，而是要用來警醒作者自己。巴斯卡從未致力寫出體系完備的神學論文，這本《沉思錄》只是將他雜亂寫下的神學觀點集結起來。要是他真的完整寫完這本書，恐怕《沉思錄》就不會那麼引人入勝了。事實上，巴斯卡留給我們的是一部極其神祕的文學作品，字裡行間充分流露出他試圖逃避他所認為的蒙田《隨筆集》帶有的危險力量。

一六二三年，巴斯卡生於克雷蒙費宏（Clermont-Ferrand）。早在幼年時，他就已展現出數學與發明才能，甚至設計出了初具雛型的計算機。三十一歲時，巴斯卡待在皇家港修道院（Port-Royal-des-Champs），他產生了幻象，事後在紙上描述這段經驗，取名為〈火〉：

> 確實。具體。感受，愉悅，和平。
> 耶穌基督的上帝。
> 你的上帝將是我的上帝。
> 世界與萬物終歸塵土，唯有上帝才是永恆。
> 唯有遵循福音書的指示才能找到祂。
> 莊嚴的人類靈魂。
> 正義的聖父，世人不識你，但我識你。
> 愉悅，欣喜，快樂，喜極而泣。[45]

聖靈的顯現改變了巴斯卡的人生。他把這張紙縫進衣服裡，這樣他就能隨身攜帶。從此以後，巴斯卡把所有的時間全放在神學寫作上，這些神學筆記日後便構成了《沉思錄》。巴斯卡從事這項工作的時間並不長。他在三十九歲的盛年便因腦出血而去世。

巴斯卡與笛卡兒幾乎沒有共通點，兩人唯一相同之處就是對懷疑論相當著迷。巴斯卡以一種興高采烈的神祕情緒，表現他對笛卡兒信仰理性的厭惡，並且對於「幾何學精神」[46]接管哲學表示哀悼。巴斯卡對理性的厭惡，照理來說應該使他接近蒙田——事實上也的確如此，因為《隨筆集》一直是他不斷閱讀的作品。但巴斯卡也覺得，透過蒙田傳承下來的皮隆懷疑論傳統實在太令人不安，他在閱讀〈為雷蒙．塞邦辯護〉時，總是念不完一頁就趕緊拿出筆記本，激烈地傾洩他的想法。巴斯卡把蒙田描繪成「大敵」（the great adversary）[47]——借用詩人艾略特（T. S. Eliot）使用的詞來形容他們兩人的關係。這個詞一般只用在撒旦身上，但這個暗示很恰當，因為蒙田是讓巴斯卡感到痛苦的人物，他不斷吸引且誘惑著他。

巴斯卡對皮隆懷疑論感到恐懼。不同於十六世紀的讀者，巴斯卡強烈意識到皮隆懷疑論對宗教信仰構成了威脅。到了這個時期，懷疑已不再是教會的朋友；它是魔鬼的屬下，因此必須加以反抗。但這裡存在著一個問題，因為每個人都看得出來，要駁倒皮隆懷疑論幾乎是不可能的。[48]與它爭論只是鞏固了它的主張，顯示所有事物都是有爭議的；另一方面，如果你維持中立，那便證明了它的觀點，顯示存而不論是好的。

《沉思錄》有一篇短文，記述了巴斯卡與皇家港修道院院長艾薩克．勒梅特．德．薩西（Isaac Le Maître de Sacy）之間的對話，巴斯卡總結了蒙田的皮隆主義論點，以及蒙田在陳述上的缺失：

他懷疑一切，而不斷懷疑的結果，就連懷疑本身也受到懷疑；也就是說，他懷疑自己是否真的懷疑，甚至懷疑僅剩的最後命題，他的不確定因此陷入無窮無盡的循環。他與主張一切不確定的論點矛盾，也與主張一切並非不確定的論點齟齬，因為他不想主張任何論點。

蒙田「因懷疑一切而居於有利位置，無論成功或失敗，都能加強他的論點」。[49]你可以感受到那股挫敗感：誰能敵得過這樣的對手？但我們必須抵抗。這是個道德責任，若不如此，則懷疑將如洪水般沖走一切事物，包括我們所知的世界、人性尊嚴、理智與對上帝的信仰。艾略特也說過：

> 在所有作家當中，蒙田是最難以摧毀的。你也可以藉由投擲手榴彈來驅散迷霧。而蒙田就是迷霧，是氣體，是陰魂不散的流動元素。他不講道理，含沙射影，引誘與影響你，或者，就算他開始講道理，你必須小心他另有圖謀，而非真的想用論證來說服你。[50]

由於巴斯卡無法對抗蒙田，因此他不得不閱讀蒙田，或寫下對他的感想。他與《隨筆集》角力，卻因為靠得太近而找不到揮拳的角度。如果拉博埃西像個看不見的朋友盤旋在蒙田的書頁上，那麼，蒙田就像永恆的敵人與共同作者，糾纏於巴斯卡的字裡行間。在此同時，巴斯卡知道真正的戲劇正在他的靈魂深處上演。他坦承：「我不是從蒙田身上，而是從自己身上找到我在那裡看到的一切。」51

巴斯卡也可以看著自己的筆記本念道：「不是從我自己，而是從蒙田身上，我得到我在這裡看到的一切。」他習慣近乎一字不漏地大量謄抄：

蒙田：我們是這般為了相同的事哭泣與大笑。

巴斯卡：我們因此為了相同的事哭泣與大笑。

蒙田：他們想擺脫自己，遠離身為人的一切。這簡直是瘋了：他們並未變成天使，反而成了野獸。

巴斯卡：人既非天使亦非野獸；無論人想當天使還是野獸，他都不可能快樂。

蒙田：把一名哲學家放進用細鐵線與粗網眼構成的籠子裡，然後將籠子吊在巴黎聖母院的塔頂上，他有明顯的理由相信自己不可能墜落，但（除非他當過尖塔修理工）他還是無法看著這極度高聳的景象而不感到害怕與全身僵硬……在兩座塔樓的寬闊距離之間搭上一根橫梁，好讓我們走過去，沒有任何哲學智慧能有如此堅定的意志，使我們能鼓起勇氣，如履平地般走過這根橫梁。

> 巴斯卡：如果你把世界上最偉大的哲學家放在足夠他行走的木板上，而底下卻是深不見底的斷崖，那麼無論他有多麼充分的理由能說服自己是安全的，他的想像力終究會居於上風。[52]

哈洛・卜倫（Harold Bloom）在《西方正典》（*The Western Canon*）中稱《沉思錄》是「不求甚解的惡例」[53]，亦即巴斯卡未能領會蒙田的思想。然而，巴斯卡在照抄蒙田文字的過程中，也改變了蒙田的思想。即使他用的是蒙田的字句，然而他也用了不同的角度去詮釋它們。就像波赫士（Jorge Luis Borges）的二十世紀主角皮耶・梅納爾（Pierre Menard）寫了一本剛好與《唐吉訶德》一模一樣的小說，巴斯卡在不同時代以不同性格寫下相同的文字，因此創造出了全新的內涵。

情感的差異才是重點。蒙田與巴斯卡對於人性較不討喜的部分有著類似的洞察——他們窺破了「人性，太人性的」領域，這裡潛伏著自私、懶惰、卑鄙、虛榮與無數的人性缺點。但蒙田以寬容且幽默的眼光看著它們，而對巴斯卡來說，這些缺點造成的恐怖，遠非笛卡兒的理性所能應付。

巴斯卡認為，人一定會犯錯的特質令人無法忍受：「我們認為人類的靈魂是崇高的，而無法想像這種想法是錯的。因此，我們無法不看重人類的靈魂，人類全體的幸福完全奠基在這份重視之上。」[54]對蒙田來說，人類的缺點不僅可以忍受，甚至值得額手稱慶。巴斯卡認為人性的限制不可接受，蒙田整個哲學的立論點則完全與巴斯卡相反。即使蒙田說「我們不可能掩飾自己原本的樣子」[55]，這種話巴斯卡也一直掛在嘴邊，然而他的語氣仍是雀躍的，而且還添了一句：人類與其說是邪惡，不如說是愚蠢。

巴斯卡的立場似乎總是偏向極端，要不是極度絕望，就是極度欣喜。他的寫作就像飛車追逐一樣驚心動魄，帶領讀者穿過巨大的空間與不相稱的天平。他思索世界的虛無與自己軀體的渺小，於是說道：「凡是用這種方式觀察自己的人，將對自己感到驚駭。」[56]正如笛卡兒掀起皮隆主義者安撫心靈的毛毯——懷疑一切事物，結果發現裡頭藏著怪物，巴斯卡同樣也用上了斯多噶派與伊比鳩魯派喜愛的伎倆——想像的空間之旅與人類渺小的觀念，結果走進了恐怖之域：

> 思忖我們的盲目與苦難，觀察沉默不語的宇宙，遭世界狠心遺棄的人類迷失在宇宙陰暗的一角，不知是誰將我們捨棄於此，也不知自己最終的結局，我們死後將會如何。我們茫然無知，我感到恐懼，就像人在睡夢中被一把抓起，放置在一座恐怖、無人的荒島上，醒來後完全不知道將發生何事，也苦無求生之門。[57]

這樣的描述初看令人覺得刺激，但數頁之後，人們便轉而渴求蒙田隨和的人文主義風格。巴斯卡希望人們能隨時將終極事物放在心上：那廣大無垠的虛無空間、上帝、死亡。但很少有人能長久抱持這樣的想法。我們容易分心，人類心靈很容易受到具體事物與個人事務的吸引。巴斯卡對此大為光火：「世人都在想什麼？難道都不想正經事嗎？整天只想著跳舞、彈魯特琴、唱歌、吟詩作對、持矛比武……」[58]蒙田也喜歡思索大問題，但他更喜歡閱讀與觀察莊園裡的牲畜；他旅行時會注意路上發生的各種事件，並且留意鄰人如何教養自己的子女，這些都是他探索人生的方式。巴斯卡寫道：「人總是注意小事而忽略大事，這顯示人類心靈的冷淡與混亂。」[59]蒙田的說法則跟他完全相反。

一個世紀之後，極度討厭巴斯卡的伏爾泰（Voltaire）寫道：「我大膽支持人們反對這位崇高的厭世者。」他把《沉思錄》五十七處引文從頭到尾審視一遍，並且一條條地加以駁斥。「對我來說」，伏爾泰寫道：

> 當我看著巴黎或倫敦時，我找不出巴斯卡所說的絕望理由。我看到的城市完全不像無人的荒島，反倒是熙熙攘攘、富足繁榮，一片昇平景象，而人類的幸福莫過於此。理智清楚的人會因為不知道人類如何正視上帝而跑去上吊嗎？……我們為什麼要對自己的存在感到噁心呢？人生並不像某些人試圖說服我們相信的那樣充滿苦難。把世界看成牢房，把所有的人類視為囚犯，會這麼想的人腦子已經燒壞了。

伏爾泰因此反駁巴斯卡說蒙田是「大敵」的指控：

蒙田對於自己的描繪全無狡詐欺瞞，讀來令人愉快！因為蒙田描繪的正是人性本身。反觀巴斯卡，則完全以貶損蒙田為能事……十足的卑鄙猥瑣！[60]

伏爾泰對於蒙田的信條極為熟悉，例如《隨筆集》最後一章的這段話：

> 我由衷感激地接受大自然為我做的一切，我對自己感到滿意，也自豪自己能這麼想。我們若拒絕、否定，乃至於扭曲饋贈者的禮物，就等於冤枉了偉大而無所不能的饋贈者。[61]

豁達地接受生命，泰然面對自我，這種態度要比皮隆懷疑論更讓巴斯卡憤怒。這兩種態度相輔相成。蒙田懷疑一切事物，但他也明確肯定一切熟悉、不確定與日常的事物——因為我們擁有的就是這些。蒙田的懷疑論使他讚頌不完美，而不完美正是巴斯卡乃至於笛卡兒一直想擺脫卻功敗垂成的東西。對蒙田來說，想擺脫不完美是不可能的，理由顯而易見，沒有人能超脫人性：[62]無論我們提升到什麼程度，我們身上總帶著人性。在《隨筆集》下卷的最後版本中，蒙田寫道：

> 能了解如何正確地享受我們的人生，我們就實現了絕對完美與神聖。我們尋求其他的可能，因為我們不了解自己生命的用處；我們往外尋求，因為我們不了解自己的內在。然而，就算我們踩上高蹺也毫無意義，因為即便踩上了，我們還是要運用自己的雙腿。就算坐上世界最崇高的寶座，我們還是要靠自己的屁股才能坐上去。[63]

與皮隆主義一樣，這個「屁股」論點是不可能反駁的；然而巴斯卡似乎還是非反對不可，因為這個論點帶有道德上的危險。巴斯卡表示，蒙田把「方便與冷淡」原則放在最優先的位置上，這種做法是有害的。[64]巴斯卡對此極為憂慮，乃至陷入無望的憤怒中，彷彿蒙田占有他無法擁有的優勢似的。

類似的憤懣也可以從同時代另一名讀者的反應中看出，他是哲學家尼古拉・馬爾布朗許。馬爾布朗許是理性論者，和巴斯卡相比，他的立場更接近笛卡兒。然而與巴斯卡一樣，馬爾布朗許對於蒙田一切淡然處之以及接納懷疑的態度深表不滿。

馬爾布朗許承認蒙田的書是持久暢銷的作品——這本書當然會大賣，他苦澀地寫道。蒙田善於說故事，而且能激發讀者的想像力，大家都喜歡他的書。「他的觀念是錯的，但很動聽；他的表達無禮而粗魯，但讀起來很過癮。」然而從蒙田作品中找樂子是很危險的，就像泡在舒服的澡缸裡一樣，蒙田使你的理性沉睡，然後讓你喝下他的毒藥。「閱讀一名作者的作品時，心靈不可能完全不採納他的意見，也不可能完全不受作品多采多姿的表達影響。因此，原有的觀念受到了沾染混合，變得混淆模糊。」[65]也就是說，閱讀令人愉悅的作品會使笛卡兒「清楚而明晰」的觀念受到汙染。蒙田既不提出任何主張，也不說服你信從任何主張；他不需要這麼做，因為他只以「誘惑」為能事。馬爾布朗許召喚出一個近乎惡魔的人物。蒙田愚弄你，就像笛卡兒的惡魔一樣；他引誘你陷入懷疑與精神的放縱之中。

這些邪惡形象延續了很長一段時間。一八六六年，文學學者吉堯姆．基佐（Guillaume Guizot）仍然稱蒙田為法國作家中的大「引誘者」。艾略特也這麼看他。吉塞兒．馬提厄卡斯特拉尼（Gisèle Mathieu-Castellani）形容《隨筆集》是「一部巨大的誘惑機器」。[66]蒙田以一種事不關己、隨意而漫不經心的口吻施咒，假裝不在乎讀者——這些伎倆都是為了吸引你閱讀，進而使你沉迷其中。

在這種機器的引誘下，現代讀者通常會像芭芭瑞拉（Barbarella）❷一樣往後一靠，享受其中的愉悅。十七世紀的讀者感受到較大的威脅，因為他們比較認真地看待理性與宗教的問題。

然而，即使在十七世紀，還是有人因為蒙田能讓他們感到愉快而喜愛他的作品，其中有些人還為蒙田辯護。警句家拉布呂耶（Jean de La Bruyère）在他的《論品格》（*Caractères*）中表示，馬爾布朗許沒看懂蒙田的重點，他過於強調理性思考，因此無法「領略自然產生的想法」。[67]純任自然與懷疑主義兩相結合，使蒙田成為新類型思想家的英雄。這些新類型思想家鬆散結合了機智與反叛性格，因而被稱為放蕩主義者（libertins）。[68]

在英語中，「放蕩主義者」讓人聯想起聲名狼藉如同卡薩諾瓦（Casanova）❸一般的人物，但放蕩主義者不只是如此（事實上，卡薩諾瓦這個人也不膚淺）。雖然有些放蕩主義者確實不斷追尋性自由，但他們也希望得到哲學自由：自由思想的權利，無論是政治、宗教還是其他領域。懷疑論是通往內在與外在自由的自然途徑。

放蕩主義者有不同的團體，從重要的哲學家皮耶・加森迪（Pierre Gassendi）到地位較不重要的學者法蘭索瓦・拉莫特・勒瓦耶（François La Mothe le Vayer）與想像作家希拉諾・德・貝爾吉拉克（Cyrano de Bergerac）。貝爾吉拉克以科幻小說聞名於世，他曾寫過登月之旅的作品。（他因為鼻子特別大而在一篇故事中擔任要角，這篇故事日後的名聲甚至大過他的科幻小說。）蒙田的第一個編輯瑪麗・德・古爾內（Marie de Gournay）可能是一名祕密的放蕩主義者，她的許多朋友均屬此類。[69]另一名放蕩主義者是尚・德・拉封丹（Jean de La Fontaine），他的寓言故事深具普魯塔克風格，而且以動物的聰明與愚蠢為主題。[70]拉封丹的表達方式較為和緩，因而使他的作品見容於世，但還是對人類尊嚴構成挑戰。拉封丹的故事假設與蒙田相同：動物與人類都是同一種物質構成的。

放蕩主義一直屬於少數人的運動，但它的影響力卻相當深遠。從放蕩主義者發展出的十八世紀啟蒙運動哲學家，他們給予蒙田危險但正面的新形象，而這個形象也就此固定下來。啟蒙哲學家建立了比較不激進的沙龍社交圈，如警句家拉布呂耶與拉羅什富科（François de La Rochefoucauld）。後者的《箴言集》（*Maximes*）集合了簡短的蒙田式對人性的觀察：

有時我們看自己就像看別人一樣陌生。

自以為比別人聰明，最容易受騙。

> 世事偶然無常。

拉羅什富科有一句箴言中肯評論了蒙田在十七世紀的困境：

> 我們以為自己不可能激怒別人，但通常這樣最容易激怒別人。[71]

與蒙田一樣，許多放蕩主義者與警句家說的話，往往圍繞著如何好好生活的問題打轉。放蕩主義者重視一些特質，例如 bel esprit，這個詞也許可以翻譯成「美好的精神」，但當時有一名作家為這個詞下了更好的定義：「快樂，活潑，像蒙田《隨筆集》一樣充滿熱情。」放蕩主義者也追求「正直」，這意謂著道德良好的生活，但也包括「好的溝通」與「好的夥伴」，這些說法都是根據一六九四年法蘭西學術院（French Académie）編纂的字典而來。[72]

像巴斯卡這種人甚至不想好好生活，因為這會使他們分心於世俗事務，忘卻了終極關懷。我們可以想像巴斯卡兩眼直盯著開闊天空，眼神充滿神祕恐怖與至福，就像笛卡兒以同樣的專注盯著熾熱的火爐一樣。這兩個例子都是充滿了沉默，而且都是固定凝視著一個地方，眼神充滿敬畏、沉思、警戒，或恐怖。

放蕩主義者與其他擁有「美好精神」的夥伴並不凝視事物。親愛的！他們不會成天想著緊盯某件東西，無論那件東西是在天空的高處還是低處，更不會睜圓了雙眼，讓自己活像隻靜止不動的貓頭鷹。相反地，他們眼皮半瞇，狡獪地看著人類，如實觀察他們的模樣——而且從觀察自己開始。這些迷濛的睡眼比笛卡兒「清楚而明晰的觀念」，或巴斯卡精神的狂喜更能看清生命的真諦。幾個世紀之後，尼采說道，對於人類行為與心理學（也包括哲學）的觀察，真正最有價值的部分「通常最早出現在一些社交圈的觀看與陳述裡，人們在這裡頭所做的各項努力，往往不是為了科學知識，而是為了機智地賣弄風騷」。[73]

尼采如此諷刺是因為他厭惡職業哲學家這個階級。對他來說，抽象的體系一無是處，真正有用的是批判性的自我省察：能夠窺知自己的動機，並且接受它們。這是為什麼尼采會喜愛警句家拉羅什富科與拉布呂耶，以及他們的前輩蒙田。他稱蒙田為「最自由、最強有力的靈魂」，又說：「此人寫的作品的確增添了在這個世上生活的樂趣。」蒙田顯然想出不少生活訣竅，而這正是尼采一直想做的：沒有微不足道的憎恨或遺憾，接受已經發生的事，不要妄想去改變它。這名隨筆作家漫不經心地寫道：「如果我必須再活一次，我會照我原來活的方式再過一遍。」這句話體現了尼采畢生希望達成的期許。蒙田不只做到了，甚至對這件事輕描淡寫，彷彿這沒什麼特別的。[74]

與蒙田一樣，尼采既質疑一切也接受一切。巴斯卡最討厭蒙田的地方——無止境的懷疑、「安於懷疑」、冷靜沉著、願意接受不完美——反而深受其他不同傳統的喜愛。從放蕩主義者以降，經由尼采，直到今日許多極崇拜尼采的人士，均是如此。

遺憾的是，在十七世紀，蒙田的憎恨者勢力遠大於支持者，前者甚至進行組織，提出直接禁止蒙田作品的訴求。一六六二年，巴斯卡過世之後，他先前的同事皮耶．尼可（Pierre Nicole）與安東尼．阿爾諾（Antoine Arnauld）完成了《皇家港邏輯學》（*Logique du Port-Royal*），對蒙田進行攻擊，還成為暢銷書。[75]這本書於一六六六年發行第二版，並且公開呼籲將《隨筆集》列入天主教會的《禁書目錄》中，因為書中具有反宗教的危險內容。這項訴求在十年後獲得重視，一六七六年一月二十八日，《隨筆集》被列為禁書。蒙田受到責難，實在與他的書的閱讀者有關：喜歡他的書的人都是一些惡名昭彰之輩，如紈褲子弟、文人、無神論者、懷疑論者與放浪形骸之人。

蒙田作品在法國的銷路自此一路走跌。從一五八〇年第一次出版到一六六九年，《隨筆集》大概每兩三年再版一次，編輯會把受歡迎的部分陸續進行修訂，特別是具有濃厚皮隆主義色彩的段落。受到查禁之後，情況開始改觀。完整的版本無法在天主教國家出版或販售；沒有任何法國出版社願意碰這本書。有好幾年時間，《隨筆集》只印行刪節版或由外國出版，後者通常是以法文發行，用以偷渡到法國國內，供一些不遵從教會命令的人閱讀。

蒙田曾經說過，某些書「因為遭到查禁而變得銷路更好、流傳更廣」。[76]某種程度來說，他的作品也是如此：法國查禁《隨筆集》，反而讓這本書勢不可擋。在查禁後的一個世紀，蒙田作品深受反叛的啟蒙哲學家喜愛，甚至吸引臻於成熟的政治革命分子的注意。

然而整體來說，查禁確實讓蒙田作品的銷量在作者歿後大幅減少。在法國，他的讀者相當有限，但在其他國家，他的作品卻能迎合各類型讀者的口味，不管是社群的反叛者還是支持者，都能從他的書裡得到靈感。令人驚訝的是，《隨筆集》足足被查禁了近兩百年的時間，直到一八五四年五月二十七日才解禁。這是一段漫長的流放，蒙田實際引發的「震顫」其實只在十七世紀晚期，但作品遭受查禁的時間卻遠逾於此。

巴斯卡曾說：「我從蒙田作品中看到的一切不是蒙田，而是我自己。」[77]這句話可以當成一句真言，在接下來的故事裡反覆吟頌。往後幾個世紀，每個新讀者都從《隨筆集》中找到自我，而且增添了可能的意義積累。以笛卡兒來說，他從《隨筆集》中發現的是來自他內心的兩個夢魔般的人物：反抗邏輯的惡魔，與能夠思考的動物。笛卡兒看到他們馬上就躲藏起來。巴斯卡與馬爾布朗許發現自己在安於懷疑的床榻上受到誘惑，他們感到恐懼，於是逃之夭夭。

放蕩主義者看到相同的景象，他們的反應是揚起眉毛，開心地笑了。他們也從蒙田身上認出了自己。他們較為晚近的子孫尼采也看到相同的景象，他也讓蒙田返歸他的哲學故鄉：回到希臘化時代哲學三大流派的核心，以及他們對如何生活所做的探索。

譯註

❶ 胡戈・弗里德里希（1904-1978）是德國的羅曼斯語研究者，尤其專精古典法國文學研究。

❷ 芭芭瑞拉是一九六八年電影《上空英雌》（*Barbarella*）中的主人翁，她經常在片中擺出性感與滿足的姿態。

❸ 十八世紀義大利的大情聖。

Ch 8

我們問：如何生活？
蒙田說：在店鋪後頭保留一個私人房間

「可能的話，我們應該擁有妻子、子女、財富，以及最重要的健康；但我們不能過於執著這些事物，以免幸福完全受到它們主宰。

我們必須在店鋪後頭保留一個完全屬於自己的小房間，使我們可以在這裡享有真正的自由。

在這裡，我們的日常對話只存在於自己的內心；在這裡，我們談笑風生，彷彿自己沒有妻兒，沒有家當，也沒有僕役隨從。

一旦未來真的失去了這些事物，我們也不會感到不捨。」

勉為其難地做愛

回到一五六〇年代，當時尚在人世的蒙田仍思索著如何生活的問題。他以希臘化時代的三個哲學傳統來管理自己的人生，並且協助自己走出失去拉博埃西的哀痛。蒙田成功將他的懷疑論以及他對天主教教義的虔誠融合在一起，這種結合在當時還沒有人感到不妥。此時蒙田也完成了第一項重要的文學工作，也就是翻譯雷蒙．塞邦的作品。然後他又為拉博埃西的作品撰寫獻詞，並且將自己描述朋友去世的信件出版。這段時期還出現了一項轉折：蒙田完成了終身大事，成為一家之主。

蒙田似乎頗有女人緣，至少他的外形很能吸引女性注意。蒙田曾經諷刺地說，女人宣稱她們只喜愛男人的心靈之美，然而「無論男人的心靈多麼睿智而成熟，我從未見過女人喜愛男人是為了他的內在美。最能贏得她們喜愛的，通常是歲月尚未留下痕跡的肉體」。[1]儘管如此，蒙田的機智、幽默、隨和，乃至於容易沉迷於思索或高聲談話的特質，都構成他魅力的來源。甚至連拉博埃西死後，蒙田情感上的故步自封，也引起女性對他的興趣。愈難得到的愈能激起慾望。事實上，當蒙田看上某個人時，他的冷漠很快就消失了：「我採取主動，而且熱切投入。我不會掩飾我的愛慕之情，無論到哪兒，我總會設法引起對方注意。」[2]

蒙田熱中性事，而且畢生沉溺其中。直到過了中年，當他的體力、慾望，連同他的吸引力都大不如前時，他才歇手——這些全記錄在《隨筆集》最後一卷，他在書裡寫下不少哀嘆文字。蒙田說，被拒絕固然令人沮喪，但因為憐憫才願意跟你在一起，則更令人覺得不堪。[3] 蒙田不願糾纏那些對他沒興趣的人。[4]「我討厭跟毫無感情的肉體在一起。」這與跟死屍做愛沒什麼兩樣，就像在一則故事裡，「一名喪心病狂的埃及人在為女性屍體塗上香油、裹上屍布之後，居然色慾薰心起來」。性關係應該是相互的。[5]「事實上，在性愛的歡愉中，我給予對方的愉悅比對方給予我的狂喜，更能讓我產生甜蜜的想像。」[6]

然而，蒙田很寫實地提到他與女性做愛的狀況。她們有時會心不在焉，「那種感覺像是勉為其難地跟你做愛」。或許她跟你做愛時，腦子裡正幻想著與另一個人纏綿。「要是她一邊吃著你的麵包，一邊想像自己蘸著別人更美味的醬汁呢？」[7]

蒙田知道女性對性事的了解遠超過男性的預期；事實上，女性的想像力使她們期待太高，等到面對現實時，不免就有落空之感。「在慾望與希望驅使下，她們想像的陽物總是比實際的大三倍。」蒙田看著不負責任的壁畫，嘴裡嘖嘖說道：「那群年輕人在宮殿的走道與樓梯間畫了這麼大的東西，這不是給大家找麻煩嗎？女人看了這些畫，必定會殘酷地藐視全天下的男性。」[8] 人們可以從這句話推知蒙田的陰莖很小嗎？是的，事實上，蒙田後來在同一篇隨筆中坦承，自然待他「不公又不仁」，此外，他還引用了幾句古典時代的作品：

即使是已婚婦女——她們懂的可多了——

看到男人的東西短小，也會露出鄙夷的神情。9

對於透露性事，他毫無愧色：「我們的人生有部分是痴愚，部分是明智。無論是誰，只能畢恭畢敬地描寫，而且要依照慣例略去一半以上不提。」蒙田似乎也覺得，只因詩人寫的是詩文，就有更多空間可以發揮，實在太不公平。蒙田引用當時文人的兩個句子為例：

如果妳的孔隙已非隱約可見的細縫，那麼讓我一死了之。

——特歐多爾．德．貝茲（Théodore de Bèze）

一件友善的工具可以讓她滿意，把她照顧得服服貼貼。

——聖傑雷（Saint-Gelais）10

儘管蒙田的友善工具經歷了各種冒險，他還是做了所有負責任的貴族（尤其他身為廣大莊園的繼承人）都必須做的事：他娶了妻子。

蒙田的妻子名叫法蘭索瓦茲．德．拉夏瑟涅（Françoise de La Chassaigne），她來自波爾多一個頗具聲望的家族。婚禮於一五六五年九月二十三日舉行，這段婚姻主要是由雙方家族努力促成的。這是傳統的做法，就連配偶的年紀多少也要符合當地風俗。蒙田注意到自己的年紀（他自稱是三十三歲，實際上是三十二歲）接近亞里斯多德建議的適婚年齡。他以為亞里斯多德說的是三十五歲，實際上是三十七歲。如果說蒙田比適婚年齡稍微年輕一點，那麼他的妻子似乎比一般的結婚年齡稍微年長一些：她生於一五四四年十二月十三日，因此在結婚當天她還未滿二十一歲。[11]在這個年紀結婚，可以預料她適合生育的時間相當長。不幸的是，子女帶給這對夫妻的多半是沮喪與悲傷。儘管蒙田比妻子年長十歲以上，但他的選擇顯然跟許多男人一樣：他娶了一個跟自己母親類似的女人，而這個決定並未讓他特別幸福。

蒙田不常在《隨筆集》裡提到法蘭索瓦茲；就算提到，聽起來也彷彿是在說自己的母親安東妮特，差別只在於她的妻子嗓門更大。「妻子總有一種傾向，喜歡跟自己的丈夫唱反調」，蒙田寫道：「她們總是找藉口跟丈夫作對。」[12]蒙田寫作時，腦子裡或許經常想到法蘭索瓦茲，因此才寫下這麼一段話，提到對僕役發沒有用的脾氣毫無意義：

> 我勸告……我的家人不要對著空氣發脾氣，一定要確認自己的責罵是不是真的傳進自己要罵的那個人的耳朵裡，因為一般來說，他們總是在那個人出現之前就大呼小叫，然後在他離開後又痛罵好一段時間……沒有人因為他們的責罵受到懲罰或影響，唯一受苦的只有在他們身旁必須忍受他們大聲吼叫的人。[13]

我們可以想像蒙田摀著耳朵逃回自己塔樓的景象。

蒙田讚揚哲學家蘇格拉底的許多優點，其中一項就是他擁有與悍妻共同生活的高超本領。蒙田認為這項磨難足以與蘇格拉底遭雅典公民大會以毒藥賜死相提並論。他希望自己能做到蘇格拉底的忍耐與幽默，也相當喜愛蘇格拉底回應阿爾西比亞德斯的方式。後者問蘇格拉底如何受得了妻子的嘮叨，他回答說，這就像住在磨坊附近的人一樣，一旦聽慣了水車轉動的聲音，也就不覺得難受了。蒙田也欣賞蘇格拉底把這種經驗轉化成哲學「訣竅」的做法，這麼做有助於自身精神的提升，亦即利用妻子的壞脾氣來訓練自己忍受災厄的能力。[14]

除了個性強悍，法蘭索瓦茲也相當長壽。她比蒙田多活了近三十五年，於一六二七年三月七日去世，享壽八十二歲。她也比所有子女都活得久，包括唯一一名順利長大成人的孩子。蒙田的母親也比蒙田長壽。人們免不了產生這樣的印象，他大概是因為夾在母親與妻子之間才早死的。

法蘭索瓦茲比較詳細的生平主要集中在她晚年的時候，此時蒙田早已去世多年。這段時期的法蘭索瓦茲相當虔誠，她女兒的第二任丈夫查爾斯．德．加馬什（Charles de Gamaches）說她每個星期五與四旬齋一半的日子都遵守齋戒，即使她已高齡七十七歲。她一直與精神導師馬克安東尼．德．聖伯納（Dom Marc-Antoine de Saint-Bernard）神父有密切的書信往來，其中幾封書信還留存至今。[15] 神父送她柳橙與檸檬，她則回贈以榅桲果醬與小額捐款。法蘭索瓦茲經常向他訴苦，提及自己的金錢困擾與法律麻煩。她的最後一封信顯示她在一些商業交易上終於能夠鬆一口氣：「上帝保佑，我終於能保住亡夫與孩子們生活過的這棟房子。」有時候，她的語氣相當熱切：「說真的，要是您有個三長兩短，我大概也活不下去了。」另一方面，當她的導師想來拜訪她時，她也擔心他的安全：「我寧可死也不願見您在這種天氣上路。」法蘭索瓦茲年輕時也許沒那麼焦躁，但她對金錢與法律事務的關注卻數十年如一日。至少我們可以大膽地說，她在實際生活事務上面比蒙田精明得多。這並不困難，我們每個人都是這麼過日子的——如果蒙田自己的描述可信的話。

法蘭索瓦茲與她的丈夫通常在城堡的不同角落各自生活。蒙田有自己的塔樓，法蘭索瓦茲的塔樓則在圍牆的另一端，那裡是「夫人的塔樓」（Tour de Madame）。[16]（這座塔樓在十九世紀初改建為鴿舍後便傾倒了，今日已不復存。）主樓留給蒙田的母親做為起居空間，而從蒙田結婚之後，她就一直住在這裡，直到一五八七年為止。這兩座塔樓看起來就像是這對年輕夫妻逃避彼此與母親的隱密處所。在作品中，蒙田對於母親在他們生活上扮演的角色三緘其口；當他提到晚上全家人一起玩牌時，裡頭獨缺老太太的身影。

家人散居城堡各處的情景令人難受，但這當中肯定還是有著和樂的時光，而且不管怎麼說，城堡內很少有空無一人之處。這裡總是人來人往，僕役、受雇者、賓客及其侍從，有時還有孩子。蒙田並不像戈門格斯特伯爵（Gormenghast earl）❶那樣整天窩在自己的塔樓裡，他喜歡外出走動。「如果我就這麼一直坐著，我的思想會睡著。除非我的雙腿開始移動，否則我的心智不可能運轉。」[17]男性與女性生活空間的區隔在當時很常見，丈夫與妻子應該要有不同的生活領域；當時嶄新的現代化房屋，通常都根據這種觀念來設計。一四五二年，雷昂・巴帝斯塔・阿爾貝帝（Leon Battista Alberti）在他的《論建築》（*De re aedificatoria*）中指出，「丈夫與妻子應該分房睡，不只是為了確保丈夫不會因為妻子即將臨盆或生病所影響，也是為了讓他們晚上睡覺時不會被擾醒，即使是在夏日。」[18]蒙田家人生活空間的安排符合這個潮流，唯一的差異是戶外的迴廊把他們的「房間」區隔開來，而蒙田的塔樓也成了他的工作室。

以當時的標準來看，蒙田夫婦的婚姻幸福嗎？有些評論者認為這是一場災難，另一些人則認為這是那個時代典型的現象，蒙田的婚姻甚至可以說是比較好的。持平而言，這段關係並沒有差到讓人覺得可怕的程度，只能說有點令人不滿意。蒙田的傳記作家唐納・弗蘭姆（Donald Frame）引用《隨筆集》的一句話，它或許最能簡要說明他的婚姻生活：「我注視著妻子，眼神有時冷淡，有時充滿愛意。如果有人認為我是裝出來的，那麼他一定是白痴。」[19]

蒙田將他首次出版的作品獻給法蘭索瓦茲，充分表現出他的情感。這是拉博埃西翻譯的作品，是普魯塔克在子女死後寫給妻子的信。在獻詞裡表現出對妻子的疼愛之情，這種做法在當時並不多見，有人甚至認為這麼做有點老土。蒙田卻高傲地表示：「要說就讓他們去說……妳跟我，我的妻子，讓我們過過老派法國人的日子。」他的獻詞充滿溫暖的語調，甚至言及：「我相信自己在這個世界上沒有比妳更親密的人。」妻子在蒙田心中的地位，已不下於拉博埃西。[20]

無論蒙田對法蘭索瓦茲帶有何種情感，這些情感或許都是在婚後而非婚前才開始培養。他進入婚姻生活，就像一名放棄抵抗的犯人被銬上手銬一樣。「若我可以選擇，那麼即便智慧女神自願下嫁，我也會敬謝不敏。然而有很多事不是我們說了就算，習俗與日常生活都幫我們決定得好好的。」蒙田並不在意旁人為他安排這門親事，他總覺得這種事別人可以做得比他更好。但他仍需要理由說服自己，因為他「還沒做好準備，也帶著一點反感」。如果他有選擇的自由，他不會選擇婚姻。「像我這種心還沒定下來、痛恨任何拘束或義務的男人，並不是那麼適合婚姻。」往後，他努力扮演好自己在婚姻中應有的角色，甚至一直忠於自己的婚姻——他自己曾說，這場婚姻比他預期的來得成功。某方面來說，他感到滿足，因為他發現自己置身於不願接受的發展中，卻能有此表現，已經相當不錯。「無論是令人感到不便的事還是其他的事，無論再怎麼醜陋、邪惡與討厭，一旦待久了，也就變得可以接受。」21

幸好法蘭索瓦茲並不醜陋也不惹人嫌惡，蒙田甚至還覺得她極具魅力——弗羅里蒙・德・雷蒙在《隨筆集》的頁緣做了如此註解。主要的問題出在必須維持固定性伴侶的「原則」上，而蒙田不喜歡這種動彈不得的感受。他不情願地履行配偶的責任；如他所言，他「勉為其難」地做該做的事好生下孩子。這點也出現在雷蒙的頁緣註解，完整的文字如下：

我常聽作者說，雖然充滿愛意、激情與青春活力的他娶了極為美麗而惹人疼愛的妻子，但跟她做愛完全是為了履行婚姻義務。除了妻子未遮蓋的雙手與臉孔外，他從未見過她的身體，就連她的胸部長什麼樣子他也不知道，雖然他與其他女子有過放蕩不羈的風流韻事。[22]

這段話看在現代讀者眼裡，應該會感到相當震驚，但這種現象在當時相當普遍。丈夫對自己的妻子表現出熱戀的樣子，在道德上是不容許的，因為這麼做可能會讓妻子變成花痴。婚姻關係的性交，次數應盡可能減少，而且不應該產生歡愉的感受。在一篇幾乎通篇談性的隨筆中，蒙田以亞里斯多德的智慧做為借鏡：「一個男人……應該謹慎自持地撫摸自己的妻子，如果過度挑動她的情慾，則狂亂的快感可能會使她失去理智。」醫師也警告，過於放蕩的性愛會使精液在女性的體內凝結，使其無法受孕。因此，丈夫如果想痛快地宣洩慾念，最好是到別處尋歡，尤其是在造成損害也沒有關係的地方。蒙田說：「波斯國王會邀請妻妾前來參加宴飲，等到酒酣耳熱，國王想毫無拘束地享受聲色之樂，此時他會打發妻妾各自回到自己的寢宮。」然後另外再找一群能讓他尋歡作樂的女子前來。[23]

在這一點上，教會的觀點與亞里斯多德、醫師及波斯國王一致。當時的告解者手冊記載著，丈夫與自己的妻子行有罪的淫行，要比與其他女子行有罪的淫行更需要以苦行來贖罪，因為丈夫的做法可能敗壞妻子的感官，甚至可能對她的靈魂造成永久的傷害，如此等於違背先生對太太應盡的責任。如果一名已婚女子「無論如何」都會染上放蕩的習性，那麼她最好是從不需要負這份責任的男子身上養成。根據蒙田的觀察，絕大多數的女人似乎喜歡這麼做。[24]

蒙田經常對女性主題做出一些有趣的嘲諷，但他的說法也有符合傳統的一面。與當時的人不同，蒙田似乎不認為妻子只是用來傳宗接代。他心目中的理想婚姻不只是肉體上的結合，也包括心靈的契合；這樣的婚姻甚至要比理想的友誼來得完整。然而婚姻與友誼畢竟不同，婚姻不是自由選擇的，必須受限於各種拘束與義務。此外，要與女性建立崇高的關係也相當困難，因為絕大多數女性在智性上有所欠缺，而且也少了蒙田所說的「堅強」特質。[25]

蒙田認為女性精神軟弱，這種說法足以讓一些女性感到頹唐喪志。喬治・桑（George Sand）曾坦承蒙田的話「傷了她的心」[26]——蒙田曾在其他方面給了她很大的啟發，正因如此，她受的打擊很大。然而，別忘了十六世紀絕大多數的女性是什麼樣子。她們未能接受教育，通常是文盲，而且與外在世界少有接觸。有些貴族家庭會聘請家庭教師來教導女兒，但與維多利亞時代一樣，這些教師教的都是些乏味的科目，像是義大利語、音樂與管理家務的算術。唯一值得接受的古典教育，女性幾乎不得其門而入。十六世紀擁有學問的女性可說是鳳毛麟角，像是瑪格麗特・德・納瓦爾（Marguerite de Navarre），她是故事集《七日譚》（*Heptameron*）的作者，以及詩人露易絲・拉貝（Louise Labé）——假設真有此人，而不是像最近有人指出的，只是一群男詩人共同使用的筆名——她鼓勵其他女性能「稍稍把心放在捲線桿與紡錘以外的地方」。[27]

法國在十六世紀確實出現了女性主義運動，而且構成了「女性論戰」（querelle des femmes）

的一個面向，贊成與反對女性的知識分子爭論著女性能力的問題。支持女性的人似乎占了上風，然而這場激辯並未對女性生活帶來多少差異。

蒙田經常被批評是反女性主義者，然而如果他也參加這場論戰，他或許會站在女性這一邊。蒙田的確寫了這麼一句話：「當女性拒絕接受這個世界施行的生活準則時，她們並沒有錯，因為這些準則是男性制訂的，她們並沒有參與。」蒙田也相信，就本性來說，「男人與女人是同一個模子刻出來的」。蒙田很清楚人們在評價男女的性行為時抱持著雙重標準。與亞里斯多德不同，蒙田認為女人的激情與需求和男人並無不同，然而當她們縱情聲色時，卻遭受遠比男人嚴厲的指責。蒙田喜歡站在不同的立場設想，因此他了解自己對女性的看法充滿偏見與不可靠，但女性對男性的看法也是如此。他對整件事的觀點可以完全濃縮在下面這句話裡：「我們幾乎在各方面對女性做了不公正的評斷，但女性也對我們有相同的誤解。」[28]

由於偏見無法避免，因此我們毋須驚訝蒙田竟認為在家中最好的做法，就是盡可能不要出現在女眷生活的地方。他讓她們過著想要的家庭生活，如此一來，他自己也能擁有獨處的時間。在一篇談隱退的隨筆中，蒙田寫道：

> 可能的話，我們應該擁有妻子、子女、財富，以及最重要的健康；但我們不能過於執著這些事物，以免幸福完全受到它們主宰。我們必須在店鋪後頭保留一個完全屬於自己的小房間，

使我們可以在這裡享有真正的自由，並做為主要的隱遁與獨處之所。在這裡，我們的日常對話只存在於自己的內心，它的內容極為私密，以致完全不需要外在的連繫或溝通；在這裡，我們談笑風生，彷彿自己沒有妻兒，沒有家當，也沒有僕役隨從。一旦未來真的失去了這些事物，我們也不會感到不捨。29

「店鋪後間」或「店鋪後頭的小房間」（從 arrière boutique 翻譯過來），這些詞彙不斷在蒙田作品中反覆出現，但它早已跳脫了文脈限制。蒙田自顧自地遠離家庭生活，不只是擔心自己有一天將因失去家庭而痛苦；他尋求遠遁與隱退，更在於建立「真正的自由」，以及思考與內省所需的空間。

蒙田有充分的理由讓自己養成斯多噶派的超然態度。他在很短的時間內接連失去了好友、父親與弟弟，而後又失去所有的子女——全都是女兒。他在日記波特天體曆裡記下這一連串生離死別的過程：

一五七〇年六月二十八日：托瓦妮特（Thoinette）。蒙田寫道：「這是我們婚後第一個小孩。」又說：「孩子在兩個月後死去。」

一五七一年九月九日：雷歐娜出生——唯一活下來的女兒。

一五七三年七月五日：未命名的女兒。「她只活了七個星期。」

一五七四年十二月二十七日：未命名的女兒。「大約三個月後死去，在急迫下匆促為她施洗。」

一五七七年五月十六日：未命名的女兒；一個月後死去。

一五八三年二月二十一日：「我們生下另一個女兒，取名叫瑪麗，由波爾多市議員喬里雅克（Jaurillac）先生，也就是她的舅舅，以及我的女兒雷歐娜為她施洗。她在數日後撒手人寰。」30

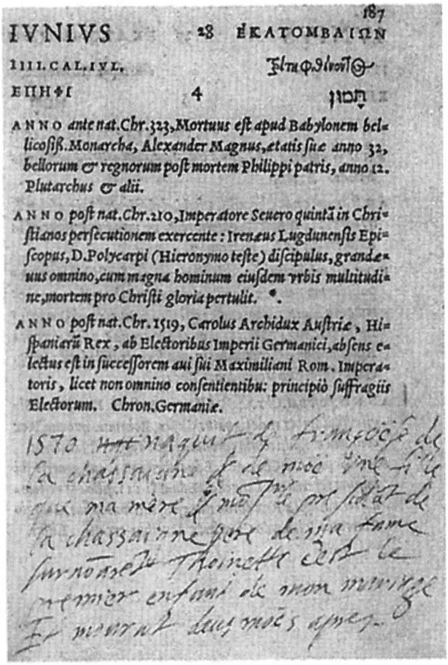
187

IVNIVS 28 ÉKATOMBAIΩN

IIII. CAL. IVL.

EΠH♦I 4 תמוז

ANNO ante nat. Chr. 323, Mortuus est apud Babylonem bellicosiss. Monarcha, Alexander Magnus, etatis suæ anno 32, bellorum & regnorum post mortem Philippi patris, anno 12. Plutarchus & alii.

ANNO post nat. Chr. 210, Imperatore Seuero quintã in Christianos persecutionem exercente: Irenæus Lugdunensis Episcopus, D. Polycarpi (Hieronymo teste) discipulus, grandæuus omnino, cum magna hominum eiusdem vrbis multitudine, mortem pro Christi gloria pertulit. *.

ANNO post nat. Chr. 1519, Carolus Archidux Austriæ, Hispaniarũ Rex, ab Electoribus Imperii Germanici, absens electus est in successorem aui sui Maximiliani Rom. Imperatoris, licet non omnino consentientibu: principiò suffragiis Electorum. Chron. Germaniæ.

蒙田記下女兒托瓦妮特的夭折。

蒙田寫道，他幾乎失去所有的孩子，但他「並不悲傷，至少毫無怨言」，因為這些孩子都在很小的時候去世。當時的人通常不會跟嬰孩建立感情，因為孩子的死亡率很高，但蒙田似乎比一般人更為事不關己。一五七〇年代中期，蒙田甚至表示他失去了「兩三個」孩子，彷彿不太確定數目似的——他搞不清楚數字的習性，似乎不受孩子早夭影響。同樣的例子還包括他搞不清楚自己落馬的日期，他說這件事發生在「第三次內戰期間，還是第二次？我其實記不太清楚了」。蒙田在普魯塔克譯本裡寫給妻子的獻詞，細節更是錯得離譜，他說他的大女兒「活了兩歲」，其實她只活了兩個月。[31]或許這是單純的筆誤，而不是他真的記錯了。又或者是剛好相反？像蒙田這樣的人，什麼事都可能發生。

即使生活遭遇其他劫難，蒙田知道這些災厄不會像困擾別人那樣令他煩惱：

我看過太多悲慘的事，如果這些事發生在我身上，我應該會無動於衷。儘管我親身經歷過不少殘酷的事，但我對這些事不屑一顧。我不敢向人誇示我的冷漠，因為這只會令我感到羞赧。[32]

有人猜測蒙田是否想到了妻子或母親可能撒手人寰；若是如此，他並沒有機會看到這兩件事情發生。或許蒙田是在回想父親的死，又或者他想著城堡可能在戰爭中淪陷，以及莊園陷入火海的樣子。蒙田似乎認為自己可以應付任何事，但只有一項例外，那就是拉博埃西的死：這件事令他心煩意亂，使他不願再與任何人建立緊密關係。

其實蒙田並沒有想像中那麼超然。他在描述孩子的死時文字雖然平易，卻充滿酸楚。他可以在《隨筆集》裡以生花妙筆描摹為人父親的悲傷——只要那不是他自己的事。蒙田談論憂傷的隨筆完成於一五七〇年代中期，[33]當時他已失去幾個孩子，因此文中出現一些喪子之痛的描述。他也充滿感情地提到上古時代的妮歐貝（Niobe），她先失去七個兒子，而後又失去七個女兒。她哭得如此傷心，最終化為一塊哭泣之石──「當意外遠非我們所能忍受時，我們勢必在過度悲傷下變得既聾又啞而麻木癱軟」。無論蒙田是否感同身受，但他一定知道那是什麼滋味。

蒙田身為貴族，卻未能盡到最主要的責任，生下嗣子以繼承家業，但他確實擁有一名健康的孩子雷歐娜。[34]隨著她平安長大，蒙田也寄予無限的疼愛。雷歐娜於一五七一年出生，蒙田大概是在一五七〇年正式退休後不久才有了這個孩子。她因此成了蒙田中年危機與精神重生下的產物；或許正因如此，才使她擁有格外充沛的生命力。身為蒙田僅存的子女，雷歐娜一直活到一六一六年，她結了兩次婚，而且生了兩個女兒。

雷歐娜長大後，絕大多數的時間蒙田都讓她待在女眷生活的地方，就像他待在自己專屬的塔樓一樣。「女人自有一套神祕的治理之道，我們必須交給她們去做」，蒙田如此寫道，語氣裡似乎暗示有人躡手躡腳地離開不歡迎自己的地方。事實上，有一次他無意間聽到一件他認為對雷歐娜不太好的事情，但他並未插手干預，因為他知道自己一定會被冷言冷語地趕到一旁。雷歐娜大聲朗讀書本給家教老師聽，書中出現 fouteau 這個字，意思是山毛櫸，但它的發音讓人聯想起 foutre，也就是性交的意思。純真的孩子根本不會對這個字有任何聯想，但女教師卻慌張地喝斥她不要念出聲來。蒙田覺得這麼做是錯的：「就算跟二十個僕人廝混六個月，也比不上這位高尚老太太對她的訓斥與責罵，那反而讓她對這個邪惡音節的理解、用處與一切結果充滿想像。」但蒙田還是保持緘默。

蒙田談起雷歐娜總是把她當孩子一樣，即使她已屆適婚年齡。她也「還沒發展成熟，身子骨兒纖細柔弱」。他認為這是妻子造成的，她過度保護這個孩子。而蒙田也認為應該讓雷歐娜跟自己一樣，盡可能輕鬆快樂地成長。蒙田表示，他們夫妻都同意如果女兒犯錯，頂多只是口頭上狠狠教訓一番，然而實際上所謂的教訓，也不過是「輕輕叨念幾句」罷了。[35]

儘管蒙田聲稱養育女兒的事自己幾乎完全不插手，但從《隨筆集》一些段落中，可以看出他與全家相處的溫馨畫面。他描述全家一起玩遊戲的情景，包括大家一起賭點小錢：「我手裡拿著牌，把兩枚硬幣當成兩枚金幣一樣斤斤計較。」蒙田一家人也喜歡玩字謎遊戲。「我們在家裡玩遊戲，看誰能找出最多與兩個極端有關的字」。例如 sire 這個字，既能做為國王的頭銜，也能用來表示地位低下的商人；又如 dame 這個字，最高尚與最卑下的女人都可以使用。[36]這裡出現的不是冷淡、漠不關心的蒙田，也不是輕視女人、不理睬孩子的蒙田。這裡的蒙田是居家好男人，他努力想在滿是女人且經常對他感到不滿的家中，扮演好一家之主的角色。

實際的責任

蒙田坦承自己在家中一無是處，這種說法洵非虛語。蒙田寧可把管理莊園的工作交給妻子處理，她與母親安東妮特一樣擅長這類事務。蒙田很高興法蘭索瓦茲能在他外出旅行或工作時擔起治家重任；或許他待在家裡時，也希望法蘭索瓦茲繼續照管家中的大小事。蒙田拙於管理，這可能是他經常離家的主因之一。「倘若所有的事都要由你來處理，一睜開眼便諸事煩心，這真是苦不堪言」，[37]他寫道。

管理莊園確實有辛苦的一面，蒙田抱怨「總是有解決不完的問題」。[38]莊園最主要的工作就是釀酒，葡萄盛產時節，一年可以生產數萬公升的葡萄酒，但並不是年年如此。一五七二年到一五七四年，惡劣的氣候造成葡萄歉收——蒙田剛開始撰寫隨筆就是在這個時候。另一次歉收發生在一五八六年，士兵在鄰近的鄉野肆虐，造成嚴重破壞。為了彌補損失，蒙田於是運用他在波爾多高院的影響力，將莊園裡剩餘的酒出清。這說明了在有需要的時候，蒙田還是有解決問題的能力。然而，對於釀酒生意的整體掌握，可以從蒙田坦承的一句話看出，他曾說自己一直要到晚年才了解「葡萄酒發酵」[39]是什麼意思。

蒙田做了自己該做的事，但他也承認自己並不喜歡這些事，所以他總是盡可能花最少的氣力去做，這是為什麼他從未嘗試擴大或建設莊園。皮耶從事這類計畫，主要是基於工作本身的快樂與挑戰——他就是這樣的人。皮耶總是親力親為，忙得不亦樂乎，但他也總是虎頭蛇尾，留下許多未完成的工作。皮耶的做法如此，蒙田也不遑多讓，對於莊園的管理，他的兩句座右銘就是「一動不如一靜」，與「沒徹底壞掉就別去修它」。

蒙田如果真的找到做事的動力，那麼他會幹勁十足。「我可以辛勤工作而不以為苦，但前提是我心甘情願，由欲望來引導我從事這份工作。」他不喜歡強迫自己去做他認為乏味的事。蒙田表示，在長達十八年的管理生涯中，他從沒搞清楚過土地權狀，也沒仔細看過契約。[40]他不僅欠缺能力，做事也心不甘情不願：

我不會使用籌碼計算，用筆算也不行；我們使用的錢幣，絕大多數我都不認識；除非很明顯，否則無論在田裡還是在穀倉中，我都無法辨識穀物的不同，也無法分清甘藍與萵苣的差異。我甚至不懂主要農具的名稱或最基本的農業原理，這些事情連小孩都比我清楚。此外，我對機械技術、貿易與商品所知有限，對各種水果、葡萄酒與食物也一知半解，更甭說訓練鳥類、醫治馬匹或狗。既然已經說了這麼多丟臉的事，再多說一樣也無妨，不到一個月前，我被人發現我不曉得做麵包時要使用酵母。[41]

蒙田以負面問答的方式說明自己的缺點，[42]同樣的做法也出現在日後他對巴西「食人族」生活的負面表列上。食人族沒有僕役、法官、契約與私有財產，但他們也因此少了欺瞞、貧窮、背叛、嫉妒與貪婪。少了這些事物反而是一種福分。

蒙田並不是不想學習。基本上，他同意實際操作的技巧有其用處，也讚賞一切具體而明確的事物。儘管如此，他對這些事卻興趣缺缺，如果逼迫他去做，反而會適得其反。之所以如此，可能與他童年時經常聽著輕柔的魯特琴有關：「從小到大，老師從不逼我，我總是隨興所至，順著自己的步調。這使我在服侍他人上面顯得軟弱無能，我無法取悅別人，只能取悅自己。」這段話透露了蒙田些許的真實動機：他想要過「自己的」生活。不切實際反而讓他自由。「極度懶散，極度獨立，部分是天性，部分是刻意」，這是蒙田對自己性格的總結。他只聽命於「自由與懶散」。[43]

蒙田知道，這麼做除了要受妻子的苛責，也要付出一點代價。經常有人利用他的無知占他便宜。然而對蒙田來說，偶爾破財還是比浪費時間追問每一分錢的下落，與緊盯僕役的一舉一動來得划算。無論如何，即使再怎麼努力防止，還是免不了有人想詐取你的錢財。[44]蒙田最喜愛的一個愚蠢例證來自於他的鄰居，財大勢大的特朗侯爵（marquis de Trans）傑爾曼加斯通・德・弗瓦（Germain-Gaston de Foix）。[45]他在晚年成了一個吝嗇鬼，整天只會在家裡頤指氣使。他的家人與僕役表面上忍受他的厲聲責罵與剋扣糧食，暗地裡卻背著他滿足自身所需。「在他家的每個角落，每個人都找到了生活下去的方式。他們在賭博揮霍之餘順便交換訊息，嘲弄主人無用的怒火與不切實際的空話。」不過，蒙田反思了一下，覺得這一切並不打緊，反正這個老頭深信自己掌握了家中權柄，只要他樂在其中就好了。

「我最不想遇到的事就是勞心與麻煩」，蒙田寫道：「我唯一努力的就是讓自己冷漠與放鬆。」我們可以想像巴斯卡讀到這段話時，血壓又要升高了。蒙田宣稱他晚年最想要的，是一個能為他背負所有責任的女婿。[46] 然而，要是蒙田真受到外人的資助與迎合，他對獨立的熱愛恐怕又會站出來大聲反對——而蒙田也確實基於這個立場，提出了完全相反的陳述：

> 我不接受任何義務的束縛。[47]
> 我不接受任何公開的援助……接受別人的資助不僅可憐而且危險。[48]
> 我痛恨凡事為別人或依靠別人，而非為自己或依靠自己的做法。[49]

當蒙田寫下這些話時，心裡想的其實不是莊園管理，而是法國新王亨利四世希望得到他的支持與效忠。此時蒙田年事已高，他以近乎高傲的姿態回絕了這項請求，然而這只是反映了他毫不做作的一面。在他的自我描述中，懶散占了一半，另一半則是自由。蒙田甚至幻想能成為艾利斯的希庇阿斯（Hippias of Elis）。[50] 希庇阿斯是西元前五世紀的希臘詭辯學派哲學家，他嘗試過著自給自足的生活；為此，他學習烹飪，自己理髮刮鬍、縫製衣物與鞋子，一切所需都獨力完成。這是個不錯的想法。因此，蒙田若想自給自足，就必須拿起針線縫補自己的緊身上衣，必須自己種地、烘焙麵包、製作製鞋所需的皮革。但是，蒙田做得到嗎？恐怕他自己也知道這是個難以實現的理想。

與過去一樣，蒙田讓整個主題籠罩在矛盾與妥協之中。如果蒙田聲稱自己能力不足，卻仍無法使他擺脫責任的話，他無論如何還是會努力做好份內的工作，甚至可能比他坦承的還要更認真盡責。

尼采提到某些擁有「自由精神之人」，[51]他們自足於「較低的地位，或僅能滿足基本需求的財富。他們設法以這種方式過活，以免經濟條件的巨大變化，乃至於政治結構的革命會傾覆他們的生活」。尼采又說，這樣的人將傾向於與周遭的人維持「謹慎而簡潔的關係」。這聽起來像極了蒙田家中的安排，不禁使人猜想尼采是否以蒙田做為心中的藍本，尤其尼采又提到這個人「必須相信，一旦有人指責他缺乏愛，那麼正義的精神將會為它的門徒與追隨者辯護」。

以蒙田來說，他自己的聲音首次宣示了這項可怕的指控。其他人把蒙田的話語視為鼓勵，以刺耳的語調不斷地予以傳揚，因而少了蒙田或尼采的諷刺感。但蒙田的作品或他的性格卻從未如此直截了當。無論蒙田如何極力說服我們相信他生性冷漠而超然，其他形象卻也在他的心靈之前冉冉升起：他在高等法院中一躍而起與人激辯，他與拉博埃西的熱情對話，甚至是在爐火旁與妻子和女兒為了幾枚銅板認真地玩起遊戲。蒙田對於如何生活這個問題提出的一些解答確實令人心寒：管好自己的事，專注自我的感受，遠離麻煩，在店鋪後頭保留自己的房間。但其實他還提供了一個幾乎完全相反的答案，那就是……

譯註

❶ 戈門格斯特伯爵是英國作家莫文．皮克（Mervyn Peake）的小說《歌門鬼城》（*Gormenghast*）的主角，小說描述一個與外界隔離的國度，戈門格斯特伯爵就住在這個國度正中央的城堡裡。

Ch 9

我們問：如何生活？

蒙田說：與人自在地相處

蒙田喜歡加入人群。他喜歡與人交談更勝於其他娛樂。甚至是到了寧可犧牲自己的視覺，也不願喪失自己的聽覺或說話能力的地步，因為他認為交談比閱讀有趣多了。

對蒙田來說，「放鬆與和藹可親」不只是有用的才能，也是讓自己好好生活的關鍵。

歡愉而善於交際的智慧

「有人天生喜歡獨處、靦腆而且個性內向」，蒙田寫道。他可完全不是如此：

> 我的個性健談且善於表現自我。我總是敞開胸懷，什麼事都可以談，我生來容易找到夥伴與朋友。[1]

蒙田喜歡加入人群。他喜歡與人交談更勝於其他娛樂。他喜歡交談甚至到了寧可犧牲自己的視覺，也不願喪失自己的聽覺或說話能力的地步，因為他認為交談比閱讀有趣多了。交談毋須嚴肅，蒙田最喜歡的就是「敏銳而令人驚奇的機智言談，朋友之間盡可插科打諢，嬉笑怒罵」。只要能交談，便是好事，但前提是大家說話必須基於善意與友誼。這種社交儀態應該從小開始培養，好讓一些內向害羞的人能早日走出孤僻獨處的世界。「與人相處，可以讓自己的判斷力更加明敏正確。如果我們只是活在自己的小世界裡，那麼我們的眼界將只及於自己的鼻尖。」[2]

蒙田喜愛公開辯論。「沒有任何主題嚇得倒我，也沒有任何信仰能冒犯我，無論與我的看法有多麼對立，儘管放馬過來。」他喜歡聽到與自己的見解矛盾的看法，因為許多有趣的對話往往因此展開，而且可以刺激思考。蒙田喜歡透過與人互動的方式來思考，像笛卡兒那種盯著火直看的方式，他可是敬謝不敏。他的朋友雷蒙形容蒙田的談吐「極為愜意且優雅」。然而，一旦蒙田不是那麼愜意，或者當他被某個主題所激，他說話的音量可就只能以喧譁來形容。蒙田容易激昂的性格使他總是輕率發言，而他也鼓勵其他人這麼做。在他的宅邸，眾人無話不談。雷蒙說，在蒙田的莊園裡，「你不需要等候誰，也不用擔任誰的護花使者，更不用理會其他繁文縟節（喔，這些是多麼煩人與作賤自己的規定啊）」。[3]每個人都可以隨心所欲，想獨處的客人也可以自行離去，不必擔心這樣可能會冒犯主人。

蒙田不僅討厭形式的禮節，也對無聊的家常話感到不耐。自顧自地講著自己的事，也讓他感到厭煩。有些朋友總是圍在一起聚精會神地聊著奇聞軼事，但蒙田比較喜歡一來一往的自然談話。出門參加正式晚宴時，賓客們的談話總是慣常的酬酢，蒙田的注意力經常無法集中；如果有人突然對他說話，他常會做出不適切的回應，「連小孩都不如」。蒙田覺得可惜，因為即使在膚淺的場合與人簡單交談，同樣能產生價值：它可以拉近人與人之間的距離；此外，人們若能輕鬆談笑風生，豈不是能為晚宴平添一點愉快的氣氛？[4]

對蒙田來說，「放鬆與和藹可親」不只是有用的才能，也是讓自己好好生活的關鍵。他試著培養所謂的「歡愉而善於交際的智慧」，這句話令人想起尼采為哲學下的著名定義：歡愉的智慧。[5]尼采就像「放蕩主義者」一樣，他同意蒙田的看法，認為有人情味且善於交際的理解相當重要，只不過尼采自己不一定做得到。尼采的人際關係總是跌跌撞撞，讓他滿身是傷。然而在他早期的作品《人性，太人性的》（*Human All Too Human*）中，曾有篇感人的段落，他寫道：

在微小多到不可勝數卻予人深刻印象的事物中，有一種智慧應賦予的關注該比偉大而罕有的事物來得多，那就是善意（goodwill）。我指的是人與人之間互動時表達的友善，眼神流露的微笑，握手，一舉一動中表現的和藹可親。每個老師、每個官員都應該本著這樣的態度履行自己的職務。這是人性的持續展現；我們可以這麼說，它是普照大地的光輝，可以讓萬物滋長……善意、友好與敦厚有禮……要比著名的驅力，我們稱為憐憫、慈善與自我犧牲，能對文化做出更多貢獻。6

對蒙田來說，要獲得友好的善意並不難。他很幸運，因為無論在家裡還是在事業上，他的確很需要旁人的友善對待。蒙田必須與波爾多的同事相處愉快；之後，他的工作也必須取悅外交人員、國王與戰場上令人懼怕的軍閥。他也必須與因宗教狂熱而陷於盲目的對立者建立和諧關係。而在他的莊園周圍，也有許多需要交際的鄰居——這些人並不是那麼容易討好。《隨筆集》有時會提到他們，每次出現總伴隨著有趣的故事，像是吝嗇的特朗侯爵，他來自當地勢力強大的弗瓦家族；尚．德．路西尼恩（Jean de Lusignan）為自己的成年子女舉辦太多宴會，而把自己累壞了；拉羅什富科覺得用手帕擤鼻涕太噁心，直接用手指比較乾淨。蒙田也將《隨筆集》的一些篇章獻給當地的貴族女性，如顧爾松女伯爵黛安娜．德．弗瓦、瑪格麗特．德．格拉蒙（Marguerite de Gramond），與德斯提薩克夫人（Mme d'Estissac），她的兒子後來跟蒙田一起去義大利。[7]與蒙田交遊的女性中有一位最為重要，她後來成為納瓦爾的亨利（也就是日後的法王亨利四世）的情婦，此人就是基什與格拉蒙特女伯爵（comtesse de Guiche et de Gramont）黛安娜・丹都安（Diane d'Andouins），人稱「柯莉桑德」（Corisande），這是她最喜愛的騎士小說角色。

為了維持與這些朋友的關係，蒙田必須參與許多他個人並不喜歡的流行娛樂。有客人的時候，他可能會為了賓客而把森林裡的鹿趕出來，但他本人其實有點害怕打獵。不過蒙田至少可以成功躲過馬上比武，他認為這種競技既危險又無意義。他也盡可能避免參與當時流行的室內娛樂，包括詩文遊戲、紙牌與畫謎——蒙田承認他對這些遊戲並不擅長，或許這是他不想參加的原因之一。[8]

蒙田的莊園經常出現一些巡遊藝人，像是雜耍演員、舞者、馴狗師與長得「奇形怪狀」的人，這些人主要靠著巡迴全國表演為生。蒙田答應讓他們演出，但他顯然對這些自以為有趣的表演興趣缺缺，例如從遠處將小米粒扔進針眼的特技表演。蒙田感興趣的是言之有物的新奇東西，例如他在盧昂（Rouen）看到的圖皮族人。他會不辭辛勞長途跋涉去調查畸形兒的樣子，好比有個孩子出生時身上還黏著一具沒有頭的嬰兒軀幹。他曾在梅多克看到一名雌雄同體的牧羊人，還遇到了一名沒有手臂的男子，他能用自己的雙腳為手槍裝填子彈並且開槍，此外還能穿針引線、縫衣服、寫字、梳頭與玩紙牌。就像那名把小米粒扔進針孔的人一樣，這個失去雙臂的人也是靠展示自己為生，但蒙田覺得他比扔小米粒的人有趣多了。蒙田寫道，人們說這些人是「怪物」，但這些人與自然並不相違，他們只是有著跟我們習以為常不同的長相。[9]談到真正的奇聞怪事，蒙田無疑認為另有人選：

在這個世界上，我沒有看過比自己更醜怪與更不可思議的人。我們因為長久使用自己的身體而習慣自己身體的奇怪之處，但我愈仔細端詳與認識自己，愈覺得自己身形之詭異令人吃驚，而我也愈來愈不了解自己。[10]

因此，蒙田的莊園成為繁忙的十字路口，來自四面八方的民眾川流不息地在此交會。[11]這裡的氣氛與其說是私人的住家，不如說像是一座村落。即使當蒙田到他的塔樓寫作，他也很少獨自一人或是在靜默中工作。他的周遭總是有人談話與走動；從塔樓的窗子望出去，馬廄裡馬匹進進出出，雞鳴與狗叫聲不絕於耳。到了釀酒時節，四周不斷傳來榨壓葡萄的響聲。甚至在烽火四起之時，蒙田也比其他城主更願意開放他的莊園──在這麼危險的時刻，很少有人會做這種決定。

某方面來說，蒙田的世界成了一個自給自足的宇宙，有著自身的價值與自由的氣氛。但是，他從未讓他的世界成為一座堡壘。不管是誰，只要來到他的門前，他總是熱烈歡迎，但他也清楚其中的風險。蒙田坦承，這麼做有時意謂著不知道自己會不會在睡夢中被散兵游勇殺害。[12]但原則實在太重要。當蒙田寫下「我總是敞開胸懷，什麼事都可以談」時，顯然不是隨口說說的應酬話，他確實想與其他人維持自由而真誠的溝通——即使對方可能想殺了他。

坦率、憐憫與殘酷

喬凡尼．波提洛（Giovanni Botero）是義大利政治作家，曾在一五八〇年代於法國定居。他提到當時法國鄉間充斥著殺人越貨的賊寇，家家戶戶莫不加派人手「看管葡萄園與果園；門鎖、門閂與獒犬，能用來看門的全用上了」。波提洛顯然沒到過蒙田的莊園：蒙田描述他家唯一的看守人，是「一名根據古代習尚與禮儀設置的門房，與其說他負責防守，不如說他必須合宜而優雅地迎接客人進門」。[13]

蒙田堅持這種生活方式，因為他決心反抗脅迫，不想淪為看管自己的獄卒。弔詭的是，蒙田相信門戶洞開可以讓他更安全。地方上重兵防守的莊園反而遭受比他更嚴重的攻擊。蒙田引用塞內卡的話來解釋：「重重鎖鍊徒然引起竊賊覬覦，大門敞開反讓宵小興趣缺缺。」戒備森嚴說明這個地方藏有貴重之物；有老門房歡迎入內的莊園，反而讓人動不起歪腦筋。此外，內戰時構築的防禦工事幾乎毫無用處：「你的手下可能就是你該提防的人。」高壘深壁防不了內賊，還不如以慷慨與榮譽來感化敵人。[14]

事實證明蒙田是對的。他曾邀請一小隊士兵進到莊園，結果發現這些人已經計畫要利用他的好客搶奪此地，然而他們放棄了原先的計畫。主事者告訴蒙田，他一看到主人的「面容與真誠」，馬上就「打消了念頭」。[15]

在莊園以外的世界，蒙田的坦率使他免於受到暴力傷害。有一次，蒙田穿過某個危險的農村森林地帶，結果遭到十五到二十名蒙面男子的攻擊，然後是一群騎馬的弓箭手追擊，這場嚴重的襲擊事件顯然經過策劃。蒙田被這幫盜賊帶往密林深處，他的財物被洗劫一空，行李箱與錢箱也被拿走。這群人還討論該如何分配蒙田的馬匹與其他行李；更糟的是，他們打算拿他當人質來勒索，但無法決定多少贖金。蒙田聽到他們討論贖金的問題，發現他們把價碼訂得太高，這表示如果沒有人付得出這筆錢，他就得賠上性命。蒙田忍不住出聲打斷他們的討論。他說，他們已經拿到想要的東西，接下來無論提出多少贖金，都沒有意義。他們一毛也拿不到。這個時候開口說話顯然十分危險，但蒙田說完之後，這群強盜的態度有了一百八十度轉變。他們重新圍在一起討論一番，之後首領走向蒙田，整個氣氛似乎變得友善起來。他取下面罩——極富意義的動作，表示這兩個人現在可以面對面，就像人與人之間的互動一樣——說他們決定讓他走。他們甚至還給蒙田一些錢財，包括他的錢箱。蒙田日後寫道（如同那名首領的解釋）：「因為我的神情以及說話的坦率與堅定，我保住了一命。」[16]他自然而誠實的表情，加上面對威脅時的勇敢，使他活了下來。

這種情況可能發生在任何時間與任何人身上，蒙田經常思考怎麼做才是良策。是直接面對與挑戰敵人好，還是虛與委蛇，人家說什麼就做什麼好？是該向施暴者求饒，希望他良心未泯能放過你，還是說這麼做太過魯莽？

問題出在每一種回應都有危險性。正面反抗也許可以讓人印象深刻，卻也可能激怒對方。聽話也許能讓對方心生憐憫，但也可能遭到輕視，讓對方因此認為殺死你就像踩死一隻蟲那樣不必多慮。至於訴諸人性，那也要看對方有沒有人性！

在暴力氾濫的十六世紀面對這些問題，並不比在上古時代的地中海戰場上，或是現代城市的巷弄內面對搶匪來得容易。這是亙古不變的難題，蒙田不認為有明確的好答案。儘管如此，他仍不斷思考這個問題。在《隨筆集》中，他經常提到兩個人對立的場面，失敗的一方也許討饒，也許昂然不屈，另一方則可能饒恕或要了他的命。

蒙田在第一篇隨筆中提到，十五世紀阿爾巴尼亞的軍事英雄斯坎德貝格（Skanderbeg）在盛怒下準備殺死麾下一名士兵。這名士兵向他討饒，但斯坎德貝格不為所動。在絕望中，士兵抽出利劍反擊，此舉反而讓斯坎德貝格印象深刻，他的怒氣消散，於是饒了這個人的性命。另一個故事提到威爾斯親王愛德華（Edward, Prince of Wales）走過被攻陷的法國城鎮，他下令將自己所到之處看見的民眾全部殺死，直到他遇見三個負隅頑抗之人。他讚賞他們的勇氣，於是饒了他們的性命，而後又收回成命，饒了全城百姓的性命。

這兩篇故事顯示反抗是比較好的做法，但蒙田在同一篇隨筆中卻提到另一則下場完全不同的故事。亞歷山大大帝攻打加薩城（Gaza），他發現敵將貝提斯（Betis）「隻身一人，部屬全捨棄他，盔甲也殘破不堪，全身滿是鮮血與傷口，卻仍苦戰不降」。與愛德華一樣，亞歷山大也讚美他的英勇，但這只是暫時的。當貝提斯堅持不屈服，甚至無禮地直視亞歷山大的臉孔時，亞歷山大耐性盡失。他持劍刺穿貝提斯的腳後跟，再將其以馬車拖行，直到他斷氣為止。這名戰敗的將領錯估了形勢，他沒搞清楚自己面對的是什麼樣的對手。[17]

另外一些故事同樣清楚顯示屈服帶來的危險。蒙田對於陸軍中將崔斯坦・德・莫蘭的事記憶猶新，一五四八年，此人在鹽稅抗爭者面前表現得太過怯懦，結果在波爾多街頭被處以私刑。當一個人示弱卻引發對方的狩獵本能時，則萬事休矣。如果你實際面對的是一名獵人，那麼幾乎沒有活命的希望。蒙田想像一頭雄鹿在歷經數小時的追逃後，精疲力盡受困於一處，牠沒有別的選擇，只能任由獵人宰割——「用眼淚乞求憐憫」。這麼做是緣木求魚。[18]

無論蒙田想起多少抗爭場景，這些似乎都沒有一致的詮釋與固定的解答，而這也是為什麼這些故事令他著迷。在每一起事件中，失敗者要做決定，勝利者也必須做出抉擇。如果他誤判形勢，可能會對自己不利。如果他饒恕的對象把他的慷慨當成弱點，那麼下次被殺的可能是他自己。如果他過於嚴厲，那麼將引發一連串的反叛與報復。

對於這個問題，基督教的做法比較簡單：勝利者要表現出憐憫，受害者要完全順服。但真實世界裡，這麼做顯然不可行——絕大多數基督徒在充滿暴力的宗教戰爭時代，不可能做到這一點。蒙田對於神學著墨不多，他依然埋首於古典作品，似乎完全忘記基督宗教的存在。對他來說，真正的難題是心理上的而非道德上的。就算與道德有關，也是古典哲學使用的廣義道德，也就是說，不是死守某個教條定義，而是學習如何在真實生活中做出公正而明智的決定。

整體來說，蒙田認為受害者與勝利者都應該設法讓雙方達成最大的互信——就像善良的基督徒一樣，失敗的一方應該尋求憐憫，勝利的一方應該施予憐憫，但雙方都應該開誠布公，「無私坦蕩」，不要畏畏縮縮，也不要搖尾乞憐。雙方應該展現出「純粹的自信」。[19] 蒙田應該會認為一九八九年北京天安門廣場發生的事符合他的理想。戰車開進市區鎮壓示威群眾，一名男子極不尋常地拿著普通的購物袋，冷靜地擋在戰車前面；第一輛戰車的駕駛停了下來。如果這名男子顯露出怯色或試圖逃跑，或者相反地，如果他揮舞拳頭不斷叫囂，那麼這名駕駛很可能會找到殺他的藉口。然而，這名男子「純粹的自信」，使他的對手有了停手的理由。

這種現象無法適用在雄鹿上，因為狩獵關係破壞了同情的產生；遭指控的人與拷問的人之間的關係似乎也無法產生同情，狂熱與職責的要求阻礙了這種可能。戰爭扭曲了正常的心理反應，暴民產生的歇斯底里也是如此。雖然天安門廣場發生了暴力事件，但技術上來說，當時仍非處於戰爭狀態，因此不像戰爭那樣創造出一種扭曲的心態。在古典時代，乃至於在蒙田的時代，一般認為戰場上士兵的行為應不受限制。他應該處於「狂怒」狀態：無所畏懼，充滿狂暴，你無法也不該期望他們做到節制或憐憫。

蒙田從最極端的例子發現了「狂怒」的可怕。他不喜歡凱撒在開戰前，用言語煽動士兵在戰場上做出野蠻的行徑：

> 在刀光劍影中，虔敬之心實屬無用，
> 戰場上面對父執，難免感到遲疑，
> 但儘管拿起刀劍，朝那張令人崇敬的臉砍去。[20]

在所有著名的戰士中，蒙田最推崇的是底比斯將軍埃帕米農達斯（Epaminondas），他以能在戰場上克制「狂怒」而聞名於世。有一次，戰火方殷，「在鮮血與刀劍的恐怖中」，埃帕米農達斯發現站在自己面前的是曾招待自己留宿的朋友。他轉過身去，饒了這人的性命。這個行為看起來似乎不值一提，但在戰場上，軍人總是殺紅了眼，當下試圖克制自己的狂亂幾乎不可能。蒙田寫道，埃帕米農達斯證明了他「掌控住戰爭」；在狂熱之際，他使戰爭「受到仁慈的束縛」。[21]

蒙田懷疑「狂怒」的傳統只是一種藉口。「我們不應該把這些邪惡、血腥與奸詐的傾向視為合理的託詞。」[22]殘忍本身已經夠糟了，以崇高的心靈狀態做為藉口從事殘忍的行為，則更是低劣。蒙田哀嘆宗教狂熱分子的神聖熱忱，他們相信上帝要求他們從事這類極端而毫無道理的暴力行為，是為了讓他們表現自己的虔誠。

殘忍令蒙田作嘔，他禁不住產生這種感覺。他矛盾地寫道自己「殘暴地」痛恨殘忍。他對殘忍的嫌惡完全出於本能，就像他坦率的神情一樣。因此蒙田無法忍受狩獵，就連看到雞被扭斷脖子，或是兔子被狗攫住，都會讓他心驚膽跳。蒙田喜歡站在對方的角度思考，這使他可以假想貓怎麼看事情，卻也使他在看到兔子被撕成碎片時，不得不感到渾身難受。[23]

如果蒙田不願看到痛苦的兔子，那麼他更不能忍受人類受到折磨與司法殺戮，而這些在當時都極為常見。「即使是依法處決，無論理由多麼充分，我都無法全程觀看。」身為法官，蒙田有必須做出死刑判決的時候，但他總是拒絕這麼做。「我不願意讓人痛苦，因此經常無法做到理智的要求。當情勢看來非判處死刑不可，我還是難以主持正義。」[24]

蒙田不是當時唯一反對狩獵或拷問的作家，他不尋常的地方在於所秉持的理由：他是發自內心站在對方的立場思考。提到盧昂的巴西原住民時，蒙田驚訝於這些原住民用「一半」來形容人，好比他們看到有些富有的法國人狼吞虎嚥地飽食終日，而「他們的另一半」卻饑餓得癱軟在富人家門前，對此這些原住民感到十分疑惑。而對蒙田來說，所有人類都有著相同的生命元素，其他生物亦然。「單一而相同的本性主宰了生命的進程。」[25]即使動物與人類不那麼類似，我們還是有責任同情牠們，因為牠們具有生命：

> 人性中具有某種面向與一般性的責任，不僅使我們喜愛具有生命與情感的動物，甚至也使我們喜愛樹木與植物。我們要以正義待人，對於其他具有感受的生物要施予憐憫與仁慈。其他

生物與我們之間存在著某種關係，某種相互的義務。

這項義務不僅適用於瑣事，更適用於攸關生死的大事。我們應該以仁慈與同情（尼采稱之為「善意」）來對待其他生物，哪怕是無數微不足道的小事。在這段文字之後，蒙田又提到了他的狗：

我不介意承認自己的個性極為軟弱、幼稚，我的狗即使在不適當的時間找我玩耍，我也無法拒絕。[26]

蒙田寵愛他的狗，因為他可以想像狗兒的想法，他可以「感覺」到狗兒有多麼想排遣無聊與吸引主人注意。巴斯卡因此嘲笑蒙田，說蒙田騎著馬，卻不認為自己有權這麼做，而且還想著「動物是否也能這樣役使人類」。[27]然而蒙田的這種想法卻正中尼采下懷，他的例子也許會令巴斯卡發怒。根據（不太可靠的）傳聞，尼采在精神崩潰之前，曾在杜林（Turin）環抱馬的脖子痛哭失聲。

在其他不像尼采那麼感情用事的讀者中，有一個人深受蒙田討論殘忍的隨筆影響，他就是維吉妮亞．伍爾夫的丈夫，雷歐納德．伍爾夫（Leonard Woolf）。在其回憶錄中，伍爾夫認為蒙田的〈論殘忍〉遠比人們理解的來得意義深遠。他表示，蒙田「最早表達出個人對殘忍的深刻恐怖感受。他也是第一位徹頭徹尾的現代人」。這兩種特徵緊密連繫，蒙田的現代性恰恰表現在「他對於自己與其他人（乃至於人類以外的生物）的個別性有著深刻的體會，與熱切的興趣」。[28]

伍爾夫認為即使是一頭豬或一隻老鼠，也能感受到「我」的存在，而這正是笛卡兒極力否定的主張。但伍爾夫並非透過笛卡兒式的論理，而是透過個人的經驗得出這個觀點。他回憶自己小時候曾被要求淹死幾隻多出來的、才出生一天的犬仔——我們應該會認為對一個孩子來說，這的確是件可怕的工作。伍爾夫照吩咐做了，但想不到這讓他非常難受。數年後，伍爾夫寫道：

乍看之下，這些出生一天的犬仔是一堆微小、眼盲、蠕動、與一般物體無異的事物或東西。我把其中一隻放進水桶裡，一件詭異而可怕的事情隨即發生。這個眼盲、形體難辨的東西開始拚命掙扎求生，用牠的腳爪奮力拍擊水面。我突然理解到牠是一個個體，就像我一樣。牠是一個「我」。在水桶中，牠正經歷我將經歷與對抗的死亡，如同在無垠的海上溺水的我會努力求生一樣。我感受到這一切，也感受到一個可怕而不文明的事物，要把水桶中的「我」淹死。

成年後的伍爾夫閱讀了蒙田作品，便回憶起這個場景。他把這份領悟運用在政治上，特別是反思自己在一九三〇年代的記憶，當時整個世界似乎即將陷入野蠻主義之中，任何微小的個別自我幾無容身之地。伍爾夫寫道，以全球的尺度來看，任何單一的生物都顯得微不足道，但從另一個角度來看，這些「我」是「唯一」真正重要的事物。唯有當政治能認識到這些「我」時，未來才有希望。

心理學家威廉．詹姆斯在提到意識時，也有類似的本能說法。我們不了解狗的經驗，像是牠們「喜歡將骨頭埋在籬笆底下，或喜歡嗅聞樹幹與燈柱下的味道」。狗也不了解我們的經驗，不知道我們為什麼要一直盯著書本看。但是這兩種意識狀態有著共通的特質：完全投入在某件事情所產生的「熱情」與「興奮」之中。即使彼此感興趣的對象不同，這股興奮之情應能讓我們了解人與狗之間的類似處。而這樣的認識，應能讓我們產生同情與仁慈。忽略這種相似性是最糟糕的政治錯誤，也是最糟糕的個人錯誤與道德錯誤。[29]

在了解威廉．詹姆斯的觀點，以及雷歐納德．伍爾夫與蒙田的想法之後，我們不能再像獨居於房間裡的笛卡兒那樣，只關注自己一個人的想法。我們生活在一個與人密切相關的世界，我們可以跳脫自己的觀點，去了解其他人的想法，哪怕只是短暫的時間。這種能力正是本章回應如何生活這個問題的答案，「與人自在地相處」，這是通往文明的最大希望。

Ch 10

我們問：如何生活？蒙田說：從習慣中覺醒

「習慣」使一切事物變得淡而無味，令人昏昏欲睡。

「換個視角」是喚醒人們重振精神的一種方式。蒙田喜愛這種訣竅，他的寫作經常可見這個技巧。

在《隨筆集》中，蒙田描述南美原住民的殘暴行為，但其實在法國也有同樣恐怖的事，只是大家習以為常。

他寫道：「我難過的不是這類行為的野蠻與恐怖；平心而論，真正令人難過的，是我們對自己的野蠻與恐怖視而不見。」

一切全看你怎麼想

站在另一個人或其他動物的角度看世界，這種觀看技巧對某些人來說也許是一種本能，然而即便無此本能，我們也能靠後天培養來補足。小說家總是這麼做，當雷歐納德．伍爾夫思索自己的政治哲學時，他的妻子維吉妮亞則在日記中寫下這段話：

> 我記得我躺在一個凹洞旁，等待雷〔歐納德〕回來與蘑菇，看到一隻紅色野兔邁著大步走到旁邊，突然想起「這是大地的生命」。我發現這隻兔子如此貼近土地，進而領悟到自己是隻演化後的兔子；彷彿有個月球造訪者看著我似的。1

這個詭異、幾近幻覺的時刻，使維吉妮亞意識到在某個視覺未受習慣麻痺的第三者眼中，她與兔子會是什麼樣子。維吉妮亞因此能以陌生的角度重新審視原先習以為常之物——這是一種心靈訣竅，就如同那些希臘化時代的哲學家，他們曾想像從遙遠的星辰觀看人世會是什麼樣的景象。與其他類似的訣竅一樣，這種做法有助人們對一些事物投以適當的注意。「習慣」使一切事物變得淡而無味，令人昏昏欲睡。換個視角是喚醒人們重振精神的一種方式。蒙田喜愛這種訣竅，他的寫作經常可見這個技巧。

蒙田喜歡的做法是檢視世界各地南轅北轍的風俗習慣，這些前所未見、出人意表的習尚，總讓他驚訝不已。他的兩篇隨筆〈論習慣〉與〈說說古人的習慣〉介紹了許多國家的風俗，有的地方女性是站著小便，男性是蹲著小便；有的地方孩子直到十二歲還在吃奶；有的地方認為孩子生下來第一天就吃奶會有生命危險；有的地方身體左半邊的毛髮要全部剃光，右半邊則任其生長；有的地方父親到了一定歲數就要被子女殺死；有的地方人們會在棍子上綁塊海綿來洗屁股；有的地方人們把前面的頭髮留長，而把後面的頭髮剪短，剛好跟我們相反。〈為雷蒙·塞邦辯護〉中也有類似的介紹，例如祕魯人會把自己的耳朵拉長，而東方人會把自己的牙齒塗黑，因為他們認為露出白牙是粗俗的表現。[2]

每個文化皆擁有不同的習慣，但每個文化都以為自己的風俗放諸四海皆準。如果你生活在把牙齒塗黑的國家，你會以為黑牙才是世界上唯一美麗的事物。知道其他地方擁有不同的風俗，有助於我們打破偏見，哪怕只是片刻的靈光也好。蒙田寫道：「這個廣大的世界有如一面鏡子，我們必須看著這面鏡子，從適當的角度認識自己。」[3]知道世界上有這麼多奇風異俗之後，我們將會用不同的眼光看待自己的存在。我們的眼界因此開啟，因此知道自己的風俗習慣就跟別人的一樣怪異。

蒙田對轉換視角產生興趣，始於他在盧昂對圖皮族人的觀察，這個過程令他充滿驚奇。圖皮族人如何看待法國人，讓蒙田有大夢初醒的感覺，就像維吉妮亞在山坡上的領悟一樣。這個見聞刺激了蒙田，使他這輩子對新世界充滿興趣。直到蒙田出生前數十年，歐洲人才知道新世界的存在；儘管如此，這個未知的半球仍讓歐洲人感到驚異，不敢相信它是真的。

蒙田出生之時，絕大多數歐洲人已逐漸相信美洲確實存在，而非出於幻想。有些人已經開始食用辣胡椒與巧克力，少數人則開始吸食菸草。馬鈴薯的栽種已在進行，不過這種作物的外形類似睪丸，許多人還因此以為這種食物只能做為催情劑。[4] 從美洲回來的旅人傳布著食人族與活人獻祭的故事，並且提到當地有著難以置信的金銀礦產。隨著歐洲生活日漸窮困，許多人考慮移民美洲，於是殖民地如黴菌孢子般散布於美洲東岸。絕大多數殖民地由西班牙人建立，但法國人也開始想碰碰運氣。蒙田年輕時，法國的新殖民冒險事業蒸蒸日上。法國擁有強大的艦隊與設備優良的國際港口，波爾多就是最重要的一座。

十六世紀中葉，法國發動幾次遠征，卻接連遭遇失敗。法國殖民者把國內的宗教衝突帶往殖民地，因而使他們在當地的成果毀於一旦。法國在巴西建立的第一個殖民地（一五五〇年代由尼古拉．杜蘭．德．維爾加尼翁〔Nicolas Durand de Villegaignon〕建立，地點鄰近今日的里約熱內盧），因天主教徒與新教徒的分裂而遭葡萄牙人趁機奪取。一五六〇年代，主要由新教徒建立的法屬佛羅里達（Florida）被西班牙奪占。此時，法國本土也爆發全面內戰，龐大航海事業所需的金錢與組織變得更難取得。法國錯失首次能在海外拓展富源的機會，這個機會最終使得英格蘭與西班牙賺進大筆財富。等到法國恢復秩序，準備再度進軍海外時，早已錯失了大好良機。[5]

蒙田與當時的人一樣，凡是與美洲有關的事物都令他神往不已，然而這當中也夾雜著對殖民征服的嘲諷。蒙田珍惜而且牢記他與圖皮族人的對話——這些圖皮族人搭乘維爾加尼翁返航的船隻來到法國——並且在自己的塔樓櫥櫃裡收藏了許多南美紀念品：「他們的床、繩索、木劍與打鬥時用來保護手腕的木鐲，還有幾根一端開口的大木棍，敲打木棍產生的聲響可以做為跳舞的節拍。」[6]這些物品大概是從一名家僕那兒得來的，他曾在維爾加尼翁的殖民地生活一段時間。這名僕人也介紹一些水手與商人給蒙田認識，以滿足他的好奇心。僕人本身是個「樸實的粗人」，但蒙田認為這剛好使他成為一名完美的目擊者，因為他不會忍不住去渲染或過度詮釋他所看到的一切。

除了對話之外，蒙田也閱讀了與美洲主題相關的所有作品。他的藏書包括法譯的羅培茲．德．戈馬拉（López de Gómara）《西印度群島史》（*Historia de las Indias*）與巴托洛梅．德．拉斯卡薩斯（Bartolomé de Las Casas）《西印度毀滅述略》（*Brevisima relación de la destruccion de las Indias*）。此外還有晚近法國人所寫的作品，其中知名的是關於維爾加尼翁殖民地的兩種彼此針鋒相對的描述，兩名作者分別是新教徒尚．德．雷里（Jean de Léry）與天主教徒安德烈．特維（André Thevet）。在這兩人之中，蒙田比較喜愛雷里的《航往巴西的歷史》（*Histoire d'un voyage fait en la terre du Brésil*, 1578），因為這本書以同情而精確的眼光觀察了圖皮族社會。身為新教徒，雷里的觀點恰如其分，他讚揚圖皮族人赤身裸體，不像法國人那樣在身上裝飾襞襟與裙褶。他發現圖皮族老人很少有白頭髮，懷疑這是因為他們很少掛心於「猜忌、貪婪、爭訟與口角」。雷里也推崇他們在戰爭中的勇氣。圖皮族人拿起華麗的刀劍進行血腥戰爭，但他們是為榮譽而戰，並非為了征服或貪婪。戰爭結束後通常會大擺宴席，主菜就是俘虜來的人犯。雷里自己曾參與過一次宴席，當天夜裡，他從吊床上醒來，看見一名男子自暗處朝他走近，手裡揮舞著一條烤人腿，看起來觸目驚心。雷里嚇得跳了起來，把在場的圖皮族人逗得哈哈大笑。之後，有人向他解釋，男子只是一名好客的主人，想讓他嘗嘗人腿的滋味，雷里這才釋懷。雷里說，他覺得跟圖皮族人在一起，比「跟國內那群不忠而墮落的法國人在一起」來得安心。事實上，他日後會在法國內戰中看到同樣駭人的情景。一五七二年冬天，在桑塞爾（Sancerre）圍城戰中，身陷這座山城的雷里，親眼看見鎮民為了存活而吃起人肉。7

蒙田熱切地閱讀雷里的作品，他在〈論食人族〉中談到自己與圖皮族人的接觸，並且遵循雷里的做法，除了比對法國，也提到歐洲優越的假定。之後的〈論馬車〉也提及印加人與阿茲特克人塗上金箔的花園與宮殿，如何讓歐洲各國相形失色。8但最讓蒙田感興趣的還是單純的圖皮族人，他用一連串讚揚的否定句來形容他們：

> 在這個國家……沒有買賣，不識文字，不懂算術，不設官長，無蓄奴之風，無貧富之別，不訂契約，無財產繼承，亦無財物分配，無工作職業，只知休憩閒遊，愛無等差，照顧共同親族，無衣裳，不務農，不用金屬，不飲酒也不食小麥。找不到詞彙來表示說謊、背叛、虛

偽、貪婪、嫉妒、輕視與饒恕。[9]

在古典文學中，這種「負面表列」是一種常見的修辭形式，早在發現新世界之前就已經出現。它的歷史甚至可以追溯至四千年前蘇美人的楔形文字文學：

> 很久以前，世界上沒有蛇，沒有蠍子，
> 沒有鬣狗，沒有獅子，
> 沒有野狗，沒有野狼，
> 沒有害怕，沒有恐怖，
> 人類沒有對手。[10]

這種文學手法再次出現在文藝復興時代對新世界的描寫上，並不令人意外。這項傳統也繼續維持，十九世紀，梅爾維爾（Herman Melville）描述馬克薩斯群島（Marquesas）上的泰皮（Typee）這一座快樂谷，說這個地方「沒有抵押權人行使終止回贖權、沒有拒付票據、沒有到期帳單、沒有口頭之債……沒有貧窮的親戚……沒有赤貧的寡婦……沒有乞丐；沒有債務監獄；沒有傲慢狠心的富翁；總而言之——這裡沒有金錢」！[11]他的描寫透露出當人類生活在近乎自然的平靜生活，就像生活在伊甸園裡的亞當與夏娃那樣時，人類會過得比較幸福快樂。斯多噶派特

圖皮族一名挑釁的囚犯。

別強調這種「黃金時代」的幻想，[12] 塞內卡就想像了一個財產不囤積、武器不會用來施予暴力，以及汙水管線不再汙染溪流的世界。沒有房子，人類甚至可以睡得更安穩，因為半夜裡木頭不會發出吱呀聲響，把你從睡夢中驚醒。

蒙田了解這種幻想，也同樣有著這種幻想。他寫道，就像野生果實一樣，這些野人仍維持著完整的自然風味，這就是為什麼他們能如此勇敢，因為他們的戰爭行為未受貪婪所汙染。[13] 圖皮族的吃人儀式絕非墮落，相反地，它顯示原始民族最好的一面。受害者在等待死亡降臨之時，表現出了驚人的勇氣；他們甚至奚落俘虜他們的人。蒙田還記得圖皮族人唱的一首歌，一名將死的犯人用話撩撥敵人動手，希望對方吃個飽足。犯人唱道，你們吃我的時候，要記得是在吃自己的父親與祖父。過去我曾吃過他們，所以你們嘗到的會是「你們自己」的肉！這是相當原始的對立場面：失敗的人終必一死，但他以斯多噶派的精神來面對他的敵人。這意謂著，如果人類只順著自己的天性行事，那麼他們隨時能做到這一點。

蒙田《隨筆集》裡有兩首「食人族之歌」，[14]這首戰俘之歌即是其中之一。另一首歌也是圖皮族人所唱，它是一首情歌，蒙田曾在一五六二年於盧昂聽他們唱過。他對這首歌讚譽有加，形容圖皮族語是「一種柔軟的語言，有著悅耳的聲音，就像希臘語的語尾一樣」。他把這首歌的歌詞翻譯成散文：

> 蛇，蝰蛇，請停下來。我的姊姊要畫下你身上的花紋，做條精美的腰帶，讓我送給情郎；如此你的美麗將流傳後世，永遠受人稱頌。

與當時歐洲過度雕琢的詩文相比，蒙田更喜歡圖皮族情歌的簡潔雅致。他在另一篇隨筆中提到，如此「純粹自然的詩歌」[15]——包括他住的吉衍地區流行的傳統短詩，以及從新世界傳入歐洲的歌曲——足以躋身上乘作品之林。就連古典詩人也無法與其相比。

蒙田的「食人族情歌」後來脫離了《隨筆集》，獨自發展成不起眼卻令人印象深刻的形式。夏多布里昂（Chateaubriand）在《墓中回憶錄》（*Mémoires d'outre-tombe*）裡借用了這首歌，他讓一名吸引人的北美原住民女孩唱著類似的歌曲。這首歌後來傳到德國，在十八世紀發展成「藝術歌曲」（Lied）的形式——因為這首歌的緣故，日耳曼人才開始注意到蒙田的作品。這兩首食人族歌曲，搭配上幾段對日耳曼火爐的恭維之詞，成了尼采之前日耳曼唯一對蒙田作品感興趣的片段。〈蝰蛇，請停下來〉被幾位一流的日耳曼浪漫主義詩人翻譯成德文，比如艾瓦德・克里斯提昂・馮・克萊斯特（Ewald Christian von Kleist）、約翰・戈特弗里德・赫德（Johann Gottfried Herder）與偉大的歌德（Johann Wolfgang von Goethe）——他把這兩首歌曲譯為〈美洲野蠻人的情歌〉（Liebeslied eines Amerikanischen Wilden）與〈犯人的死亡之歌〉（Todeslied eines Gefangenen）。日耳曼浪漫主義者對於愛情與死亡的歌曲情有獨鍾，因此他們如此熱中尋求蒙田作品的抄本，並不令人意外。比較令人驚訝的是，他們從蒙田作品擷取這兩首歌時，卻對他的其他隨筆視若無睹。不過這種事倒很常見，每個讀者多少都是如此。[16]

跟雷里一樣，蒙田也遭受一些指責，有人認為他們過度浪漫地看待新世界的原住民。然而蒙田就是因為太了解人心的複雜，才想要返璞歸真，希望人能像野生果實一樣活著。他其實知道美洲文化跟歐洲文化一樣愚蠢而殘酷。他最反對殘忍，因此當他毫無保留地記述新世界宗教的殘忍時（有些確實非常血腥），其中的意義便更值得我們深思。「他們焚燒活人，而且烤到一半又把人從火盆裡拖出來，扯掉他的內臟。另外有些人則是被活活剝皮，女性也不例外，並且將血淋淋的人皮直接蓋在自己身上，當成衣服或是某種喬裝。」[17]

蒙田描述這些殘暴的行為，但也指出這種行為可能被過度誇大，因為歐洲人對這種事少見多怪。其實在法國國內也有同樣恐怖的事，只是大家習以為常。蒙田在提到新世界的活人獻祭時，如此寫道：「我難過的不是這類行為的野蠻與恐怖；平心而論，真正令人難過的是我們對自己的野蠻與恐怖視而不見。」[18]蒙田希望他的讀者能睜大眼睛「看清楚」這項事實。南美原住民並不是因為自身的特質而吸引人，他們就像一面理想的鏡子，可以讓蒙田與他的同胞「從適當的角度認識自己」，讓自己從得意自滿的美夢中醒來。

高貴的野蠻人

十八世紀的日耳曼讀者對蒙田的興趣，主要集中在他的「民歌」（Volkslieder）上，但在此同時，新世代的法國讀者卻重新發現了蒙田，他們從食人族與鏡子中，挖掘出了比蒙田期望還多的意義。

許多讀者都是受到一七二四年出版的時髦版本所激勵。此時，《隨筆集》在法國仍是禁書（從禁令頒布以來已逾五十年），但現在卻有源源不斷的出版品從英格蘭走私到法國，流亡英格蘭的法國新教徒皮耶．寇斯特（Pierre Coste）甚至印製了嶄新的十八世紀版本。寇斯特謹慎處理蒙田作品中具顛覆性的部分，但他的做法不是將有爭議的文字刪除，而是添入非蒙田的作品，特別是拉博埃西的《論自願為奴》。寇斯特把這篇文章收錄到一七二七年版的蒙田《隨筆集》裡。這是這本新教小冊子從十六世紀完成以來首次的完整出版，同時也是第一次與《隨筆集》合成一部著作。這兩部作品的結合，改變了蒙田原本的調性，賦予他政治與個人叛逆的氣息，使他成為以冷靜哲學掩飾狂暴意義的作家。寇斯特塑造的蒙田形象至今仍深植人心，那是一個神祕的激進分子，將自己隱匿在謹言慎行的面紗背後。尤其在寇斯特的編輯下，蒙田看起來就像一名提倡思想自由的啟蒙運動「哲士」（philosophe），只是他早生了兩個世紀。跟許多人一樣，十八世紀的讀者從蒙田作品中看到了自己，他們驚訝於蒙田居然要等待這麼長的時間，才得以遇到懂得欣賞他的世代。[19]

新時代的「啟蒙」讀者，對於蒙田筆下英勇的圖皮族人投以熱情的回應。蒙田描繪的食人斯多噶主義者完全符合新時代的幻想：一種高貴的野蠻人。這個近乎完美的典型，結合了原始的樸實與古典的英雄主義，因而成為人們崇拜的對象。這類崇拜的擁護者認同蒙田的看法，他們相信這些食人族具有自己的榮譽感，可以做為歐洲文明的借鑑。但他們卻忽略了蒙田的另一種看法，那就是「野蠻人」跟其他民族一樣也有缺點，一樣野蠻而殘忍。

狄德羅（Denis Diderot）是喜愛蒙田筆下圖皮族人的作家之一。他也是一名哲學家，所編纂的《百科全書》（*Encyclopédie*）集當時知識之大成；此外，他還寫下無數哲學小說與對話。狄德羅在開始寫作生涯時已經讀過蒙田的《隨筆集》，他喜歡蒙田的作品，而且經常在自己的文章中引用其文字以向他致敬——通常他都會告訴讀者那是出自蒙田的作品（但不一定每次引用都是如此）。狄德羅在一七九六年完成的小書《布干維爾航海記補遺》（*Supplément au voyage de*

Bougainville）中，興高采烈地提到歐洲人近來發現的南太平洋民族，剛好與蒙田和美洲原住民的相遇前後輝映。與圖皮族人一樣，這些太平洋島民也過著簡單的生活，幾乎可說是活在上帝的恩寵之中。但他們的文化也有令人不悅的部分，只不過因為歐洲人對他們所知甚少，所以略而不提。這裡留下很大的想像空間，尤其狄德羅提到島民們過著享樂主義的日子，想跟誰做愛就跟誰做愛。在《補遺》中，狄德羅還讓大溪地島民奉勸歐洲人，順著本性就能得到快樂，不待他求。這些話正是狄德羅的同胞想聽的。[20]

盧梭是另一位受蒙田影響的作家，在他筆下，高貴的野蠻人被提升到更高的層次——由盧梭註解的《隨筆集》至今尚存。[21]與狄德羅不同，盧梭把原始社會視為極其完美之物，它甚至不存在於真實的世界中，就連太平洋上的島嶼也一樣。原始社會只是一種理想，用來對照真實社會的混亂，因為按照盧梭的定義，所有現存的文明都是腐敗的。

在《論不平等的起源》（*Discourse on the Origin of Inequality*）中，盧梭想像人類如果沒有文明的束縛會是什麼樣子。「我看到動物……在橡樹下飽餐，在最近的溪邊喝水止渴，然後又回到方才的樹下睡覺。」大地給了這名自然之人所需要的一切。大地並未嬌寵他，而他也不需要嬌寵。從呱呱墜地開始他就遭逢困難，這使他有能力對抗病痛，而他也強壯到足以徒手擊退野獸。他沒有斧頭，但有肌肉可以折斷粗大的樹枝。他沒有彈弓或槍炮，但他可以猛力擲出石頭擊斃任何獵物。他不需要馬匹，因為他跑得跟馬一樣快。唯有當文明使人「學習社交與成為一名奴隸」

時，人才失去了男子氣概，變得軟弱而畏首畏尾。人也學會了絕望，盧梭說，從來沒聽說過「自由的野蠻人」會自殺。他甚至失去了本性該有的憐憫之心。如果有人在哲學家的窗下割開另一個人的喉嚨，哲學家很可能會用手摀住耳朵，假裝什麼也沒聽到；野蠻人絕對不會這麼做。[22]自然之人不可能對於同類的聲音置之不理——蒙田也曾受到這個聲音的召喚，要他同情所有受苦的同類。

如果我們把時間顛倒過來，想像蒙田坐在單人沙發上閱讀盧梭的作品，他讀到什麼時候才會把書扔到一旁，頗令人好奇。一開始，他可能覺得深受吸引，認為這個作家與他心意相通。然而讀了幾段之後，我們可以想像蒙田可能心中有所動搖，甚至皺起眉頭。「不過，我不知道……」隨著盧梭愈來愈咄咄逼人，蒙田也開始喃喃自語起來。他想要暫停一下，從其他的角度來思索這本書。蒙田會問，社會真的讓我們冷酷無情嗎？分工合作不是比單打獨鬥更好？人真的生來自由嗎？人一生下來難道不是充滿弱點與不完美？人際關係與奴役必定相伴而行嗎？此外，真的有人力氣大到從遠處扔石頭就能擊斃獵物，而不需要彈弓？

盧梭從未停止或調轉方向。他一路席捲，而且沿途招攬他的讀者一同前進；他成了當時最受歡迎的作者。然而儘管盧梭的觀念來自蒙田，但只需閱讀幾頁盧梭的作品，就能了解他與蒙田有多大的不同。蒙田並未沉溺於對原始社會的幻想中，他總是對自己所說的一切有所保留，即使他當下正說著的這件事也是如此。他那句「不過，我不知道」總會在關鍵時刻浮現。此外，蒙田的整體目的不同於盧梭。他不認為現代文明是腐敗的，人類對世界的「視角」在本質上才是腐敗與片面的。這種想法也適用在圖皮族人身上。圖皮族觀察盧昂的法國人，正如雷里與特維在巴西觀察原住民一樣，雙方都帶有一偏之見。想走出詮釋錯誤的迷霧，唯一的希望就是提醒自己錯誤詮釋的存在；也就是說，唯有了解自己帶有偏見，才能夠避免偏見。然而即便如此，也只能提供不完美的解決方式。我們永遠都無法擺脫自身的限制。

像狄德羅與盧梭這類作者，他們注意的不只是「食人風的」蒙田，他們也重視蒙田作品中提到的簡單而自然的生活方式。盧梭的作品中引用《隨筆集》最多的是《愛彌兒》（*Émile*），這是一本極為成功的教育小說，它改變了一整個世代的孩童教育，使父母改採「自然的」養育方法。蒙田建議，父母與老師應該溫和地教育孩子，讓他們憑藉自己的好奇心來認識這個世界，並且藉由旅行、對話與經驗來開闊孩子的視野。在此同時，孩子也要像小斯多噶派一樣，接受艱苦的體能訓練。這些說法顯然取材自蒙田討論教育的隨筆，但盧梭在書中只偶然提到蒙田，而且通常是嚴詞批評。

盧梭在自傳《懺悔錄》（*Confessions*）——這部作品或許受到蒙田帶有自傳性質的《隨筆集》影響——開頭再次侮辱了蒙田。在最初的序言（日後的版本刪除了），盧梭為了否認自己受到蒙田的影響，因此寫道：「我認為蒙田是個十足的偽君子，他刻意以直言無隱的方式欺騙大眾。他描繪自己的缺點，但總是些讓人喜愛的缺點。」換句話說，歷史上第一個誠實而完整地寫出自我描述的人，與其說是蒙田，不如說是盧梭。而他也確實如此評論自己的自傳：「這是世界上唯一一部描繪人的本性與人的一切事實的作品，不僅前無古人，也後無來者。」[23]

《隨筆集》與《懺悔錄》確實不同，不只是因為《懺悔錄》採取了從幼年時期描述到長大成人的敘事體，而《隨筆集》則是一口氣寫下包羅萬象的內容，兩部作品在目的上也存在著差異。盧梭寫《懺悔錄》是因為他覺得自己與眾不同；他才華洋溢，有時又相當邪惡。他希望趁這個結合了各種特徵的獨特人格消失之前，能將自己完整捕捉下來：

> 我了解人。我跟我見過的人完全不同；我敢這麼說，我在這個世上是獨一無二的……大自然塑造出來的我是好是壞，這就要留給閱讀我的作品的人來評判。[24]

與盧梭相反，蒙田認為自己徹頭徹尾是個平凡人，他唯一不尋常的地方是習慣把事情寫下來。他「全身上下」[25]與一般人無異，因此樂於做為其他人的借鏡——他認為圖皮族人也一樣扮演這樣的角色。這是《隨筆集》的主旨所在，如果人們無法從他身上看出自己，那麼讀他的書要做什麼呢？

當時有些人注意到盧梭與蒙田之間有著可疑的類似之處。盧梭被指控剽竊蒙田的作品，修士約瑟夫．卡約（Joseph Cajot）露骨地寫了一篇《盧梭抄襲〈論教育〉》（*Rousseau's Plagiarisms on Education*）的文章，他表示，蒙田與盧梭唯一的差異是蒙田沒有那麼裝腔作勢，文字也比較簡潔清晰（這應該是唯一一次有人以簡潔清晰來形容蒙田的作品）。另一名評論家拉迪斯梅里（Nicolas Bricaire de la Dixmerie）則創作了一篇對話錄，他讓盧梭在文中承認自己照抄了蒙田的觀念，但盧梭認為兩者並不相同，因為他的表現「充滿啟發」，而蒙田的文字卻很「冷漠」。[26]

盧梭生活的時代推崇裝腔作勢、啟發與熱情。擁有這些特質，意謂著你與「大自然」產生了連繫，不再只是冷冰冰的文明制度的奴僕。你是野蠻而真誠的；你充滿了食人風。

十八世紀讀者接受蒙田對圖皮族的讚美，也認同他在《隨筆集》裡對自然的看法。這些讀者逐漸發展為成熟的浪漫主義者，並且在十八世紀末與十九世紀初支配了思想潮流。等到浪漫主義者與蒙田分道揚鑣之時，蒙田的形象也變得與過去迥然不同。

「從習慣中覺醒」最初是以溫和叛逆與開放心靈的形式，來回應如何好好生活的問題，而後卻逐漸蛻變成某種更具煽動性、乃至鼓吹革命的形式。經過浪漫主義的渲染之後，我們很難再將蒙田看成是冷靜而溫和的希臘化智慧根源。此後，蒙田的讀者將持續為他加溫，他將變得愈來愈狂野。

Ch 11

我們問：如何生活？蒙田說：溫和穩健

文藝復興時代的讀者沉迷於各種極端，戰爭時要狂暴，戀愛時要狂熱，寫詩時要出神忘我。

在這三件事上，蒙田似乎擁有一只內建的恆溫器，只要溫度升到某一點就會自動斷電。

蒙田說：「超越常理的性格總是讓我感到恐懼。」

適切地生活才是「偉大而輝煌的傑作」——這般華麗的語言，用來描述的卻是一點也不華麗的特質。

保持心靈的平靜

十八世紀末與十九世紀初的讀者發現，要讓他們喜歡自己建構出來的蒙田，並不是什麼難事。他們除了欣賞蒙田對美洲原住民的讚美，也對他的各種特質做出回應，例如他坦白說明自己是什麼樣的人、願意探索自己性格上的矛盾、對傳統的漠視，以及想打破僵化的習慣。讀者喜愛蒙田對人類心理的探討，特別是他發現在同一個心靈中可以同時存在不同的衝動與慾望。此外，這是第一次有數量龐大的讀者表明對他的寫作風格以及混亂失序深深喜愛。他們喜歡蒙田在任何時刻不加思索地說出腦子裡的念頭或心理的感受，從不停頓下來加以組織整理。

浪漫主義讀者尤其鍾情於蒙田對拉博埃西的強烈感受，因為唯有在這個地方，蒙田才顯露出充沛的情感。這段愛情故事最後以悲劇收場，因而更形淒美。蒙田在回答他們為什麼彼此相愛

散髮的浪漫蒙田。

時，只淡淡地說了一句：「因為是他，因為是我。」這句話也成了一句標語，象徵著人與人之間彼此吸引的超驗與神祕。

浪漫主義作家喬治．桑提到自己年輕時沉迷於蒙田與拉博埃西之間的情感，她認為這是她渴望已久的靈魂伴侶原型——日後，她也確實從福樓拜與巴爾札克這類作家朋友中得到這份情感。詩人拉馬丁（Alphonse de Lamartine）也有類似的感受。他在一封信裡提起蒙田：「我最讚賞他的地方，就是他與拉博埃西的友誼。」在此之前，拉馬丁已經在信中借用蒙田的話來描述自己對這位朋友的感情：「因為是你，因為是我。」他把蒙田當成知交，並寫道：「我的朋友，蒙田，沒錯，朋友！」[1]

因蒙田而起的這些回應充滿了活力與熱情，與此相應的是愈來愈多人前往他的塔樓朝聖。[2]許多人在好奇心驅使之下來到蒙田的莊園，然而一到了這裡，他們就陷入狂熱。他們痴迷地站立冥想，感應蒙田的魂魄在他們身旁如活人般來回走動，甚至會在某個時刻表現得像被蒙田「附身」似的。

在上個世紀，這種熱潮可說是絕無僅有。蒙田的子孫住在這座莊園裡直到一八一一年，而長久時間以來，一直沒有人來攪擾他們。他們也將塔樓的一樓改建為馬鈴薯倉庫，二樓的臥房有時充當狗舍，有時用來養雞。當浪漫主義訪客從涓涓細水匯聚為股股洪流時，原本存放馬鈴薯並畜雞的塔樓也就順應時勢，重新恢復成了蒙田昔日工作時的樣子。[3]

這些行動對浪漫主義者來說似乎是理所當然：如果你想回應蒙田的作品，你一定會想親自前來造訪，從他居處的窗戶望出去，看著他每天觀賞的景色；或者是在他可能坐著寫作的地方稍事停留，凝視案上，彷彿蒙田鬼魅般的文字即將在你眼前浮現。姑且不論底下庭院的喧囂，以及書房的鼎沸人聲，你大可把這座塔樓想像成一座修道院的房間，在此居住的蒙田宛如一名隱士。「讓我們趕緊跨過門檻吧」，早期的參觀者查爾斯．孔彭（Charles Compan）提到塔樓書房時說：

如果你的心跳跟我一樣充滿無以名狀的悸動，如果對偉大人物的緬懷使你萌生深切的敬意，那麼誰能拒絕這位充滿人性的作家呢——快進去吧！

到蒙田莊園朝聖的傳統，甚至沿續到浪漫主義時代結束之後。一八六二年，蓋雍侯爵（marquis de Gaillon）記述他到塔樓參觀的情景，用了戀人的語言總結與其分離的痛苦：

然而每個人終究要離開這間書房，這方小室，這座可愛的塔樓。再會了，蒙田！離開這個地方等於與你分離。4

如此熱情地投入蒙田的懷抱，最終仍舊產生了疑問，而這個疑問來自於蒙田本身。許多人腦子裡幻想的蒙田，與蒙田的實際行事根本是衝突的。把《隨筆集》的內容實際翻查出來，比對人們對他的詮釋，你就會發現錯誤怎麼挑都挑不完。在這當中，錯的最離譜的首推熱血澎湃的浪漫主義者。他們的想法與蒙田說過的話時常完全相左：

我是個懶散駑鈍的人，從來沒出現過憤慨激昂的情緒。
我喜歡溫和穩重的人。

縱然我有過分的行為，也嚴重不到哪裡去，因為我做不出極端或詭異的事。
依我看，最美好的人生是符合一般常識、安於秩序、不追求奇蹟亦不標新立異的人生。5

詩人拉馬丁就是其中一位受挫的讀者。他第一次閱讀蒙田作品時驚為天人，把他當成英雄一樣崇拜，並且隨身帶著《隨筆集》，或將它放在案上，只要一有需要就拿來閱讀。然而日後，他卻以同樣的熱忱反對他的偶像：他認為蒙田根本不了解生活的苦難是什麼。拉馬丁在信中向朋友解釋道，他只有在年輕時才喜歡《隨筆集》——他說的是九個月前的事，當時他首度在信中提及自己對這本書充滿興趣。現在的他二十一歲，已經飽受痛苦的折磨，並且發現蒙田過於冷靜與節制。拉馬丁懷疑自己或許應該在多年以後，也就是到了老年，當更多苦難令他的心靈枯竭之時，再回來閱讀蒙田。至於現在，這名隨筆作家的穩重，只讓他覺得渾身不舒服。6

喬治．桑也提到，當她發現蒙田帶有斯多噶派或懷疑主義式的「冷漠」時（均衡或冷靜對她來說是個老掉牙的人生目標），她便「不再是蒙田的門徒」。她曾喜愛蒙田與拉博埃西之間的情誼，認為這是蒙田充滿溫情的象徵，但光是這點還不夠，於是她對蒙田逐漸感到厭倦。[7]

對浪漫主義讀者來說，蒙田作品最令他們不悅的一句話，出現在他一五八〇年到義大利旅行時，那是一段描述他在費拉拉（Ferrara）探望名詩人塔索（Torquato Tasso）的文字。就在那一年，塔索出版了他最著名的史詩作品《被解放的耶路撒冷》（*Gerusalemme liberata*），並且廣受好評。然而在此之前，塔索已經因為精神錯亂而被送進瘋人院，跟一群憂鬱的瘋子生活在惡劣的環境裡。蒙田經過費拉拉時順道去探望塔索，他被眼前的景象嚇得說不出話來。然而在同情之餘，他卻也懷疑塔索咎由自取，因過度沉溺於詩意的狂喜而無法自拔。靈感的光芒引領他走

蒙田拜訪費拉拉的塔索。

進非理性的世界，「強光使他眼盲」。看到天才淪為白痴，令蒙田悲從中來。不僅如此，還讓他感到憤怒。真是太可惜了，居然這樣糟蹋自己的天賦！蒙田知道寫詩需要某種程度的「狂熱」，但如果狂熱到讓自己無法再提筆寫作，那麼狂熱還有什麼意義？「百發百中的射手如果脫靶的次數跟不善射的射手一樣，兩者還有什麼差別！」[8]

回顧蒙田與塔索這兩位風格截然不同的作家，浪漫主義者推崇兩人，但他們也同意蒙田的說法，認為塔索過度沉溺於詩的世界而把自己搞瘋了。他們可以理解蒙田的悲傷，但令他們無法理解也不能原諒的是蒙田的憤怒。浪漫主義者推崇讓人看不清事物的耀眼才華；他們認同憂鬱，活在強烈想像的身分裡。然而，他們不會因此感到憤怒。

蒙田顯然「不是詩人」，反對他的讀者費拉瑞特．夏索斯（Philarète Chasles）如此罵道。朱爾．勒費夫赫德米耶（Jules Lefèvre-Deumier）哀嘆蒙田的「斯多噶式冷漠」無視於他人的痛苦——這似乎誤解了蒙田對塔索的看法。[9]問題其實出在浪漫主義者自身的偏見。在蒙田探望塔索這件事上，浪漫主義者認同塔索，不認同蒙田。他們認為蒙田代表的是不懂得諒解的世界，而這樣的世界總是與他們作對。尼采的這段話也許能對蒙田產生警示的作用：

> 穩健認為自己是美好的，但它沒有發現，在不穩健的人眼中，穩健看起來是黑色而單調的，因此是醜陋的。[10]

其實在這種處境下，真正扮演反叛者的反而是蒙田。蒙田讚揚穩健與冷靜，懷疑過度詩意的價值，這麼做等於是與他當時的潮流相左，也與浪漫主義者的精神相悖。文藝復興時代的讀者過度沉迷於各種極端，寫詩時要出神忘我，正如戰爭時要狂暴、戀愛時要狂熱一樣。[11]在這三件事情上，蒙田似乎擁有一只內建的恆溫器，只要溫度升到某一個點就會自動斷電。這是為什麼蒙田如此推崇埃帕米農達斯這名古典時代的戰士，他在亂軍之中仍然能保持頭腦清醒；這也是為什麼蒙田重視友情甚於熱情。他說：「超越常理的性格總是讓我感到恐懼。」[12]蒙田珍視的特質是好奇、善交際、同情心、同胞愛、適應力強、有智性能夠反思、能從別人的角度看事情，以及「善意」——這些特質沒有一項能與火熱熾烈的靈感相容。

蒙田甚至主張真正偉大的靈魂是在「平凡」[13]中尋得——這是個令人震驚的說法，弔詭的是，它也是個極端的說法。現代人大部分都習於把平凡視為一種缺乏、受限的狀況，因此當蒙田這麼說的時候，我們不知道該從什麼角度去理解。他是否又在跟讀者玩遊戲？就像有些人懷疑蒙田提到自己記憶力不好與思考遲鈍，只是一種開玩笑的說法。或許某種程度來說真的是如此，但蒙田說這句話時似乎是認真的。蒙田不信任野心勃勃的人；對他來說，想超越眾人，最終只會讓自己連人都當不了。[14]就像塔索一樣，有些人想超越極限，卻適得其反，連最尋常的能力都失去了。想當個真正的人，意謂著在行為上不僅要跟一般人一樣，還要做到「穩當」（ordinate），這個字根據《牛津英語詞典》（*Oxford English Dictionary*）的定義，指的是「合於秩序，進退有節；井井有條，規律，穩健」。它意謂著適切地生活，正確地評估事物的價值，在每個場合做出恰當的表現。蒙田說，適切地生活是「我們偉大而輝煌的傑作」——這般華麗的語言，用來描述的卻是一點也不華麗的特質。對蒙田來說，平凡不等於愚笨，它指的不是思慮不周或無法從別人的角度思考。平凡指的是接受自己與他人相同的事實，以及接受自己徹頭徹尾是一個人。這種說法與盧梭認為自己獨一無二簡直是天壤之別。對蒙田來說：

> 天底下最美好與最合乎道理的事，就是良好而適切地扮演人這個角色，天底下最難獲得的知識，就是如何好好地生活，以及如何順乎自然地生活；最野蠻的病症，則莫過於輕視自己的存在。[15]

蒙田知道，人性不一定能遵循這項智慧。人類雖然渴望得到幸福，情感上希望得到安寧，想讓自己的能力獲得充分發展，但每隔一段時間總會有別的事物驅使人類毀滅自己的成果。這就是佛洛伊德所說的「塔納托斯原則」（the thanatos principle）：朝向死亡與混亂的驅力。二十世紀作者麗貝卡．衛斯特（Rebecca West）如此描述這項原則：

> 我們當中只有一部分人神智正常：只有一部分人喜愛愉悅與長久幸福的日子，想活到九十幾歲然後平靜地死去，想住在自己親手建造的房子裡，希望這棟房子能繼續庇蔭我們的子孫。

我們當中有另一部分的人跡近瘋狂：他們喜歡不愉快的事甚於愉快的事，喜愛痛苦與黑夜裡的絕望，想死於災難之中，讓人類倒退到文明初始之時，讓我們的房舍化為灰燼，只留下焦黑的地基。[16]

衛斯特與佛洛伊德都嘗過戰爭的滋味，蒙田亦然；他不可能忽視戰火下呈現的人性黑暗面。蒙田對於穩健與平凡的描述，必須從法國內戰的角度來解讀才能理解：戰爭造成的過度與極端，只會讓全體人類淪為非人的狀態。法國第三次「動亂」結束於一五七〇年八月，之後維持了兩年的和平。就在這段期間，蒙田生活在自己的莊園，開始撰寫《隨筆集》。然而，作品尚未完成，和平便突然而令人震驚地中止，接下來的事件使人充分體會到人性黑暗的一面。

Ch 12

我們問：如何生活？

蒙田說：守住你的人性

蒙田讚賞的尋常生活與平凡，在末世裡無人聆聽。

末日迫近的徵兆大量出現，顯示上帝不再賜予大地溫暖。

新教與天主教極端主義分子紛紛投入神聖崇拜，願意將自己的所有奉獻給上帝。

你不能只是夢想著天堂與宗教的超驗境界，而拒絕面對真實的歷史世界，蒙田說。

恐怖

跟過去的和平協定一樣，一五七〇年的《聖日耳曼和約》無法做到皆大歡喜。新教徒總希望得到更多，他們認為條款給的不夠，只獲得有限的崇拜自由。天主教徒則認為和約過於寬鬆，擔心新教徒會把這些讓步當成鼓勵，也擔憂他們可能針對具正當性的天主教君主發動全面革命，並且開啟另一場戰爭。天主教徒對於戰爭的預測是正確的，但對於誰該為這場戰爭負責，他們卻猜錯了。

緊張持續升高，一五七二年八月於巴黎舉行的慶典使其達至高峰。這場慶典是為了慶祝天主教徒瑪格麗特．德．納瓦爾與新教徒納瓦爾的亨利的王室婚禮。三個主要派系領導人帶著不悅的心情前來參加這場盛會，包括溫和的天主教國王查理九世，激進的新教領袖海軍上將加斯帕爾．德．科里尼（Gaspard de Coligny），與極端的天主教徒吉斯公爵。每個派系都對其他派系充滿疑懼。狂熱的煽動者在巴黎鼓動百姓，激起民眾情緒，要他們起而反對這場婚禮，並且藉這個機會掃除所有異端領袖。

婚禮於八月十八日舉行，隨後是連續四天的官方慶典活動。活動結束時，確實有許多人鬆了一口氣。然而在一五七二年八月二十二日，也就是慶典最後一日的深夜，當新教領袖科里尼從羅浮宮步行返家時，有人用火繩槍對他射擊。他沒有因此喪生，只是被打斷了手臂。

消息在城內傳開。隔天早上，胡格諾派信徒川流不息前來探望科里尼，誓言為其復仇。許多人相信（大部分歷史學者也如此認為）這場暗殺行動幕後的指使者，是國王以及王太后凱薩琳·德·梅第奇——他們想藉由殺死新教領袖，使新教徒的暴亂胎死腹中。倘若真是如此，國王查理可就失算了，攻擊科里尼使新教徒群情激憤。然而更危險的是，它也使天主教徒恐懼不安。預期新教徒將起而報復，巴黎天主教徒於是集結起來，準備保護自己的身家安全。國王或許也感到氣餒，體認到叛軍領袖受傷比死去還要危險。於是在他授意之下，皇家衛隊闖入科里尼的住所，在床上殺死這名受傷的男人。他們終於完成了先前未完成的工作，但手法極為拙劣。這是八月二十四日星期天清晨發生的事，那天是聖巴爾多祿茂日。[1]

這群人砍掉科里尼的頭，然後迅速送往皇宮；人頭甚至還用香油防腐，送去羅馬向教宗討賞。在此同時，科里尼遺體的其餘部分被扔出窗外，天主教群眾放火焚屍，並在市區內拖行。屍體一邊悶燒，一邊碎成屍塊，但群眾仍拿著不全的尸身遊街；往後數日，他們又繼續將其肢解。

科里尼家發生的暴亂，使巴黎天主教徒與新教徒大為恐慌。天主教暴徒衝上街頭，抓住並殺害任何看來像是新教徒的民眾，衝進他們知道的新教徒住家——許多人仍在睡夢中，渾然不知城內發生了什麼事。暴民將他們拖出屋外，割開他們的喉嚨，將他們砍成碎片，然後放火焚屍，或扔進河裡。暴行吸引愈來愈多的群眾，並且激起更嚴重的殘暴行徑。一則報導提到，一個名叫馬圖藍·呂索爾（Mathurin Lussault）的男子在應門時出了差錯，因而被殺；他的兒子聽到喧鬧聲，下樓查看究竟，也被刺死。呂索爾的妻子法蘭索瓦茲從樓上窗戶跳到鄰居院子裡逃命，卻跌斷雙腿。鄰居試圖幫她，但攻擊者一湧而上，扯著她的頭髮將她拖到街上。他們為了取得她的金手鐲，於是砍掉她的雙手，接著又用烤肉的鐵叉將其叉死；最後，他們把她的屍體扔進河裡。她的雙手被狗啣走，過了幾天，還可以在屋外看到。同樣的景象在巴黎各處不斷發生，許多屍體被扔進塞納河，據說河水都染紅了。[2]

無論查理原先基於什麼動機主導暗殺（如果真是他指使的話），他絕對想不到會發生這樣的後果。他下令軍隊鎮壓暴亂，但為時已晚。屠殺在巴黎市內持續近一個星期，而後蔓延至全國各地。光是巴黎一地的屠殺——日後漸被稱為聖巴爾多祿茂大屠殺——就造成五千人死亡。到了最後，法國總共有一萬人左右被殺。[3]城市就像漁船駛進龍捲風一樣被捲入暴亂之中，包括奧爾良（Orléans）、里昂（Lyon）、盧昂、土魯斯、波爾多，以及無數小城鎮。

即使是傳統戰場上的「狂暴」，蒙田都感到厭惡，更何況受害者是一般百姓。整體來說，參與殺戮的人也是平民，只有在少數地區出現士兵或官員參與的現象，波爾多即是其中一例。原本相安無事的狀況，到了十月三日便完全改觀，當時狂熱的天主教市長查爾斯・德・蒙費宏（Charles de Montferrand）策劃與推動了這場暴動，他甚至還擬了一張攻擊清單。在絕大多數地區，流血事件通常是在混亂的狀況下發生，而攻擊者平日都是安善良民。在奧爾良，暴民不殺人的時候就在小酒館停留慶祝，根據史家的記載，他們「唱歌、彈琴、彈吉他」。有些暴民的主

查理九世的紀念章，將聖巴爾多祿茂大屠殺描繪成赫丘利斯打敗休德拉。

要構成分子居然是婦女或孩子。天主教認為孩童的參與是一項徵兆，顯示上帝也支持這場屠殺，因為祂讓純真的孩子也參與其中。許多人認為，這場殺戮的規模超乎人類的想像，因此背後一定有神意主導。這絕不是人的力量所造成，而是上帝傳達給人類的訊息，就像歉收或彗星一樣，是末日將至的凶兆。一枚於羅馬打造的大屠殺紀念章，上面顯示胡格諾派被打倒，但打倒他們的不是凡人，而是挾神聖之怒、手執武器的天使。新教宗額我略十三世（Gregory XIII）似乎對法國發生的事相當滿意。除了紀念章，教宗也委託喬爾喬・瓦薩里（Giorgio Vasari）在梵蒂岡的國王廳（Sala Regia）繪製一幅著名的壁畫。法國國王同樣也參與了感恩祈禱的行列，並且打造兩枚紀念章，其中一枚把國王描繪成與休德拉（Hydra）打鬥的赫丘利斯，另一枚則描繪他坐在王座上，手持象徵勝利的棕櫚葉，旁邊環繞著赤裸的屍體。4

胡格諾派開始組織起來，集結軍隊展開反擊，戰爭再次爆發。整個一五七〇年代一直籠罩在戰爭中，只有短暫幾次停戰的時間。以聖巴爾多祿茂事件做為分水嶺，在此之後，戰爭變得更加無法無天，也更為狂熱。除了一般的戰事，失控的士兵也到處肆虐，造成更大的破壞。即使在停戰期間，亂兵也搶掠如故，因為他們沒有主子，也沒有薪水。農民紛紛逃往野外，藏匿於森林中，因為在城鎮只能坐以待斃，有時甚至會被凌虐取樂。這是報復相尋的自然狀態。一五七九年，外省一名律師尚・拉魯維耶（Jean La Rouvière）向國王請願，希望陛下協助當地的農村貧民。這群「可憐、殉難與遭到遺棄的人」，只能仰賴土地為生，如今卻一無所有。他聽聞許多恐怖的事，有人

> 被糞肥活埋，被丟到井內與溝渠中，任其自生自滅，他們像狗一樣痛苦地哀嚎；有人被釘在箱子裡悶死，被封在塔內餓死，或者被吊死在深山與密林之中；有人被伸展開來架在火上烤，腿部的油脂還滋滋作響；有人的妻子被強姦，懷孕的婦女被墮掉胎兒；有人的子女被綁架勒索，甚至在父母面前被活活烤死。[5]

這一連串的戰爭是由宗教熱忱所驅動，但戰爭的痛苦進一步產生天啟的想像。天主教徒與新教徒都認為事件即將發展到超越常態的狀況，因為局勢看起來似乎將演變成上帝與魔鬼的最後決戰。這就是為什麼天主教徒會如此歡欣鼓舞地慶祝聖巴爾多祿茂大屠殺，他們把大屠殺看成是戰勝邪惡的明證，藉此將無數誤入歧途的民眾趕回真正的教會，使他們的靈魂能及時得救。

這一點相當要緊，因為時間已經不多。當末日來臨之時，基督將會再臨，這個世界將被抹除，每個人都必須在上帝面前交代自己的作為。這裡沒有妥協的空間，毋須考慮對方的立場，敵對的信仰也沒有相互理解的可能。蒙田讚賞的尋常生活與平凡，在末世裡無人聆聽。

末日迫近的徵兆大量出現。一五七〇與八〇年代接連出現饑荒、歉收與寒冬，顯示上帝已不再賜予大地溫暖。天花、斑疹傷寒與百日咳蔓延全國，而在傳布各地的疾病中，最糟糕的莫過於鼠疫。《聖經．啟示錄》的四個騎士似乎已經脫韁而出：瘟疫、戰爭、饑荒與死亡。狼人在荒野漫遊，連體嬰於巴黎出生，一顆新星在天空爆炸。即使是那些對宗教沒那麼狂熱的人，也感到整個世界似乎正加速走向某個不可知的結尾。蒙田的編輯瑪麗．德．古爾內在晚年回憶時表示，她年輕時的法國就像一個遭到捨棄的混亂世界，「人們不禁覺得國家將走向最終的毀滅，而非恢復舊觀」。有些人認為末日已經非常接近，語言學者同時也是神學家的吉堯姆．波斯特爾（Guillaume Postel）在一五七三年的信中寫道，「八天之內，人類將會滅亡」。[6]

撒旦也知道自己在地上逞凶的時間已然不多，於是派出惡魔大軍把最後一批所剩無幾的脆弱靈魂帶走。祂們確實是大軍：尚．維耶（Jean Wier）在他的《惡魔的蠱惑》（*De praestigis daemonum*, 1564）中算出路西法（Lucifer）麾下至少有七百四十萬九千一百二十七個惡魔，分別由七十九名魔王帶領。此外還有女巫：一五六〇年代之後急遽增加的女巫案件，充分證明末日即將來臨。只要一發現有女巫，法院馬上會燒死她們，但撒旦補充女巫的速度，遠比她們燒死的速度快。[7]

當時的惡魔學家尚・布丹（Jean Bodin）表示，面對如此的危機，證據標準必須降低。巫術問題如此嚴重，難以用一般的證據方法查明，要社會堅守「法律規定與正常程序」是緩不濟急。坊間的傳言可以視為「跡近真實」，如果村裡每一個人都認為某個女人是女巫，我們就有充分理由把她抓去拷問。為了審理這種案件，法院甚至搬出中世紀的拷問技巧，包括把嫌犯放進水裡，看她們會不會浮起來，以及用燒紅的鐵塊烙燒犯人。隨著證據標準降低，被定罪的女巫人數也持續增加，而女巫人數的增加又進一步證明這場危機的真實性，於是法律的進一步修正有其必要。歷史上有太多例子顯示，想破壞傳統法律，最有效的方式就是主張當前的犯罪極其危險，以及犯罪背後有不尋常的力量在指使操弄。任意拷問與輕率定罪似乎獲得大家的同意，幾乎聽不到任何反對的聲音，除了極少數的作家，如蒙田。他認為拷問無助於取得事實，因為人為了避免痛苦，什麼話都說得出口。此外，只為了某人的猜疑就把某人架起來烤，「這代價未免太大」。[8]

神學家警告世人提防一項重大的發展，那就是敵基督將要來臨。在往後的日子裡，這類徵兆如雨後春筍般大量出現：一五八三年，非洲某國家的一名老嫗生下的嬰孩長出貓牙，這個嬰孩發出成人的聲音，自稱是彌賽亞。在此同時，巴比倫有一座山突然裂開，裡面出現一根深埋地底的柱子，上面用希伯來文寫著：「我誕生的時刻即將到來。」蒙田在波爾多高院的後繼者雷蒙是敵基督故事的專家，同時也是狂熱的女巫焚燒者。他的作品《敵基督》分析了天上的惡兆、草木的枯萎、收成的減少、人口的遷徙，以及戰爭中殘暴與吃人的事例，他認為這些現象充分證明撒旦即將到來。[9]

在這樣的局勢下，參加群眾暴力是為了讓上帝知道你站在祂那一邊。新教與天主教極端主義分子都崇拜神聖熱忱，[10]他們願意將自己的所有奉獻給上帝，並且棄絕此世的一切。在這樣的時代裡，如果還有人在意自己的日常瑣事，輕者會被指責道德有瑕疵，重者則會被指控是撒旦的信徒。

事實上，許多人的確過著自己的生活，而且盡可能地遠離這場動亂，他們甘於平凡的日子，而這正是蒙田所認為的智慧本質。這些人即使相信撒旦與上帝之間的戰爭即將降臨，他們對此事的興趣，也遠不及他們對皇家宮廷醜聞與外交縱橫捭闔的關心。許多新教徒在一五七二年後一聲不響地放棄自己的信仰，或至少隱匿自己的宗教立場，此舉等於默認今世的生活比來世的信仰更為重要。但有少數人走向反面的極端，他們過度激化，居然想對天主教發動全面性的戰爭，甚至想殺死國王——這名該為科里尼與所有受害者負責的「暴君」。在這種大環境下，拉博埃西的《論自願為奴》突然被胡格諾派激進分子搬上檯面，並且加以出版。他們將這本書重新包裝後進行宣傳，所宣傳的卻是拉博埃西自己從未主張過的觀點。[11]

結果，弒君是毫無必要的舉動。查理九世在一年半後，也就是一五七四年五月三十日因病去世。王位由凱薩琳・德・梅第奇的另一個兒子繼承，是為亨利三世，但他比查理九世更不得人心，就連天主教徒也不喜歡他。一五七〇年代，天主教極端派人士（稱為天主教同盟）獲得愈來愈多的支持，在能幹而深具野心的吉斯公爵領導下，這些極端分子為國王帶來的麻煩，並不比日後的胡格諾派來得少。從這時起，法國的內戰將成為三方之間的戰爭，而國王經常是最弱的一方。亨利偶爾嘗試要將天主教同盟收歸自己的陣營，以降低他們造成的威脅，但這些極端派人士卻拒絕國王的好意，還將國王形容成喬裝打扮的撒旦嘍囉。

對天主教同盟來說，亨利三世可能太穩健了，但他在其他方面卻相當極端，這顯示他完全不了解蒙田的穩健是什麼意思。蒙田與亨利三世見過幾次面，他不怎麼喜歡亨利。一方面，亨利宮中聚集的都是些紈褲子弟，他把宮廷變成了腐敗、奢侈且充滿愚蠢禮儀的地方。他年輕時每晚外出跳舞，穿著深紫色綢緞織成的袍服與緊身上衣，戴著珊瑚色手鐲，把身上的披風剪成一條條緞帶。他開啟了四袖襯衫的流行時尚，兩個袖子用來穿，另外兩個袖子拖在後面，就像翅膀一樣。其他一些裝模作樣的做法更讓人覺得奇怪，像是他在用餐時使用叉子而非刀子與手指，他穿睡衣睡覺，有時還會洗頭。另一方面，亨利也公開從事誇張的神祕主義與悔罪儀式。他對王國面臨的問題愈感到煩心，就愈常參與鞭笞者的行列，和他們一起赤足，艱難地走在鋪滿鵝卵石的街道上，一邊吟唱讚美詩，一邊鞭笞自己。[12]

蒙田認為，如果解決政治危機的方式必須仰賴祈禱與極端的精神惕厲，這簡直是把治國當兒戲。他對祈禱行列毫無興趣，也不相信彗星、詭異的雹災、醜怪的新生兒或任何末日徵兆。蒙田指出，憑藉這類現象提出預言的人，經常把話說得含混不清，往後不管發生什麼事，他們都能宣稱自己的預測正確。在蒙田眼裡，絕大多數的巫術指控只是人類想像的結果，與撒旦無關。他喜歡的還是自己的座右銘：「我存而不論。」[13]

蒙田的懷疑主義招來一些溫和的批評，當時波爾多有兩位人士，馬丁安東尼·德爾·里歐（Martin-Antoine del Rio）與皮耶·德·朗克爾（Pierre de Lancre），他們警告蒙田，以人類的想像力來解釋末日，在神學上相當危險，因為這會使人忽略真實的威脅。[14]總括來說，蒙田小心翼翼避免招來嚴厲的質疑，但他公開反對拷問作為與女巫審判，確實可能對他的名聲造成損害。蒙田在許多人心目中其實已被歸類為一群思想家所組成的派系，這群人被他們的敵人稱為「政治派」（politiques）。[15]政治派人士的特點在於他們認為法國的問題與敵基督或末日無關，純粹只是政治問題。因此，他們主張解決方法應該要從政治層面去思考，所以才有了「政治派」的綽號。他們理論上支持國王，相信法國唯一的希望是統一在一位具正當性的君主之下，然而私底下，他們絕大多數都希望未來能出現一名比亨利三世更能激勵人心、凝聚「共識」的君主。儘管政治派仍忠於國王，他們也試著尋求與其他黨派的共通點，希望早日停息戰爭，為法國的未來奠定基礎。

遺憾的是，能將極端天主教徒與極端新教徒拉在一起的共通點，竟是對政治派的敵視。政治派這個詞本身即代表了無神的指控。這些人只專注於政治的解決方式，而不在意自己的性靈。他們是帶著面具的人，是騙子，就像撒旦一樣。「他披著羊皮」，當時的人提起典型的政治派人士時如此說道：「卻不折不扣是隻狂暴的狼。」[16]政治派人士不同於真正的新教徒，他們試圖傳遞的並不是他們原來的面目，而且既然他們如此聰明、富有智識，也就沒有藉口說自己是受撒旦欺騙的無知受害者。蒙田與政治派的關聯，使他有充分理由強調自己的坦率與誠實，以及他身為天主教徒的正統性（不過，當然，說自己誠實就像是一隻披著羊皮的狼會做的事）。

天主教同盟指控政治派不可信任，但政治派也反過來指控天主教同盟放縱激情，因而失去了判斷力。這真是太奇怪了，蒙田反思說，基督宗教怎麼會這麼頻繁地引導人們走向過度暴力，並且讓這些人陷入毀滅與痛苦：

> 當我們的熱忱支持我們朝向仇恨、殘忍、野心、貪婪、責難與背叛直奔而去時，我們總是跑得比誰都快。相反地，若要我們朝著善良、仁慈與穩健前進，除非奇蹟出現，讓我們擁有極少數人才擁有的這些特質，否則我們一動也不動。

「沒有仇恨能超過基督徒的仇恨」，[17]蒙田甚至這麼寫道。他不喜歡目露凶光的基督教狂熱分子，而寧可期待斯多噶風格的賢者：一個行為道德、情感穩健、判斷力良好且知道如何生活的人。

政治派裡的確有許多人篤信斯多噶哲學。他們不鼓吹革命或弒君，而是建議接受眼前的生活，奉行斯多噶派「熱愛命運」的原則。他們也提倡斯多噶派的連續觀，認為世界或許會以盛衰相尋的方式持續循環，而非加快腳步單一地朝末日前進。當宗教黨派想像天上集結了準備進行善惡決戰的大軍時，政治派則認為一切遲早塵埃落定，人們將會恢復理智。[18]在千禧年即將到來的時刻中，他們是唯一一群能夠有系統地轉換自身視角，並思索當「動亂」成為歷史時該怎麼做的人。唯有他們能明確地計畫該如何建造這個世界的未來。

蒙田的斯多噶派觀點，使他在作品中把戰爭輕描淡寫到令人震驚的程度。傳記作家不約而同地強調蒙田的戰爭經驗，其理由很充分：戰爭確實深刻影響了他的生活。有些評論者以戰爭做為理解蒙田的基礎，然而當我們閱讀這類作品後回頭來看《隨筆集》，將會感到十分驚訝。我們發現蒙田在書中說出「看到我們的戰爭如此輕柔而溫和，我感到驚奇」這樣的話，以及「如果一百年後人們還記得我們這個時代曾有過內戰，那已經很了不起了」。蒙田說，生活在現代的人總是把事情看得很嚴重，因為他們無法跳脫自己的視角：

> 只要有人把自然之母的偉大造化當成一幅畫作，只要有人在她的臉龐上發現萬事萬物的千變萬化，只要有人能在畫中找到自己，而且不只找到自己，還發現了一整個王國在畫中不過是極為纖細的畫筆繪上的小點，這個人就能根據這個真實比例來評價事物。

蒙田以古老的斯多噶訓示提醒當時的人：避免讓自己的情感陷入困難的處境中，試著從不同的角度或不同的意義尺度來想像自己的世界。古人就是這麼做的，他們從高處俯瞰自己遭遇的苦難，就像看著亂成一團的蟻窩一樣。蒙田寫道，占星家現在警告會有「巨大而迫近的動亂與變遷」，但他們忘了一個簡單的事實，無論事情再怎麼糟糕，日子還是要過。「我並不感到絕望」，蒙田淡淡地添了一句。[19]

不可否認，蒙田是幸運的。一連串的戰爭毀了他的莊稼，使他擔心自己在睡夢中被殺，而且迫使他參與自己亟欲避免的政治活動。一五八〇年代，戰爭使他陷入更大的麻煩，此時內戰雖已接近尾聲，卻也是最慘烈的階段。然而，我們看不出這些經驗在蒙田身上留下了深刻的傷痕；即使他曾經參與作戰，他也從未在《隨筆集》中提及。簡言之，他在最糟的處境中得到最好的結果。然而，絕大多數人並不會因此停止沉湎於哀傷。

蒙田是對的，日子還是要過。聖巴爾多祿茂大屠殺雖然恐怖，帶來的只是連綿不絕的個人苦難，而非世界末日。敵基督並未降臨。如蒙田所料，只過了一代的時間，人們對於自己曾經歷過的慘烈戰爭已然記憶模糊。之所以如此，部分是因為蒙田與政治派人士確實恢復了國內秩序。他擺出隨和且自在的樣子，在挽救國家上的貢獻卻遠大於同時代的狂熱分子。他有部分的工作直接涉及政治，然而他最大的貢獻是遠離政治，寫下了《隨筆集》。在許多人眼中，這部作品使他成為英雄。

英雄

認為蒙田是英雄的人，通常把他當成一名與眾不同的人：一名反對英雄主義的英雄。雖然蒙田晚年確實完成了一些令人稱道的工作，但人們尊敬他並不是因為他在公共事務上做出偉大貢獻，而是因為蒙田頑固地堅持在非常時期維持正常的生活，以及他對自己的獨立毫不讓步。

當時有許多人是這麼看蒙田的：偉大的斯多噶派政治思想家尤斯圖斯．利普修斯（Justus Lipsius）要蒙田繼續寫作，因為人們需要可遵循的典範。[20]十六世紀過去，經過很長一段時間之後，斯多噶派的蒙田早已為人遺忘，但處於亂世的讀者，仍繼續視蒙田為模範。他的《隨筆集》提供實際的智慧來解決各種問題，例如如何勇敢地面對脅迫，如何在門戶洞開與居家安全之間找到平衡點。他也提供了某種更加含糊而曚曨的東西，那就是如何在公共災難中存活下去，又能不喪失自尊。正如你可以直截了當向敵人求饒，卻不做任何妥協，或者選擇以不設防的方式保衛自己的財產，如此你可以安然度過一場沒有人性的戰爭，卻又能維持住自己的人性。蒙田的這段訊息對於曾在二十世紀經歷戰禍，或是遭遇法西斯主義或共產主義獨裁統治的讀者來說，特別具有吸引力。在這些時代裡，文明社會的結構似乎已經傾頹崩壞，一切無法恢復舊觀。蒙田一方面對這些感傷投以最少的同情，另一方面卻抱持著最大的確信——他提醒讀者，一切終將回復常態，人們的感傷將不復存。

許多讀者對於《隨筆集》這個面向有所回應，其中最特出的首推奧地利猶太裔作家斯蒂芬・褚威格。褚威格在二次世界大戰期間被迫流亡南美，藉由撰寫與蒙田有關的個人長篇隨筆來獲得平靜，使自己不再受苦難攪擾。對他來說，蒙田是一位非英雄的英雄。

年輕的褚威格在十九、二十世紀之交的維也納首次翻閱《隨筆集》時，並未對此書留下深刻印象。他與之前的拉馬丁和喬治・桑一樣，覺得這本書過於冷靜，缺乏「靈魂與靈魂間通電的感受」，他無法從中找到與自己生活的關聯。「對一個二十歲的年輕人來說，蒙田先生在〈國王待客的禮儀〉或〈評西塞羅〉中的漫談閒扯，能有什麼意思？」即使蒙田談到理應吸引人們目光的話題，例如性與政治，他那「溫和節制的智慧」以及不要涉入世界太多才屬明智的想法，也令褚威格倒盡胃口。「年輕人生性不喜歡聽勸，更何況要他們保持溫和或存疑。每一種懷疑似乎都是一種限制。」青年渴望信仰，他們希望被喚醒。

此外，在一九〇〇年，個人自由似乎沒有保衛的必要。「長久以來，它不就是個自明的事物嗎？自人類從暴君與奴役解放之後，它不是一直被法律與習慣保障著嗎？」褚威格那個世代（他生於一八八一年）認為繁榮與個人自由只會不斷成長。有什麼理由讓人相信會走回頭路？沒有人覺得文明正面臨危機；沒有人被迫退縮到自己私人的自我中，以保存精神自由。「蒙田毫無意義地晃動枷鎖，發出吵雜的聲響，而我們認為這道枷鎖早在很久之前就已斷裂。」[21]

當然，歷史證明褚威格這一代人是錯的。正如蒙田自己成長於一個充滿希望的世界，而後卻眼見其墮落敗壞，褚威格也生於一個最幸運的國家與世紀，卻親眼看見它四分五裂。人們又鑄出了枷鎖，而它變得比過去更牢固，也更沉重。

褚威格在第一次世界大戰中倖免於難，但隨後而來的卻是希特勒的崛起。他逃出奧地利，有數年時間淪為難民四處流浪，先是到了英國，然後前往美國，最後抵達巴西。他在自傳裡寫道，流亡使他「如蒼蠅般朝不保夕，如蝸牛般無望無助」。褚威格覺得自己像個死囚，在囚室中等待處決，而且愈來愈無法與周遭的世界交流。為了保持清醒，他全心投入工作。在流亡期間，他撰寫了巴爾札克的傳記、一系列中篇與短篇小說、一本自傳，以及談論蒙田的隨筆。在寫作的過程中，他沒有適當的資料或筆記，因為他逃出奧地利時乃是孑然一身。褚威格無法像蒙田那樣冷靜自持，然而這是因為他的處境遠比蒙田來得艱困：

> 我不屬於任何地方，我到哪兒都是陌生人，頂多是個客人。歐洲，我心所屬的故鄉，已在我面前消失；它再度引火自焚，在兄弟相殘的戰爭中化為灰燼。天不從人願，我竟看到人類歷史上理性最驚心動魄地敗亡，與野蠻極其殘酷地勝利。[22]

一九四一年，褚威格來到巴西，在流離失所中，他已不知家為何物。儘管對未來不抱希望，他仍感謝當地政府願意收留他。褚威格在其逗留的家中發現一卷《隨筆集》，他反覆閱讀，發覺這本書已非自己原先認識的那本。原本無聊乏味與無關緊要的作品，突然直接而親密地與他對話，彷彿這本書專為他一人而寫，或者說專為他這一代人而寫。褚威格隨即想寫一篇有關蒙田的文章。他在寫給朋友的信中說道：「他的時代和處境與我們有著驚人的相似。我寫的不是傳記；我只是要以他為典範，為內在自由而奮鬥。」在隨筆中，褚威格坦承：「在這個兄弟相殘的世界裡，對我來說，蒙田不僅是個不可或缺的幫手，也是個知己，是位密友。」[23]

褚威格的蒙田隨筆看起來確實像是傳記，然而卻是具有高度個人色彩的傳記，因為他不做任何解釋地將蒙田的經驗與自己的經驗融合在一起。褚威格寫道，在二次世界大戰或法國內戰中，平民百姓的生活成了狂熱分子痴心妄想的犧牲品。因此，對於任何心存正直的人來說，問題已不僅僅是「我如何活下去」，而是「我如何維持完整的人性」。[24]這個問題會以各種不同的面貌呈現，像是我如何保存真實的自我？我如何確保自己的一言一行不違內心的善惡標準？我如何避免失去自己的靈魂？最重要的是，我如何保持自由？蒙田並非尋常意義下的自由鬥士，褚威格坦承：「他不像席勒（Friedrich Schiller）或拜倫（Lord Byron）那樣能發出慷慨激昂的言詞，或寫出感動人心的美文，更不像伏爾泰那樣咄咄逼人。」[25]蒙田不斷表示自己是個慵懶、無用與不負責任的人，聽起來他就像是個可憐的英雄；然而這些特質不完全是缺點，它們是蒙田奮力維持真實自我的核心要素。[26]

褚威格知道蒙田不喜歡說教，但他還是努力從《隨筆集》中汲取一系列的通則。他不是以條列的形式來表現，而是以自己的話語描述這些原則，使它們看起來有如八條誡命——我們也可以稱它們是八項自由：

免於虛榮與驕傲。
免於信仰與不信仰，執念與黨同伐異。
免於習以為常。
免於野心與貪婪。
免於家庭與環境的束縛。
免於狂熱痴迷。
免於命運的宰制；做自己人生的主人。
免於死亡：生活不免仰人鼻息，但死亡全憑我們自己。[27]

褚威格選擇的是非常具有斯多噶色彩的蒙田，這等於是回到了十六世紀對蒙田的理解。最終，褚威格在意之至的還是最後一項原則，它直接承自塞內卡。而在極度憂鬱下，褚威格選擇了最終極的內在遷徙方式。他於一九四二年二月二十三日服用安眠藥自殺，他的妻子選擇一同赴死。褚威格在道別的訊息中表達他對巴西的感謝：「這個美好的國家」，如此熱情地接納他。他在最後說道：「我要向所有朋友道別！願諸位在漫漫長夜過後，能夠見到黎明的到來！我是個急性子的人，要先走一步了。」[28]

在褚威格眼中，蒙田的真正價值似乎只有在一個人被逼到如此極端時，才能顯現。此時已無任何事物值得保護，只剩下赤裸裸的「我」：人最單純的存在。[29]

> 人只有在遭受戰爭、權力與暴虐意識形態威脅他的生命與珍貴事物，也就是他的個人自由之時，才知道要在這個集體瘋狂的時代維持內在自我，需要多大的勇氣、誠實與決心。[30]

褚威格想必同意雷歐納德・伍爾夫的話，他說，蒙田內心的「我」連結著其他人的「我」，這種相互關照與同情，是文明的核心。當恐怖消逝，戰爭結束，這種態度將是未來賴以重建的基石[31]——然而褚威格已不耐久候。

蒙田維持內心正直與政治希望的觀點，在今日是否還有同樣的道德權威？有些人顯然這麼認為。有些作品推崇蒙田是二十一世紀的英雄，如法國記者約瑟夫・馬塞斯卡隆（Joseph Macé-Scaron）明確主張蒙田可以做為新宗教戰爭的解毒劑。[32]另一些人也許覺得今日最不需要的，就是有人鼓吹我們放鬆與退回到自己私人的領域。人們花更多的時間獨處，犧牲的就是公民責任。

把蒙田當成英雄或夥伴的人，並不認為他對社會責任採取「隨心所欲」的態度。相反地，蒙田認為要解決世界的分崩離析，必須讓每個人重新連結在一起：學習「如何生活」，第一步要做的就是腳踏實地。你的確可以從蒙田作品中看到無所事事、懶散與消極，或許你還可以發現蒙田提出各種理由，勸你在暴君得勢時不要做任何抵抗，只要默默接受。但《隨筆集》有許多篇章卻希望讀者努力規畫未來；說得更清楚一點，你不能只是夢想著天堂與宗教的超驗境界，而拒絕面對真實的歷史世界。蒙田以各種方式鼓勵人們尊重彼此，勿以取悅上帝為理由而殺人，且要抗拒每隔一段時間便起而引誘人們毀滅一切、使人類「倒退回文明初始」的驅力。福樓拜曾對朋友說：「讀讀蒙田吧……他能讓你冷靜下來。」他也說：「閱讀他，是為了生活。」[33]

Ch 13

我們問：如何生活？

蒙田說：做沒有人做過的事

縱然僅是首次出版，《隨筆集》卻已獨特不群。

蒙田形容這本書「荒誕不經」，如同「怪物的軀體」。

亨利三世對它讚譽有加，而據說蒙田這麼回應：「想必陛下也會喜歡我這個人。」

然而，如此公開寫下每日的觀察與想法，卻是觸犯了禁忌。

巴洛克暢銷作家

一五七〇年代交錯上演著和平與戰爭的插曲。蒙田的生活沒變，作品的寫作也持續不輟。這十年絕大多數的時間，他一直從事寫作與修改最初完成的幾篇隨筆，然後於一五八〇年交由波爾多當地的出版商西蒙・米朗吉（Simon Millanges）出版。

米朗吉是個耐人尋味的選擇。他才剛在波爾多開業幾年，大概跟蒙田開始寫作的時間一樣久。對蒙田來說，找巴黎出版商幫忙並不難，他們過去已有往來，而且《隨筆集》這樣的作品，出版商絕不可能輕易放過。縱然僅是首次出版，《隨筆集》卻已獨特不群，不過還是能夠巧妙地排入書市既有的分類之中，譬如古典文集與大眾作品。《隨筆集》完美結合了兩種商業利基：令人驚奇的原創性與易於分類。然而蒙田堅持留在波爾多出版，也許是因為個人的交情，也可能是基於加斯孔人的原則。

蒙田作品最早出現的版本，與現在我們閱讀的有很大的差異。它分為兩卷，雖然已經收錄了大篇幅的〈辯護〉，但分量仍相當少，絕大多數的篇章也都輕薄短小。這些隨筆經常在彼此衝突的觀點間擺盪，但不像日後的隨筆，蒙田這個時期的作品主題比較明確，內容也不致於散亂無章，其中一些隨筆的焦點甚至相當集中。然而這些作品已經帶有蒙田好奇、多疑與求變的性格，提到了各種令人困惑與怪誕的人類行為。當時的讀者對於特殊的書籍很感興趣，蒙田的《隨筆集》馬上就找到了熱情的知音。

米朗吉第一次出版的印量不多，大概只有五、六百冊，而且很快就賣完了。兩年後，他出版了第二版，而且做了一些改變。五年後，在一五八七年，《隨筆集》再次改版，並且交由巴黎的尚・里榭（Jean Richer）出版。[1] 此時，《隨筆集》已成為一五八〇年代初期法國貴族流行的讀物。一五八四年，傳記作家拉克羅瓦・杜・曼內（La Croix du Maine）說蒙田是當代作家中有資格與古人平起平坐的人物——此時距離他的書在波爾多一家普通出版社出版，僅僅只有四年光陰。蒙田自己也說《隨筆集》受歡迎的程度遠超過他的預期，它成了咖啡桌上供人翻覽的精裝書，廣受貴婦們的喜愛：「是一件公開展示的傢俱，客廳裡的擺設。」[2]

《隨筆集》的讚賞者中甚至包括了亨利三世。一五八〇年底，蒙田前往巴黎，依照慣例向國王獻上他的作品。亨利告訴他，他喜歡這本書，而據說蒙田這麼回答：「想必陛下也會喜歡我這個人」——就如他向來主張的，他的人如其書。[3]

照理來說，蒙田這種風格應該會成為他成功的障礙。如此公開寫下每日的觀察與內心想法，等於是觸犯了禁忌。你不應該在書裡抒寫自己，就算想寫，也只能記錄你的偉大事蹟，如果你有的話。當時幾本文藝復興時代自傳之所以沒有出版，如本維努托・切里尼（Benvenuto Cellini）的《自傳》（*Vita sua*）與吉羅拉莫・卡爾達諾（Girolamo Cardano）的《自傳》（*De vita propria*），主要就是這個原因。聖奧古斯丁曾經寫過自己，但目的是為了鍛鍊靈魂與記錄對上帝的探索，不是為了讚頌自己能成為奧古斯丁的奇妙歷程。

蒙田確實曾讚頌自己能成為蒙田，這讓一些讀者感到不安。古典學者約瑟夫・尤斯圖斯・斯卡里傑（Joseph Justus Scaliger）尤其對蒙田在一五八八年版的坦率言論感到惱火，蒙田在書中說自己喜歡白酒甚於紅酒。（其實斯卡里傑說得太簡略，蒙田是告訴我們他從喝紅酒改成喝白酒，然後又改喝紅酒，接著又改喝白酒。）另一名學者皮耶・杜普伊（Pierre Dupuy）問道：「誰想知道他喜歡什麼？」當然，這種作風也惹惱了巴斯卡與馬爾布朗許：馬爾布朗許說蒙田「厚顏無恥」，巴斯卡認為他應該適可而止。[4]

唯有在浪漫主義來臨之時，蒙田坦率表達自己的做法才不只受到欣賞，還受到喜愛。蒙田尤其吸引了英吉利海峽對岸的讀者。英國評論家馬克・帕提森（Mark Pattison）於一八五六年寫道，在人們眼中，蒙田的自我中心使他的形象躍然紙上，如同小說人物一般。而貝爾・聖約翰（Bayle St. John）評論說，所有真正的「蒙田愛好者」都喜愛他的「連篇廢話」，因為那使他的性格看起來真實，也使讀者從他身上找到了自己。蘇格蘭評論者約翰・斯特林（John Sterling）把蒙田描寫自己的方式拿來與社會普遍接受的公眾人物回憶錄做對比，後者只記述了令人厭煩的「喧鬧應酬」這類外在事件，蒙田則給予我們「人物本身」：他的「核心本質」。在《隨筆集》裡，「其內心清晰可見」。[5]

早在一五八〇年的版本，蒙田就以他的內心世界吸引了讀者目光。以下這段話不是出自日後充滿冒險的篇章，而是來自《隨筆集》的第一版：

> 我把目光轉而向內，聚精會神地注視著。每個人都看向自己眼前的事物；至於我，則看向自己的內心。我唯一注視的就是我自己。我持續觀察自己，打量自己……在自己的內心打滾。[6]

這段描述極為具體，人們把蒙田在自己內心打滾的樣子，想像成廣闊草地上的幼犬。當他不打滾時，他便「折疊」起來。「我把目光折而向內」是上述引文第一句話「je replie ma veue au dedans」更貼近字面的翻譯。他似乎不斷地轉身朝向自己，層層疊疊地增厚與加深，結果形成一種巴洛克式的摺綴衣紋，布滿洶湧狂暴的波浪紋飾。無怪乎蒙田有時被稱為首開先河的巴洛克時代作家，儘管他的生存年代比巴洛克時代早得多；另一種不那麼時代倒錯的說法，則是將他稱為風格主義作家。[7]風格主義藝術繁盛於巴洛克時代之前，但更為繁複而離經叛道。它的特徵在於視覺的幻象、畸形、零亂與各種詭異的天使，強烈否定了支配文藝復興時代的古典均衡與節制的理想。蒙田形容他的《隨筆集》是「荒誕不經的」，如同「怪物的軀體……沒有確定的形狀，沒有次序、先後或比例，一切純粹出於偶然」，這些話聽起來就像是風格主義者的類型。根據賀拉斯提出的古典原則，在藝術中甚至不能提起怪物，因為牠們是如此醜陋，但蒙田卻把自己的作品比擬成怪物。[8]

蒙田在政治上是個保守主義者，卻從一開始就成為一名文學革命家。他寫作的方式違背常軌，不遵循普遍的範式，而是自然地帶出談話的韻律。他省略了連結，跳過論理的步驟，只引用材料而不做任何處理，就像剛切好的一塊牛排。[9]「我不看事物的整體」，他如此寫道：

> 每件事物都有著上百種面向，而我只取其中一面，有時只是舔一舔，有時只是刷過表面，有時則用力擰到骨子裡去。我刺了一下，但沒有刺得很寬，而是盡可能地刺得很深。我最常做的就是從一般人想都沒想過的點來看事情。[10]

最後一句話無疑是真的。早在最初，蒙田就已經帶有拐彎抹角的敘述手法；到了一五八〇年代，這種手法更是變本加厲。〈論馬車〉一開始討論一些作者，然後稍微談了一下噴嚏，兩頁過後，終於說起本篇該談的馬車，然而卻是匆匆帶過，再把剩下的篇幅全拿來談新世界。〈論相貌〉討論相貌這個主題時，突然評論起蘇格拉底的醜陋，在一篇長約二十八頁（以唐納·弗蘭姆的英譯本為準）的隨筆中，這個話題居然占了二十二頁。[11]英國作家薩克雷（Thackeray）開玩笑說，蒙田為每一篇隨筆取了各種標題，他會把其中一篇稱為〈論月亮〉，把另一篇稱為〈論新鮮乳酪〉，但其實取什麼名字根本不重要。蒙田坦承他的標題與內容並沒有明顯的關聯——「通常這些標題只是一種用來標示文章的符號」。但他也說，如果標題的出現看似出於偶然，或無法找到文章的條理線索，「相關的一些話語一定可以在文章的每個角落找到，光是這些隻字片言就已足夠」。[12]文章角落的話語經常藏匿著最有趣的主題，蒙田總是將這些字句插進文章最致命的部分，打斷了敘事的流暢性，把乾淨的水弄得一片渾濁，使讀者無從遵循他的論點。

蒙田《隨筆集》起初呈現出傳統作品的風貌，從偉大古典作家的花園裡採集了一束花，加上對外交與戰場倫理的全新思考。然而，一旦打開書本，這束花馬上就像奧維德的生物一樣變成畸形的怪物，並且只靠一樣事物將牠們結合在一起，那就是蒙田。幾乎沒有人比他更能如此全面地違反傳統。這本書不僅醜怪，原本應該謙虛地隱沒在背景的事物，居然凸顯為本書的主軸。蒙田是這本書的引力核心；隨著這本書隨後不斷出現各種變化，乃至於必須負擔起沉重的額外肢體、裝飾、行李與雜亂的身體部位時，這個統合一切的核心也就變得愈來愈強大。

一五七〇年代是蒙田寫作初試啼聲的十年，一五八〇年代則是他晉身名作家的十年。第二個十年使《隨筆集》的篇幅足足增加了一倍，也使蒙田從無名小卒變成了明星。此外，一五八〇年代也使他離開了寧靜的吉衍鄉下，前往瑞士、日耳曼與義大利長期旅行。聲名鵲起的他在各地受到熱烈款待，之後他也成為了波爾多的市長。旅行使蒙田在文學上更有發展，並使他成為公眾人物。旅行也損壞了蒙田的健康，耗盡他的精力，使他成為受人緬懷的人物。

Ch 14

我們問：如何生活？

蒙田說：看看這個世界

早在幼年時期，蒙田就已發覺自己對這個世界有著「真實的好奇」。

每遊至一地，他就會大力誇讚當地的風土人情，反倒對自己家鄉一點好話也沒有。

但是在當時，旅行可算是一項極限運動，危險性完全不亞於決鬥。

旅行

一五八〇年《隨筆集》初版的成功，勢必改變了蒙田思考人生的方式。喝采聲使他遠離了日常瑣事，或許還給他一種感覺：時候到了，應該結束隱居生活，重新投入外在世界。雖然蒙田在《隨筆集》裡幾乎未提此事，但這時的他應該感受到了外交事業有趣的引誘，而從事外交的最好方式就是先建立跨國的人脈網絡。蒙田也亟欲擺脫莊園家務的束縛，幸好他有個能幹的老婆，可以讓他放下家裡的工作出外遠行。長久以來蒙田就一直想旅行，他想親眼見識「大自然無窮的種類與形式」。早在幼年時期，他便已發覺自己對這世界有著「真實的好奇」，想親眼目睹「建築物、噴泉、人、古戰場、凱撒或查理曼駐足之處」以及一切事物。蒙田想像自己追踵著古典英雄的足跡，同時探索當前世界的各種景象。他可以跟異邦人接觸，讓自己「腦袋靈光」。1

此外，還有另一個比較不那麼吸引人的旅行理由。蒙田從父親身上遺傳了容易罹患腎結石的體質。他曾經親眼看見父親因腎結石而痛暈過去，這使得他對這種疾病極為恐懼。現在，年過四十五歲的他，終於也嘗到這個病痛的滋味。

當鈣或其他礦物質在泌尿系統裡沉積，並產生粒狀物與結晶，我們稱為腎結石，嚴重時甚至會堵塞尿液。這些結石經常會碎裂開來，形成鋸齒狀的碎片。無論整塊還是碎片，它們一定要通過體內，而這往往會產生痛如刀割的感受。結石也會造成腎臟周圍不適，使腹部與背部感到刺痛，有時還會讓人噁心與發燒。即使它們順利排出體外，也不代表事情已經結束，因為這種疾病很容易復發。在蒙田那個時代，結石發作往往會造成生命危險，不是堵塞尿道，就是產生感染。

今日，結石可以利用音波擊碎，使其輕易通過尿道，但在蒙田的時代，人們只能盼望這些球狀、釘狀、針狀物與帶刺的東西能夠自行排出體外。蒙田會盡可能憋尿，利用壓力將結石排出；這種做法很痛苦，而且具危險性，但有時會有效果。蒙田也試過其他療法，不過他對所有形式的醫藥都不太信任。有一次，他服用了「威尼斯松節油」，他們說這種油來自提洛（Tyrol）山區，將兩大劑松節油抹於銀匙上的威化餅，再淋上一兩滴滋味不錯的糖漿」。然而這種做法的唯一效果，就是讓他的尿聞起來像三月的紫羅蘭。餵了特殊草藥與酒的公山羊，其血液據說也有效。蒙田嘗試這種療法，他在自己的莊園裡養山羊，但殺了牠們後，他發現羊體內的結石跟他自己的還真像，於是馬上放棄這種療法。他不了解有問題的泌尿系統如何能治療另一個泌尿系統。

最常用來治療腎結石的做法是溫泉浴。蒙田也試過這種療法，至少這種方法是自然的，不會造成傷害。溫泉浴通常位於引人入勝的環境裡，結伴泡溫泉也頗有樂趣。一五七〇年代末期，蒙田在法國兩個地方泡過溫泉。雖然泡完之後結石還是復發，但他仍願意繼續。因此，溫泉浴就成為旅行的另一個理由，畢竟瑞士與義大利的溫泉勝地頗為知名。而以治療結石為名義，也可以輕易說服妻子與朋友。2

於是，在一五八〇年夏天，這位著名的四十七歲作家離開了他的葡萄園，出發到異邦治療痼疾，順便看看這個世界，或者至少是歐洲世界的幾個地方。[3]這趟旅行使他遠離家園，直到一五八一年十一月為止，總共十七個月的時間。蒙田一開始先在法國境內遊歷，顯然是基於公事，或許是接受上級委託，在旅程中從事某些政治任務。也就是在這個時候，他向亨利三世進獻《隨筆集》，使國王成為他的讀者。之後，蒙田轉向東行，跨越國境進入日耳曼地區，然後朝阿爾卑斯山區與瑞士出發，最後抵達義大利。如果完全順隨他自己的心意，那麼這趟旅行可能為期更久，而且最終不知將抵達何處。蒙田曾一度幻想前往波蘭，但最後還是沒有達成。然而，他仍因造訪一般人都會前往的目的地——羅馬——而感到滿足。對每個虔誠的天主教徒與文藝復興時代的知識分子來說，這是一生必去的偉大朝聖之地。

蒙田想獨自旅行，他想隨興所至任意地遊玩，可惜現實上由不得他如此。他是一名財富殷實的貴族，身旁理應跟隨大批僕役隨從、好友舊識與食客附庸，而這些人恰恰令他避之唯恐不及。與他一同前往的有四個年輕人，他們全是為了尋找學習的經驗而去。其中一位是蒙田最小的弟弟，貝特隆．德．馬特庫隆，他才二十歲；其他則分別是蒙田的妹夫、鄰居的十幾歲兒子，以及他的朋友。隨著旅程展開，這些人也因各有追尋而在半途分道揚鑣。這當中運途多舛的首推馬特庫隆，他待在羅馬學習擊劍，卻在一場決鬥中殺了人，最後還是勞煩蒙田才將他從牢裡救出來。[4]

在當時，旅行可以算是一項極限運動，危險性完全不亞於決鬥。既有的朝聖路線路況或許不錯，但捨此便崎嶇難行，你必須在聽聞前方出現鼠疫疫情或有攔路搶匪出沒時改變路線。蒙田就曾接獲警告前方有武裝強盜橫行，因而變更了前往羅馬的路線。有些人會雇用保鑣或組織護衛隊前往。蒙田自己已帶了相當龐大的隊伍，這對他們的安全也許有幫助，但也招來不友善的目光。[5]

此外，還有一些令人生氣的事。一路上官員經常索賄，尤其是義大利，這裡的官員腐敗出了名，而且官僚習氣極重。在歐洲各地，城市的大門總是戒備森嚴，你必須持有正確的護照、旅行與行李通行證，以及近來並未經過鼠疫區域的證明書。城市的檢查哨會發給通行證，讓你在特定的旅店住宿，而旅店老板必須在通行證上副署。看來當時的旅行與冷戰巔峰時期的共產世界旅行沒什麼兩樣，只是當時的社會秩序更糟，也更危險。

旅行本身也很不舒適，因為絕大多數時間都騎在馬背上。你可以搭乘馬車，但馬車座位通常比馬鞍還要硬。蒙田當然比較喜歡騎馬，他一路上買馬、賣馬，或者租用馬匹進行短程的旅行。河流航行是另一項選擇，但蒙田容易暈船，因此對舟船敬而遠之。一般而言，騎馬能讓蒙田享有自由，而令人驚訝的是，他也發現當腎結石發疼時，騎在馬鞍上似乎可以減輕痛苦。[6]

蒙田最喜歡的旅行方式就是隨遇而安，他不想一切照計畫進行。「如果右邊的景色很醜，我就看左邊的風景；如果我覺得騎馬很不舒服，我就不騎。」他在旅行期間仍持續閱讀與寫作，但也是感到興味盎然時才這麼做。三個世紀之後，雷歐納德・伍爾夫與妻子漫遊歐洲，他描述妻子同樣也漫無目的地前進，就像鯨魚溫吞地篩起浮游生物。她「不會預先去想接下來的事」，因此她「既雀躍又放鬆」，出現了兩種截然不同的情緒組合；蒙田也是一樣。旅行不過是蒙田每日生活樂趣的延伸，他炫耀地說，他讓自己「如在天堂裡打滾一樣輕鬆地滾著」，而每天看見的新事物，總讓他像孩子一樣目不轉睛，這更增添了旅行的樂趣。[7]

蒙田不喜歡計畫，但他也不喜歡錯過精采的事。他的隨身祕書有段時間負責為他記錄《旅行日誌》，他提到宴會裡的賓客總是抱怨蒙田每次一聽到自己沒聽過的事，就會離開原來討論的主題，急著一探事物的究竟。但蒙田一定會說自己不可能離題，因為根本就沒有主題。[8]他唯一為自己規畫的路徑，就是到未知的地方旅行。只要路線不重複，便等於是完全恪守自己的計畫。

唯一看不出蒙田充滿活力的地方，就是他不喜歡太早啟程。「我的賴床習慣，使我的隨從得以悠閒地享用早餐，再從容出門。」他在家裡也是如此，總是不喜歡在早上準備事情。然而，整體來說，蒙田在旅行時還是努力改變自己的習慣。與其他旅人不同，他只吃當地食物，而且希望嘗到當地的做法。他在旅途中曾一度因為沒讓廚師隨行而感到遺憾——不是因為他想念家鄉的料理，而是他希望讓廚師學習新的異國菜餚。[9]

蒙田看到其他法國人在國外遇見同胞時的熱絡樣子，每每感到困窘。法國人在國外總是尋找其他法國人的身影，他們聚在一起喧鬧，然後一整個晚上不斷抱怨異邦人的粗鄙無文。但其實這些人只在少數，且他們至少還注意到了異邦人與法國人的不同。其他人旅行時則「完全沉默寡言，他們故意不與人溝通，因為他們不願受到未知氣氛的感染」，這些人因此也就對各地的民情風俗一無所知。在日誌中，祕書提到蒙田跟其他法國人簡直是南轅北轍。他每到一地，就會大力誇讚當地的風土人情，反倒對自己家鄉一點好話也沒有。「事實上，在他的判斷裡夾雜著一點情緒，一種對自己國家的蔑視」，祕書如此寫道。他懷疑蒙田是因為「想起其他的事」，才這麼討厭法國——或許是因為內戰的緣故。[10]

蒙田也入境隨俗學上幾句當地語言。在義大利，他講義大利文，甚至在自己接手記錄日誌後，在上面用義文書寫。他仿效變色龍或章魚，試圖隱姓埋名——或者應該說是自以為隱姓埋名。祕書寫道，在奧格斯堡（Augsburg），「蒙田先生不知何故，希望我們掩蓋自己的身分。他在毫無侍從的陪伴下，一整天在城裡閒逛。」這麼做一點用也沒有。坐在奧格斯堡教堂的長椅上，室內非常寒冷，蒙田發現自己流著鼻水，於是下意識掏出手帕。然而當地人並沒有使用手帕的習慣，因此當他擤鼻涕時，馬上就露出馬腳。這裡有臭味嗎？當地人狐疑。還是說他怕染上什麼疾病？無論如何，他們早已看出他非本地人，他穿衣服的方式早已掀了底。蒙田感到極為困窘，這是唯一一次，「他犯了自己最不想犯的錯誤，因為風格品味的差異，使人一下子就注意到他」。[11]

教會在蒙田的旅途中扮演著重要角色，不是因為他喜歡祈禱，而是因為他對各種宗教儀式感到好奇。他觀察日耳曼的新教教堂，對義大利的天主教教堂也同感興趣。在奧格斯堡，蒙田目睹孩子受洗的過程；步出教堂時（他已被發現是個外國人），他問了許多關於洗禮的問題。在義大利，蒙田參觀猶太會堂，而且「向對方討教不少典禮儀節」。他也在一間民宅目睹了猶太割禮。[12]

各種鄉野奇譚讓蒙田興致盎然。剛開始旅行時，蒙田在洛林（Lorraine）的普隆比耶（Plombières-les-Bains）遇到一名士兵，他的鬍子有半邊是白的，眉毛也只有一邊是白的。男子告訴蒙田，他的鬍子與眉毛都是在一天內變白。當時他的哥哥死了，他單手掩面哭了好幾個鐘頭，結果就變成這個樣子。在附近的維特里（Vitry-le-François），有人告訴他過去這裡曾有七到八個女孩，「共謀」要像男性一樣穿著與生活，其中一人還娶了老婆，兩人一起生活了幾個月——「老婆很滿足，據說如此」——直到有人向官府密報，事情才抖了出來，這名女子也被處以絞刑。同個地區也有一則故事提到一個名叫傑爾曼的男子，在二十二歲之前都還是女性，直到有一天她跳過一個障礙物，底下就開始長出「男人的東西」。當地小鎮因此流傳著一首民謠，警告女孩跳躍時不要把雙腿張得太開，以免發生同樣的事。[13]

蒙田也對不同的飲食習慣很感興趣；對任何旅行者來說，飲食一直是個明顯的文化比較對象。在瑞士，高腳杯裡的酒再斟滿時是用長嘴容器從遠處倒酒，而在吃過肉類之後，每個人都要把盤子丟到桌子中央的籃子裡。瑞士人用刀子吃東西，「他們的手幾乎從不伸進盤子」，而且用的餐巾是小到不能再小的六英寸方巾，偏偏瑞士人又特別喜歡湯湯水水的食物，搭配著容易弄髒衣物的醬汁。更奇怪的還在後頭，瑞士的臥房「床鋪架得特別高，你通常還需要搭個梯子爬上去，而且幾乎每個地方的大床底下還擺著小床」。[14]

所有事情都能吸引蒙田或祕書的注意，尤其祕書還必須依照蒙田的指示在日誌上詳加記錄。

在林道（Lindau）的旅店住宿時，餐廳有一整面牆擺放了裝滿鳥類的籠子，另外還有小走道與黃銅線，讓鳥兒能從房間的這一端蹦跳到另一端。在奧格斯堡，他們看到有人用繩子圈著兩隻鴕鳥，準備將牠們進獻給薩克森公爵（duke of Saxony）。蒙田也在當地看到「民眾在木棒末端綁上雞毛，用以撢落玻璃器皿上的灰塵」。奧格斯堡有好幾道可以遙控的城門，這也讓蒙田頗為好奇，這些門會依次地關閉，就像運河裡的水閘門一樣，如此一來入侵者就無法長驅直入。[15]

他們每到一個地方，就會看到時髦的噴泉與親水公園，可以讓人徜徉數小時，享受虐待式的娛樂。在日耳曼富格（Fugger）家族的花園裡，有條通往兩座魚池間的木頭步道，步道下設有機關，渾然不知的紳士淑女們只要走過步道，就會被隱蔽的黃銅噴嘴噴得一身溼。在同座花園的另一處，你可以摁下按鈕，此時一道水柱就會射向正專注觀賞某座噴泉的遊客。花園裡有一句拉丁文這麼說道：「你在尋找無聊的樂趣嗎？全在這裡，好好享受吧。」蒙田一行人顯然樂在其中。[16]

偉大的藝術品似乎沒有在蒙田心中留下格外深刻的印象，至少他很少提及這些東西，只是偶爾評論一下這些作品，例如在佛羅倫斯，蒙田只說「米開朗基羅的雕像美麗而出色」。《隨筆集》也很少提到視覺藝術。蒙田的塔樓牆壁上畫滿了壁畫，顯然他對繪畫具有一定品味，但他似乎沒有意願要寫這些事，儘管他看見的是剛剛完成、色彩鮮艷的義大利文藝復興時代作品。[17]

日後，有些《旅行日誌》的讀者因為蒙田對文藝復興時代的藝術隻字未提而感到不滿，尤其是浪漫主義者，他們是日誌手稿一七七二年自蒙田城堡被翻找出來後的第一批讀者。讀者對於這項發現感到振奮，但對於自己閱讀到的內容也夾雜著沮喪。十八世紀讀者除了對藝術有更深刻的愛好，也喜愛阿爾卑斯山崇高的自然美景，與羅馬廢墟帶給他們的思古幽情。然而蒙田在日誌上的紀錄完全是兩回事，他除了不斷提到自己尿道阻塞，也詳細描述每到一處看到的有趣但一點也不崇高的細節，像是旅店、食物、技術、風俗與社會習尚。讀者對於祕書的描述也倒盡胃口，「蒙田先生在星期二喝的水讓他上了三回廁所」，兩天後，另一劑溫泉水讓他「大小便」都極為通暢。等到蒙田接手記錄時，讀者還是高興不到哪裡去。蒙田提到他排出的石頭「又大又長，像松子一樣，有一端卻像豆子一樣厚。說真的，它看起來就像個帶刺的玩意兒」。瑞士與日耳曼讀者唯一感到欣慰的，在於日誌對他們的家鄉讚譽有加，特別是瑞士的火爐，蒙田覺得設計得太好了。[18]

最初的讀者對於《旅行日誌》幾乎沒有什麼回應，因此決定了此書日後的命運：它一直被視為《隨筆集》的貧困遠親。然而，《旅行日誌》卻比任何一本過度渲染的浪漫主義遊記都要來得可讀，因為它對細節的描述極為詳實。《旅行日誌》提到大床下擺了小床、容易弄髒衣物的瑞士醬汁、和房間一樣大小的鳥籠、割禮、性別改變，與鴕鳥，這些描述有什麼能讓人不喜歡的？

日誌另一個吸引人的地方是祕書對蒙田外表的描述，他的描繪與《隨筆集》中喜歡反思的蒙田如出一轍。讀者發現蒙田總會拋開民族偏見，就像人們對他的預期一樣。他總是充滿熱情與好奇心，但有時也很自私；他經常不分青紅皂白，就將滿嘴牢騷的侍從帶到一處看來實在沒什麼值得參觀的地方。祕書甚至還古怪地暗示蒙田在正式演說時說了太多不該說的話，儘管（或者正因如此）他對正式演說其實毫無興趣。在巴塞爾（Basel），祕書寫下蒙田在晚宴中聽了「一段冗長的歡迎詞」之後，也給了一個「同樣冗長的回應」。而在夏夫豪森（Schaffhausen），有人送酒給蒙田，「賓主雙方免不了好幾次客套的寒暄與致詞」。[19]

一五八〇年十月二十八日，蒙田一行人抵達了義大利，此後需要蒙田演說的場合也變少了。然而，當蒙田愈來愈接近義大利時，他也逐漸對此行的意義產生疑問。這段旅程的偉大目的地即將到達，它是歐洲文化的中心，他這一生一直聽到威尼斯與羅馬的呼喚。但蒙田此刻發現，自己喜歡的並不是這麼有名的地方。當他們抵達阿爾卑斯山時，祕書寫道，如果蒙田自己可以選擇，他很可能會改道前往波蘭或希臘，或許只是為了延長旅程。但蒙田受到眾人的勸阻，於是只得同意跟其他人一樣前往義大利。他很快就振作起精神。「我從未看過他精神這麼好，或這麼少抱怨自己的病痛」，祕書寫道：「因為他的心思全專注在眼前看到的一切。無論是在路上還是寄宿的旅店，他在各種場合都主動向陌生人攀談，我想這些都使得他暫時忘卻了病痛。」[20]

威尼斯是他們在義大利的第一站，也是重要的一站。然而一到了威尼斯，蒙田先前擔心的事馬上獲得證明，這裡已成為人潮洶湧的觀光景點。祕書說，蒙田覺得這裡並不如人們說的那麼美好。儘管如此，他還是不減探索的熱情。他雇了一艘貢多拉（gondola），而且遇到許多有趣的人物。他也深受威尼斯各種特質的吸引，包括古怪的地理環境、來自世界各地的人口，以及獨立自主的共和國政府。威尼斯似乎擁有別的地方獨缺的政治魔力，它只在有利可圖時才發動戰爭，而且致力於國內建立公正的政府。蒙田也對威尼斯娼妓獲得的尊嚴與其奢華生活感到印象深刻，她們公開受到貴族的資助，也受到所有市民的尊重。蒙田曾與威尼斯最著名的妓女薇若妮卡・法蘭科（Veronica Franco）見過面，她才剛從宗教裁判所的魔掌中逃出生天，並且出版了《家書與其他書信集》（*Lettere familiari e diversi*）。她親手將自己的作品交給蒙田。[21]

從威尼斯啟程之後，他們經過費拉拉，蒙田在這裡見到了塔索。然後他們抵達波隆納（Bologna），在這裡看了擊劍表演。他們也到了佛羅倫斯，逛過充滿把戲的花園，好比當你坐下時，椅子會朝你的屁股噴水。在另一座花園，蒙田一行人「有非常奇妙的體驗」，從「四面八方無數小孔噴出的水花」，水汽非常細緻，使他們宛如置身迷霧之中。[22]

他們繼續前進，愈來愈接近羅馬。在抵達羅馬的前一天，一五八〇年十一月三日，蒙田異常興奮，於是僅此一次，他起了個大早，在天亮前三小時叫醒大家，準備完成這最後幾個小時的旅程。穿過市郊的道路視野並不遼闊，全都是些小丘、地縫與壺洞，但他們繼續前行，於是首先窺見了幾處廢墟，而後便是偉大的羅馬城。[23]

然而羅馬城門的官僚習氣，給他們的興奮之情潑了一盆冷水。他們的行李遭受「鉅細靡遺」的搜查，官員花了太多時間檢查蒙田的書籍。羅馬是教宗的直轄之地，這裡把思想犯罪看得特別嚴重。他們沒收了一本時禱書，只因為這本書是在巴黎而非在羅馬出版，此外還沒收了蒙田在日耳曼買的天主教神學作品。蒙田覺得自己運氣不錯，幸好沒有攜帶任何可能構成犯罪的書籍。

由於沒想到羅馬當局的檢查如此嚴格，他其實很可能帶上一些異端作品，如他的祕書所言，蒙田「總是喜歡追根究柢」。

此外，他的《隨筆集》也被拿去檢查。直到隔年三月，也就是四個月後，官員才把書還給蒙田，上面還加了不少批註。書內幾個地方，「命運」這個詞一直被圈起來，還有其他零星應該注意的詞語。不過一名教會官員事後對蒙田說，這些反對意見不用認真看待，而且負責檢查的法國修士程度也不怎麼好。「看來我在這些官員心中留下了不錯的印象」，蒙田在日誌裡寫道。他的確忽視了所有的建議。有些作家提到蒙田確實在很多方面違反了宗教裁判所的指示，但他不必像伽利略一樣，必須表明自己的立場。24

然而，這些遭遇仍使蒙田對羅馬有了不好的印象，他覺得羅馬的氣氛並不寬容；不過，羅馬卻具有世界主義的精神。成為羅馬人就等於成為世界公民，蒙田夢寐以求的正是如此。因此，他試圖取得羅馬市民身分，而在這裡待了四個半月之後，他終於獲得這項榮譽。蒙田非常高興，甚至把這份文件完整抄錄在《隨筆集》的〈論虛榮〉一章裡。蒙田知道「虛榮」是個正確的分類，但他一點也不在乎。「不管怎麼說，能獲得這項榮譽實在太令人高興了。」25

羅馬如此巨大而多樣，看起來在當地似乎有做不完的事。蒙田可以聆聽布道或神學爭論；他可以參觀梵蒂岡圖書館，獲准進入連法國大使都不能進入的區域，看見他心目中的英雄塞內卡與普魯塔克的珍貴手稿；他可以參觀割禮，拜訪花園與葡萄園，以及與娼妓聊天。蒙田想從後者口中套出一些商業機密，卻只發現她們連談話都要索取高額費用，或許這就是她們的賺錢之道吧！[26]

除了與娼妓交談，蒙田也覲見當時年過八旬的教宗額我略十三世，祕書詳細描述了朝見儀式。首先，蒙田與同行的一名年輕人進到房間，教宗就坐在裡面，他們跪下來接受祝禱。他們側身沿牆壁而行，隨後直接穿過房間走向教宗；走到半道，又停下來接受另一次祝禱。然後他們跪在教宗腳邊的天鵝絨地毯，由法國大使在一旁引見。大使跪著，將教宗的袍子往後褪去，露出他的右腳；教宗穿著紅色便鞋，上面有一個白色十字架。覲見者俯身向前，親吻教宗的腳，蒙田提到教宗把腳趾頭略微抬高，讓他們親吻時比較不那麼費力。在這個略帶色情遐想的儀式結束後，大使再次蓋住教宗的腳，接著起身介紹這兩名訪客。教宗祝福他們，並且說了一些話，鼓勵蒙田要繼續為教會奉獻，然後便示意訪客可以告退。他們順著原路退出房間，但不能轉過身去，而是要倒退著緩緩離開，中間還停下來兩次，跪下接受祝禱。最後，他們倒退出了房門，儀式才完全結束。蒙田後來要他的祕書記下教宗講話有波隆納口音——「義大利最糟糕的方言」。他是個「氣宇軒昂的老人，中等身材，英挺而面容莊嚴，留著雪白的長鬚；已經年過八旬，但比一般人想像來得健康有活力；沒有痛風，沒有疝氣造成的疼痛，沒有胃病」——這與飽受病痛的蒙田完全不同，讓人不禁覺得上帝也許就是這個樣子。教宗看起來「個性溫和，對俗世並不十分關心」，這一點可以說很像上帝，也可以說很不像上帝，完全要看你怎麼想。無論他是否溫和，至少我們知道，他曾經打造紀念章與畫作來慶祝聖巴爾多祿茂大屠殺。[27]

不要忘了羅馬是教宗的城市。蒙田經常看到教宗主持典禮，參與遊行隊伍。在聖週（Holy Week）期間，他看到數千人手持火炬湧進聖伯多祿大教堂，他們用繩索鞭打自己，有些甚至只有十二、三歲。這些人旁邊還跟著持酒的男子，當繩索沾滿凝結的血塊時，男子嘴裡含口酒，一口氣噴在鞭子的末端，以讓血塊脫落。「這是個難解之謎，我到現在還是不了解為什麼」，蒙田寫道。這些懺悔者傷得很重，不過他們似乎不覺得痛，對於自己所做的事也視若無睹。他們喝了許多酒，而且「如此冷淡地進行這個儀式，你甚至看到他們跟同伴聊天、嬉笑、在街上大叫、到處奔跑跳躍」。蒙田的推斷是，這些人絕大多數都是為了錢才幹這檔事：虔誠的富人出錢請他們代為悔罪。但這更讓蒙田不解了：「雇用他們的人在想什麼，這些不都是假的嗎？」[28]

蒙田也親眼目睹了驅魔儀式。被魔鬼附身的男子看似昏睡過去，他被壓制在祭壇旁邊，僧侶不斷用拳頭揍他，往他臉上吐口水，而且對他吼叫。還有一次，他看到一個人被絞死，這個惡名昭彰的強盜名叫卡特納（Catena），他的受害者包括兩名卡普欽修道會（Capuchin）的修士。顯然卡特納已經答應這兩名修士，只要他們否認上帝，他就饒他們一命。兩名修士冒著喪失永恆靈魂的危險照做了，但卡特納還是殺了他們。在蒙田碰過所有吸引他目光的離奇怪事中，包括乞求饒恕的被征服者與決定是否饒恕的勝利者，這或許是最讓他不悅的一件。但卡特納至少還有勇氣面對死亡。當他被人架起來絞死時，居然完全不吭氣；之後他的屍體被砍成四段。然而戮屍反而比處決更令群眾激動，每砍下一刀，群眾便一陣鼓譟。這個現象令蒙田感到困惑，他覺得對活生生的人殘酷地加以凌虐，要比破壞一具死屍更令人心煩意亂才是啊。[29]

這些全是當時羅馬發生的奇事，但十六世紀絕大多數人文主義者前來羅馬，並不是為了爭睹這些怪現象；他們來羅馬是為了沐浴在古人的風華當中。不過，這些人沒有一個受的影響比蒙田還深，他幾乎可以算是當地人了，畢竟拉丁文是他的母語：羅馬是他的故鄉。

古典城市的遺跡俯拾皆是，但對蒙田與他的祕書來說，多數時間他們走過的並不是古城「之內」，而是古城「之上」。土石瓦礫經過數百年的累積，早已將地表提高好幾公尺；古代建築的遺址就像陷在泥裡的馬靴，深埋在地底之下。蒙田驚覺原來自己正踩在古城的牆頂上，這些古蹟只有在雨水侵蝕或車輪壓過的凹痕中才能得見。「這種事經常發生」，蒙田帶著歡欣的震顫寫道：「往地下挖了很深的距離後，你會發現巨大立柱的柱頂，而整根巨柱依然聳立在地底。」[30]

今日的情況已非如此。考古挖掘使絕大多數的廢墟重見天日，有些古蹟甚至已經復原。今日，塞維魯凱旋門（Arch of Severus）高聳地矗立著，蒙田當時卻只能看到這座建築物的頂端部分。羅馬競技場（Colosseum）過去只是一堆長滿雜草的亂石。中世紀與近代初期的建築物覆蓋了一切，民眾要不是在遺址頂端重新造屋，就是將舊材料回收做為新建築的原料。古老的石板不斷被更換到更高的位置，不是用來修補牆壁，就是用來搭建簡陋小屋。有些地區被夷為平地，以進行誇耀性的計畫，例如全新的聖伯多祿大教堂。羅馬的歷史層理並不是那麼整齊劃一，它不斷被反覆攪動與重新排列，彷彿經歷了多次地震。

斷瓦殘壁足以使人發思古之幽情，它所創造的古羅馬印象，就像從一盤炒蛋中看見一顆剛孵下的完整雞蛋那樣。事實上，現代羅馬的形成就跟蒙田撰寫《隨筆集》的方式一樣。蒙田寫作時不斷添入引文與典故，並重新運用自己閱讀過的古典作品，這就像羅馬人回收利用舊建材一樣。蒙田自己應該也感覺到兩者的類似，所以才說自己的作品是從塞內卡與普魯塔克身上搶來的戰利品組合而成的建築物。羅馬正如同他的作品，他認為有創意的修補與不完美，要比井井有條卻死氣沉沉好得多，而他總是能從沉思古蹟中得到許多樂趣。然而沉思也需要一定的心靈努力，才能獲得更深刻的滿足。許多羅馬經驗其實是人們想像的成果；因此，人們幾乎可以足不出戶——我是說「幾乎」！正所謂敝帚自珍，家中的平凡事物，還是有許多外界無法想像的獨特之處。[31]

這種幻想的疏離經常使人對羅馬魂牽夢縈，也許是因為當地的一切，對於長久以來不斷想像羅馬卻未親見的人來說十分熟悉。兩百年後，歌德發現羅馬既令人振奮，又教人迷惘。「我年輕時的夢想又甦醒過來」，當他抵達羅馬時如此說道：「我還記得看到的第一幅雕版畫，那是父親掛在大廳的羅馬風景，但我現在確確實實看到它了。長久以來透過繪畫、素描、蝕刻畫、木刻畫、石膏像與軟木模型認識的羅馬，如今完整地陳列在我面前。」佛洛伊德看到雅典的衛城時，也有類似的感受。「原來這些真的存在，正如我們在學校裡學到的！」他先是驚呼，而後立即篤定地說：「我在這裡看見的絕不是真的。」蒙田也感覺到這種內在想像與外在認知交會時的奇異感受，因而寫道：「我靈魂中的羅馬與巴黎」，「既無形體也不占空間，沒有石頭、灰泥與木

羅馬競技場。

材」。它們是夢中的影像，就像狗在夢中追逐的野兔一樣。

羅馬帶給歌德一種跡近神祕的安詳感：「我現在處於澄澈而平靜的狀態，我已經很久沒有如此。」蒙田也有這種感受，儘管在遊歷時受到一些挫折，整體來說義大利還是帶給他平和的時光。「我享受心靈的平靜」，他後來在盧卡（Lucca）寫信時提到，但他也說：「我只有一個遺憾，我喜愛的伴侶不在身旁，我只能獨自品嘗這些美好事物，無人可以分享。」[32]

一五八一年四月十九日，蒙田終於離開羅馬。他越過亞平寧山脈（Apennines），前往偉大的朝聖之地洛雷托（Loreto），並且參與當地群眾的旗幟與十字架朝聖行列。他在洛雷托教堂為自己、妻子與女兒祈福，且留下了許願人偶。然後，蒙田沿亞得里亞海岸北上，翻山越嶺返回溫泉勝地拉維拉（La Villa），他在那裡做了一個多月的水療。一如預期，身為貴族的蒙田在做客期間，為當地人與其他賓客辦了好幾場宴會，而他自己也與「農村的女孩」共舞，「以免別人覺得他太冷淡」。[33]他也曾繞道前往佛羅倫斯與盧卡一遊，而後又回到拉維拉避暑，從一五八一年八月十四日一直待到九月十二日。然而蒙田的腎結石開始轉趨發疼，牙痛也使他下不了床；他的腦袋昏沉，連眼睛也腫痛難當。他開始懷疑是水的問題，溫泉雖然幫助他緩解下半身的疼痛（如果這真是溫泉帶來的效果的話），卻毀了他的上半身。「我開始覺得泡溫泉是件不愉快的事。」

斷瓦殘壁。

在此同時，蒙田突然受到召喚。他曾說自己只想過平靜的生活，希望有機會能到歐洲各地滿足「坦率的好奇心」，然而他卻收到來自遠方的邀請，一項他無法拒絕的使命。

Ch 15

我們問：如何生活？蒙田說：把工作做好，但不要做得太好

人們埋怨蒙田在市長任內少有建樹，他卻說：「這樣才好！他們指責我毫無作為，但值此非常時期，已有太多人因好大喜功而引起民怨。」新教的動亂已然造成慘重的破壞，蒙田認為，只要做到讓城市長治久安，就足以令人讚揚。

他會為波爾多盡到該盡的責任，不多也不少。他不會矯揉造作地在眾人面前演戲。

人們可以用一句話來總結蒙田的作為，那就是把工作做好，但不要做得「太好」。

市長

正於拉維拉溫泉勝地休養的蒙田，突然接到遠地寄來的一封權威信件。這封由波爾多全體市府官員連署的信件（這六名官員負責襄贊市長處理市政），通知蒙田就在他離開波爾多這段時間，他已被選為下任波爾多市長。蒙田必須火速返鄉履行職務。[1]

在旁人眼裡，這是一種恭維，但對蒙田來說，擔任市長卻是他最不樂見的事。市長的責任遠比法官繁重許多，各種要求將占去他的時間。他不僅要發表演說，還要參加典禮——在蒙田前往義大利途中，這些事都是他極力避免的。蒙田需要用上他的外交手腕，因為市長除了要與市內的宗教與政治派系打交道，也要調和波爾多與不得民心的國王之間的關係。而且，擔任市長也表示他必須縮短旅程。

雖然蒙田對於溫泉的療效感到幻滅，但他還不想打道回府。到目前為止，他已離家十五個月，算是一段漫長的旅程，但仍難以滿足他。他似乎想盡可能延長逗留在國外的時間。蒙田沒有拒絕市政官員的要求，但也不急著回去與他們見面。他先是返回羅馬，而且步調悠閒。途中他在盧卡停留一段時間，一路上又做了幾次溫泉浴。人們不禁要問，蒙田又去羅馬做什麼？這不僅要走兩百英里以上的路，還是相反方向。或許他希望得到忠告，讓他能擺脫這份任務。若真是如此，那麼答案肯定令他十分沮喪。十月一日，蒙田抵達羅馬，結果發現波爾多市府又寄給他第二封信。這次口氣更為強烈，不容他有推辭空間。蒙田現在受到「緊急要求」，必須立刻返國。

在《隨筆集》的下一版中，蒙田強調他完全不想謀求這份職位，以及他努力想推掉這份差事。「我推辭了」，他寫道——但從對方的回覆，可以看出蒙田的想法無法動搖結果，因為此事是「國王的裁斷」。國王甚至親自寫信，顯然是寄給當時人在國外的蒙田，不過蒙田卻是在返抵莊園後才收到這封信：

> 蒙田先生，我對你服侍主上的忠誠與熱忱有很高的評價，因此得知你被選為我治下的城市波爾多的市長時，我感到非常高興。我也發現在這場選舉中，眾人的意見一致，毫無異議；更可取的是，這場選舉是在毫無陰謀詭計且於你遠在國外時完成的。基於這一點，我的心意已決，而我也將明確地命令與叮囑你，切勿拖延時間與另尋藉口。你一接到這封信，就必須立即返國，擔負起應盡的責任與義務。你能返國赴任，我將感到滿足與喜悅，倘若還是一意推辭，恐怕只會引起我的不悅。[2]

這對於毫無政治野心的蒙田來說，無異是一種懲罰——如果蒙田表現出來的不情願是發自真心的話。

蒙田不想馬上返家，充分顯示他不貪戀權力。他好整以暇，迂迴地經由盧卡、西恩納（Siena）、皮亞琴察（Piacenza）、帕維亞、米蘭與杜林而回到法國，總共花了約六星期的時間。當他進入法國境內時，日誌裡的文字馬上由義大利文改為法文，而當他終於回到莊園時，除了記錄自己的抵達，他也附帶記下這趟旅行持續了「十七個月又八天」——這是個罕見的例子，他居然正確記住了精確的數字。在他的波特日記中，蒙田也於十一月三十日當天寫下註記：「我到家了。」接著，他見過波爾多的市府官員，遵從且準備好負起自己的職責。[3]

往後的一五八一年到一五八五年這四年時間，蒙田將擔任波爾多市長。這是一份辛苦的工作，但不完全是吃力不討好。擔任市長可以獲得各項尊榮與禮儀服飾：他有自己的辦公室，有特別的侍衛，有市長專屬的袍服與飾件，而且在公共典禮上將受到尊崇。唯一缺少的是薪水。不過蒙田也非有名無實的領袖，除了市政官員外，他還必須選任其他要員，決定市府法律與審判法庭案件（蒙田覺得這項工作非常難以符合他的高證據標準）。此外，他還必須謹慎地與政界人士周旋。他必須在國王面前為波爾多喉舌，同時在波爾多市政官員與當地其他名人顯貴面前傳達國王的旨意，其中有許多人因為不滿國王的政策而起身反抗。[4]

上任市長比隆男爵（baron de Biron）阿爾諾·德·鞏托爾（Arnaud de Gontault）惹惱了不少人，所以蒙田上任的第一件事，就是修補這項損害。比隆的統治很嚴厲，卻不負責任；他縱容派系間的仇恨滋長，並且疏遠納瓦爾的亨利。亨利是貝恩城附近實力強大的親王，是應該努力維持關係的對象。就連國王亨利三世也對比隆同情天主教同盟大加抨擊，因為天主教同盟依然蔑視王室的權威。從比隆的做法不難理解何以市府官員會選擇蒙田擔任下屆市長，這位新市長向來以穩健與長袖善舞著稱，而這正是比隆缺乏的特質。尤其蒙田雖然與受人輕視的政治派相善，他也知道該如何跟其他派系的人相處。蒙田向來以善於聆聽各方說法著稱，他的皮隆原則使其願意廣開言路，卻不屈從任何人的意見，因此他總能保持一貫的立場。

蒙田擔任市長期間，地方上大致維持著和平的局面，而這也有助於他的施政。一五八〇年到一五八五年之間戰事止息，這段時期剛好橫跨蒙田出國旅行與返國擔任市長的時間。跟過去一樣，和平底下仍暗潮洶湧，每個人都對新教信仰獲得的有限寬容感到不滿。波爾多是一座分裂的城市，有七分之一的市民是新教徒，市郊全是新教徒的土地，但此地天主教同盟的實力亦不容小覷。即使在最好的時期，波爾多仍屬難治之地，更何況此時並非如此。然而值得慶幸的是，此時亦非最壞的時期，蒙田不久將指出這一點。

在維持治安與忠誠上，蒙田必須與國王派駐當地的陸軍中將馬提尼翁伯爵（comte de Matignon）賈克．德．戈永（Jacques de Goyon）合作。馬提尼翁是一名老練的外交人員，比蒙田年長八歲；某方面來說，他讓蒙田想起了拉博埃西。這兩個人並未成為親密好友，但彼此相處融洽。他們都善於應付極端人士的要求，而且都是堅守原則的人物。在聖巴爾多祿茂大屠殺期間，馬提尼翁是少數在自己轄區保護胡格諾派信徒的官員，當時他負責管理聖洛（Saint-Lô）與阿朗松（Alençon）。馬提尼翁冷靜堅定，吉衍的局勢最需要他這種人來處理。蒙田也是個好人選，只不過他還缺乏兩項特質：經驗與熱情。[5]

蒙田極力避免重蹈父親的覆轍，他不想因工作而拖垮身體。蒙田猶記得自己看到皮耶因出差而累壞身子的樣子，「他的靈魂受到公務殘酷地攪擾，已然忘卻家的甜蜜滋味」。蒙田對旅行的熱情如今逐漸消褪，因為他跟父親一樣，都必須出於工作來做這件事。但他無法推辭，而他也的確到巴黎出了幾趟公差，尤其是一五八二年八月那一次，他的巴黎之行使波爾多重新恢復因鹽稅暴動而遭剝奪的各項特權。在第二任的任期末尾，蒙田更是到處奔波，文件顯示他到了蒙德馬松（Mont-de-Marsan）、波（Pau）、貝爾吉拉克（Bergerac）、弗雷克斯與內拉克（Nérac）等地。蒙田也固定往來於波爾多與自家城堡，他只有在自己家裡才能寫下作品。蒙田在城堡繼續進行他的計畫，一五八二年他出版了修正後的第二版《隨筆集》，這是他接任市長第二年的事。[6]

雖然蒙田自己並沒有將市長當成一份全職工作，但他任內的表現應該非常傑出，否則人們也不會在一五八三年八月一日再度讓他連任。對此蒙田深感自豪，因為連續兩次獲選市長是相當罕見的事。「我獲得連任，在我之前這種情形只發生過兩次。」但確實有人反對蒙田連任，特別是也想當市長的競爭對手，梅爾維爾爵爺（sieur de Merville）賈克・戴斯卡（Jacques d'Escars），他也是杜哈堡的總督。蒙田不想退讓，顯示現在的他已經比當初更投入這份工作了。[7]

蒙田改變心意，或許是因為他發現自己有處理政治事務的才能。在馬提尼翁的協助下，他負責在國王麾下官員、波爾多天主教同盟反對者，與新教徒納瓦爾的亨利（他對當地的影響力有增無減）之間斡旋。在第二任時，蒙田逐漸扮演起中間人的角色。他與官員以及納瓦爾陣營的關係尤佳，反觀天主教同盟則逐漸成為燙手山芋，因為他們拒絕妥協，而且仍處心積慮要將蒙田趕下市長職位，好讓波爾多變成他們的囊中物。8

最戲劇性的一場叛亂，是由特隆佩特堡的天主教同盟派總督瓦雅克男爵（baron de Vaillac）所發動。一五八五年四月，馬提尼翁與蒙田聽說瓦雅克正計畫在波爾多發動大規模政變，兩人對於如何處理此事進行了討論：是要直接以武力反擊，還是主動示好，讓瓦雅克改變心意？一番激烈爭論之後，兩人決定軟硬兼施是最好的辦法。也許是因蒙田的積極配合，馬提尼翁邀請瓦雅克與他的同謀來到高等法院，等到他們一進門，他就把出入口完全封死。馬提尼翁給受困的瓦雅克兩條路走，一條是接受逮捕，而他犯的很可能是死罪；另一條則是放棄特隆佩特堡的控制權，乖乖離開波爾多。瓦雅克選擇了後者。他決定流亡，但才剛走出城外，就立即號召了天主教同盟的軍隊，準備要發動攻擊。憐憫敵人總是會有這種風險。

經歷幾天膽戰心驚的日子之後，一五八五年五月二十二日，蒙田寫信給馬提尼翁，表示他與其他官員日夜看守城門，知道對方就集結在城外。五天後，蒙田在信中提到瓦雅克仍在該區活動。每天都會響起五十次的警報，他如此說道：

> 每天夜裡，我要不是全副武裝繞城巡視，就是到城外的港口巡邏。其實在接獲你的警告之前，我已聽說有艘滿載武裝人員的船隻即將經過，於是派人前去攔截。但一無所獲。9

最後，瓦雅克並未發動攻擊。或許是因為他發現蒙田早有防備，因而打消念頭，連夜逃走，這證明了蒙田與馬提尼翁軟硬兼施的策略成功。但戰爭的陰影仍揮之不去，不僅在波爾多，當時整個法國都是如此，而天主教同盟仍持續反對蒙田提出的各種妥協方案。

蒙田這段時期的表現贏得了許多人的讚許。擔任法官同時也是史家的賈克奧古斯特・德圖（Jacques-Auguste de Thou）表示，他「從蒙田身上學到很多事，他是個思想自由、不結黨立派的人，他……對波爾多有著充分透徹的認識，尤其對他出身的吉衍地區更是如此」。政治人物菲利普・杜普勒西斯莫爾內（Philippe Duplessis-Mornay）讚揚蒙田的冷靜，說他這個人不會無事生波，而且老成持重。[10]

當時的人記錄下他們對蒙田的印象，這些說法與蒙田對自己的評價不謀而合。蒙田提到，他市長任內最明顯可見的是「秩序」以及「溫和安詳的寧靜」。[11]他有敵人，但也不乏朋友。瓦雅克危機的順利解決，可以看出蒙田有能力在緊要關頭採取決定性的措施，除非所有的決定全是馬提尼翁下的。

事實上，的確有人覺得蒙田過於散慢而率性，因為在《隨筆集》裡出現了一些辯解之詞。蒙田在書中坦承自己遭受一些責難，人們認為他「漫不經心」。在一些人眼中，他像是典型的政治派人士，拒絕表明自己的立場。這是事實，蒙田也承認這點；不同的是，反對他的人認為這是壞事，但當時的斯多噶派與懷疑論者（包括蒙田自己）卻不認為這樣不好。斯多噶派鼓勵明智超然的態度，而懷疑論者基本上是凡事存疑。蒙田的政治立場源自於他的哲學觀。人們埋怨他在市長任內少有建樹，他則寫道：「這樣才好！他們指責我毫無作為，但值此非常時期，已有太多人因好大喜功而引起民怨。」「改革」（指新教）已然造成如此慘重的破壞，因此我們只要做到讓城市長治久安，就足以令人讚揚。早在擔任市長之前，蒙田就已察覺到有些人熱情投入公共事務，其實只是為了炫耀。這些人努力投注心力，可能是沽名釣譽或滿足個人喜好，或者只是想讓自己有事可做，這樣就不會閒下來思索人生問題。[12]

蒙田這種坦率的言論的確為他帶來麻煩。其他人不像他這麼誠實，他們會裝出樂於助人與充滿活力的樣子，以博得讚譽。蒙田提醒他的雇主，這不是他的風格：他會為波爾多盡到該盡的責任，不多也不少，但他不會矯揉造作地在眾人面前演戲。[13]

蒙田在此的一席話，像極了文藝復興文學裡另外一名說真話的偉大人物：寇蒂莉亞（Cordelia）。這名莎士比亞《李爾王》（*King Lear*）裡的角色，拒絕像貪婪的姊姊們那樣假意討好，以贏得父親的喜愛。跟她一樣，蒙田總是誠實坦率，因此在人們心中留下板著臉孔與冷漠的印象。寇蒂莉亞大可跟蒙田一樣這麼說話：

> 我尤其討厭阿諛奉承者的嘴臉，所以我說話的方式自然變得索然無味、坦白且直截了當……我對最崇敬的人稱讚得最少……我對志同道合的人，總是寥寥數語且毫無修飾。對於自己最

在意的人，總是表達得最少；我覺得他們應該要與我心靈相通，而且應該知道我的話語會扭曲我的想法。14

這種想法似乎離經叛道了點，但蒙田與寇蒂莉亞的性格，並不完全與文藝復興晚期的世界相衝突。誠懇與自然的美德其實廣受人們推崇。此外，蒙田的坦率也使他免於一直遭受反政治派人士的攻擊：他們指控政治派人士都是些戴著面具花言巧語的人，絕對不可信任。有時在《隨筆集》中，蒙田的言詞看起來就像夢魘裡的政治派，模稜兩可、老於世故、俗不可耐且捉摸不定。偶爾直言對他來說也不算是壞事。

此外，蒙田刺耳的言論，反而比處處修飾的話語更能構成信任的基礎，說明坦率是絕佳的外交手段。相較於同僚的迂迴欺瞞，蒙田反而開啟更多溝通的可能。甚至在面對境內最強大的幾個親王時（尤其當時他們正值勢力巔峰），他仍能直視他們的臉孔。「我坦白告訴他們我做不到。」他的開誠布公使他人也跟著敞開心房。坦率的言談能讓人卸下面具，就像酒與愛情一樣。

談到周旋於兩派人馬間的政治難度，蒙田總是一笑置之。要跟兩個彼此敵視的黨派進行磋商並不是那麼困難，蒙田寫道，你要做的就是以溫和的態度面對他們，不讓任何一方以為你已經被對方拉攏。別要求他們太多，也不要提供太多好處給他們。人們可以用一句話總結蒙田的政策，那就是你應該把工作做好，但不要做得「太好」。基於這項原則，他不僅讓自己免於麻煩，也得以維持自己的人性立場。蒙田只做份內的事，所以與他人不同，他總能盡到自己的責任。[15]

蒙田知道不是所有人都能理解他的做法。他的態度在當時其實沒出什麼問題，反而是到了後世，才浮現一些質疑的聲音。寇蒂莉亞的選擇在戲裡受到了肯定，她對父親的愛無疑出於真心。蒙田卻沒有這麼幸運，自從擔任市長之後，他的形象一直成為人們質疑的焦點。蒙田知道在《隨筆集》裡過於保守地描寫自己擔任市長時的作為，可能會為他帶來危險：「該說的都說了，該做的都做了，你不可能希望在談論自己的同時，又能全身而退。你對自己的責難，人們總是信以為真；你對自己的讚美，人們總是質疑不絕。」或許那些勸人不要輕易寫下自己言行的古老箴言，真的有它的道理。[16]

道德瑕疵

蒙田只做自己份內的事，這種態度在一五八五年六月的事件中一覽無遺。當時波爾多遭遇熱浪襲擊，緊接而來的是瘟疫的爆發；兩個災難結合起來，破壞力更是驚人。瘟疫持續到十二月，幾個月的時間裡，波爾多總共有一萬四千人以上死亡，幾乎占了全市的三分之一。這個數字已經超過聖巴爾多祿茂大屠殺在全法國造成的死亡人數。然而，就跟戰時經常發生的瘟疫一樣，這場災難並未在歷史記憶中留下太多痕跡。無論如何，疫癘在當時相當常見。十六世紀因為太常爆發瘟疫，人們已經感到麻木，很容易忘記每次疫情蔓延時，是如何慘烈地奪走大量的人命。

一五八五年，當波爾多城內開始傳出瘟疫，跟過去一樣，有能力逃離的市民開始逃出城外。留下的人幾乎很少是出於自己的選擇；儘管如此，還是有少數官員監守崗位。高等法院的人員絕大多數都撤離了，六名市政官員只有兩名留下。馬提尼翁於六月三十日寫信給國王道：「瘟疫已傳遍全市，留在城裡的只剩無力在別處生活的市民。」這還只是開始。一個月後，馬提尼翁告訴蒙田：「每個居民都已棄城，我的意思是，有辦法離開的人都離開了；至於仍留在城內的小市民，就像螻蟻一樣死去。」[17]

馬提尼翁顯然還留在波爾多，但蒙田從一開始就不在城內。瘟疫爆發時，他正在家裡準備前往波爾多參加交接儀式：他的市長任期已經結束，往後將由馬提尼翁接掌他的職位。一五八五年八月一日是蒙田擔任市長的最後一天，當馬提尼翁在七月三十日寫信給蒙田時，蒙田還有兩天就要前往波爾多。這兩天他唯一的任務顯然只是參加典禮，公開宣布由馬提尼翁接任市長。然而在瘟疫肆虐的狀況下，這場活動就算如期舉行，恐怕也無人參加。

蒙田現在必須決定是否該前往波爾多參加交接典禮。他的莊園並未受到疫情影響；如果他現在前往波爾多，等於是為了參加儀式而進入疫區。這到底算不算他的職責？蒙田不確定該怎麼做，於是盡可能來到波爾多附近還不屬於疫區的里布恩（Libourne）。蒙田在這裡寫信給還留在波爾多的少數幾名市政官員，尋求他們的建議。「我不會吝惜自己的生命或眷戀其他事物」，蒙田寫道。但他也說：「我將由你們來決定，這場典禮中我應履行的職責，是否值得我在如此惡劣的狀況下冒險進城。」在此同時，蒙田待在與波爾多一河之隔的弗亞（Feuillas）城堡中等候回音。第二天，蒙田從弗亞寫信到波爾多，信中重複一次他的問題：各位有何建議？[18]

市政官員就算真的回了信（如果他們真的還有人待在波爾多的話），這封信也未留存下來。唯一可以確定的是蒙田最後還是沒去波爾多。事實上，這些官員倘若真的回信給他，也一定會要求蒙田不要入城。他們之中肯定有人在高院做事，而就在這段期間，一道新命令已經發布：除了原本待在波爾多的居民，其他人一律不准進入此地。[19]如果蒙田堅持要進來，他將違反這項命令。顯然蒙田的良心已經找到了認可的理由，於是他返回自己的莊園。至此，兩天已經過去，他的市長任期已告結束。最後，蒙田的公職不是以令人欣慰的感謝典禮與演說畫下句點，而是在迷霧之中逐漸消褪。

當時的人並未苛責蒙田的決定。真正的麻煩其實發生在兩百七十年後，十九世紀的古物學家從波爾多市立檔案館裡發現了相關的書信，並且予以出版。這使蒙田遭受價值觀完全不同的世界的審判——一個對於英雄主義與自我犧牲有著嶄新想法的世界。

研究者阿爾諾・德切維里（Arnaud Detcheverry）發現這些書信，他認為這些文件顯示蒙田「冷漠的伊比鳩魯主義」傾向，而他的說法也為其他評論者的批評定調。早期的傳記作家阿爾馮斯・格林（Alphonse Grün）認為蒙田躲在河岸的另一邊，分明是缺乏勇氣。雷昂・佛蓋爾（Léon

Feugère）在課堂上討論格林的書時表示，蒙田「不幸在最嚴峻的時刻忘了自己的責任」。對佛蓋爾來說，蒙田的做法等於是否定了整部《隨筆集》。如果作者在這樣的時刻失敗了，叫讀者怎麼相信他對如何生活提出的種種看法？這起事件也暴露出《隨筆集》最深刻的哲學弱點：「絕對不做決定。」其他作家也同意他的說法。編年史家朱爾・勒孔特（Jules Lecomte）則是用一個詞就將蒙田這個人以及他的哲學一筆勾消：「懦夫！」[20]

他們無法忍受的並不是個人勇氣的缺乏——畢竟蒙田曾在染上鼠疫的拉博埃西病榻旁待了一個星期以上——而是蒙田未能履行他的「公共」責任。對於道德標準仍帶有浪漫主義遺緒的世代來說，蒙田的冷酷計算與書面探詢令他們作嘔。就書面探詢來說，他們認為事無大小，都應做好犧牲的準備。就冷酷計算來說，他們希望蒙田能不惜生命做好市長的工作。

與十七世紀一樣，十九世紀對蒙田的反感主要源自對蒙田懷疑主義的嫌惡。自巴斯卡以降，人們對懷疑主義的不安便有增無減，十九世紀讀者的感受尤其強烈。他們不在意蒙田對事實的懷疑；他們只是不喜歡蒙田將懷疑主義運用到日常生活上，並且對一般人接受的標準缺乏敬意。懷疑主義者的「存而不論」或「不予置評」[21]充分顯示其本性的多疑，而且像極了新時代的可怕巨獸：虛無主義。

在十九世紀晚期，虛無主義意謂著無神、無意義與漫無目的。它可以做為無神論的代稱，但其潛在意義比無神論還糟糕，即揚棄一切道德標準。到最後，「虛無主義者」幾乎成了「恐怖分子」的同義詞。他們心中沒有上帝，他們投擲炸彈而且破壞現存的社會秩序。他們是懷疑主義者當中的革命派，或者說是變壞的懷疑主義者。如果讓這些人掌權，則所有的事物將被捨棄，原本理所當然的一切也將不復存在。[22]

面對這些指責，殘存的蒙田支持者突然挺身而出，他們不僅要證明蒙田在瘟疫爆發時的行動是合理的，也要顯示他並不是懷疑主義者。他們認為蒙田其實是個保守的道德主義者與虔誠基督徒。頗具影響力的評論家埃彌爾・法格（Émile Faguet）寫了一連串文章，說明《隨筆集》裡的懷疑主義色彩微乎其微。另一位評論家艾德姆・夏姆皮翁（Edme Champion）則認為《隨筆集》雖然帶有懷疑論元素，但並不是那種企圖「否定」或「毀滅」一切的懷疑論。[23]

這場論戰之所以受到各方關注，也與《隨筆集》剛從法國《禁書目錄》中移除有關。解禁的時間是一八五四年，距離發現蒙田第一封瘟疫書信也不過一兩年的時間，當然書信的發現絕非《隨筆集》解禁的理由。事實上，這是個遲來的決定。在解禁之前，儘管教會多所責難，蒙田仍成為法國的正典作家，且成為文學與傳記研究這項新產業的探究對象。解禁之後，他的形象更趨具體，並且吸引了大批讀者，但他的道德接受度也因此受到更大的質疑。

在許多人眼裡，蒙田再度成為巴斯卡與馬爾布朗許口中批評的人物：一個靈魂敗壞的騙子。基佐在一八六六年稱蒙田為大「引誘者」，竭盡所能地提醒讀者對抗蒙田的誘惑。基佐自己也曾受到蒙田的迷惑，現在的他就像放棄邪說的前崇拜者，努力寫作引導受害者逃出羅網。

基佐列出蒙田帶來的各項危險，每一項皆對應著特定的性格缺陷。蒙田的意志軟弱。他過於自我中心。他並非如自己所說是一名虔誠的基督徒。他從公職退休純粹基於自私的理由，即他想花更多的時間沉思——而他做的甚至不是宗教沉思，如果是的話還可以原諒。當內省導致錯誤時，他不想更正這些錯誤；他接受自己的瑕疵，並且將瑕疵當成自己的一部分。他心中無神，又不負責任。蒙田不是我們需要的作家：「他無法使我們成為這個時代的中堅。」[24]

朱爾．米什雷（Jules Michelet）是抨擊蒙田最力的批評者，他認為一切都要歸咎蒙田接受了過度放任的教育，這種教育只會養成「軟弱消極」的人物，而非英雄或好公民。蒙田幼年時靠著悲切的音樂聲叫他起床，光是這點就說明了一切。米什雷把長大後的蒙田描繪成一個病弱的個體，將自己封閉在塔樓裡，「整天做著白日夢」——以墮落、無紀律的方式養成的人，會有這種結果是必然的。[25]另一方面，英格蘭神學家理查．威廉．丘奇（Richard William Church）以不同的觀點提出令人讚賞的研究，他認為蒙田一味「視人類為無物，認為自己的偉大計畫極其渺小，把自己的傑出成就當成無足稱述」，這些都是虛無主義的清楚表徵，使蒙田缺乏「責任的觀念、對善的想望，與對不朽的追求」。整體來說，蒙田給人一種「懶散而欠缺道德氣息」的印象。[26]

另一個較不嚴重的道德問題也困擾著十九世紀的讀者：蒙田對性的開放態度。（至少對今日的我們來說，這的確不是那麼嚴重。）這個問題並不新奇，但它卻對蒙田身為作家的權威產生舉足輕重的影響。即使在更早的世代，蒙田對屁股、縫隙與工具高談闊論，也已造成人們的困擾。

哈利法克斯勳爵（Lord Halifax，十七世紀時《隨筆集》英文版的受贈者）提到：「我無法忍受在談完聖人的完美行誼之後，居然馬上提起通姦與私處，以及諸如此類的話題……我真希望他能略過這些東西不提，這樣女士們才不會因為在書房裡發現這本《隨筆集》而害臊。」[27]最後一句話似乎有點諷刺，因為蒙田曾開玩笑說，《隨筆集》最後一卷的淫穢內容，將使他的書不見容於書房，而是收藏於仕女的起居室裡；他寧可自己的書被後者收藏。

避免女性害臊的方式是出版刪節本，這是十九世紀流行的做法。《隨筆集》的節縮本早已行之有年，但通常是為了使人更容易讀到書中睿智珍奇的部分。現在，人們則是以品味與道德為由來刪節蒙田的作品。

典型的刪節本於一八〇〇年在英格蘭問世，由一名自稱霍諾里亞（Honoria）的編輯為女性讀者量身訂作。她的《蒙田隨筆選集》（*Essays, Selected from Montaigne with a Sketch of the Life of the Author*）採取當時的標準英文譯本，也就是查爾斯．卡頓（Charles Cotton）的譯本，將其刪節成符合未來這個世紀需要的完美蒙田形象，去除了所有令人煩惱與困惑的部分。

「如果經由披沙揀金的過程，能讓這些隨筆適合我們女性閱讀，」霍諾里亞說道：「我將感到極為欣慰。」但她卻忽略了，為了刪節這本書，她自己必須仔細研讀書中所有「粗俗下流的暗示」。她也為蒙田的作品補充了基本的寫作技巧。「他的主題之間經常沒有連繫，意見也前後矛盾，以致於他的意義無法充分發展。」霍諾里亞使蒙田表達得更清楚，而且為他增添了腳註，有時還譴責他（舉例來說，對聖巴爾多祿茂大屠殺隻字未提），並且提醒讀者不要在家中嘗試書中的危險觀念，尤其用音樂輕柔叫孩子起床是一種「反常的教育模式」，「在書中提到這件事，不代表這是一種值得推薦的方法」。

霍諾里亞在序文裡描述蒙田是一名極為誠實且值得尊敬的人。「他希望自己的哲學不只是空想，也要求自己依照哲學的戒律立身處世；不僅在他老年如此，終其一生都是如此。」她強調蒙田在政治上重視傳統，也發現「他的隨筆經常展現出崇高的宗教情懷」。今日，這些特點很難激起讀者的閱讀欲望，但霍諾里亞面對的是即將來臨的十九世紀書市，因此她創造了一個拘謹憂鬱、眉頭深鎖的新蒙田形象。[28]

當然，還是有很多十九世紀讀者喜愛原本那個充滿顛覆、個人主義與放蕩不羈的蒙田。但在霍諾里亞與其他人的努力下，蒙田的人氣逐漸擴及各個階層，不同的讀者各自追求自己想像的蒙田。此後，閱讀蒙田成了一件容易的事，無論在起居間、浪漫主義者的山巔，還是老練世故者的書房，即使在花園，在夏日，你也許可以看到一名年輕、道德無瑕、天真純潔的女性專注閱讀著刪節後的八開本蒙田作品。如果她想窺探刪節本沒有的部分，那麼日後她自可偷偷潛進父親的書房裡一探究竟。

任務與暗殺

蒙田確實經常有驚人之舉，而且通常出現在人們意想不到的地方。他在看似最溫和的時刻最令讀者感到不安，例如當他愉快地說：「我懷疑我是否能冷靜地坦承，我的人生絕大部分是在戰亂中度過的，生活的安詳與寧靜往往一轉眼就被破壞無遺。」[29]無論在什麼時代，無論是誰用這樣的話來描述自己的人生，都會讓人感到吃驚。有些過慣被動、寧靜日子的人，也許會對這種說法嗤之以鼻。但在一五八〇年代，伴隨戰爭而來的各項責任逐漸壓得蒙田喘不過氣，儘管他在自己的書裡輕描淡寫，但他顯然難以維持心靈的平靜。

蒙田擔任市長期間，法國維持著表面的和平，等到他再度退休回到自己的莊園時，天主教同盟又處心積慮要挑起新的戰爭。此時衝突已不只是為了宗教，也帶有政治考量。最大的政治問題是誰將在亨利三世之後繼承法國王位。亨利三世沒有兒子，也沒有適合的近親，因此缺乏明顯的繼承順位。就在國家極不穩定的時候，王位繼承又出現空缺，真可謂禍不單行。

絕大多數的新教徒與少數天主教徒都支持納瓦爾的亨利繼承王位。這名來自貝恩城的新教親王在波爾多地區有著極大的影響力，而且就技術上來說，他在王位繼承上也排在第一順位，但許多人也認為他信仰的宗教使他沒有資格繼承王位。亨利的主要對手是他的叔叔，波旁樞機主教查爾斯。天主教同盟及其強而有力的領袖吉斯公爵亨利支持查爾斯繼承王位。在此同時，依然健在的國王卻仍未決定由誰接棒。戰爭的下個階段稱為三亨利之戰，因為它圍繞在亨利三世、納瓦爾的亨利與吉斯的亨利之間，如同三葉紙風車一樣瘋狂地轉動著。

政治派人士，包括蒙田本人，原則上支持現任國王的任何決定。但就繼承人而言，絕大多數政治派則傾向支持納瓦爾，這項選擇進一步加深了天主教同盟對政治派的怨恨。天主教極端分子認為，擁有一名新教國王，就跟把撒旦拱上王位沒什麼兩樣。[30]

身為市長，蒙田努力想讓雙方達成協議。就政治上來看，他是鄰近納瓦爾領土的天主教城市市長；就個人來說，他是一名傑出的外交人員，因此由他來促成協商再適合不過。蒙田有時會與納瓦爾見面並且款待他，同時也與納瓦爾頗具影響力的情婦黛安娜．丹都安（或叫柯莉桑德）關係良好。一五八四年十二月，納瓦爾在蒙田莊園裡停留幾天時間，當時國王正試圖說服他放棄新教以繼承王位，卻遭到納瓦爾拒絕。因此，法國僅存的幾個希望之一，就是說服納瓦爾收回成命——而這正是蒙田的任務。

從私人層面來看，這次拜訪相當成功。納瓦爾信任莊園的主人，甚至把所有的事情全交給蒙田的僕役處理，飲食上也不像以往會先試毒。蒙田在他的波特日記裡記錄了這一切：

> 一五八四年十二月十九日。納瓦爾蒞臨蒙田居所，他從未來過這裡，並在這裡停留兩天；他沒有隨行人員，一切交由我的僕役照料。他不試毒，也不自帶廚師；他睡在我的寢室。

這是個重大的責任，而且身分如此尊貴的客人需要王室等級的待遇。蒙田安排了一場游獵活動：「我在森林裡放了一頭雄鹿，讓他追逐了兩天。」這場娛樂活動讓客人相當滿意（或許雄鹿不這麼認為），但外交計畫可沒這麼順利。[31]一個月後蒙田寫信給馬提尼翁，信中顯示他還在為相同的任務煩心。[32]在此同時，天主教同盟正對亨利三世施壓——其力量變得非常龐大，尤其在巴黎——要求他公布反新教的立法，讓納瓦爾永無繼承王位的機會。亨利三世在自己的城市感到孤立無援，只好讓步。一五八五年十月，他下令胡格諾派信徒必須在三個月內公開放棄信仰，否則就得流亡他國。

如果這道旨意是為了避免戰爭，那麼它得到的是相反的效果。納瓦爾號召追隨者起事，抗拒這波新的壓迫。隔年春天，亨利三世通過更嚴厲的反新教法，進一步疏遠了他與納瓦爾的距離。太后凱薩琳．德．梅第奇巡行全國，與蒙田一樣，她試圖在最後一刻以中間人的身分促使納瓦爾達成協議，然而也失敗了。最後，戰爭爆發。

這場戰事將是法國內戰的最後一場，也是時間最久、破壞最大的一場。它持續到一五九八年，這意謂蒙田將無法再次看到和平，因為他只活到一五九二年。在這場規模超邁以往的「動亂」中，受害最深的是陷入混亂的地方各省，無法無天的亂兵與饑民組成的盜匪在鄉村流竄，此外，還有饑荒與黑死病。

蒙田的處境相當危險，不僅鄉村已陷入無政府狀態，過去他在波爾多的敵人也對他造成威脅。身為一名虔誠的天主教徒，他似乎擁有太多新教朋友；人們知道他曾接待過納瓦爾，也知道他有個弟弟加入納瓦爾的軍隊。蒙田說，他就像吉貝林（Ghibelline）家族眼中的古爾夫（Guelph）與古爾夫家族眼中的吉貝林——暗示幾個世紀以來使義大利分裂的兩個派系。「沒有正式的指控，因為他們的利齒還找不到地方咬齧」，他寫道，但空氣中充滿著「無聲的懷疑」。儘管如此，蒙田仍不防衛自己的莊園，堅持他的開放原則。一五八六年七月，一支人數達兩萬的天主教同盟軍圍攻多爾多涅的卡斯提雍（Castillon），那裡距離蒙田的城堡只有五英里遠，戰火擴及到了他莊園的邊界。有些士兵甚至在他的土地上紮營，不僅掠奪農作物，也搶劫他的佃農。[33]

此時，蒙田正埋首撰寫他的作品，他開始寫作第三卷，並且增補已經完成的章節。在戰事方殷之時，蒙田寫道：「幾個月來，我一直承受動亂帶來的沉重負擔。一方面，敵人已經逼近至家門口，另一方面則是掠奪者，這是更惡劣的敵人……而我不斷品嘗各種軍事災難帶來的苦澀。」八月底，圍城軍隊爆發瘟疫。疫情蔓延到當地居民身上，連蒙田的莊園也無法倖免。[34]

蒙田發現自己必須再次對瘟疫的威脅做出選擇。耳熟能詳的英雄行為也許讓蒙田覺得自己必須陪伴佃農以及家人，必要時犧牲生命亦在所不惜。然而跟以前一樣，現實的狀況顯然較為複雜，能夠逃離疫區的人絕對會想辦法逃離。農民幾乎沒有別的選擇，但蒙田有，所以他離開了。蒙田當時正在撰寫〈論相貌〉，但他停下筆，帶著家人離開了莊園。

人們可能認為蒙田這麼做等於捨棄了自己的佃農，但早在蒙田離開之前，這些農民的處境已然黯淡無光。蒙田在《隨筆集》裡提到，他看見民眾挖下自己的墳，然後躺在裡頭等死。[35]一旦走到這步田地，已經沒有轉圜的機會。蒙田顯然帶著僕役與隨從一起離去，但他不可能帶走全村的農人。當他們看見蒙田的家人打包離去，肯定覺得自己已被留下等死：或許他們也知道自己一定會被貴族保護者拋棄。奇怪的是，當初人們炮火猛烈地攻擊蒙田拋棄波爾多，但在這件事情上，卻幾乎聽不見批評的聲音。也許是因為蒙田此時已無計可施，而他有責任保護自己的家人。

蒙田一家人淪為無家可歸的遊民，他們必須遠離家園六個月，直到一五八七年三月他們聽說疫情已經退燒為止。在這六個月裡，要找到容身之地並不容易。蒙田有些過去擔任公職的同事，其中一些人跟他及他的妻子有著家族淵源，此時他們不得不利用這些人脈。然而，幾乎沒有人可以一下子收容這麼多人；有些人雖然家裡有足夠的空間，但對於逃避瘟疫的難民也充滿疑懼。蒙田寫道：「像我這麼好客的人，卻在為家人尋找容身之地上遭遇這麼大的困難：一個流離失所的家族，對他們的朋友乃至於他們自己來說，都是個恐懼的根源。他們每走到一個地方，往往造成了恐怖，只要家族裡有人指尖開始疼痛，主人就不得不對他們下逐客令。」[36]

在流浪的這幾個月，蒙田又重操舊業，開始涉入政治活動。或許這是為了替家人尋找庇護而必須付出的代價。政治派與其他一些人士為了解除危機與確保法國的未來而四處奔走，蒙田在這上面也扮演愈來愈吃重的角色。一五七〇年，蒙田從法官職位退休，留給他沉思生活的空間，但從市長職位退休則完全不同。此次卸任之後，反而使他更接近權力金字塔的頂端，走進高處不勝寒的領域；一旦失足，就可能跌個粉身碎骨。蒙田與當時法國的權力核心保持連繫：首先是納瓦爾的亨利，現在則是王太后凱薩琳・德・梅第奇。[37]

凱薩琳・德・梅第奇深信，如果每個人都能坐下來談，問題一定可以獲得解決。她比任何人都致力於討論協商，因此她自然發現蒙田是她可靠的盟友。從一五八六年十二月到一五八七年三月初，凱薩琳在干邑（Cognac）附近的聖布里斯城堡（Château of Saint-Brice）與納瓦爾進行一連串的會議，其中至少有一次她傳召蒙田參與。蒙田帶著妻子一同前往，太后特別賞賜這對夫婦一筆錢，做為此行的旅費與治裝費。[38]蒙田夫妻因此有了棲身之地，但也面臨極大的壓力。凱薩琳希望能藉由這些會議簽署條約；可惜的是，跟過去一樣，協商似乎不夠充分。

佩里戈爾的疫情在這段期間逐漸轉好，於是蒙田與家人重返家園，發現城堡完好如初，但農地與葡萄園已殘破不堪。蒙田倉皇逃離這裡之後，便荒廢了寫作，此時他再次提筆，接續先前的陳述，從動亂帶來的沉重負擔開始寫下去。然而，他對政治的投入未嘗稍減。一五八七年秋天，蒙田與柯莉桑德見面，而後又單獨與納瓦爾會面；納瓦爾在同年十月再次造訪蒙田城堡。蒙田顯然又勸他與國王妥協。當納瓦爾隨後去見柯莉桑德時，她也告訴他相同的事。她與蒙田似乎已經串通好了，兩個人一搭一唱地說服納瓦爾，而納瓦爾似乎也開始動搖。[39]

一五八八年年初，蒙田再次與納瓦爾會面；不久，納瓦爾便交代蒙田一件極機密的任務，要求他到巴黎覲見國王。突然間，首都每一個人都在談論蒙田此行的目的，也對蒙田這個神祕人物充滿好奇，由此可知此次任務的重要。新教作家莫爾內在寫給妻子的信裡談到這件事。英格蘭駐法大使斯塔佛德爵士（Sir Edward Stafford）在報告裡談到蒙田，形容他是「納瓦爾底下一名非常睿智的紳士」，又說：「納瓦爾派駐此地的屬下對於蒙田的到來莫不感到吃味。」納瓦爾平日的隨從顯然搞不清楚是怎麼一回事：蒙田為他們的主子辦差，卻沒有人告訴他們他辦的到底是什麼差事。西班牙大使孟多薩（Don Bernardino de Mendoza）寫信給國王菲利普二世（Philip II），信中提到納瓦爾在巴黎的屬下「不知為何前來」，而且「懷疑他身負祕密使命」。幾天後，二月二十八日，孟多薩暗示有謠言指出蒙田對柯莉桑德施加了影響，又提到「一般認為蒙田是個通情達理的人，不過腦袋有點糊塗」。斯塔佛德也提到蒙田與柯莉桑德的關係，他說，蒙田是她的「親信」；他也是「一名面面俱到的人」，用當時的話來說就是非常能幹的意思。看起來蒙田與柯莉桑德成功操縱了納瓦爾，使他達成某種妥協，或許是初步同意在必要的時候放棄新教，而蒙田前來巴黎，就是為了傳達這項信息給國王。[40]

此事的敏感，顯示天主教同盟與納瓦爾的新教支持者，有充分的理由阻止蒙田來到巴黎。事實上，幾乎沒有人喜歡這項和諧而穩健的使命。就連英格蘭大使也感到憂心，因為英格蘭想維持對納瓦爾的影響力，不希望納瓦爾再次改信天主教。唯一感到高興的是國王、凱薩琳．德．梅第奇以及零零散散的政治派人士，他們一直希望法國未來能獲得統一。

因此，也難怪蒙田的旅程並不平順。他出發後不久，經過安古蘭（Angoulême）東南方的維爾布瓦（Villebois）森林，一行人遭到武裝盜匪的伏擊與攔截。蒙田曾因為坦率而被盜匪釋放，可惜這次事件跟那一次是兩回事。上次純粹是基於偶然，這次卻是基於政治動機——或類似的目的，至少蒙田是這麼想的。事後，蒙田在給馬提尼翁的信上寫道，他懷疑這群盜匪是天主教同盟的人，他們想阻止他們的兩個仇敵——國王與新教徒納瓦爾——達成協議。[41]在暴力威脅下，蒙田被迫交出他的財物、行李箱裡的上好服飾（可能是為了進宮準備的）以及他的文件；無疑地，裡面包括了納瓦爾陣營的祕密文件。幸運的是，他們並未殺死蒙田以絕後患，反而放過他，（人們推測）他安全傳達了訊息。然而，再一次地，儘管蒙田冒了這麼多險，儘管他引發如此興奮的情緒，最後還是未達成協議。局勢也將變得更加惡化。

就在蒙田抵達巴黎後不久，吉斯公爵也於一五八八年五月來到首都。他仍是國王最危險的敵人，他的出現也引發紛爭。亨利三世早已下令禁止吉斯進入巴黎，所以吉斯的舉動等於公開挑戰王室權威。但吉斯乃是有備而來，他已經得到不服王命的巴黎高等法院的支持。國王理應逮捕吉斯，卻沒有這麼做，反而接受吉斯的覲見。據說新任教宗西斯篤五世（Sixtus V）日後曾評論兩人的會面：「吉斯是個魯莽的蠢蛋，他先是侮辱國王，而後又覲見國王，此舉無異於自投羅網；國王則是個懦夫，居然還讓吉斯全身而退。」這又是一個脆弱平衡的例證：在這裡，強者必須決定自己要提出多大的挑戰，而弱者必須決定自己應該低頭，還是起而反抗。

往後，亨利又陸續做出了三次錯誤的決定。首先，他應該有所行動，卻按兵不動。然後，為了補救先前的錯誤，他做了過當的反應。五月十一日晚間，亨利三世在巴黎全城部署軍隊，狀似全面開戰，甚至可能要屠殺吉斯的黨羽。在驚恐與憤怒下，天主教同盟群眾蜂擁而出堵塞街道，準備自衛。於是第二天成了著名的「街壘日」（Day of the Barricades）。[42]

亨利三世接下來犯了第三個錯誤。他在驚慌中讓步，顯示他既軟弱且行為過當，而這正是蒙田認為的災難，特別是在面對暴民的時候。國王懇求吉斯安撫他的支持者；吉斯騎馬上街，表面上順從國王的要求，實際上卻變本加厲煽動群眾，暴亂於是爆發。「我從未見過民眾如此狂暴胡為」，蒙田的朋友帕斯基耶日後在信中說道。[43]這場暴亂看起來像是另一場聖巴爾多祿茂，但死亡的人數較少，且這一次有特定的目標，而目標也很快就實現了。到了第二天末尾，帕斯基耶說：「一切又恢復平靜，你會說好像是做了一場夢。」但這並不是夢：清醒後的巴黎面臨著改變的現實。國王已經逃離這裡，他一聲不響地溜出城門，根本沒有人注意到他。他已經逃往夏特爾（Chartres），把巴黎拱手讓給了吉斯。

亨利三世未打一仗就放棄都城，現在的他成為不折不扣的流亡者。實際上他已形同退位，但他的支持者仍視他為國王。吉斯命令亨利三世接受波旁樞機主教為繼任者，亨利別無選擇，只能同意。當時明眼人都看得出來這場災難是怎麼發生的。亨利三世曾有除掉吉斯的機會，但他沒好好把握；他大可逮捕吉斯，或是釜底抽薪直接殺了他。蒙田仍是忠誠的保王派人士，於是前往夏特爾加入國王的陣營；亨利後來遷往盧昂，蒙田也跟著前去。蒙田的選擇並不令人意外，若非如此，他就只能待在巴黎與天主教同盟為伍，或是直接告老還鄉。他兩樣都沒有選擇，但最後他還是告別了國王，於一五八八年七月回到巴黎。蒙田當時深受痛風或風溼病所苦，病情非常嚴重，因此在他停留巴黎期間，絕大多數時候都臥病在床。

蒙田原本預期自己會無事離開巴黎，他做的最具煽動性的事就是與出版商見面——他最近才完成最後一卷《隨筆集》。然而巴黎不是與國王有關係的人該待的地方。某天下午，他正在床上休息，身體仍極為不適，此時一群人在天主教同盟的命令下，全副武裝衝進屋內將他帶走。逮捕的動機可能是為了報復最近在盧昂發生的類似事件，亨利三世下令逮捕一名天主教同盟人士：至少這是蒙田的說法，他把這件事記錄在他的波特日記中。他們帶走蒙田，讓他騎上自己的馬，送往巴士底（Bastille），並且將他圈禁。[44]

在《隨筆集》中，蒙田寫下被捕的恐怖：

> 我從未進過監獄，甚至也從未造訪過。光是想像監獄的外觀，就足以讓我渾身不快。我是如此渴望自由，要是有人不讓我前往西印度群島的某個角落，我就會活得不愉快。[45]

被關進巴士底監獄，又是在病重之時，對蒙田來說確實是一種震撼。但蒙田有理由希望自己不會在獄裡待得太久，而他也確實很快就出獄了。五個小時之後，凱薩琳．德．梅第奇前來援救。她此時也在巴黎，一如以往，她希望藉由談判的方式解決危機。她先與吉斯進行協商，就在談判時，她聽到蒙田被捕的消息，便立即要求吉斯放人。吉斯顯然不太願意，不過還是照做了。

吉斯的命令傳達給了巴士底的指揮官，但即使如此，一開始似乎還是無法放人。指揮官堅持取得巴黎市長德．拉夏佩爾爵爺（sieur de La Chapelle）米歇爾．馬爾托（Michel Marteau）的認可，而馬爾托又將他的同意命令透過另一名強有力的人物維勒瓦爵爺（seigneur de Villeroy）尼古拉．德．諾夫維爾（Nicholas de Neufville）傳達給指揮官。因此到最後，總共經過四名重要人物之手，蒙田才得以獲釋。蒙田自己對此事的了解是：他能「獲釋乃是基於聞所未聞的恩典」，而且是在凱薩琳．德．梅第奇「再三堅持」下才得以成功。凱薩琳一定很欣賞蒙田；吉斯公爵或許討厭他，不過即使是吉斯，也能看出蒙田是值得特別考量的。

這起事件過後，蒙田只在巴黎待了短暫時間。他的關節病痛逐漸好轉，另一種病痛卻緊跟其後襲擊他。這個病痛或許是腎結石，蒙田受此病折磨已有一段時間，但一直沒有好轉；他經常擔心這個病很可能要了他的命。此時的病況似乎正是如此，蒙田的朋友皮耶．德．布拉克（Pierre de Brach）在多年後寫了一封頗具斯多噶風味的信給尤斯圖斯．利普修斯，信中描述了這件事：

> 幾年前，我們在巴黎見面，醫生對他的病情感到絕望，而他只求一死。當死神面對面直視著他時，我發現他把死神推得遠遠的，並且蔑視死神帶來的恐懼。絕妙的論點悅耳動聽，美好的教誨使靈魂睿智，堅定的勇氣安定恐懼的內心，這就是那個人當時所展現的！我從未聽過

有人比他說得更好，或比他更有決心遵照哲學家的指示面對死亡。他身體的病弱未能擊倒他靈魂的活力。[46]

布拉克的描述是傳統的，但它的確顯示蒙田已接受自己必死的事實，其實從他落馬那一天以來就是如此，而此後他也經歷了許多事。他的腎結石迫使他必須每隔一段時間就要近距離面對死亡，這也是一種戰場上的對峙。到最後，死神註定是更強的一方，但蒙田至少曾挺直身子面對他。

後來蒙田的身體逐漸恢復，他前去拜訪前一年在巴黎見過的一位新朋友：瑪麗・德・古爾內。她是他的作品的熱情讀者，而且邀請蒙田到她位於皮卡迪（Picardy）的城堡與她的家人同住一段時間。[47]這是一處怡人的休息地點。在此同時，新版《隨筆集》也出版了，而蒙田已開始考慮要增補自己的作品，或許會把他最近的經驗寫進去。蒙田著手為新出版的作品增添註釋，有時他獨自工作，有時由古爾內與其他人從旁協助。

一五八八年十一月，蒙田已完全恢復健康，於是他前往布洛瓦。國王此時正在此地參加全國性立法會議，又稱三級會議，吉斯也前來參與。會議的目的理應是進行更進一步的協商，但亨利三世卻另有所圖。身為一名沒有王國的國王，他感到絕望。過去六個月來，他一直聆聽謀士的建議，如果他能把握機會除掉吉斯，那麼情勢將轉而對他有利。

現在，吉斯跟亨利一起待在布洛瓦城堡，機會又來了，而亨利決心扭轉過去的錯誤。十二月

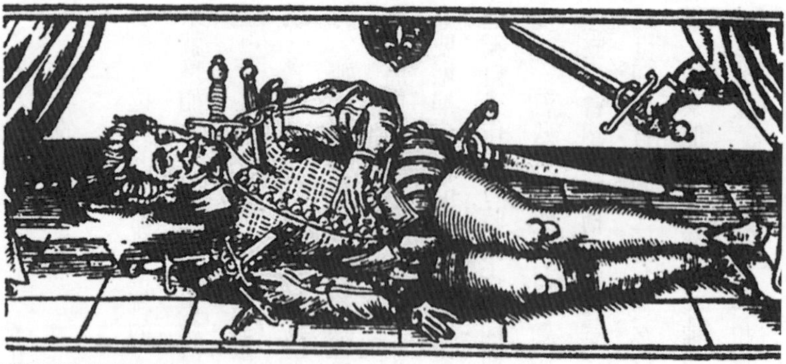

遭到刺殺的吉斯公爵。

二十三日，他邀請吉斯到他的私人房間一敘。吉斯的左右認為此行相當危險，勸他不要前往，但吉斯還是答應了。當他走進亨利三世臥房旁的私人房間時，幾名皇家衛士從藏身處跳了出來，啪的一聲關上他身後的門，隨即一擁而上，將他刺死。再一次，這回就連國王自己的支持者也大吃一驚；亨利從一個極端跳到另一個極端，他繞過了蒙田明智穩健的中庸之道。

雖然蒙田來到布洛瓦加入國王的行列，但沒有證據顯示他知悉這場刺殺陰謀。就在事件發生前幾天，蒙田過得相當愜意，並與幾個老朋友敘敘舊，如德圖與帕斯基耶，雖然後者總是喜歡惹人生氣——他把蒙田拉到自己的房間裡，告訴他最新版的《隨筆集》在文體上什麼地方出現錯誤。蒙田禮貌地聽著，但不管帕斯基耶說什麼他都沒聽進去，就好像過去他面對宗教裁判所的官員一樣。

與蒙田相比，帕斯基耶的情緒很容易激動，當他聽到吉斯被殺時，馬上陷入了極度的沮喪之中。「哦，多麼悲慘的景象！」他在寫給朋友的信上如此表示：「長久以來，我的體內生成了不少憂鬱的體液，現在我非得吐在你膝上不可。我害怕，我相信，我正親眼見證國家的滅亡……國王將失去他的王冠，或眼見自己的王國陷入完全的混亂。」[48]蒙田沒有說出這麼戲劇性的話，但他肯定感到震驚。最糟糕的是，對政治派人士來說，這起冷血而時機有誤的暗殺事件，使國王的道德地位遭受嚴重的質疑，因為國王在他們眼裡理應是一切穩定希望的焦點。

亨利三世顯然認為這場外科手術式的攻擊行動可以終結一切麻煩，就像醞釀聖巴爾多祿茂大屠殺的查理九世一樣。然而，吉斯的死反而激化了天主教同盟，新的革命組織在巴黎成立，稱為四十人會議（Council of Forty），他們宣布亨利三世是暴君。索邦大學（Sorbonne）向教宗詢問，殺死一名已經失去正當性的君主在神學上是否被允許，但教宗給予他們否定的答案。儘管如此，天主教同盟的傳道者與律師卻認為，任何一名充滿熱忱與受上帝召喚的民眾都可以這麼做。「暴君」是他們不斷用來吶喊的詞語，但不同於拉博埃西《論自願為奴》，這些傳道者不主張消極抵抗，也不提倡以和平方式表達反對。他們發表了自己的教令，如果亨利是撒旦在地上的代理人，一如洪水般的宣傳品所說的那樣，那麼殺死他就是履行神聖責任的表現。[49]

一五八九年巴黎的騷亂，影響及於生活的各個層面。新教編年史家皮耶．勒斯圖瓦（Pierre L'Estoile）提到已經陷入瘋狂的城市：

今日，襲擊你的鄰人、屠殺你最親近的親人、掠奪祭壇、褻瀆教堂、強姦婦人與年輕女孩、搶劫每一個人，已成了天主教同盟者的家常便飯，與狂熱天主教徒絕對無誤的印記。嘴巴上總是掛著宗教與彌撒，心裡卻充滿無神論與搶奪，手上沾的全是謀殺與鮮血。

靈異與惡兆不斷在各地湧現，就連蒙田平日相當冷靜的朋友德圖看到柴堆裡出現雙頭蛇，也不禁認為這是一項預兆。[50]就在局勢看起來糟到不能再糟的時刻，一五八九年一月五日，凱薩琳·德·梅第奇去世。母親的撒手人寰，使亨利三世頓失依靠，現在的他身旁完全被仇恨圍繞，能仰仗的只有欠餉的軍隊，與依照原則堅定支持他的政治派人士。

與以往一樣，政治派總是讓人不信任。此時像蒙田這樣的人提出任何說法，恐怕都於事無補。他以冷靜而節制的語調表示，天主教同盟與激進胡格諾派現在誰也分不清是誰了：

這項神聖的論點，臣民為了宗教而反叛，並且拿起武器對抗自己的君主，這麼做是否合法——猶記得去年，某些人嘴裡高喊「贊成」做為自己的立場，另一些人嘴裡則高喊「反對」做為自己的主張；現在再聽聽看，這些贊成與反對的聲音又是出自何人之口，贊成與反對哪一方動用的干戈少過對方。[51]

至於神聖暗殺的觀點，怎麼會有人認為弒君可以讓人上天堂？救贖怎麼可能來自「大剌剌地做出必定遭受詛咒的行為」？[52]在這段時期，蒙田失去了他僅存的對政治的興趣。一五八九年初，他離開布洛瓦。一月底，他回到自己的莊園與書房。蒙田在這裡仍保持活躍，他繼續與馬提尼翁通信（馬提尼翁仍是該區的陸軍中將與新任的波爾多市長），但他從此不再擔任傳達信息的外交使節。諷刺的是，就在蒙田放棄後不久，亨利三世與納瓦爾終於恢復了期待已久的友好關係。他們合兵一處，準備在一五八九年夏天圍攻首都。

但國王在這裡又犯了一個錯誤。巴黎天主教同盟發現，當軍隊在城門外集結紮營時，亨利三世也在他們伸手可及的範圍內。一名道明會（Dominican Order）的年輕修士賈克．克雷蒙（Jacques Clément）收到上帝要他行動的旨意。他佯稱自己接到城內祕密支持者的訊息，於是在八月一日來到軍營，並且獲得國王接見，此時國王正坐在便盆上——當時皇室接見訪客的普遍做法。克雷蒙拔出短劍，趕在衛士殺死他之前，把劍刺入國王的腹部。幾個小時之後，亨利因流血過多而死。國王最後確認由納瓦爾擔任他的繼承人，不過亨利不斷重複他的條件，那就是納瓦爾必須回到天主教會。

國王的死訊使巴黎響起歡呼聲。在羅馬，就連教宗西斯篤五世也讚揚克雷蒙的行動。納瓦爾終於同意回歸天主教。起初，有些天主教徒仍拒絕承認他，尤其是巴黎高等法院的成員，他們堅持波旁才是他們的國王。有一段時間，法國出現兩個不同的政治實體，全看你支持哪一方。但納瓦爾緩慢而耐心地獲得了勝利。他成為無可爭議的法王亨利四世。他終將找到一個結束內戰的途徑，並促成國內的團結，所仰賴的大多是自身的人格力量。他一直是政治派期盼的國王人選。

蒙田長久以來一直與納瓦爾維持友好關係，此時他再次擔任半官方的角色，成為亨利四世的顧問——一名直言不諱的顧問。依照慣例，蒙田必須寫信給亨利，表達自己願意為主上效勞的心意。亨利則於一五八九年十一月三十日傳召蒙田前來圖爾（Tours），當時他暫以此地做為朝廷所在地。這封信要不是送得太慢，就是蒙田任由信件躺在壁爐架上不去理會，因為他回信的時間是一五九〇年一月十八日——此時回覆王命已然太晚。向國王效忠，理論上沒問題，但蒙田已決定不再遠行，特別是他的健康狀況已比過去來得糟。蒙田向國王解釋，唉，這封信回得遲了；他不斷表達祝賀之意，並且表示願效犬馬之勞。

這封信的寫法算是因襲了慣例，但蒙田在當中加了幾句比較刺耳的建議。他的文字依然恪守形式的禮儀，然而他也告訴新王，他應該早日停止縱容自己的軍隊。他應該展現自己的權威，同時要以「仁慈與寬厚」贏得人心，因為善意總是比威脅更能獲得人民的支持。國王應該強悍，但也要信任人民；國王應該受人民的愛戴，而非令人民感到恐懼。

九月二日，蒙田寫了另一封信給亨利，在此之前亨利再度要求蒙田動身啟程，這次是希望他與馬提尼翁見面。國王表示他會支付蒙田一切費用。然而蒙田還是悠哉了六個星期，才回信說他剛接到信。蒙田說他已經寫給馬提尼翁三封信，信中提到要去拜訪他，但馬提尼翁並未回信。蒙田表示，或許馬提尼翁是為了免去他旅行的危險與舟車勞頓之苦，因為顧及到「道路的漫長與艱險」。這個暗示相當明顯：亨利四世也該考量這一點。此外，蒙田對金錢的提供也略感不悅：

無論君王如何慷慨，我從未接受多於自己要求或理當獲得的饋贈；我服侍主上也不是為了獲得賞賜，這點陛下恐怕對我不甚了解。我為歷代國王做出許多貢獻，但我願為陛下付出更多。主上，我已如願地富足。若我為您在巴黎傾家蕩產，我肯定會厚顏地向您索求賞物。[53]

這麼對國王說話的確坦白地令人吃驚，但蒙田年事已高而且病魔纏身（他此時得了熱病），此外，他與國王相識已久，因此敢直率地發言。在《隨筆集》中，蒙田寫道：「我以百姓的忠誠情感來看待我們的國王，這一點不受私人利益左右……因此我走到哪裡都能抬頭挺胸，毫無愧色，內心也一片坦然。」[54]他寫給亨利四世的信顯示出他依然善於言詞。事實上，這兩封信的寫法與《隨筆集》如出一轍：直言不諱、不因權力而動搖，而且決心維護自己的自由。

蒙田也許察覺到亨利四世的統治模式正逐漸成形：國王有建立個人崇拜的念頭。亨利四世相當強悍，法國在歷經幾任軟弱而放縱的國王之後，正需要這樣的領袖，可惜亨利不夠精明。演說簡短快速，具有決斷力，這些是他的風格。他不像亨利三世那樣會定期洗澡，用餐時使用叉子；相反地，他非常骯髒，就像一般的男人一樣，而且據說身上散發著一股腐肉的臭味。亨利四世深具領導魅力；蒙田喜愛強而有力的君主，但他不喜歡故弄玄虛。在《隨筆集》裡，蒙田提到亨利四世時，總是充滿理智的肯定，而非愚蠢的盲從；類似的保留也出現在他的信裡。[55]而蒙田贏得了這場特別的戰爭，因為他確實從未加入亨利四世的朝廷。

一五九五年初，亨利四世成功擊敗外敵西班牙（可惜蒙田已無緣得見），藉此宣洩內戰的精力，而內戰最後也在一五九八年完全終止。法國開始建立起真正的集體認同，雖然此時仍相當薄弱，而這股認同泰半集中在亨利四世一個人身上。許多民眾熱情擁護他，但同樣地，也有一些人極度痛恨他。他最後於一六一〇年遭暗殺身亡，凶手是狂熱的天主教徒法蘭索瓦・拉瓦雅克（François Ravaillac）。

亨利四世對歷史的貢獻是一五九八年四月十三日頒布的南特詔令（Edict of Nantes），它保障了良心自由與兩個分裂教派信仰崇拜的自由。與先前的和平條約不同，這道詔令確實成功維持了一段時間。法國因此從飽受宗教戰爭蹂躪的國家，轉而變成西歐第一個正式承認兩種不同基督宗教形式的國家。一五九九年二月七日，亨利在高等法院的一場演說中明白宣示，這道詔令不是軟弱地想討好誰，且如同先前的和約一樣，人們也不該把這道詔令當成製造麻煩的令箭。「我會拔除所有分裂與煽動的幼苗，我會砍掉所有鼓動者的頭。」[56]

在強力執行下——蒙田應該會欣賞這種直截了當的自信——《南特詔令》持續了近一世紀的時間，直到一六八五年詔令廢除，法國又掀起一波難民潮，胡格諾派信徒紛紛逃往英國等地。這些難民中，有許多人是蒙田的讀者，其中包括皮耶・寇斯特。寇斯特祕密出版的《隨筆集》日後越過英吉利海峽偷偷運進法國，他把具革命色彩的新蒙田介紹給國內苦難的同胞。

Ch 16

我們問：如何生活？

蒙田說：偶然探究哲理就好

蒙田很少以哲學家自居，就算有，那也完全出於偶然。

他用很多的篇幅進行思想漫遊，生活的實用哲學才是他感興趣的部分，但這與真正的哲學是兩碼子事。

不斷書寫，永不停歇，蒙田沒有地圖，也沒有計畫。他不知道自己的終點在哪，也從不知道到了終點後要做什麼。

十五名英格蘭人與一名愛爾蘭人

一七二四年，寇斯特重新出版蒙田的作品，奇妙的是，在此之前的一個世紀——這段時間《隨筆集》在法國度過了艱困的時期——英格蘭人從未停止對蒙田的讚譽。法國以外地區最早接受蒙田的首推英格蘭人，他們幾乎把蒙田當成自己的一分子。英格蘭人心靈中的某種因子使他們與蒙田一拍即合；此後，即使其他地區出現了思想變遷，英格蘭人仍一本初衷，一貫地喜愛蒙田的作品。

數百年來蒙田在英吉利海峽對岸遭逢了什麼樣的命運，值得我們簡要地加以介紹，因此關於蒙田晚年生活的描述，就請容我先暫時打住（前面的章節以蒙田的生平為主線，其間也旁及他對十九世紀中葉的影響）。蒙田從未想到要去英格蘭旅行，而他也應該對自己日後被英格蘭當成難民一樣地收容感到驚訝，尤其英格蘭還是個新教國家。

從十七世紀末開始，有這麼多英格蘭讀者能自由地閱讀蒙田的作品，宗教是其中一個重要因素。英格蘭新教徒並不理會羅馬教會將蒙田的書籍列為禁品，閱讀蒙田的作品反而讓他們覺得自己比天主教徒高上一等，而且能讀法國人不能讀的書，更令他們感到滿足。法國人由於未能賞識自己國內最好的作家，因此被譏為有眼無珠，尤其是在法蘭西學術院開始對所有文學作品施加嚴謹的古典優雅標準之後。「自由而不受拘束」的作家（蒙田這麼描述自己）[1]在新法語美學中沒有容身之處，但英語世界卻把他當成在外遊蕩的兒子一般，歡迎他回家。英語是喬叟（Geoffrey Chaucer）與莎士比亞生氣蓬勃、無拘無束的故土，對於蒙田這樣的作者來說，那似乎是個恰當的語言。哈利法克斯勳爵（《隨筆集》十七世紀版本的受贈者）認為翻譯蒙田作品「對我們來說不僅如獲至寶，也是對法國二流作家的莽撞無禮做出公正的譴責。這些人無所不用其極地以雞毛蒜皮的小事，貶損這位偉大人物的名聲；他的才華卓然天成，原本不該拘於一格」。[2] 隨筆作家威廉．黑茲里特（William Hazlitt）硬是把蒙田與拉伯雷塞進〈論古英語作家與演說者〉（On Old English Writers and Speakers）裡頭，他解釋自己這麼做的原因：「我們認為這些作品相當程度上可視為英語，而它們也展現出法語還未受到宮廷與吹毛求疵的學者敗壞前的性格。」[3]

如果說英格蘭讀者喜歡《隨筆集》這樣的書寫風格，那麼他們更能受到這本書內容的吸引。蒙田喜愛細節甚於抽象，這一點頗合英格蘭人的口味；他對學者的不信任、對穩健與舒適的看重，以及私人空間的追求——「店鋪後頭的房間」——也深受英格蘭人青睞。另一方面，英格蘭人也跟蒙田一樣喜愛旅行與欣賞異國事物。蒙田沉浸於安詳的保守主義中，但有時也會猝不及防地表現出激進的立場；英格蘭人也是如此。蒙田總是開心地看著自己的貓在火爐旁玩耍——英格蘭人也是一樣。

此外還有蒙田的哲學，如果你能說那是一種哲學的話。英格蘭人欠缺哲學的氣質，他們不喜歡空泛思索存在、真理與宇宙的問題。英格蘭人喜歡的作品經常充滿奇聞軼事、古怪的角色、詼諧的妙語，以及些許幻想。維吉妮亞．伍爾夫在提到托馬斯．布朗爵士（Sir Thomas Browne，一位寫作帶有蒙田色彩的英格蘭作家）時附帶指出：「英格蘭人生性無拘無束，唯有任他們的念頭四處奔馳，性格恣意揮灑，他們才能感到自在與快樂。」[4] 因此，黑茲里特讚揚蒙田，認為他的作品一定能得到欠缺哲學氣質的民族的喜愛：

> 他振筆疾書，從不以哲學家、才子、演說家或道德家自詡。他所做的不外乎是大膽告訴我們他腦子裡閃過的任何念頭，並且以毫無修飾的方式，坦白而直接地描述出來。[5]

蒙田很少以哲學家自稱，就算有，他也說那完全出於偶然：他是在「無意間成為一名哲學家」。[6] 他用很多的篇幅進行思想漫遊，不可避免地誤闖了某個偉大的古典理論。但生活的實用哲學才是他感興趣的部分，而這與真正的哲學是兩碼子事。整體來說，這些現象也發生在英格蘭人身上。

然而，蒙田在英格蘭的成功，卻與他和英格蘭人氣味相投無關，只能歸功於幸運。蒙田說自己是個充滿偶然的人，這話說得一點不錯。《隨筆集》一開始就誤打誤撞地找到了卓越的譯者約翰．弗洛里歐（John Florio）進行翻譯，自此改變了蒙田作品的命運。

弗洛里歐應該是最早將蒙田內心隱含的英格蘭氣質給揭櫫出來的人；更引人注目的是，弗洛里歐自己是個具有多種文化背景的漫遊者，他的感性層面反而最不像英格蘭人。他經常被說成是義大利人，然而他的母親是英格蘭人，他自己則於一五五三年生於倫敦，所以弗洛里歐受英格蘭的影響其實相當深。他的父親是義大利人米歇爾・阿格諾羅・弗洛里歐（Michele Agnolo Florio），一名語言教師與作家，他在多年前以新教難民的身分來到英格蘭。當信奉天主教的瑪麗・都鐸（Mary Tudor）登基時，弗洛里歐一家只能再次流亡，並且在歐洲各地流浪；年幼的弗洛里歐因此學會了多國語言。成年後，弗洛里歐再度回到英格蘭，成為知名的法語與義大利語教師。他不僅出版一系列的對話初級課本，也編纂了廣受歡迎的英義字典。

弗洛里歐在富有的金主貝德佛德女伯爵（Countess of Bedford）的鼓勵下，開始從事《隨筆集》的翻譯工作。女伯爵替他找來了一群朋友及合作者，幫助他追查引文的出處與宣傳這本書。弗洛里歐為了報答女伯爵的幫助，於是寫了詞藻華麗的獻詞，部分文字甚至堆砌到連接受獻詞的人都難以看懂。[7]在弗洛里歐寫給女伯爵的信裡，有一段話是這麼說的：

> 能完成這部作品，全賴女伯爵閣下的不吝指正；若無您和顏悅色從旁叮嚀囑咐（有誰能夠束縛住這股欲望呢，它總是跑在思想前面，逾越了思想的範疇，然後引誘你思考毋須思考的事），面對如此漫長的事業，恐怕我早已迷失在龐雜浩大的文字之中。我可能會心猿意馬地鎮日追逐微末枝節，而無法回歸主題。或者，若無您時時提示應有的輕重緩急，為我權衡厲害得失，恐怕我早已偏離正軌，誤入歧途。[8]

如果放任弗洛里歐去做，讓他自由發揮，很可能就會發生信裡所說的事。弗洛里歐跟蒙田一樣，寫作過程中會不斷歧出至其他複雜的想法之中，如同蜘蛛吐絲一般。不過蒙田總是不斷向前，反觀弗洛里歐，則是迂迴地返回自身，將自己的句子逐步收攏出巴洛克式的螺旋紋線，直到所有的意義消失在單純的語句之中。當這兩位作家相遇時，真正不可思議的事發生了。蒙田的樸實無華拘束了弗洛里歐的迴旋纏繞，而弗洛里歐則為蒙田的作品注入了伊麗莎白時代的英語風格，以及大量純粹的趣味。蒙田寫道：「我們日耳曼人全是被酒給淹死的。」[9]弗洛里歐則說「我們這些狂飲到爛醉的日耳曼士兵，一堆人把頭埋進酒杯裡，像老鼠一樣地溺死了」。[10]現代譯者唐納・弗蘭姆冷靜地將某個句子翻譯成「狼人、精靈與怪物」，[11]但在弗洛里歐筆下，這個句子卻成了「幼蟲、妖精、好漢羅賓、其他類似的妖怪與奇邁拉」[12]——就像《仲夏夜之夢》（A

約翰・弗洛里歐。

Midsummer Night's Dream）裡的文字一樣。

莎士比亞與弗洛里歐確實彼此相識，而且莎士比亞還是《隨筆集》譯本最初的讀者之一。他甚至在作品付梓前就已讀過手稿：《哈姆雷特》（*Hamlet*）隱約可見蒙田的影子，且《哈姆雷特》也發表於弗洛里歐譯本出版之前。另一部較晚出現的劇作《暴風雨》（*The Tempest*），裡頭有一段話與弗洛里歐譯本的內容非常類似，充分顯示莎士比亞確實曾讀過弗洛里歐的作品。莎翁筆下的貢薩羅（Gonzalo）頌揚他所想像自然狀態下的完美社會：

> 在這個國家，我要施行
> 完全相反的制度，我要禁止
> 所有的買賣交易；不設官員；
> 不習文字；富有、貧窮，
> 與僕役，全部廢止；契約、繼承、
> 疆界、領域、耕作、葡萄園，無一存在；
> 不使用金屬、玉米、酒或油；
> 沒有職業，所有人閒散無事，毫無例外。

上述詩句與弗洛里歐翻譯的蒙田對圖皮族人的描述極其類似：

> 在這個國家……沒有買賣，不識文字，不懂算術，不設官長，不雇用僕役，無貧富之別，不訂契約，無財產繼承，亦無財物分配，無工作職業，只知休憩閒遊，愛無等差，照顧共同親族，無衣裳，赤身裸體，不務農，不飲酒，不食穀物，亦不崇尚德行。

自從十八世紀末愛德華．卡佩爾（Edward Capell）點出這個相似之處後，就掀起了一陣尋章摘句的熱潮，許多人開始在莎翁的其他劇作裡尋找與蒙田作品類似的描述。[13] 人們覺得最有可能的作品是《哈姆雷特》，因為這齣劇裡的主人翁就像在舞台上陷入戲劇性兩難處境的蒙田一樣。當蒙田寫道「不知何故，每個人的內心似乎都有兩個我」，或連珠炮似地用彼此矛盾的形容詞來描述自己時，如「羞怯的、傲慢的；貞潔的、淫蕩的；饒舌的、寡言的；強悍的、柔弱的；聰明的、愚笨的；脾氣暴躁的、和藹可親的；愛說謊的、可信任的；博學的、無知的；慷慨的、吝嗇的與揮霍的」，蒙田就像是劇中人物道出獨白一樣。他也評論說，對於行動的環境與結果考慮太多的人，必定一事無成——一語道破哈姆雷特生前的主要問題。[14]

蒙田與莎士比亞之間的類似，可能是因為他們同受文藝復興晚期混亂而優柔寡斷的氣氛影響。一般認為蒙田與莎士比亞是最早表現出「現代性格」的作家，他們捕捉到現代充滿不確定感的特質，例如對於自己的歸屬、自己是誰，以及自己該做什麼缺乏明確的感受。研究莎士比亞的學者羅伯森（J. M. Robertson）認為，蒙田與莎士比亞以後的文學作品，只是對這兩名作家的共同主題進行增添而已，而這個主題就是自我意識的分裂。[15]

蒙田與莎士比亞之間的相似不能過度誇大。莎翁是一名劇作家而非隨筆作家，他可以將自身的矛盾表現在彼此衝突的舞台角色上，蒙田則必須將所有的矛盾表現在自己身上。另一個差異是蒙田不像莎翁在英格蘭擁有崇高的地位，他在敘事的領域並非一直居於頂端。他因此不像莎士比亞那樣招來嫉妒，也沒有偶像破壞者宣稱蒙田並非《隨筆集》的真正作者（經常有人對莎士比亞提出這樣的指控）。

或者應該說幾乎沒有。在極少數的例外中，有一位重要的十九世紀「反斯特拉福人士」（anti-Stratfordian，或稱莎士比亞懷疑者）：伊格內休斯·唐納利（Ignatius Donnelly）。唐納利長篇大論地主張法蘭西斯·培根（Francis Bacon）才是莎士比亞作品的真正作者，末尾他又另闢專章證明培根也完成了蒙田的《隨筆集》、羅伯特·伯頓（Robert Burton）的《憂鬱的解剖》（*Anatomy of Melancholy*）以及克里斯多福·馬羅（Christopher Marlowe）的所有作品。他找到許多埋藏在《隨筆集》裡的線索，例如在某個段落中蒙田寫道：「誰能讓頑強拒吃麵包、『培根』或大蒜的孩子改變心意，誰就能讓孩子戒除美食佳餚。」《隨筆集》裡出現幾次法蘭西斯的名字，不可否認這一定是法文的法蘭索瓦，一般來說指的一定是法國國王法蘭索瓦一世。毫無疑問，這也是一條線索。為了進一步證明，唐納利引用了某個波特太太（Mrs. Pott）的發現，她提醒唐納利莎士比亞在劇作裡經常提到「山」（mountain），這指的或許就是蒙田的名字。既然培根寫了莎士比亞的劇作，那麼在劇作中提及蒙田，必定顯示他也寫了《隨筆集》。「有誰會相信這一切完全出於偶然？」唐納利問。[16]

唐納利承認自己對《隨筆集》當中某些看似充滿線索的段落感到困惑。這些文字往往更難以詮釋，特別是一名年輕女性在她的兄弟遭到殺害之後捶打自己雪白的胸部。唐納利放棄了，他說：

誰是這名年輕女士呢？文中並未更詳細地提到她的事。是雪白的胸部殺死她的兄弟嗎？……子彈從哪來的？是從雪白的胸部射出來的嗎？這一切都太荒謬了……像這樣的陳述還有數百處。

《隨筆集》是以法文寫成，這理當構成問題，但唐納利卻不這麼認為。他的解釋是，培根想出版一本懷疑論的、宗教上非正統的書籍，但不敢在英格蘭這麼做，於是他打算以翻譯書為幌子來出版自己的作品。培根的運氣不錯，他的哥哥安東尼（Anthony Bacon）當時人在法國，而且認識蒙田。[17]安東尼說服蒙田將姓名借給培根使用，而另一個人則說動弗洛里歐扮演譯者的角色。於是，培根寫書，蒙田掛名，弗洛里歐很可能真的做了翻譯，只不過是從英文譯成法文。「蒙田」的確是英格蘭人，比哈利法克斯勳爵與黑茲里特的想像來得更貨真價實。

這個故事某方面來說確實存在著事實基礎：安東尼．培根的確認識蒙田，而且拜訪過他兩次，一次在一五八〇年代初，第二次是在一五九〇年。安東尼可以輕易帶一本蒙田的《隨筆集》回去給他的弟弟，這表示培根可能早在他自己的《隨筆集》（*Essays*）出版（一五九七年）之前，就已經讀過法文版的蒙田《隨筆集》。而這也解釋了人們經常感到困惑的一件事：培根與蒙田為什麼前後相差不到數年，卻分別發表了書名相同的作品。[18]

然而我們必須說，蒙田與培根類似的地方，也僅止於書名而已。蒙田作品帶有的「英格蘭特質」，在培根作品中完全不見蹤影。培根的寫作比蒙田更強調思想的嚴謹精確。他更敏銳、更具哲學性，也更令人厭煩。當他處理閱讀或旅行這類主題時，使用的是命令語氣。「這」是你應該讀的，「那」是你旅途中應該造訪的地方。如果一個主題可以分成幾個子題，他就會加以區分，而且預先宣布有哪些子題，然後再一一介紹，毫無半點遺漏。至於蒙田，你可以確定的是，他絕對不會這麼做。

自從弗洛里歐與培根開始以《隨筆集》做為書名，往後無數英文書籍的書名也開始出現《隨筆集》一詞。有些人是受到弗洛里歐的譯作啟發，有些則是受到培根的影響，但絕大多數作品都採取了蒙田的寫作與思想風格。十七世紀初以後的英格蘭隨筆，幾乎很少針對重要主題提出嚴謹的哲學思考內容，多數是以愉快的筆調漫談著平凡無奇之事。其中最典型的是威廉・康瓦里斯（William Cornwallis）的作品，他曾經閱讀過弗洛里歐早期的譯本草稿，並且在一六〇〇、一六〇一、一六一六與一六一七年出版了自己所寫的一系列《隨筆集》，探討的主題包括〈論睡眠〉、〈論不滿〉、〈論荒誕〉、〈論酒館〉與〈論觀察與事物的用處〉。[19]

即使是未用《隨筆集》當書名的作者，他們在作品中通常也會呈現出個人雜談的風格。當法國文學變得愈來愈強調均衡與形式時，英格蘭卻產生一連串古怪的作家，如羅伯特．伯頓在他的大部頭作品《憂鬱的解剖》中描述自己的寫作方式宛若「一條四處嗅聞的獵犬，一看到鳥就吠叫」。[20]更奇怪的是托馬斯．布朗爵士，他以隨筆的寫作形式探索醫學、園藝、殯葬方式與想像的圖書館，描述方式充滿了迴旋的巴洛克風格。[21]這與其他人（甚至包括弗洛里歐）迥然不同，任何人只要一看到布朗的句子，就能立刻認出是出自他的手筆。

就在蒙田作品極為離奇地於英格蘭大受歡迎之時，一名新譯者開始重新翻譯《隨筆集》，並且在譯文上稍微做出了調整。查爾斯．卡頓於一六八五年與一六八六年出版的新譯本，距離法國把《隨筆集》列為禁書還不是很久。卡頓的譯文比弗洛里歐來得精確，而且吸引了新一代英格蘭讀者接觸蒙田的作品。令人意外的是，這位在譯文上要求嚴謹的譯者，本人的性格卻比弗洛里歐更為反覆無常，而且更雅好文藝。卡頓在當時主要是以寫作下流低俗的詩文聞名，他曾形容自己是「來自北方的鄙陋之人」，最喜歡做的事就是整晚待在酒館裡暢飲麥酒，然後再回到自己的書房去

撰寫淫穢的書信，有時翻譯

> 來自吉衍與普羅旺斯的古老木桶故事，
> 並且不斷與法國老人爭吵。[22]

卡頓死後，他的名聲就跟蒙田或莎士比亞一樣，歷經各種離奇的轉折（也許沒有蒙田或莎士比亞那麼大起大落）。十九世紀的讀者認為他的喜劇韻文令人生厭，卻對他的抒情自然詩稱讚有加，不過與卡頓同時代的人卻完全未留意到他的詩作。之後，卡頓的詩也慢慢受到遺忘，反倒是他為艾薩克．沃頓（Isaac Walton）《釣魚大全》（*The Compleat Angler*，這部作品本身就極具蒙田的風格）所寫討論釣鱒魚的章節，廣受讀者好評。今日，卡頓自己的作品幾乎已無人知曉（只有釣客還會看他的文章），人們只知道他曾翻譯過蒙田的作品。

往後兩個世紀，卡頓的作品一直是《隨筆集》的標準譯本。他的譯文讓蒙田褪去了巴洛克風格，呈現出截然不同的氣象。蒙田不再編織著幻想之網，而成為致力捕捉日常生活心理現實的作家。詩人波普（Alexander Pope）在他擁有的卡頓譯本上寫下這句註記：「我認為，這是至今為止談論風俗習慣最好的一部作品；這位作者字字句句都說到人們的心坎裡。」[23]文學雜誌《旁觀者》（*Spectator*）有一篇文章，讚揚蒙田善於將個人的經驗與特質交織起來展現成文字，這種做法雖然有點放縱自我，卻極具娛樂價值。法國評論家查爾斯．德德揚（Charles Dédéyan）則說，英格蘭人樂於讓作家寫自己愛寫的東西，只要他的作品讀來令人愉快。[24]

此後，英格蘭開始出現大量的個人隨筆作家，這些人成為評論家沃特·佩特（Walter Pater）口中「真正的蒙田家族」：他們顯示出「個人的私密性與現代的主體性，我們或許可稱之為文學的蒙田元素」。[25]雷·杭特（Leigh Hunt）是相當受歡迎的隨筆作家，他在自己收藏的《隨筆集》裡畫上重點，並且在頁緣寫上評論——通常是一些相當愚蠢的內容。蒙田曾講了一則故事，提及他在法國看到一名沒有雙手的男孩，他可以拿起沉重的寶劍，也可以像馬車伕一樣持鞭駕車，杭特在頁緣小心翼翼地寫道：「顯然他是用手臂才有辦法做到，但這還是令人驚訝。」[26]

思想遠比杭特敏銳的黑茲里特是蒙田的崇拜者，他讚揚蒙田不以哲學家自詡。黑茲里特認定好的隨筆作家自有一套標準，而他的看法也顯示當時英格蘭人對蒙田特質的嚮往。他說，隨筆作家從人類生活中蒐集奇聞趣事，正如自然歷史愛好者於森林小徑與海邊散步時，信手撿拾貝殼、化石或甲蟲一樣。他們蒐集事物乃是出於天性，而非強迫。蒙田是最傑出的隨筆作家，他允許一切事物以原本的樣貌展現在他面前，包括他自己在內，而且他知道如何「觀察」事物。對黑茲里特來說，一篇理想的隨筆

必須記錄我們的服飾、神態、相貌、言詞、思想與行動；顯示我們是什麼與不是什麼；在我們面前展示人類生活的整體過程，使我們成為啟蒙的旁觀者，注視著人類生活多采多姿的景象，（可能的話）並成為具包容與理性的行動者，參與我們必須涉足的人生。[27]

換句話說，隨筆與小說或傳記不同，它是一種能幫助我們學習如何生活的文體。

黑茲里特的兒子名字跟他的父親一樣，也叫威廉．黑茲里特。他把卡頓的譯本、蒙田的書信、蒙田前往義大利時記錄的旅行日誌，以及一篇簡短的傳記滙集起來，於一八四二年編輯成《全集》（*Complete Works*）出版；這部作品後來成為英國的蒙田作品標準譯本。一八七七年，《全集》由他的兒子再做修訂——黑茲里特修訂黑茲里特編輯的卡頓蒙田作品譯本。在黑茲里特家族的數代努力下，他們定義的英格蘭蒙田終於比弗洛里歐塑造的蒙田更為流傳久遠。畢竟，新蒙田是因為這些黑茲里特家族崇尚的美德，才受到喜愛：他留意日常生活的真實面向，不受文學形式的限制，並以令人愉快的筆調如實描繪了生活的原貌。[28]

這項傳統自十九世紀延續到二十世紀，而且看起來應該會繼續進入到二十一世紀。每個時代都會產生新的英格蘭蒙田派作家；在無數曇花一現的隨筆作家與週末報紙專欄作家的努力下，這項傳統一直延續至今。無論有心還是無意，這些人都讓「文學的蒙田元素」得以存續下來。

蒙田在英吉利海峽兩岸的子嗣中，最重要的壓軸人物是一名英國愛爾蘭人：勞倫斯．斯登（Lawrence Sterne），他是十八世紀《崔斯特拉姆．山帝》（*Tristram Shandy*）的作者。他的偉大小說，如果可以這麼歸類的話，是一本經過誇大的蒙田《隨筆集》；它不僅公開呼應它的法國前輩，也充滿了戲謔、矛盾與雜談。原本應該放在一本書開頭的獻詞與序言，居然雜亂地散見書中各處，例如〈作者序〉出現在第三冊的第二十章。而書裡某處居然出現空白頁，讓讀者可以依自己的想像畫上一個人物角色。還有一頁則呈現了一系列線條圖案，作者聲稱這是他總結這本書到目前為止任意岔題的圖形。

《崔斯特拉姆・山帝》持續搖晃地走在瓦解的邊緣。無論一開始承諾出現什麼樣的情節，最後都會化為泡影，取而代之的是敘事的破碎與迂迴。「我曾向讀者承諾我要寫一篇專門討論繩結的文章嗎？」斯登在書中的某處回想著；「用兩章來討論女性好的一面與壞的一面？一章討論鬍子？一章討論願望？一章討論鼻子？不，鼻子我已經談過了。一章討論我叔叔托比（Toby）的謙遜？更甭說還要用一章來討論我死前想完成的幾個章節！」這段描述宛如趕時間的蒙田。

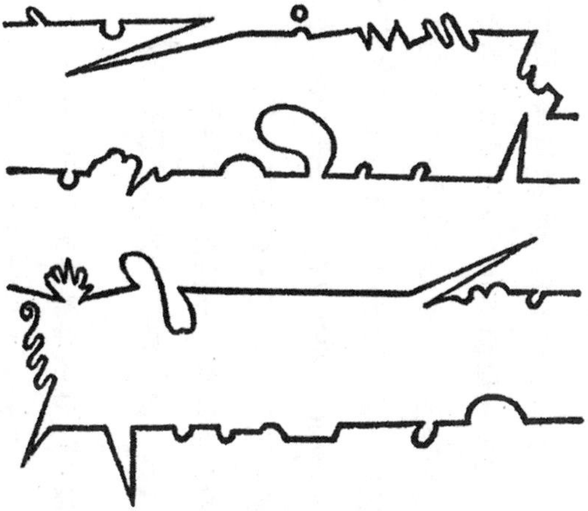

《崔斯特拉姆・山帝》中描繪任意岔題的圖形。

但是當然，斯登說，這裡的故事全是如實描繪世界的故事，它們不可能從起點直達終點。生活是複雜的，並不存在單一的路線：

> 歷史學家談論歷史時會像趕騾子的人一樣直線前進嗎？舉例來說，從羅馬一路前往洛雷托，旅途中絕不

> 左顧右盼。他也許敢大膽向你預言一小時後就會抵達目的地，但從心理層面來說，這是不可能的。倘若他的精神不濟，一路上他會有五十次偏離直線。[29]

與蒙田的義大利之旅一樣，我們無法指責斯登脫離他原先的路線，因為他的路線「就是」離題。他的路徑就是他下一秒鐘臨時動念要去的地方。

《崔斯特拉姆．山帝》開啟了愛爾蘭的傳統，這項傳統發展到喬伊斯（James Joyce）的《芬尼根的守靈夜》（*Finnegans Wake*）時達到極致。這部小說將無數聯想的分支與細流發散到數百頁的篇幅上，最後才返歸主題：末尾的半句呼應了開頭的半句。對於避免首尾連貫的斯登與蒙田來說，《芬尼根的守靈夜》顯然過於秩序井然。他們認為，寫作與生活應該任其流動，即使這意謂著不斷歧出，乃至於偏離了常軌，甚至最後得不到解答。斯登與蒙田持續地描述一個不斷產生事物、擁有無窮書寫主題的世界——所以為什麼要停止呢？這使他們成為偶然的哲學家：對人類靈魂從事田野調查的自然學家。他們沒有地圖也沒有計畫，不知道自己的終點在哪兒，也不知道自己到了終點後要做什麼。

Ch 17

我們問：如何生活？蒙田說：時時回顧，但從不後悔

蒙田始終「熱愛命運」，對於自己寫下的東西從不感到後悔。

但這並未阻止他重新閱讀自己的作品，並頻繁地進行增補。

只要他還活著，他就必須寫作。

人們的質疑聲浪總是不斷：他這麼寫不會太離題了嗎？有點太私人了吧？他不知道自己的作品充滿了怪腔怪調？

這些質疑未曾使蒙田動搖，他堅信，自由是唯一的原則，而離題是唯一的路徑。

我從不後悔

有些作家只是「寫」書，有些則寫書如同捏陶土，或像堆積木似地疊出一本。喬伊斯屬於後者，他的《芬尼根的守靈夜》在一連串草稿與版本中發展演進，直到第一版相當正常的句子「Who was the first that ever burst?」，演變成極其詭異的句子「Waiwhou was the first thurever burst?」。[1]蒙田不像喬伊斯那樣會塗改自己的文字，但他的確會反覆檢視寫下的文章，並加以增補。雖然蒙田持續回顧自己的作品，但他幾乎未曾刪改過內容——他只是不斷地添加擴充。就像他的人生一樣，蒙田對於自己寫下的東西從未感到後悔。他始終「熱愛命運」：無論發生什麼事，他都欣然接受。

這種想法牴觸了基督宗教教義；基督宗教堅持人必須不斷悔改過去的錯誤行為，洗刷不良記錄，讓自己重獲新生。蒙田知道過去做的事對他來說已無意義，也認為當下的他已與過去完全不同，因此逝去的就讓它逝去，毋須牽腸掛肚。過去的蒙田就像宴會裡的人群一樣五花八門。他從未想過要對滿屋子的熟人指指點點，因為每個人都有自己的理由與觀點來解釋自己的行為，所以他也從未想過要對過去的自己說三道四。「我們每個人都是拼湊起來的」，蒙田寫道：「我們的氣質與性情無定形且多樣，每個部分、每個時刻的我們，都呈現出不同的樣貌。」[2]世上不存在單一的整體性觀點，可以讓人回味與建構一個首尾連貫的自己。蒙田從未試圖將過去的自我從生命中抹去，因此他也沒有理由對自己的作品這麼做。《隨筆集》伴隨他成長了二十年，每一篇隨筆都原封不動地存在著，而蒙田也樂於維持它們原有的樣貌。

蒙田拒絕後悔，但這並未阻止他重新閱讀自己的作品，並頻繁地進行增補。他不認為自己可以放下筆宣布：「我蒙田現在已說了想說的每一件事。我已經把自己完全保存在紙上。」只要他還活著，他就必須持續寫作。這段過程可能會永遠持續下去：

任誰都看得出來，只要這個世界還有筆墨紙張，我就會毫不停歇地，努力沿著這條該走的路一直走下去。3

最後唯一能阻止他的，是死亡。一如維吉妮亞．伍爾夫所言，《隨筆集》的停止不是因為它抵達了「終點，而是在全速前進時戛然中止」。4

蒙田的持續寫作，有部分來自出版商的鼓勵。他早期出版的作品銷售成績非常好，讀者顯然希望有更新、更多、更好的隨筆問世。一五八八年，此時的蒙田擁有義大利之旅與擔任市長的經歷，在他的腦中已有更多素材可寫。此後，他更是勤於寫作。他在落難國王的宮廷裡經歷過許多不安，這些遭遇想必觸發了許多新靈感。它們不一定局限於法國當前的局勢，也旁及各種課題，例如穩健適切、良好的判斷、世界的不完美，以及許多其他蒙田喜愛的主題。

一五八八年版的《隨筆集》（改由頗具聲望的巴黎阿貝爾．朗傑里耶〔Abel L'Angelier〕出版社出版，而非原先的波爾多出版商），書名頁中提到這本書「增添了第三卷，前兩卷也擴充了六百多頁」。這樣的介紹固然沒錯，卻低估了實際內容的增加：一五八八年版的《隨筆集》幾乎是一五八〇年版的兩倍。第三卷增加了十三個長篇章節，而前兩卷則幾乎每一章都做了補綴。[5]

一五八八年版問世時，蒙田正追隨落難的亨利三世，並且計畫到新結交的朋友瑪麗・德・古爾內位於皮卡迪的住處調養身體。與蒙田現實遭遇的窘境相反，這部作品展現出前所未有的驚人自信。對於蒙田這樣一個沒有悔罪觀念的人來說，新完成的《隨筆集》依然堅持雜談與個人色彩的寫法，這點並不令人驚訝。蒙田也毫不猶豫地要求讀者進入他的世界。「是恍神的讀者離題，不是我離題」，[6]他在提到自己的漫談時如此寫道。他現在也不以作品是寫給家人與親友看做為幌子：他知道自己有話要說，不想再低調、隱藏與簡化自己的想法，以符合一般的規矩。

然而不變的是，描寫個人世界時產生的自我懷疑，有時仍會襲上蒙田心頭。當他提筆寫作時，靈感與困惑往往相偕而來。「以我來說，我對自己的作品價值產生的懷疑，就跟我懷疑其他人的作品一樣；我一下子認為《隨筆集》很糟，一下子認為《隨筆集》很好，非常不連貫，也拿不定主意。」[7]每當蒙田有話要說，這種複雜的情緒就會湧現上來，不過之後帶出的各種想法隨即掩蓋了這份矛盾，使他能繼續振筆直書。

如同出版商的預期，一五八八年版的《隨筆集》在市場上極為暢銷。一五八〇年版的讀者原本認為《隨筆集》是一部關於斯多噶派智慧的手冊，此時他們卻對一五八八年版的內容感到吃驚，質疑聲浪也隨之而起。蒙田這麼寫難道不會太離題了嗎？或者說，有點太私人了？他是不是說了太多自己的日常習慣？隨筆的章名與內容有關聯嗎？有必要把自己的性生活說給大家聽嗎？此外，當蒙田的朋友帕斯基耶與他同在布洛瓦時，帕斯基耶感到十分困惑，蒙田該不會連自己的語言也忘了？他到底知不知道自己的作品裡充滿了怪詞、新字與加斯孔地區的口語？

儘管蒙田內心充滿不確定，這些質疑卻未曾使他動搖。如果這類批評曾使他修正自己的做法，那也只是讓他更離題、更個人，在風格上更加放浪揮灑。一五八八年版問世之後，蒙田在他人生僅餘的四年時間仍寫作不輟，而且文風更加曲裡拐彎，內容也更詭譎怪誕。

一五八八年版的掙脫束縛，使蒙田得以縱情馳騁。接下來的寫作他雖未增添新章節，卻陸續補充了一千個段落，有些段落的長度足以媲美第一版的某些篇章。一五八八年版已然擴充到最初版本的近兩倍之多，該年之後續寫的部分，又讓全書篇幅增加了三分之一。即使到了這個時候，蒙田仍覺得自己只能對許多事情點到為止，他既無時間也無興致將其談個仔細。「為了多放入幾篇隨筆，我只能列出一堆主題的名稱。如果我還要在這些主題下補充更多內容，這本書恐怕會擴大成好幾倍。」這就如同他提到普魯塔克時的說法：「他只是用手指指出我們要去的方向。」自由是唯一的原則，而離題是唯一的路徑。[8]

蒙田在《隨筆集》的書名頁上引用了維吉爾的一句拉丁文，「viresque acquirit eundo」，意思是說：「隨著事情的進行，聚集的力量將愈來愈大。」[9]這句話或許暗指他的書賣得很好，但

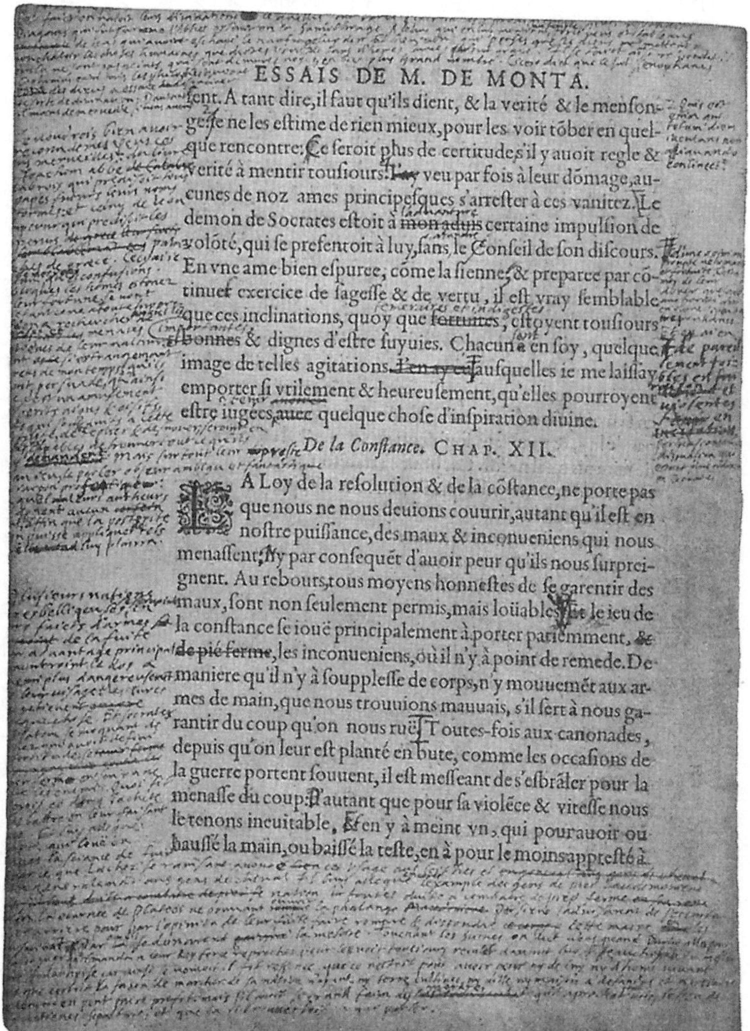

ESSAIS DE M. DE MONTA.

sent. A tant dire, il faut qu'ils dient, & la verité & le mensonge. Ie ne les estime de rien mieux, pour les voir tōber en quelque rencontre. Ce seroit plus de certitude, s'il y auoit regle & verité à mentir tousiours. I'ay veu par fois à leur dōmage, aucunes de noz ames principesques s'arrester à ces vanitez. Le demon de Socrates estoit à mon aduis certaine impulsion de volōté, qui se presentoit à luy, sans le conseil de son discours. En vne ame bien espuree, cōme la sienne, & preparee par cōtinuel exercice de sagesse & de vertu, il est vray semblable que ces inclinations, quoy que fortuites, estoyent tousiours bonnes & dignes d'estre suyuies. Chacun a en soy, quelque image de telles agitations. I'en ay eu ausquelles ie me laissay emporter si vtilement & heureusement, qu'elles pourroyent estre iugees, auec quelque chose d'inspiration diuine.

De la Constance. CHAP. XII.

LA Loy de la resolution & de la cōstance, ne porte pas que nous ne nous deuions couurir, autant qu'il est en nostre puissance, des maux & inconueniens qui nous menassent, ny par consequēt d'auoir peur qu'ils nous surpreignent. Au rebours, tous moyens honnestes de se garentir des maux, sont non seulement permis, mais loüables. Et le ieu de la constance se iouë principalement à porter patiemment, & de pié ferme, les inconueniens, où il n'y à point de remede. De maniere qu'il n'y à soupplesse de corps, n'y mouuemēt aux armes de main, que nous trouuions mauuais, s'il sert à nous garantir du coup qu'on nous rue. Toutes-fois aux canonades, depuis qu'on leur est planté en bute, comme les occasions de la guerre portent souuent, il est messeant de s'esbrāler pour la menasse du coup: d'autant que pour sa violēce & vitesse nous le tenons ineuitable, & en y à meint vn, qui pour auoir ou haussé la main, ou baissé la teste, en à pour le moins apresté à

蒙田《隨筆集》一五八八年版。

更可能是指隨著寫作進行，寫作的素材就像從山上滾落的雪球一樣，一發不可收拾，連蒙田自己也擔心局面將會失控。當他贈送一五八八年版《隨筆集》給朋友安東尼・洛瓦塞爾（Antoine Loisel）時，他在題詞上表示，希望洛瓦塞爾能在閱讀之後將心得告訴他——「因為我擔心自己愈寫愈糟糕」。[10]

事實上，《隨筆集》確實已經逼近讓人難以理解的臨界點。人們有時還能從第一版纏繞的行文中看出概略的主旨，特別是有些現代版本會用小字母標出三個階段的文字內容：A是一五八〇年版，B是一五八八年版，C是一五八八年以後撰寫的文字。這種效果宛如從層層覆蓋的熱帶樹葉中隱約辨識出高棉石廟的外觀一樣，我們只能猜想D可能會是什麼。如果蒙田能再活三十年，他是否會不斷增添隨筆，直到這本書完全無法理解為止？就像巴爾札克〈未被發現的傑作〉（The Unknown Masterpiece）裡的藝術家，他的作品畫到最後變成毫無意義的一團黑。還是說蒙田早有定見，知道什麼時候該收手？

我們雖然無法得到問題的解答，但可以確定的是，直到蒙田去世之時，他還沒有停下的意思。蒙田最後幾年至少完成了大批密密麻麻的評註，這些資料後來全交由他死後的編輯來處理，而且成為日後各種版本《隨筆集》的基礎。這名編輯不是別人，而是一名極為年輕的女性，她在蒙田剛完成一五八八年版時在巴黎闖入了他的生命，她就是瑪麗・德・古爾內。

Ch 18

我們問：如何生活？蒙田說：懂得放手

古爾內塑造出蒙田生不逢時的神話，使他成為一名必須等待讀者發現其價值的作者。

阿曼戈相信蒙田在文字中藏了許多祕密，只有他才能解讀。

維雷認為他所編訂的《隨筆集》是無可挑戰的定本。

有些編輯介入更深，不只裁剪文字，甚至捲起袖子，把《隨筆集》當成雞隻一樣肢解，使其變成全新的生物。

於是，浪漫主義的蒙田、道德主義的蒙田、帶有英格蘭氣質的蒙田、後現代主義傾向的蒙田……紛紛出爐。

一部真正有野心的作品，一定能接受別人的詮釋。蒙田會說：「主啊，讓世人誤解我吧。」

女兒與弟子

瑪麗．勒亞爾．德．古爾內（Marie Le Jars de Gournay）是蒙田最初的重要編輯與宣傳者，她與蒙田的關係好比聖保祿與耶穌、列寧與馬克思。古爾內是一名極富熱情與情感的女子，自從第一次在巴黎與蒙田見面那一刻起，她便決心要毫無保留地為蒙田付出。往後古爾內成為蒙田生命中最重要的女性，影響甚至超越蒙田的妻子、母親與女兒這三位蒙田家的鐵三角。與這三名女性一樣，古爾內活得比蒙田久，然而以她而言並不意外，畢竟她比蒙田小三十二歲。她與蒙田第一次見面時，蒙田已經五十五歲，而她只有二十三歲。[1]

瑪麗．德．古爾內的人生開始於一五六五年。她與蒙田有許多類似之處，但有兩個關鍵性的差異：首先，她是一名女性；其次，她沒有蒙田那麼有錢。她出身於不起眼的外省貴族家庭，一年當中有部分時間住在巴黎，部分時間住在皮卡迪的城堡。此外，她也會在父親於一五六八年購入、位於阿隆德河畔的古爾內（Gournay-sur-Aronde）的莊園裡稍做停留。成年後，瑪麗承襲莊園的姓氏。這種權利通常只保留給兒子，但忽視這類規則似乎是瑪麗典型的作風。她決心要超越性別與身分的限制，為自己的人生爭取更多的東西。

一五七七年，瑪麗的父親去世，這不僅對她個人造成打擊，也是整個家庭的災難。少了父親的收入與管理，全家的生活瀕臨瓦解。巴黎的生活費用遠比皮卡迪來得昂貴，於是他們幾乎完全放棄在城市生活的念頭。此後直到一五八〇年，瑪麗一直局限在外省的世界裡。這種環境顯然不是她想要的，於是她（現在已是一名倔強的少女）盡可能利用家中藏書教育自己，並且閱讀含有法文翻譯的拉丁文作品，為自己奠定古典文學的基礎。她的知識是東拼西湊而來，雖缺乏系統，卻具有強烈的目的性。

蒙田也許認同這種毫無次序的學習方式——理論上來說是如此。然而衡諸實際，我們實在無法想像蒙田可以滿足於古爾內的學習內容，這恐怕只會使他對自己更無自信。蒙田可以即席與人談論學問，揶揄父親對書籍的畢恭畢敬；古爾內則相當重視並自豪自己的學識，因為這是她努力學習的成果。但這一點也容易使她遭受質疑，她經常覺得自己受到嘲弄。的確，她說，當人們

> 看到一名完全未受過正式教育的女子裝出有學識的樣子，當然會感到可笑。這名女子靠著死背硬記學習拉丁文，以翻譯對照原文的方式協助理解。在這種情況下，她不敢大聲念出拉丁文，深怕人們發現她念法有誤——一名有學識的女子，居然無法正確朗誦拉丁韻文；一名有學識的女子，竟不懂希臘文、不懂希伯來文，而且沒有能力對古典作者做出學術評釋。[2]

古爾內的語調滿是不平。終其一生，這樣的憤懣一直糾纏著她。在她的《性格肖像》（*Peincture de moeurs*，以韻文撰寫的自傳）中，古爾內形容自己是智性與感性的混合物，無法隱藏自己的情緒。[3]她的文字顯然洩露了這一點。

瑪麗．德．古爾內。

同樣複雜的感受也出現在古爾內首次遇見蒙田之時。她先是接觸他的作品，而後又親眼得見蒙田本人。古爾內快二十歲時，偶然間讀到《隨筆集》，這個經驗帶給她極大的震撼，一度使她的母親以為她已經瘋了；她的母親還準備了嚏根草（hellebore）[4]這種治療瘋症的傳統祕方讓她服用。這些都是古爾內自己說的，或許只是誇大其詞。古爾內覺得，自己已在蒙田這位與她極為相似、且唯一能與她心靈相通的人身上，找到另一半自我。長久以來，有許多蒙田的讀者都有這種經驗：

> 他怎麼這麼了解我？
>
> ——伯納．列文

他簡直就是另一個我。

——安德烈・紀德

這裡的「你」反映出我的「我」，此刻一切距離都泯除了。

——斯蒂芬・褚威格[5]

古爾內渴望與蒙田見面，但她一打探消息，卻得到蒙田已辭世的傳言。[6] 數年後，一五八八年，當古爾內與母親在巴黎時，她又聽說蒙田依然健在。不僅如此，他還因為擔任納瓦爾與國王的祕使，而成為人們談論的焦點。這齣戲的高潮出現在古爾內大膽邀請蒙田來訪之時：以她的身分，加上又是年輕女性，要邀請地位較高且年高德劭的男性前來，其實是有違規矩的，更何況蒙田還是當時整個巴黎熱議的人物。然而，這種不太禮貌的做法反而引起蒙田的興趣；再者，年輕女性的奉承他向來難以拒絕。於是第二天他就去拜訪古爾內。

《終於有「粉絲」了》，Michel Iturria 繪。

從古爾內的描述可以看出，這場會面兩人肯定來往十分熱絡，不過或許不是表現在肉體上，因為到了最後，蒙田提出純潔的要求，希望古爾內成為他的養女，而她馬上就答應了。古爾內是否曾在蒙田面前急切地暢談自己對於兩人「肖似」的感受？她是否曾告訴蒙田噓根草的事？無論如何，她顯然滔滔不絕地將想講的話一股腦兒全吐露出來。在《隨筆集》晚期增添的內容中，蒙田曾描述一段古怪的插曲，而這件事顯然就是他與古爾內見面後發生的。他看見一名女孩，從之後的陳述可以明顯看出，這名女孩就是古爾內：

為了顯示她對承諾的狂熱與堅定，她拔起別在頭上的髮簪，用力往手臂上刺了四、五次，髮簪刺破了皮膚，血流如注。7

無論古爾內第一次與蒙田見面時是否曾出現這種自殘舉動，人們至少有理由懷疑古爾內當時的情緒一定極為亢奮。蒙田認她當養女的事很可能出自她的提議，而不是蒙田自身的想法。或許他本想利用古爾內對他的迷戀，而在性事上嘗點甜頭，然而最後卻被古爾內說服，兩人反而成了收養關係。早在第一次閱讀《隨筆集》時，古爾內便已感受到自己與蒙田在精神上同屬一家。而現在，他們真的成為官方認定的家人。蒙田取代她去世的父親，而她則加入蒙田家那一小圈隨侍在側的女性成員中；這群女性的想法往往令蒙田猜不透。

即使蒙田是為了迎合古爾內，才同意成為她的「養父」（père d'alliance），但事後他也並未因此而冷落了她。古爾內邀請蒙田到皮卡迪的鄉間與她和她的母親同住，這使蒙田有了休養生息的機會。他不僅得以遠離巴黎的政治紛亂，也能避開再次被捕的危險。此外，這也使他有了繼續寫作的可能。蒙田與剛收養的女兒幾乎立即投入《隨筆集》一五八八年版的修訂工作之中。[8]可以想見，古爾內一定非常興奮。她的夢想並不是為蒙田裹上披巾，讓他安心養老；相反地，她希望蒙田能繼續寫作，這樣她才能在一旁擔任學徒。古爾內的出現或許真的造成一些改變：身旁有一名熱情的支持者，足以激勵蒙田在一五八八年版問世後持續筆耕不輟，並且在離開皮卡迪之後仍毫不停歇。這也成為蒙田晚年寫作的基調。

相對地，古爾內的表現也無負她做為蒙田的「養女」（fille d'alliance）。當她為蒙田死後出版的《隨筆集》寫序時，她署名蒙田的養女，並且表示「自己有幸能稱他為父親」。她又說：「諸位讀者，我無法用別的名字來稱呼他，因為我若不是他的女兒，就什麼都不是了。」古爾內在自己的另一部作品中寫道：

> 如果有人驚訝於我們明明不是親生父女，彼此間的善意與關愛居然能超越真正的父女（在血緣親屬中最基本也最親密的關係），那麼這些人應該試著尋找與自己志趣相合的夥伴，他將不難領會其中的奇妙，原來心靈相通產生的吸引與力量竟比血緣來得強大。[9]

蒙田的親生女兒雷歐娜對於古爾內這一席養女更勝親生女的說法做何感想，不禁令人好奇。

如果她因此生氣，相信沒有人會怪她，不過她似乎不以為意。雷歐娜後來與古爾內成為好友，古爾內還叫她「妹妹」，而這也相當合理，畢竟她們的父親是同一個人。當古爾內提到「超越」二字時，她想到的或許是她與蒙田之間的契合，而非有意與雷歐娜較勁。古爾內真正感到吃味的，恐怕是早已不在人世的拉博埃西，而她也不諱言拉博埃西是她比較的對象。古爾內在題詞末尾引用拉博埃西的韻文：「我不擔心後世如何看待我們的友情，若命運如此，我也坦然接受。」而在《隨筆集》序言中，古爾內寫道：「我擁有他才四年的時間，遠遠比不上拉博埃西。」

同個段落裡還有一句奇妙的、或說是真情流露的有關蒙田的陳述：「當他稱讚我時，我便擁有了他。」[10] 顯然蒙田確實稱讚了她。在她編輯的《隨筆集》裡，蒙田曾說古爾內是他的養女，他對她的喜愛甚至超越了父女之情（姑且不論他的意思是什麼）；在退休的歲月裡，他把她當成自己的一部分來珍視。蒙田又說：

〈書房中的蒙田〉，H. Wallis 繪。古爾內隨侍在旁，將蒙田的口述記下。這反映出了十九世紀人們的想像。

> 在這個世界上，她是我唯一掛心的

人。如果她年輕時的承諾並非兒戲，那麼她的靈魂總有一天可以完成最美好的事物，實現到目前為止還沒有任何女性能夠實現的目標，並且擁有一段最神聖而完美的友誼。她性格中帶有的誠懇與堅定無可挑剔，她對我的情感溢於言表。簡單地說，我對她別無所求，只希望在我離開人世之時（考慮到我五十五歲時才與她結識），她能節哀順變，不要過度悲傷。11

最後，蒙田充滿溫情地提到古爾內對《隨筆集》有著毫無瑕疵的理解：「她是一名女性，在這樣的時代，而且這樣地年輕，沒有其他女性跟她一樣」、「她對我的愛是如此真切，如此渴望與我之間的友誼」。

這些句子多年來一直飽受質疑，因為它們只出現在古爾內編輯的《隨筆集》版本裡，而未出現在另一本由蒙田親自評註的最後版本中——這本《隨筆集》又稱為「波爾多本」（Bordeaux Copy）。古爾內這段文字是從哪裡來的，我們不得不感到納悶。這段文字的語氣似乎比較像古爾內，而不像蒙田；耐人尋味的是，在後來的版本中，古爾內又將這段文字刪除了。另一方面，波爾多本在這些文字出現的地方殘留著黏貼的痕跡，此外還有蒙田親手劃上的小十字——他通常用這個符號來表示文字的插入。或許黏貼於上面的紙條，在十七、十八世紀重新裝訂時不小心脫落了。無論這段文字是真是假，我們都沒有理由懷疑蒙田對這名女弟子的情感，包括她的髮簪、噓根草與其他事物。

然而，蒙田只在皮卡迪待了一年，之後便只以書信與古爾內保持連繫。一五九三年四月，古爾內告訴另一名文學朋友尤斯圖斯．利普修斯，她已將近五年沒見到蒙田。古爾內一直與蒙田定期通信，她之所以寫信給利普修斯，主要是因為蒙田已有六個月沒寫信給她。她的憂慮是對的：蒙田在這段期間過世，他的胞弟曾寫信通知她，可惜信並未送到她手裡。利普修斯在回信裡告訴她這個令人震驚的消息，他以溫柔的語氣對她訴說：「妳稱呼父親的那個人已不在這世上，妳盡可把我當成妳的兄弟，妳的依靠。」古爾內在驚訝之餘回信給利普修斯，說道：「先生，今日看見我的人發現我變了一張臉，完全認不出我來，恐怕你也將認不出我的樣貌。失去父親的痛苦使我完全變了一個人。我是他的女兒，是他的墳塋；我是另一個他，是他的灰燼。」[12]

在這段時期，古爾內還有自己的問題要處理。她的母親於一五九一年過世，遺留下大筆的家庭債務，而她還要照顧其他的弟妹。古爾內不想為了金錢而接受沒有愛情的婚姻，於是她決心以寫作謀生。這是一條艱苦的道路，幾乎沒有任何女性嘗試過。終其一生，她不斷撰寫她認為可能有銷路的作品，像是詩與風格的分析、女性主義、宗教爭議、她自己的人生故事等，並且運用一切所能找尋文學界人士來幫她的忙，利普修斯就是其中之一。然而，沒有任何一個人的名聲比得上總是與她的名字緊緊相隨的導師：蒙田。

古爾內十分有技巧地運用蒙田的名聲來為自己造勢。一五九四年，她出版了第一部突破以往成績的作品，這是一本小說，書名叫《蒙田先生的漫步》（*Le Proumenoir de Monsieur de*

Montaigne）。小說的內容其實跟蒙田沒什麼關係，至於作品的靈感，則是源自某日古爾內與蒙田漫步於她家的花園時，她對蒙田講的一則小故事——她在題獻的書信裡做了簡單的介紹。[13] 事實上，《漫步》裡那名充滿異國風味的頑皮女孩，幾乎完全竊取自另一名作者的作品。但《漫步》獲得了極大的迴響，為古爾內下一部真正開啟她的事業的作品奠定基礎：她編輯的最終版《隨筆集》，終於在一五九五年堂堂問世。[14]

古爾內成為蒙田作品的編輯者與發行者，顯然是在蒙田死後才決定的。當時蒙田的遺孀與女兒在遺稿中發現蒙田親自評註的一五八八年版《隨筆集》，她們把這本書寄給在巴黎的古爾內，由她安排這本書的出版事宜。或許蒙田的遺孀與女兒是希望古爾內另找一家適合的出版社，但古爾內似乎會錯意，以為這是蒙田家委託給她的一件重大編輯任務，由她來負責這本書的出版事宜。出版《隨筆集》是一份艱困的工作，就連比古爾內經驗更豐富也更有能力的編輯，也會感到力不從心。直到今日，沒有任何編輯敢拍胸脯保證自己能處理這麼多改動的文字、這麼複雜的文本，並逐一找出蒙田引用與暗示的資料出處，但古爾內做得非常好。她也許禁不起誘惑地把一些提到自己的可疑句子增添上去，不過也有可能這些句子完全出於真實。無論如何，就整體來說，古爾內對精確的要求比同時代絕大多數的編輯都來得高。這個版本第一次印行的書籍至今仍留存著，從中我們可以看出即使到了書頁自印刷機印出，乃至於已經出版，古爾內仍持續進行修改，這顯示她多麼希望一切能夠完美呈現。[15]

從此時起，與其說古爾內是蒙田的女兒，不如說她是《隨筆集》的養母。「在失去父親後」，她寫道：「《隨筆集》需要一名保護者。」她不僅整理作品，而且支持它、為它辯護與宣傳，並為第一版寫下一篇論辯的長序，預先反駁各種可能的批評。她的論點絕大多數相當合理且邏輯嚴密，但她也注入了豐富的情感。對於有人批評蒙田的風格粗俗淫穢，古爾內寫道：「當我反駁這類指控時，我總是嗤之以鼻。」當有人認為蒙田的寫作雜亂無章，古爾內則回應：「在意細微末節不可能寫出偉大的作品……這不是學徒的入門書，而是大師的聖經，哲理的精髓。」

如果有人含糊地稱讚《隨筆集》，古爾內也會感到不滿。「一味地認為西比奧（Scipio）是高尚的領導者，或認為蘇格拉底是智者，這種人云亦云的評價還不如什麼都不說。」你不可能用冷靜的語調讚美蒙田「才華出眾」（古爾內大概忘了蒙田穩健節制的觀念），你必須「痴迷」，就像古爾內一樣。此外，還必須說明你「為什麼」對蒙田感到痴迷：在拿蒙田與古人比較時，你比須從每個細節上進行比對，確切顯示蒙田能與古人平起平坐，甚至超越前人。在古爾內眼中，《隨筆集》似乎是完美的智能測驗，從人們對這本書的看法，她可以評判這些人才智的高低。到了下個世紀，狄德羅也對蒙田提出幾乎相同的評論：「他的作品是健全心靈的試金石，如果有人討厭這本書，你可以確定這個人的心靈或理解一定有瑕疵。」[16]

不過，古爾內確實有權利向她的讀者提出各種要求，因為她自己就是蒙田的優秀讀者。儘管有點過度迷戀，她確實敏銳捕捉到《隨筆集》何以有資格躋身經典之林。就在許多人仍將《隨筆集》視為斯多噶派的語錄大全時（就這本書來說，這樣的詮釋確實沒有錯），古爾內已然針對這本書其他的非凡之處加以讚揚，包括風格、散亂的結構，以及願意吐露一切事物。古爾內覺得周遭的人完全忽略蒙田在這方面的特質，因此她開始塑造出蒙田生不逢時的神話，使他成為一名必須等待讀者發現其價值的作者。事實上，蒙田在當時是一名非常受歡迎的作者，他的文字坦率而直接，但古爾內卻把他說成是深受世人誤解的天才。

古爾內一點也不介意自己活在蒙田的陰影之下，她說：「無論寫作還是說話，我亦步亦趨地跟隨著蒙田。」[17]事實上，古爾內的個性大而化之，與蒙田南轅北轍；當她讚美蒙田穩健的美德時，語氣完全缺乏節制。在稱許斯多噶派的超然與寧靜致遠的生活時，她的語氣充滿了情感，令人喘不過氣來。[18]這使得古爾內編輯的版本成為兩名作家之間耐人尋味的角力，正如蒙田與弗洛里歐，以及蒙田與拉博埃西一樣。古爾內與蒙田之間的矛盾對話，也使得《隨筆集》一開始即充滿著攪動人心的氣息。

從各方面來看，蒙田與古爾內就像一般的文學夥伴一樣，只不過古爾內身為女性的事實，使問題變得更為複雜。令古爾內惱火的是，她與蒙田的夥伴關係始終未受到人們的正視，就連她自己也未獲得眾人認真的看待。終其一生，她一直受到民眾的揶揄，對此她始終無法釋懷，甚至因而動怒。古爾內在《隨筆集》的序言中宣洩自己的不平，那副樣子簡直就像要穿透紙面扯著男性讀者的衣領責難一樣。「各位讀者，如果你們不屬於不許擁有財產、自由乃至於一切美德的性別，那麼你們可真有福氣。」[19]即使是最愚蠢的男人，也能得到眾人尊重的聆聽，只因為他們長了鬍子。如果女性大膽說出自己的看法，只會招來男性勉為其難的微笑，他們的表情彷彿說著：「啊，是女士要說話了。」如果是蒙田受到這種對待，他很可能也會報以微笑，可惜古爾內無此天分。她愈是控制不了自己的怒氣，愈是招來更多的訕笑。然而這種壓力與焦慮，也使她成為一名具說服力的作家。古爾內的序言不只是最早介紹蒙田經典作品的導論，也是世界上最早、最為辯才無礙的女性主義文章。

以這樣的文章來介紹蒙田未免有點古怪，因為蒙田顯然不是偉大的女性主義者，但古爾內的女性主義始終緊密連結著她的「蒙田主義」。她相信男女平等（誰也不比誰優越，唯彼此在經驗與處境上存有差異），這個信念與蒙田的相對主義不謀而合。蒙田堅持對既有的社會假定提出各種質疑，而且願意站在別人的觀點思考，這些都讓古爾內深受啟發。對她來說，如果男人能運用一點想像力，站在女性的立場看世界，那麼即使只是幾分鐘，都可以讓他們有所體悟，進而改變行為。可惜這種視角的跳躍，男人絕不可能去做。

不過，就在《隨筆集》出版後不久，古爾內對於措詞辛辣的序言突然另生想法。此時的她暫住在蒙田莊園裡，成了蒙田遺孀、母親與女兒的客人；她們接納她顯然是基於友誼、忠誠或同情。一五九六年五月二日，古爾內從莊園寫信給利普修斯，信中提到她是因為蒙田去世的緣故，才在過度悲傷下寫了這篇序言，現在她希望刪掉這篇文章。她說，這篇序言裡出現的過激之語，是「靈魂極度狂熱」的結果。不久，送往巴塞爾、史特拉斯堡（Strasbourg）與安特衛普（Antwerp）等地出版商的《隨筆集》全削除了原先的序言，取而代之的是長度只有十行、簡短而又無趣的註記。古爾內把序言原稿放在抽屜的最底層，其中有一部分出現在一五九九年版的《漫步》中，而且形式做了一些改動。又過了一段時間，古爾內對於自己先前刪除序言的決定感到後悔，或許此時她又萌生蒙田去世時那股反抗情緒。於是，在她人生最後一次出版《隨筆集》時，她又放回了原本那篇過激但內容精采的序言。[20]

終其一生，古爾內除了為《隨筆集》改版數次外，自己也發表了幾部篇幅較小但引起較多爭議的作品。無論如何，她確實依循了自己原先的想法：以寫作為生。古爾內後來回到巴黎，與一名忠心耿耿的僕人妮可・賈敏（Nicole Jamyn）一起住在閣樓裡。她偶爾舉辦沙龍，與當時最有趣的人交遊，其中包括放蕩主義者如法蘭索瓦・勒・普爾什爾（François le Poulchre de la Motte-Messemé）與法蘭索瓦・拉莫特・勒瓦耶。許多人懷疑古爾內是放蕩主義者與宗教上的自由思想家，而古爾內也的確在自傳《性格肖像》裡提到她缺乏想要的深刻信仰——這或許正暗示著她是一名徹底的不信仰者。[21]

古爾內的作品有一定銷路，但人們對她的好奇往往與醜聞或公開的嘲弄有關。讀者從未把焦點放在《隨筆集》身上，至少在她有生之年是如此，甚至從未關注過她的女性主義作品。讀者總是嘲弄她非正統的生活方式，或她的一些論辯短文。古爾內有時能獲得某些人的尊敬，儘管這些敬意有點心不甘情不願。一六三四年，她成為具影響力的法蘭西學術院創始人之一，但這樣的成就卻縈繞著兩個巨大的諷刺：首先是身為女性，她無法參加任何一場組織會議；其次是學術院在往後幾個世紀採取謹守文法格式的枯燥寫作方式，而這正是古爾內討厭的做法。學術院既不支持她的文學語言觀點，也不認同她敬愛的蒙田的寫作方式。[22]

古爾內於一六四五年七月十三日去世，只要再過幾個月就是她的八十歲生日。墳墓上的碑文正是她想要的：一位獨立的作家，蒙田的女兒。與蒙田一樣，古爾內身後的名聲也註定受到奇怪的扭曲。她喜愛的寫作風格是豐富生動，但這種風格將有很長一段時間不受青睞。十八世紀的評論者寫道：「她已在生前得到最高的讚譽，我們無法給予她同等的評價；無論她做出何等貢獻，今日她的作品已無人閱讀，而且終將為人遺忘。」[23]

古爾內編輯的蒙田作品一直有人購買閱讀，但這也引來人們的嫉妒；十八、十九世紀開始有人認為古爾內是蒙田背上的水蛭。[24]這項詮釋有部分是實情，因為古爾內確實靠著蒙田而得以為生，但這種說法也忽視了她在宣揚、辯護蒙田作品上的貢獻。儘管如此，人們還是對古爾內的努力程度感到懷疑。二十世紀時，蒙田作品的編輯莫里斯・拉（Maurice Rat）仍把古爾內形容成「一名白髮蒼蒼的老處女……她的錯誤是活得太久」，她「咄咄逼人或滿腹牢騷的態度」，反而幫了倒忙。就連一向明智審慎且總是支持她的學者皮耶・維雷（Pierre Villey），有時也會開開她的玩笑，而維雷最不喜歡的，就是古爾內將自己和蒙田的友誼，與蒙田和拉博埃西的友誼相提並論。一般來說，人們看待古爾內和蒙田友誼的方式，與蒙田和拉博埃西完全不同。蒙田與拉博埃西的情誼受到人們讚揚、解構、推論、分析，乃至於探討兩人之間的情慾，並對兩人的生離死別進行精神剖析。反觀古爾內的「收養」，則只被視為是一種資助，這點也令古爾內惱火不已。[25]

近年來則出現很大變化，主要是因為興起的女性主義把古爾內視為先驅。她在現代的第一位支持者是一名男性——瑪利歐・席夫（Mario Schiff）。席夫在一九一〇年為她寫了一本完整的傳記，並出版了她的女性主義作品。從此以後，古爾內的地位不斷提升。瑪裘莉・伊爾斯利（Marjorie Henry Ilsley）於一九六三年完成傳記作品《文藝復興的女兒》（*A Daughter of the Renaissance*），書中最後一章即是〈瑪麗・德・古爾內命運的揚升〉。從此時起，古爾內愈來愈受到重視，不僅新的傳記不斷出現，學界也將她的作品編輯出版，甚至將她的故事改編成小說。[26]

此外，近年來，人們對於古爾內一五九五年版《隨筆集》的態度也有了轉變。這個版本曾有三世紀的時間居於不可質疑的支配地位，近百年來卻遭到廢棄而無人使用。在整個二十世紀，一五九五年版一直沉沒在最深的海底，只有少數腳註提及，但現在它又重新浮出海面。這個版本就像古爾內一樣，擁有驚人的復甦能力。

就在古爾內的名聲開始恢復之際，她編輯的《隨筆集》版本卻遭受最嚴厲的否定，這種詭異的現象有一個簡單的解釋：在此之前，古爾內的版本毫無競爭者；讀者對她個人有何看法，不致於影響他們對一五九五年版《隨筆集》的接受度。但到了十八世紀晚期，波爾多檔案館出現不同的版本——一五八八年版，上面除了有蒙田自己寫下的詳細評註，也有他的祕書與助理（包括古爾內自己）留下的註記。

這個版本（又稱「波爾多本」）直到十九世紀末才在學界考證之風盛行下受到重視。人們發現，波爾多本與古爾內一五九五年版大致相同，但在細節上卻有所出入。兩者一共存在著數千處差異，而且就像砂礫一樣散布於全書各處。在這些差異中，約有一百處足以扭曲原義，而且有一些極為重大，包括蒙田稱讚古爾內的那段文字。事實上，所有的差異都一樣重要，因為它們顯示出古爾內並不是一名細心的編輯。講好聽一點是無法勝任，講難聽一點就是欺騙。這項結論引發反古爾內的風潮，並且於二十世紀初激發一連串的編輯戰爭。這場戰爭後來平息了一段時間，到了今日又再次掀起。

編輯戰爭依循古典時代的戰爭原則，把重點放在攻克關鍵據點與獲取補給上。彼此敵對的抄寫者與編輯競相攻取波爾多本，他們採取行動的時間大致相同，四處張望著對方的一舉一動，而且用盡一切辦法阻止對方取得這份寶貴資料。每個抄寫者與編輯各有一套辨識褪色墨跡的技巧，設法找出各種層次的增添與補充，以及區別不同的筆跡；有些人因此深陷在方法研究上而毫無進展。早期的一名抄寫者艾伯爾・凱尼爾（Albert Caignieul）寫信給他的雇主波爾多圖書館，信中解釋為什麼他得花下這麼多的時間：

> 對於清晰的物質事實進行觀察與分析，由此可以區別出不同的階段……我們認為如果能滿足兩個條件，就能適當地做出區別：首先，把分析提供的所有元素全考慮進去；第二，只考慮這些元素。結果證明這個方法是有效的……

幾年後，當凱尼爾再次遭到責問時——此時還是看不出他已完成抄寫的工作——他又說了另一種方法：

> 剩下的部分絕大多數已經準備就緒，可以在相對較短的時間內完成。然而，這些部分難以辨識，經常會突然跑出特殊的問題。

凱尼爾最後一事無成，但其他人倒是獲得更好的成果。二十世紀初出現了三種不同的版本，其中之一是「凸版照相版」（Edition Phototypique），它只是對原版進行摹寫。另外兩種分別是自視甚高的學者佛圖納・斯特洛夫斯基（Fortunat Strowski）編訂的市府版（Edition Municipale），以及同樣頑固而難以相處的阿曼戈編訂的印刷版（Edition Typographique）。這兩個人就像兩匹在漫長跑道上緩慢奔跑的賽馬一樣，彼此間互有勝負。斯特洛夫斯基在第一圈獲勝，他的前兩卷分別在一九〇六年與一九〇九年出版。他自誇說現在已不需要其他版本，而且說服波爾多檔案館要求阿曼戈遵守嚴苛的新研究規定，包括在足以凍僵手指的低溫環境下工作，以及所有頁面都必須透過綠色或紅色的厚玻璃片來檢視，以免古籍受到光線的直接照射。阿曼戈努力克服困難，他的第一卷於一九一二年出版，不過他故意誤標為一九〇六年，好讓以後的讀者以為這一卷與斯特洛夫斯基的作品同時出現。[28]

比賽仍繼續進行。有一段時間，阿曼戈逐漸超越了斯特洛夫斯基，但他隨後的編輯工作卻遭遇瓶頸。此外，阿曼戈也因為自己對蒙田抱持著特殊見解而遭到孤立，尤其他主張蒙田是《論自願為奴》的真正作者。阿曼戈與在他之前的古爾內，以及在他之後的許多文學理論家一樣，相信蒙田在文字中隱藏了許多祕密，只有他才能解讀出來。某個與阿曼戈敵對的人諷刺說：「只有他才能深入了解蒙田，只有他才清楚蒙田的祕密，只有他才能談論蒙田，只有他才能詮釋蒙田的思想。」不過阿曼戈至少能緩慢而持續地從事編輯工作，反觀斯特洛夫斯基，則因分心於其他計畫而未能完成最後一卷作品。原本資助斯特洛夫斯基的波爾多當局，轉而將工作移交給法蘭索瓦．傑布蘭（François Gébelin），他於一九一九年出版了最後一卷——離首次提出這項出版計畫已有五十年了。評釋與索引則於一九二一年與一九三三年出版，由精明能幹的蒙田主義者皮耶．維雷在接掌計畫後編訂。他的成就值得大書特書，因為此人從三歲起就失明了。維雷趕在一九三三年波爾多慶祝蒙田四百歲誕辰之前完成了工作，然而慶典的主辦者居然忘了邀請他。[29]在此同時，阿曼戈也完成了他的版本，於是世界上出現了兩套精美的《隨筆集》副本。這兩部作品有著共同的關鍵特徵：編輯都竭盡所能地運用波爾多本，並且完全以它為主，而忽略了現成的古爾內版本。他們也具有一種與蒙田相左的傾向，那就是雙方都認為自己對《隨筆集》的編訂是最終的、無可挑戰的定本。

這兩個版本成為往後二十世紀閱讀《隨筆集》的主要版本。[30]此後，一五九五年版只用在比對偶爾出現的文字差異上，且只會在腳註裡提及。即使如此，提及的差異往往必須情節重大，一般的微小差異只會被當成是古爾內編輯功力欠佳，與一五九五年版本狀態不良。人們認為古爾內只是進行單純的編輯（也就是抄寫波爾多本），然而即使是這麼簡單的事，她還是搞砸了。

不過，早在一八六六年，便已經有人提出不同的解釋。萊茵霍德・德澤梅里（Reinhold Dezeimeris）認為，也許古爾內編輯工作做得相當不錯，只是她根據的是完全不同的版本。這個想法過了一段時間才獲得理解，而一旦開始流傳，支持者隨之增多，有些人於是開始研究兩個版本之間的轉換是在什麼狀況下發生的。[31]

如果這個說法是真的，那麼這則故事可能如同這項說法的支持者所言，要從蒙田花了好幾年的時間評註波爾多本說起。蒙田可能在增補一段時間後，發現書頁空白處已經寫滿文字。他覺得原書太過雜亂，於是重新製作新的版本——這個版本如今已不存在，為了便於說明，我們權且稱它為「範本」。蒙田繼續在範本上進行增補，只不過增補的內容並不多，因為此時的他已步入寫作生活的最後階段。蒙田去世後，範本（而非波爾多本）送到古爾內手裡進行編輯與出版。這說明了為什麼範本已不復存在：作者的手稿或已經增補過的舊版本，在印刷過程中會予以毀棄。在此同時，未拿去印刷的波爾多本則原封不動，就像蟬長大後褪下的外殼一樣，仍掛在樹上。

這個假說解釋得相當周到；它不僅說明波爾多本何以留存至今，為何波爾多本與一五九五年版有文字上的差異，也符合古爾內在編輯工作上所做的努力：如果她一開始就不認真編輯，那麼何須直到出版前最後一分鐘仍不放棄修改的工作？如果人們同意這項假設，那麼結果將極具戲劇性。這表示古爾內的一五九五年版（而非波爾多本）才是最接近蒙田希望的《隨筆集》定本，因此二十世紀努力從事的編輯工作，到頭來只成了歷史上一個誤判的雷達光點。

不難想見這場論戰使蒙田的世界再度陷入混亂，點燃的衝突與一百年前相比毫不遜色。有些編輯將整個優先次序顛倒過來，原本腳註裡提及的是古爾內版本，現在反客為主，成了波爾多本的文字被放進腳註。這麼做的有二〇〇七年由尚．巴爾薩摩（Jean Balsamo）、米歇爾．馬尼恩（Michel Magnien）與凱薩琳．馬尼恩西莫蘭（Catherine Magnien-Simonin）共同編輯的七星詩社版。其他學者則仍支持波爾多本，最明顯的例子是一九九八年安德烈．圖爾農（André Tournon）編輯的版本，它在細節的考證上遠超過先前所有的版本。[32] 圖爾農研究蒙田標點與註記符號的方式，這些記號原本已被掩蓋或改成現代的標記方式，但圖爾農仍一一加以詳察，彷彿這麼做可以凸顯他與蒙田的手及意圖有多麼接近。彷彿蒙田仍握著筆，多餘的墨水正從筆尖滴落。

當一切塵埃落定（假使真是如此），面對未來這個世紀，勢必要另立一個新的標準本。蒙田的讀者可能要面對幾個結果。新版本可能把某個版本的文字擺在優先的位置上，而非將各種版本的文字統合起來，因為各版本的文字差異現在已經充分為人所知。如果是古爾內的版本做為主要文本，那麼蒙田作品的頁面看起來會清爽許多，因為它在視覺上不會出現此起彼落、用來標示不同版本年代的A、B與C字母。這些標示仍然有其用處，但它們最早出現乃是編輯在處理波爾多本時添加上去的，部分原因是為了讓別人看見他們努力的成果。古爾內從未想過這麼做；蒙田更是如此。法語世界以外的讀者還要面臨其他的結果。可能亟需新的英譯本，因為目前為止市場上流通的兩個優秀版本——弗蘭姆譯本與斯克里奇（M. A. Screech）譯本——完全根據波爾多本。我們可能要回溯到先前的主流譯本上，如弗洛里歐、卡頓與黑茲里特家族的譯本。

無論發生什麼事，故事不可能就這樣結束。爭議仍將持續，或許未來的戰場只局限在標點符號上。然而事到如今，我們已很難繼續主張斯特洛夫斯基的傲慢信念：建立完美的最終版本。事實上，《隨筆集》永遠無法真正結束。身為普通人的蒙田可以高掛他的靴子，放下手中的鵝毛筆，但只要讀者與編輯對結果仍有爭論，身為作者的蒙田還是會繼續在紙上留下他的墨跡。

重新混合與深受吸引的蒙田

蒙田很清楚自己的作品從出版那一刻起，就再也無法控制它。其他人可以隨心所欲地處置自己的作品：他們可以把它編輯成奇怪的形式，或詮釋出自己從沒想過的意義。就連還沒出版的手稿，都可能脫離自己的控制，拉博埃西的《論自願為奴》就是一個例子。

蒙田與拉博埃西的時代並沒有著作權法，加上人們把抄襲當成一種文學技巧，因此使得當時的人擁有我們意想不到的自由。如果你喜歡《隨筆集》裡的某一段文字，你可以將這段文字分隔出來獨立出版；人們可以刪節或擴充整部作品，去除他們不喜歡的某個章節段落，並且重新安排文章的先後次序，或是冠上不同的書名出版。讀者可以從《隨筆集》裡抽出十二章左右，獨立編成輕薄短小的書冊，這可以讓二頭肌無法支撐大部頭書籍的讀者輕鬆不少。還有人可以幫你去除書中雜亂無章的部分：面對蒙田長達二十頁的漫談，大膽的修訂者如霍諾里亞可以幫你刪除到只剩兩頁（完全違反了蒙田的精神），也就是只剩下與標題相符的文章內容。[33]

有些編輯甚至介入更深，他們不只裁剪文字，而是捲起袖子，將雙手伸進《隨筆集》裡，把它當成雞隻一樣肢解，使其變成全新的生物。在這方面最為傑出，同時也是最早與最具知名度的代表人物，即是與蒙田年紀相仿的朋友皮耶·夏隆（Pierre Charron）；他曾寫過一本十七世紀暢銷書，書名叫《智慧》（*La Sagesse*）。蒙田也許看不出來這部作品跟他的關聯，但這本著作本質上就是換個名字與編排方式的《隨筆集》。它被稱為一部「改造」（remake）之作，人們也可以稱它是「重新混合」（remix），但這兩個詞都無法充分反映本書與原作在精神上的差異。夏隆創造的蒙田，少了他個人獨具的氣質，少了引文或雜談，少了粗鄙辛辣，也少了個人私事的揭露。夏隆給予讀者能加以辯駁或同意的事物：一套不再滑溜到無法詮釋或蒸發成薄霧的陳述。從蒙田對某個主題（例如人類與動物的關係）的雜談中，夏隆整理出以下的工整結構：

1. 動物與人類共有的特徵。
2. 人類與動物未共有的特徵。
   - A. 有利於人類的特徵
   - B. 有利於動物的特徵
     - i. 一般
     - ii. 特殊
   - C. 有利與否仍有爭議的特徵[34]

《智慧》令人印象深刻，而且乏味——它是如此乏味，以致大受歡迎。在書籍暢銷的激勵下，夏隆甚至進一步將作品精簡成《智慧小語》（*Petit traité de la sagesse*）。這本書同樣大賣，與前本一樣不斷再版。縱觀十七世紀，愈來愈多讀者在寫法與夏隆類似的作品中，看見他們眼中的蒙田，這部分解釋了他們為何能以如此分析性的方式，了解並接受蒙田的皮隆懷疑論。（如果巴斯卡仍覺得蒙田捉摸不定令人火大，那是因為他的確讀了《隨筆集》。）然而，古爾內不同意夏隆的做法。在一六三五年版《隨筆集》的序言中，她稱夏隆「拾人牙慧」，[35]且表示閱讀夏隆作品唯一的好處，是能提醒你真正的蒙田多有才華。

十七、十八世紀夏隆的後繼者進一步重新混合蒙田；有時他們也重新混合夏隆。《隨筆集》被列入《禁書目錄》期間，唯有靠重新混合與改造的形式，才能讓它繼續於法國出版。市場因此充斥輕薄短小而未署名蒙田的作品，或是些以擷取精華為號召的書籍，如《蒙田隨筆集的精神》（*L'Esprit des Essais de Montaigne*）或《蒙田的思想》（*Pensées de Montaigne*）。後者將蒙田去除得極為徹底，全書居然只有兩百一十四面袖珍書頁。書的開頭這麼寫著：「再爛的書也有可取之處，再好的書也有值得挑剔的地方。」[36]

作者們不乏書籍內容遭到刪減的經驗。對偉大作品進行刪縮，至今仍是出版業常見的做法，通常會在書名處冠上「精簡版」（Compact Editions）字樣。最近英國有一套系列叢書的發言人表示：「《白鯨記》（*Moby Dick*）在一八五〇年時就已經是一部難以卒讀的作品——到了二〇〇七年，要讀者竟讀全書，更是苛求。」然而刮除過多《白鯨記》的魚油，最終可能讓書中的鯨魚蕩然無存。同樣地，蒙田的「精神」就存在於編輯最想去除的部分：他的偏離

皮耶・夏隆。

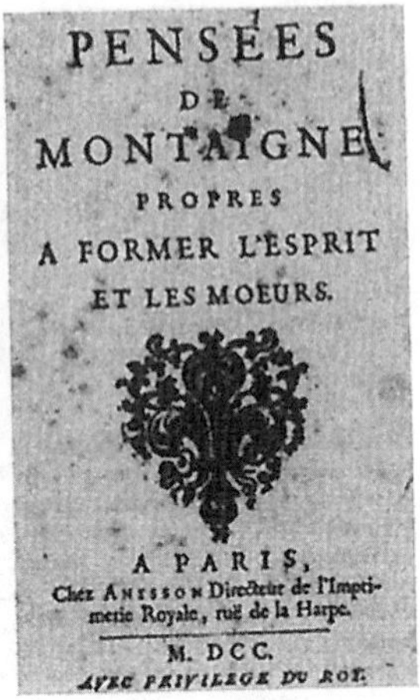

《蒙田隨筆集的精神》（左圖）與《蒙田的思想》（右圖）兩書。

主題、他的雜談、他想法的善變，以及不斷從這個想法跳到另一個想法。難怪蒙田不得不這麼說：「好書每個被省略的地方，都是愚蠢的省略。」37

然而蒙田也知道閱讀不免會有揀選，他每拿起一本書時都會這麼做；如果這本書相當乏味，他的做法更為露骨，會將這本書扔到一旁。蒙田只讀他覺得有趣的書；他的讀者與編輯在讀他的書時也是如此。每個讀者只選擇《隨筆集》中他們喜歡的部分閱讀，每個讀者都有自己的《蒙田隨筆集的精神》，就連學者也是如此。

事實上，或許學者比一般人更傾向於這麼做。令人驚訝的是，現代評論家似乎總是依照自己的面目重新混合與改造蒙田；他們根據的不是個人的特質，而是群體的形象。正如浪漫主義者發現浪漫主義的蒙田，維多利亞時代的道德家發現道德主義的蒙田，英格蘭人發現帶有英格蘭氣質的蒙田，在二十世紀晚期掀起風潮（並延續至二十一世紀）的「解構主義」或「後現代主義」評論家們，很高興地發現了他們想要看到的東西：一個帶有解構主義與後現代主義傾向的蒙田。當代評論家太熟悉這種蒙田，使得他們必須花費大量力氣跳出自己的立場，才能看清蒙田原本的相貌：一種人造物，或至少是創造性的重新混合。

後現代主義者認為世界是不斷變化的意義系統，因此他們留意的是曾說世界是舞動的翹翹板、人類是「多元而起伏」，且「每個人的內心似乎都有兩個我」的蒙田。[38]他們認為客觀的知識不可能，因此他們深受蒙田關於視角與懷疑的文章吸引。（本書與其他作品一樣，也受到這種傾向的吸引，因此算是一種時代產物。）這是欺騙，也是諂媚。人們閱讀手上的《隨筆集》，如同《白雪公主》（*Snow White*）的皇后看著自己的鏡子。你甚至還沒問起那個童話問題，鏡子便已低聲回道：「你是世界上最美麗的人。」

近來批評理論的一項特徵，更容易促成這種魔鏡效果：批評家總是習慣討論文本，而忽略作者。批評家既不思索蒙田話裡的「真意」，也不調查其作品的歷史脈絡，只是將心力集中在書裡獨立的連結與意義網絡——這個網絡就像巨大的漁網一樣，可以網羅書中一切事物。這種特徵並非狹義的後現代主義所獨有，近來的精神分析批評家也運用其分析方式研究《隨筆集》本身，對於作者蒙田則完全置之不理。有些人把《隨筆集》視為一個擁有自身潛意識的個體。正如分析師可以解讀案主的夢，以取得潛伏在內心深處的事物，批評家也可以探索文本的語源、聲音、偶然的脫漏乃至於印刷錯誤，以發現隱藏的意義層次。他們知道蒙田並非有意如此，但這並不打緊，因為文本有自己的意圖。

從這種想法衍生出來的文本解讀，就跟蒙田的寫作一樣繁複而美麗。舉一個最引人注目的例子，湯姆・康利（Tom Conley）的〈城市的乳兒：在巴黎與羅馬的蒙田〉（A Suckling of Cities: Montaigne in Paris and Rome）引用了蒙田〈論虛妄〉裡頭的一句簡單陳述，蒙田說自己在知道巴黎羅浮宮之前就已經知道羅馬這座城市。「羅浮宮」（Louvre），當時法國的皇宮，拼法與法文「母狼」（louve）類似。對康利來說，這顯示《隨筆集》的潛意識連結著哺育羅馬建城者——雙胞胎羅姆魯斯（Romulus）與雷姆斯（Remus）——的母狼。他們張大嘴巴吸吮著；同樣地，我們也從羅馬或巴黎如何歷經數世紀仍屹立不搖的思索之中，開啟了自己的視角。嘴巴打開了這個視角；它「開啟」（法文稱 l'ouvre）了它。因此，當蒙田並列地提到羅浮宮與羅馬時，他的文字顯露出一種隱藏的意象，「這位隨筆作家的嘴唇緊緊含住了皇室的乳頭」。

這種哺乳的意象使我們聯想到乳房，而乳房的形象在羅馬到處可見，例如城市裡數量繁多的圓頂與觀景樓。「充滿情慾的尖端凸起於城市景觀的地平線上，它們象徵不可勝數的哺育意象。」而蒙田的嘴唇想像也變得更加詭異：

> 當蒙田皺起雙唇從下方含著羅馬建城母狼的乳頭時，猶如從上方吸吮羅馬農神之丘朱庇特神廟的直立尖端。

這全可以在蒙田關於羅浮宮的註記裡找到，但蒙田往下又說了一些話。在同一篇隨筆中，蒙田提到：「我的腦子裡經常想著（plus en teste）盧庫魯斯（Lucullus）、梅特魯斯（Metellus）與西比奧的能力與命運；至於自己的同胞，我反而很少記掛在心。」這句話看起來無關緊要，但tester或teter在法文裡有「哺乳」的意思。我們可以將這三名古典時代英雄想像成肖像的樣子，或許就像錢幣上的人頭一樣；蒙田會把這些錢幣塞進自己嘴裡：「吸吮他們。」就在這幾頁裡，我們看到了「時空巨大的吸吮與流動」。

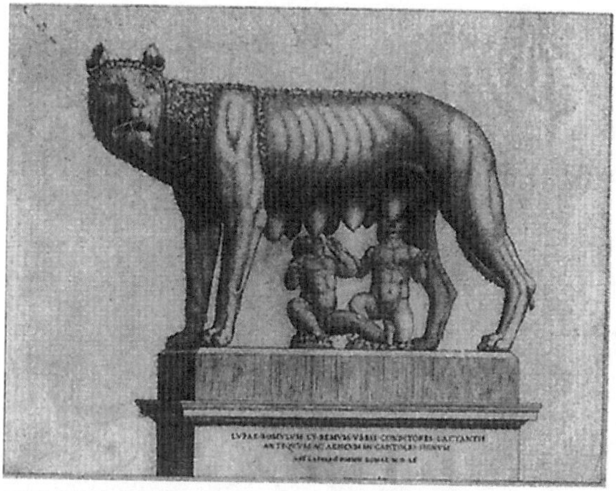

羅姆魯斯與雷姆斯張大嘴巴，吸吮著母狼的乳頭。

此外還有更多的例子。蒙田在〈論虛妄〉中提到自己「迷戀」（embabouyné）——意指「陶醉」或「蠱惑」，但也有「哺育」的意思——羅馬的歷史，其中法文的意思還具有另一層暗示，如果我們把embabouyné念成「en bas bou(e) y n(ais)」，那麼意思就成了「我在泥濘裡出生」。這裡指的還是那兩名嬰孩與母狼，因為他們必須在台伯河（Tiber）的泥巴裡彎著身子從母狼的身體下方喝奶。而由於泥巴既黏滑又呈現棕色，因此迷戀羅馬的蒙田，可以被看成是掉落到了「由香氣與排泄物構成的前象徵世界中」。[39]

康利的隨筆本身是吸引人的，或充滿魅惑的。他玩弄文字時，並非如羅姆魯斯與雷姆斯一樣隨意丟擲台伯河的泥巴；他也不認為蒙田在提到羅馬時，腦子裡「真的」想著乳頭。康利的目的是要辨識出一張連結之網：從一些看似明顯的字句裡找出如空氣般的意涵，並且揭露隱藏於其中的夢境。結果他從《隨筆集》裡找出了像夢一般美的事物，但我們沒有理由對他的發現感到惱火，因為他尋找的事物與蒙田沒什麼關聯。就像蒙田提到普魯塔克時說的，像《隨筆集》這種內容豐富的作品，每個句子中都含有指示之物，指點「想知道方向的人要去的地方」。[40]現代批評家把這句話牢牢記在心裡。

長久以來，真正躺在分析師躺椅上的案主（即那些亟需解夢之人）不是《隨筆集》的文本，也不是蒙田，而是批評家自己。這些文學偵探把蒙田的作品當成藏寶庫，從中找出通往未知事物的線索，同時又將這些線索與原本的脈絡分離；這些人因此讓自己墮入開啟潛意識的精巧把戲中。這種做法與算命師將杯中茶葉挑出攤開，或心理學家運用墨跡測驗的技巧沒什麼兩樣。人們隨機地找出線索，將它們拿到原有脈絡以外的地方，然後注視著它們，看看能夠想出什麼。結果不可避免會跟《蒙田隨筆集的精神》一樣，答案都是基於讀者自身的喜好與突發的念頭而產生。喜歡這種解讀方式的人，我們只能遺憾地說，現代批評理論這股潮流——它們是解讀蒙田這一反覆無常的蛙跳之旅的最後一片百合葉——似乎正走向歷史。近年來已經出現反彈的聲浪，顯見氣候正在轉變。愈來愈多文學研究者再度回歸歷史，再次冷靜研究蒙田語言在十六世紀時的意義，推敲他的意圖與動機。由此看來，似乎一個時代即將結束，而另一個時代即將開始。

蒙田會怎麼看這件事呢？他喜歡跟隨普魯塔克作品的指點前進，但他也表示，自己對許多文學詮釋大為光火。蒙田說，批評家對作品評論愈多，讀者就愈難了解該作品。「當第一百位評論者把作品交給下一位評論者時，這位評論者面對的問題，顯然要比第一位評論者發現的問題來得艱深困難。」[41]任何作品都有可能變成一堆矛盾的混亂：

看看柏拉圖是怎麼任人擺布的。每個人都以引用柏拉圖來說明自己的想法為榮，每個人都想用柏拉圖的說法壯大自己的聲勢。他們把柏拉圖當成炫耀品，並且把他塞進當前世界所接受的各種新意見裡。[42]

蒙田感到納悶，是否這樣的時代將會來臨？詮釋者齊聚一堂，對某部作品達成共識：「這本書已經討論得相當充分，因此無法再增添任何意見。」當然不可能；蒙田也知道，只要自己的作品還有讀者，就必然會遭受各種不同的評論。人們總能從他身上找到他未曾想說的話，因此，這些評論者實際上等於創造了新的事物。「聰明的讀者經常可以從其他人的作品中，發現比作者原有的想法更完美的東西，因而賦予作品更豐富的意義與面向。」[43]

> 我曾從李維（Livy）的作品中讀到一百件道理，這些道理完全沒被李維的其他讀者發現。普魯塔克從李維作品中讀到的一百件道理，不僅與我讀到的不同，或許也與作者想說的不同。[44]

數世紀以來，作品的詮釋與再詮釋創造了一長串鍊子，這條鍊子把作者與所有未來的讀者串連起來——讀者們除了閱讀原作，也經常閱讀彼此的看法。對於這種跨世代的連結，維吉妮亞·伍爾夫曾有過美麗的想像：「心靈被串連在一起——所有活生生的心靈與柏拉圖和歐里庇得斯的心靈一樣，都是相同的物質構成……正是這個共通的心靈將全世界連結起來；全世界就是心靈。」[45]在歷史長河中，透過讀者的內在世界而得以生生不息的能力，正是《隨筆集》能成為經典的原因。《隨筆集》在每個心靈裡以不同的形象重生，而它也讓這些心靈彼此緊緊連繫。

一部真正有野心的作品，一定能接受別人的任意詮釋，並把它改得面目全非。蒙田在藝術上接受這項原則，在生活上亦是如此。他甚至還樂在其中，讓人們從你的作品中產生奇怪的想法，並根據自己的需要改編你的作品。順其自然，不掌控自己的作品，你可以從希臘化時代的「熱愛命運」中悟出一些道理：樂天知命。以蒙田來說，「熱愛命運」是如何生活這個一般問題的解答之一，這個答案也使蒙田的作品獲得永恆的生命。蒙田與他的作品之所以美妙，就在於他們的不完美、模稜兩可、不得體與易受曲解。人們也許會想像蒙田大聲地叫嚷著：「喔，主啊，無論如何，讓世人誤解我吧。」

Ch 19

我們問：如何生活？

蒙田說：當個普通人與不完美的人

學習生活，就是學習與不完美共處，甚至擁抱不完美。
比較好的做法是穩健、適度，與帶點模糊。
其餘的事，就交給上天來安排吧。

當個普通人

本書部分講述了蒙田這一生如何在心靈的運河系統中行駛。我們在每個閘門採取了樣本，從

——蒙田最初的熱情讀者讚美他的斯多噶派智慧，以及他蒐羅古人傑出思想的技巧；

——笛卡兒與巴斯卡這些人，對於蒙田的懷疑論以及他抹除人類與其他動物的界線，一方面感到不滿，另一方面也深受吸引；

——十七世紀的放蕩主義者喜愛蒙田，他們認為蒙田是大膽的自由思想家；

——十八世紀的啟蒙哲學家再次受到蒙田懷疑論的吸引，而蒙田對新世界文化的喜愛，也讓他們感到好奇；

——浪漫主義者一方面為「自然的」蒙田歡呼，另一方面則希望蒙田能更熱情一點；

——生活被戰爭與政治動亂破壞殆盡的讀者，把蒙田看成是英雄與夥伴；

——十九世紀晚期的道德家對於蒙田的淫穢感到羞赧，同時也哀嘆他在倫理觀念上的缺乏，但這群道德家仍設法將蒙田改造成像他們一樣的體面紳士；

——四百多年來出現了許多解讀蒙田的英格蘭隨筆作家，與一些偶然間成為哲學家的人物；

——一名不那麼偶然的哲學家尼采稱讚蒙田的機敏，並且想像蒙田的斯多噶派與伊比鳩魯派

訣竅，如何能在新時代裡存續；

——現代主義者如維吉妮亞．伍爾夫，試圖捕捉活著與有意識的感受；

——編輯、抄寫者與重新混合者，把蒙田塑造成不同的面貌；

——二十世紀晚期的詮釋者憑藉蒙田的片言隻字，建構出非凡的結構。

這一路上，有人認為蒙田寫了太多關於自己泌尿系統的事，有人認為他的寫作風格需要名師指正，還有些人認為他過得太愜意；另一些人則從他身上看到哲人的身影，或是第二個自己。他們因此無法確定自己是在閱讀《隨筆集》，還是在撰寫《隨筆集》。

這些內容各異的解讀，有許多其實是希臘化時代三大思想傳統的變形；蒙田自己傳承了這些傳統，也改變了它們。之所以如此並不令人意外，這些傳統原本就是蒙田思想的基礎，而它們的影響也貫穿了整個歐洲文化。即使在最初發源時，這三項傳統也幾乎難以分辨；經過蒙田以近代觀點加以詮釋後，它們交纏的程度更勝以往。如此緊密結合的原因，更在於它們都追求 eudaimonia，而且認為獲得 eudaimonia 的最好方式就是做到冷靜或均衡，也就是 ataraxia。這些原則緊緊地約束著蒙田，而當後世讀者閱讀《隨筆集》以尋求情感的支持，或是為了追求可派上用場的日常實用智慧時，這些原則也跟著傳達給了他們。

當現代讀者向蒙田尋求幫助，提出的問題往往與蒙田向塞內卡、塞克斯圖斯與盧克萊修問的問題一樣，而這些哲人也曾向「他們的」前輩問過相同的問題。這就是維吉妮亞．伍爾夫所說的心靈之鍊的真正意涵：它不是學術傳統，而是一連串對自己的生活感到困惑的自利個人，但這些人卻不約而同地追問同一個問題。他們擁有一種共通的特質，我們稱這種特質為「人性」，也就是能夠思考、具有情感，與一般人一樣過著普通生活的經驗——不過蒙田還想將這種心靈的結合進一步擴大，將其他物種也涵蓋進來。

對蒙田來說，這正可說明即使是最日常的經驗，也能告訴我們一切需要知道的東西：

我開始過著尋常而無足稱述的生活；這並沒有什麼不好。你可以將所有的道德哲學與普通而私人的生活連結起來，就跟與更豐富的生活連結起來沒什麼兩樣。[1]

事實上，這就是普通而私人的生活的樣子；這也是你所能想像最富足的生活。

當個不完美的人

蒙田晚年的健康狀況不佳，大約有一半時間徘徊在生死的邊緣地帶——他在壯年時就曾因為意外落馬而短暫造訪過一次。蒙田並不算老，他才不過將近六十歲，但他知道腎結石隨時可能奪走自己的性命。有時他也希望自己能早日解脫，因為這種病實在太痛苦了。然而，這些日子腎結石並未像恃強凌弱的壯漢一樣抓住他的衣襟，一把將他架到死神殘暴的臉孔前。死神「有技巧且溫柔地」引誘蒙田，讓他有足夠的時間思考。如斯多噶學派所言，死神看起來還算友善：

> 腎結石至少還有一個好處，它能完成我無法完成的事，讓我安於死神的存在，並且愈來愈熟悉他。2

蒙田昏厥後首次領會的事，現在已豁然開朗：上天自有安排，你毋須煩惱費心。蒙田寫道，自然引領著我們，那種感覺「就像走下徐緩而不可見的斜坡，一步接著一步」。3自然使他生病，但也給予他夢寐以求的東西：冷靜與均衡，因此他能夠幸福與快樂。結石排出的那一刻，是他生命中最幸福的時刻。那是身體的解脫，在精神上也如釋重負：

> 天底下有任何事比如此突然的變化來得甜蜜嗎？只要結石一消失，我便能從極度的痛苦中恢復，彷彿被照耀著美麗的健康之光似的，如此自由且充實……4

就連在結石症狀發作期間，蒙田也能找到類似的快樂。5結石仍讓他非常痛苦，但他試著從痛苦中得到的少許補償獲得安慰，包括從別人眼神的讚許得到些許滿足：

> 聽到別人的讚美是一件快樂的事：他很了不起，是個堅強的人！他們看到你痛苦地冒汗，臉

> 色慘白，而後又泛紅，全身顫抖，嘔血，不自主地痙攣抽搐，有時眼中泛著大量淚水，排出濃稠、暗沉而又令人驚悚的尿液，或者因為尖銳粗糙的結石硬生生地插在龜頭裡而無法排尿；此時，你仍神色自若地與朋友交談，在症狀發作的空檔，還能與僕人談笑風生。[6]

只有蒙田才知道真相：在疼痛時與人聊天說笑，其實要比旁人想像的簡單得多。他早期的瀕死經驗告訴他，一個人的外表與他的內心世界不一定有關係。但這一回與上次他扯開緊身上衣的狀況大不相同，他必須真正面對死亡的痛苦。不過蒙田的靈魂仍然漫不經心，痛苦的經驗似乎未對他構成多大的傷害：

> 我已經安於這段痛苦的日子。我從中找到了安慰與希望的食糧。[7]

蒙田也從年老的過程獲得類似的啟悟。不是說年老就能得到智慧；相反地，蒙田認為老人比年輕人更容易患有虛妄的毛病，也更容易犯錯。他們有著「愚蠢而老耄的自尊，說起話來冗長枯燥，幽默感只用來挖苦人，迷信，對於財富有著異於常人的執著」。[8]這是一種人性的扭曲，我們必須確立老年的價值，才能改正這些缺點。老人比年輕人更能看出一個人的成敗。只要看到歲月在人的身心刻下的痕跡，就能了解人的局限與人性的一面。了解年老「無法」讓人更睿智，這樣的領悟本身就是一種智慧。

最終來說，學習生活就是學習與不完美共處，甚至擁抱不完美：

> 疾病是與生俱來的……如果有人將疾病的種子從人類身上除去，就等於毀了人類生命最根本的條件。[9]

即使是哲學，在適用到真實人生時，也需要「調整濃淡」。「我們不需要一味地強調某些事或淡化某些事。」[10]塔索的人生一無所獲，因為強光使他眼盲了。比較好的做法是穩健、適度與帶點模糊。其餘的事就交給上天來安排吧。

晚年的蒙田已更為圓融，他仍持續寫作《隨筆集》。他一直待在家裡，仍然勤於寫信，其中包括幾封寫給亨利四世的書簡。他也與一些朋友、作家以及先前在波爾多等地的同事會面，當中也包括了培根的哥哥安東尼。[11]他的女兒雷歐娜已經長大成人，她嫁給了法蘭索瓦·德·拉圖爾（François de la Tour），婚禮於一五九〇年五月二十七日在蒙田莊園舉行。第二年，也就是一五九一年的三月三十一日，雷歐娜產下一名女嬰，取名法蘭索瓦茲，蒙田也順理成章地當上外公。[12]他仍持續寫作，持續添入各種奇聞軼事，包括他最後的想法：試著接受生活上的普通與不完美，讓自己的人生充滿和諧。蒙田看起來愈來愈像一個懂得如何生活的人；或許他只是將自己淡然處之的態度，修煉到如火純青的境界。

Ch 20

我們問：如何生活？

蒙田說：生活會給你答案

蒙田真正的遺產，必須從《隨筆集》顛沛流離的命運中去找尋。
那是他永無止盡不斷演變的第二自我。
《隨筆集》依然活著；對蒙田來說，最要緊的事就是活著。
生活本身就是目標，生活本身就是目的。

並非尾聲

一五九二年九月初，蒙田的腎結石又發作了。他先前已經遭遇無數次，每次都能化險為夷，此次或許也不例外。然而，如同每次發作時他所擔心的，這回不幸引發了嚴重的併發症。結石並未順利排出，讓他得以解脫；相反地，它一直停留在原地不動，於是出現了感染症狀。

蒙田全身腫脹，不久，發炎的症狀擴散到喉嚨。這種狀況又稱為「鎖喉」（cynanche，源自希臘文，指用來勒住狗或其他動物的皮帶或套索），光是名字本身就讓人很不舒服。隨著發炎的狀況日趨嚴重，蒙田的喉頭也愈來愈緊縮，以致每次呼吸都變得十分吃力。

鎖喉導致扁桃腺周圍膿腫，這是一種嚴重的喉嚨感染，即使到了今日，未加以治療仍有可能致命。蒙田此時需要的是抗生素，然而當時還沒有這種藥物。由於喉嚨腫脹，蒙田無法說話，但他還是可以透過寫紙條的方式與人溝通。

扁桃腺周圍膿腫後過了三天，蒙田被支撐著坐在床上，家人與僕役在一旁看護與守候。蒙田最不願見到的場景出現了，他的房間成了人擠人的臨終告別地。這種儀式讓死亡變得更加難受：除了使將死之人恐懼，也使告別的人驚恐。醫生與神父在床邊彎著身子；悲傷的訪客；「臉色蒼白、涕泗縱橫的僕役；陰暗的房間；光亮的燭火；……簡言之，這裡充滿了可怕與驚悚」——這跟蒙田期望的簡單、乃至於在昏迷中死去的場景相差太遠。然而，事已至此，蒙田也不打算把人

〈奄奄一息的蒙田〉，Joseph Robert-Fleury 繪。

趕走。

蒙田眼看病情不見好轉，自知來日無多，於是寫下遺言與最後的心願。波爾多當地的作家伯納・歐托恩（Bernard Automne）提到，在死前數日，蒙田「穿著睡衣從床上起身」，讓他的隨從與遺囑裡其他的小受益人進到房間，親自把打算分給他們的財物交給他們。或許真有其事，只是跟他臨終前癱瘓在床的描述不符。關於蒙田死前幾個小時的描寫，沒有一樣是可靠的，全是二手說法。但至少有一項描述相當精確，那是蒙田的老朋友帕斯基耶從蒙田妻子法蘭索瓦茲那裡聽來的：法蘭索瓦茲一直守在床邊，直到丈夫斷氣為止。與多年前去世的拉博埃西不同，蒙田並未叫他的妻子遠離病榻。

遺囑安排妥當之後，蒙田在房間裡做最後一次彌撒；現在的他幾乎無法呼吸。根據帕斯基耶的說法，當神父在誦念經文時，蒙田自床上坐起身子，「努力扣緊雙手」，將自己的靈魂交給上帝。這是天主教的最後儀式：蒙田一直過著歡樂的世俗生活，現在終於以簡短的方式承認上帝。

不久，他嚥下最後一口氣。死因可能是中風，也可能是單純的窒息。家人、朋友與僕役隨侍在側，米歇爾·艾坎·德·蒙田於一五九二年九月十三日去世，享年五十九歲。

蒙田死去的過程肯定讓目睹的人感到痛苦——掙扎的呼吸、絕望的努力、駭人的腫脹——他自己也知道是怎麼一回事，而這也是他一直想避免的。然而，也許蒙田並不是那麼痛苦。他在落馬意外中，身體曾不斷掙扎扭動，還吐了不少血，但他的靈魂卻愉悅地漂浮在身體上；同樣的事情也可能發生在他臨終之時。蒙田也許只感覺到自己的生命輕悄地脫離了唇邊：那條綁住靈魂的細繩，至此終於斷線。

帕斯基耶與另一個朋友布拉克把聽來的各種說法寫成文章，讓當時的人閱讀；他們把蒙田的死描繪成斯多噶派的典範。他們為文紀念蒙田，正如蒙田紀念拉博埃西一樣。布拉克在寫給利普修斯的信上表示，蒙田擁有幸福的人生；他死時沒有遺憾，毫無牽掛地離開人世。唯一感到痛苦的是活在世上的人，他們從此少了一位令人愉快的伴侶。[1]

生者的第一件工作是舉行葬禮，同時還要處理蒙田的遺體；這是件相當恐怖的任務。蒙田家的波特天體曆裡記載著：

> 他的心臟安放在聖米歇爾教堂裡，遺孀蒙田夫人法蘭索瓦茲・德・拉夏瑟涅則將他的遺體帶往波爾多，安葬在弗揚派（Feuillants）的教堂中。她已經在此買了一塊地，並且立好了墓碑。[2]

將遺體分開安葬，這種做法並不罕見，只是在自家莊園的十二世紀小教堂裡安葬心臟而非整具遺體，這個決定稍微奇怪了點。自家莊園的教堂理應是一個安詳的安息地點，蒙田可以長眠在自己的父親身旁，此外還有子女的小骨骸相伴。

將蒙田剩餘的遺體送到弗揚派教堂安葬，也是個古怪的決定，而且也違背最初的想法。原先的計畫是要將他葬在波爾多的聖安德烈主教座堂（cathedral of Saint-André）；教會已經准許在一五九二年十二月十五日舉行葬禮。如此一來，蒙田將與妻子的家族葬在一起，而非葬在自己的家族墓地。但法蘭索瓦茲改變初衷，也許是因為她自己是弗揚派的信徒，也可能因為蒙田信仰的就是弗揚派：他曾在《隨筆集》裡讚揚這個教派。[3]這項決定顯然讓該派的僧侶獲得好處：弗揚派接納蒙田的遺骨，定期為他的靈魂舉行彌撒，這麼做使他們獲得了一筆豐厚的租金，教堂內部壁畫的繪製工作也因此得以順利進行。弗揚派為蒙田修建了一座華麗的墳墓，這座墳墓至今尚存；墳墓上可以看到躺臥的蒙田全副騎士甲冑裝扮，雙手伸出臂鎧，合十做出祈禱動作。以

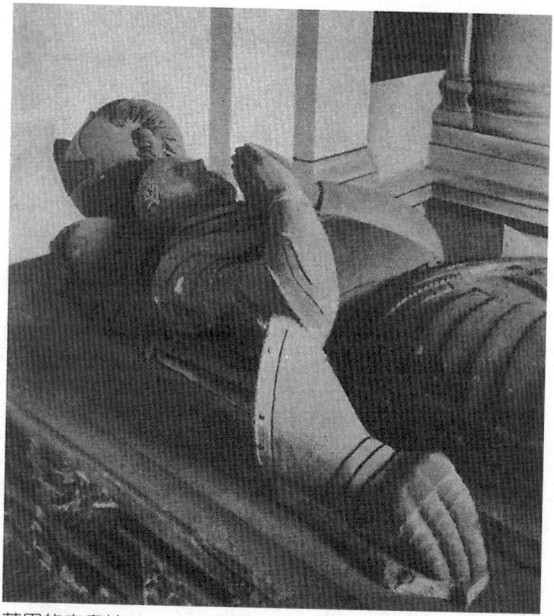

蒙田的安息地。

希臘文與拉丁文書寫的墓誌銘覆蓋在墳墓兩側，稱頌墓主的天主教皮隆主義思想，以及他恪守祖先的法律與宗教，他的「仁慈溫和」，他的裁決、誠實與勇敢。拉丁文墓誌銘末尾有一段動人的文字：

> 長處哀慟的法蘭索瓦茲・德・拉夏瑟涅建造了這座墳墓，緬懷她思念的丈夫。他沒有別的妻子；她也不會有別的丈夫。[4]

少了心臟的蒙田遺體，終於在一五九四年五月一日安葬於這座墳墓，此時離他去世已過了一年半。他等了這麼久的時間才得以安息；即使如此，他也無法就此長眠。大約十年後，教堂開始進行擴建，整個內部陳設必須加以更動，如此將使蒙田的墳墓遠離新祭壇，同時也違背教堂與法蘭索瓦茲當初的協議。法蘭索瓦茲於是提起訴訟控告弗揚派，最後獲得勝訴：弗揚派於一六一四年將墳墓遷移到新教堂最好的位置。

此後蒙田便在此地安息了數十年，直到九個世代後法國大革命爆發，才又起了變化。新成立的世俗政府廢除了弗揚派與國內其他大大小小的宗教派別，並且將教會的所有財產沒收充公，包括教堂與教堂內部的一切。此時也正是蒙田被推崇為啟蒙運動英雄的時期——他是自由思想的哲士，是值得革命政權尊崇的人物。因此，讓蒙田的遺骨繼續留在原處似乎不大妥當，法國政府便在一八〇〇年下令將蒙田的遺骨遷葬，到波爾多巨大的新世俗神廟（即當地的科學、文學與藝術學院）的紀念堂裡。珍貴的遺骨取出後，便以盛大莊嚴的儀式將其運往新地點；沿途有騎兵行列護送，還有銅管樂隊一路致敬。

兩年半後，一名古物研究者在波爾多學院研究了各項紀錄，提出令人困窘的發現。遷葬的遺骨不是蒙田，而是蒙田外甥的妻子瑪麗・德・布里安（Marie de Brian），她與家族其他成員一起葬在同一座墳墓裡。這一回不像上次那樣大張旗鼓，瑪麗的遺骨靜悄悄地遷出紀念堂，回到她原本安息的地方；蒙田一直待在原來的墳墓，完全未受到驚擾。這名不喜歡大興土木、不想從事「改建」，也不願從事不必要變動的男子，就這樣躲過革命的騷擾。革命浪潮從他頭上掠過，如同深海上方的波浪一樣，對他毫無影響。

之後，一八七一年五月的一把火燒毀了教堂，蒙田的墳墓沒受到什麼損傷，但教堂已經成了廢墟。因此，往後近十年的歲月裡，這座墳墓在毫無遮蔽的情況下遭受風吹雨淋。一八八〇年十二月，法國政府打開蒙田的墳墓，評估這處受人尊崇的遺跡的狀態，結果發現覆蓋蒙田遺骨的鉛殼已經變成碎片。清理這些碎片之後，政府製作了一具橡木棺材安放蒙田的遺骨。修復的墳墓有五年時間暫時存放在卡爾特修道院倉庫（Depository of the Charterhouse），隨後於一八八六年三月十一日安放在波爾多大學一棟新大樓（包含了神學院、科學院與文學院）的入口大廳裡。今日，這座墳墓擺放在波爾多的阿奎丹博物館（Musée d'Aquitaine），成為館方自豪的展示品。5

對蒙田這樣一位與世界的變遷如此協調、如此了解人類的努力總是混雜著錯誤的人來說，這段死後的冒險的確最適合他。即使在他死後，似乎仍有一股力量拉著他回到真實生活之中，而非任由他凍結在人們完美的回憶裡。蒙田真正的遺產與他的墳墓毫無關係。他的遺產必須從《隨筆集》顛沛流離的命運中去找尋，那是他永無止盡不斷演變的第二自我。《隨筆集》依然活著，對蒙田來說，最要緊的事就是活著。維吉妮亞．伍爾夫尤其喜歡引用蒙田最後一篇隨筆的想法，這大概是蒙田對於如何生活這個問題提出的最後也是最好的答覆：

> 生活本身就是目標，生活本身就是目的。6

這句話只有兩個可能，一個是它根本不是答案，另一個則是它是唯一可能的解答。它與禪宗大師給予的回應有異曲同工之妙，當徒弟問師父「什麼是頓悟」時，師父會重重地在徒弟頭上敲一棍。頓悟就是用自己的身體學到的東西：藉由親身體驗的方式來獲得。這是為什麼斯多噶學派、伊比鳩魯學派與懷疑論者總是教導訣竅，而不教導教條。哲學家可以提供的教導就是當頭棒喝：這是一種實際可行的技巧、一種思想實驗，或一種體驗——以蒙田的例子來說，就是閱讀《隨筆集》的經驗。蒙田教導的主題就是他自己，一個普通人的日常生活經驗。

雖然《隨筆集》在每個人眼裡呈現出不同的面貌，但書中的每件事都統合在一個人物身上，那就是蒙田。因此，讀者在思索時往往會回溯到蒙田身上，這種現象不僅極少出現在蒙田同時代的其他作家，事實上，任何時期的絕大多數作家也鮮少有過這樣的待遇。《隨筆集》是「蒙田的」隨筆；這些隨筆經過測試與抽樣，顯示出一個處處充斥著「我」的心靈，就跟所有的心靈一樣。

有些人可能會質疑，現代人是否還需要蒙田這樣的隨筆作家。處於二十一世紀已開發世界的人們，在個人主義上已發揮到極致；另一方面，人與人彼此緊密結合的程度，也超越了十六世紀蒙田的想像。蒙田在所有事物中意識到的「我」，似乎是在向已經改信的人傳教，甚至是在向有毒癮的人餵毒。但蒙田提供的不只是自我放縱的刺激品。二十一世紀可以從蒙田的生活態度得到不少啟示，而且世界已經歷了許多重大苦難，正需要蒙田風格的政治觀點。人們可以學習蒙田的穩健，他對人際關係的重視與謙恭有禮，他的存而不論，他在對峙與衝突中觀察到的微妙心理作用。人們需要蒙田的信念，亦即世上沒有天堂，沒有想像的末日，也沒有完美的幻想，這些都比不上真實世界裡最微小的個人來得重要。蒙田無法想像人類可以「藉取悅天堂與自然之名，行屠戮殺害之實，而這居然是所有宗教都普遍支持的信念」。[7] 相信生活中可以做出這種事，等於是忘記了每天真實的日常經驗。這種心態也使人忘記當你看到幼犬在水桶裡載浮載沉、甚至看到一隻貓玩得正開心時，你看到的是活生生的生命，而這個生命也正注視著你。這當中沒有空泛的道理，只有具體的兩條生命彼此對望著，希望從對方身上得到最大的善意。

或許蒙田最後的回答有部分要歸功於他的貓——一個生活在十六世紀的個體。牠在鄉村莊園裡過著愉快的日子，有溺愛牠的主人，沒有其他對象與牠爭寵。牠總是在蒙田忙碌的時刻找他玩耍，提醒蒙田牠是活生生的個體。他們互相對望，而就在此時，蒙田穿越了彼此的隔閡，從牠的眼中看到了自己。也就在這個時刻——以及其他無數類似的時刻——產生了蒙田的哲學。

當時他們就在那兒，在蒙田的書房裡。他振筆疾書的聲音吸引了貓的注意；牠試探性地用腳爪朝移動的筆桿抓了幾下。蒙田看著牠，或許一時間對牠打斷工作的行為感到不悅。然後蒙田笑了，他傾斜筆桿，用有鵝毛的一端在紙上掃動著，逗弄貓兒追逐。牠一陣猛撲，腳掌的肉墊沾到最後幾個字的墨跡，幾張紙滑落到地面上。蒙田與他的貓還待在書房裡，他們的生命與尚未完成的《隨筆集》一起暫停在過去；我們則要繼續生活，或許也要跟我們的貓相處——連同尚未讀完的《隨筆集》。

蒙田生平年表

一五三三年二月二十八日　蒙田出生

一五三九？—四八年　就讀波爾多的吉衍學校

一五四八年八月　波爾多發生鹽稅暴動事件；目睹暴民殺害莫蘭

一五四八—五四年　可能在巴黎與（或）土魯斯攻讀法律

一五五四年　開始在佩里格的稅務法庭工作

一五五七年　佩里格法院的所有人員轉往波爾多高等法院工作

一五五八—五九年　與拉博埃西成為朋友

一五五九年　《卡托．康布雷西斯和約》結束法國對外戰爭，卻帶來災難性結果

一五六二年　瓦西鎮屠殺：內戰開始

查理九世圍攻盧昂，蒙田在盧昂看見三名巴西圖皮族人

一五六三年八月十八日　拉博埃西逝世，蒙田陪伴於病榻旁

一五六五年九月二十三日　迎娶法蘭索瓦茲

一五六八年六月十八日　皮耶．艾坎逝世，蒙田繼承莊園

- 一五六九年：出版譯作塞邦的《自然神學》
- 弟弟阿爾諾死於網球意外
- 一五六九或一五七〇年初：差點死於落馬意外
- 一五七〇年：從波爾多高等法院退休
- 第一個孩子出世，兩個月後夭折
- 編輯拉博埃西的作品
- 一五七一年二月：在書房寫上生日題詞
- 九月九日：唯一長大成人的孩子雷歐娜出世
- 一五七二年：可能於此時開始撰寫《隨筆集》
- 八月：聖巴爾多祿茂大屠殺
- 一五七四年：查理九世崩殂；亨利三世登基
- 一五七六年：鑄造紀念章，上面刻了天平與座右銘「存而不論」
- 一五七八年：第一次出現腎結石症狀
- 一五八〇年：《隨筆集》第一版問世

六月——一五八一年十一月　到瑞士、日耳曼與義大利旅行

一五八一年八月　獲選為波爾多市長

一五八二年　《隨筆集》第二版問世

一五八三年八月　連任波爾多市長

一五八四年十二月　納瓦爾的亨利暫住蒙田的莊園

一五八五年　瘟疫侵襲莊園；蒙田逃離

一五八七年　《隨筆集》第三版問世

十月　納瓦爾的亨利再次造訪蒙田的莊園

一五八八年　前往巴黎擔任祕使，而後追隨亨利三世。遇見古爾內

五月　街壘日；亨利三世逃離巴黎

六月　《隨筆集》大量擴充的「第五版」問世（假如真的存在第四版，則至今仍未找到）

七月十日　被監禁於巴士底監獄，而後遭到釋放

秋　在皮卡迪的古爾內住處休養

十二月　亨利三世暗殺吉斯公爵

一五八八—九二年　從事《隨筆集》最後的增補工作

一五八九年八月　亨利三世遭到暗殺；亨利四世在質疑聲中繼承王位

一五九二年九月十三日　蒙田死於扁桃腺周圍膿腫

一五九五年　古爾內版《隨筆集》問世，成為往後三個世紀蒙田作品的標準版本

一六〇一年　母親安東妮特逝世

夏隆的「重新混合」版《智慧》問世

一六〇三年　《隨筆集》第一部英譯本問世，弗洛里歐翻譯

一六一六年　女兒雷歐娜逝世

一六二七年　妻子法蘭索瓦茲逝世

一六三七年　《笛卡兒談談方法》（*Discours de la méthode*）問世

一六四五年　古爾內逝世

一六六二年　巴斯卡逝世，遺留的筆記出版為《沉思錄》

一六七六年　《隨筆集》被列入《禁書目錄》

- 一六八五—八六年　卡頓將《隨筆集》譯為英文
- 一七二四年　逃到倫敦的寇斯特出版法文版《隨筆集》
- 一七七二年　蒙田的《旅行日誌》在舊箱子裡被發現
  從檔案庫中發現蒙田註解的《隨筆集》版本，又稱「波爾多本」，並且以此確認《旅行日誌》為蒙田的作品
- 一七八九年　法國大革命
- 一八〇〇年　革命當局決定把他們心目中的世俗英雄蒙田遷葬到波爾多學院，但計畫出了差錯
- 一八五〇年　蒙田在「瘟疫」期間寫的書信出版，引發爭議
- 一八五四年　《隨筆集》從《禁書目錄》中移除
- 一八八〇—八六年　重修蒙田墳墓並且移至波爾多大學
- 一九〇六年　斯特洛夫斯基版《隨筆集》第一卷問世，主要根據「波爾多本」
- 一九一二年　阿曼戈版《隨筆集》第一卷問世，主要根據「波爾多本」
- 二〇〇七年　新七星詩社版《隨筆集》問世，主要根據古爾內一五九五年版本

銘獻與致謝

我自願擔任蒙田奴隸的這五年時間，是一段收穫至豐的歲月。我獲得的不只是朋友、學者與同事的善意，還有他們在各方面的協助。

我尤其要感謝 Warren Boutcher、Emily Butterworth、Philippe Desan、George Hoffmann、Peter Mack 與 John O'Brien 的溫暖鼓勵與慷慨支持，感謝他們願意分享他們的時間、知識與經驗。Elizabeth Jones 提供她的紀錄片 *The Man Who Ate His Archbishop's Liver* 的珍貴資料，我想向她致上謝意。此外，我想感謝佩里格的佩里戈爾藝術與考古博物館（Musée l'art et d'archéologie du Périgord）的 Francis Couturas，羅浮宮博物館的 Anne-Laure Ranoux，《西南報》（*Sud-Ouest*）的 Anne-Sophie Marchetto，以及 Michel Iturria 答應讓我使用他的漫畫「Enfin! Une groupie!」。還要感謝 John Stafford 允許我使用他的照片。

我在資料查詢上極為仰賴圖書館，包括法國國家圖書館、波爾多市立圖書館、大英圖書館與倫敦圖書館，我要感謝所有館員提供的專業知識。史丹佛大學出版社慷慨應允我引用弗蘭姆的譯本，在此致上感謝之意。

本書的完成得益於作家協會（Society of Authors）的作家基金會（Authors' Foundation）獎助

金，以及倫敦圖書館卡萊爾會員（London Library Carlyle Membership）的支持；感謝這兩個機構的大力襄助。

我一如以往地感謝我的經紀人 Rogers, Coleridge & White 版權代理的 Zoë Waldie，以及我的編輯 Jenny Uglow，此外還有 Alison Samuel、Parisa Ebrahimi、Beth Humphries、Sue Amaradivakhara，以及在 Chatto & Windus 出版社工作的每一個人。他們對這本書充滿信心，並且合力催生了這本書。

在每個混亂的階段裡，有人閱讀我的手稿，給我忠告，並在一切看來不可能按計畫進行時仍不斷為我打氣，對此我要感謝 Tündi Haulik、Julie Wheelwright、Jane Bakewell、Ray Bakewell 與 Simonetta Ficai-Veltroni。他們接觸蒙田已有很長一段時間，也從未喪失對他（或我）的信心。

我首次接觸蒙田，是在二十多年前的布達佩斯，當時我急著找書在火車上閱讀，偶然間在一家二手書店買了一本廉價的《隨筆集》譯本。那是架上唯一的一本英文書，我很懷疑我是否會喜歡它。但事情的發展出乎意料，對於這一切我不知要感謝誰，大概只能歸功於命運之神吧！蒙田說的沒錯，生命中最美好的事物，總是發生在你未能如願以償之時。

註　釋

除非特別指明，否則文中引用的蒙田作品全出自唐納・弗蘭姆的譯本：蒙田《全集》（*The Complete Works*），唐納・弗蘭姆編譯（London: Everyman, 2005）。每次引用的卷數與章數後面，均標示弗蘭姆版本的頁碼。

這裡列出的作品只標出作者與省略的書名，詳細資料請參閱本書〈出處〉。

問題：如何生活？

註1 http://www.oxfordmuse.com.

註2 瓜類：III:13 1031。性：III:13 1012。唱歌：II:17 591。機智的問答：II:17 587；III:8 871。活著：III:13 1036。

註3 *The Times* (2 Dec. 1991), p. 14.

註4 Pascal, *Pensées* no. 568, p. 131.

註5 Woolf, V., 'Montaigne', 71.

註6 'The Mark on the Wall', in Woolf, V., *A Haunted House: The Complete Shorter Fiction* (London: Vintage, 2003), 79-80.

註7 塔布洛等人：Étienne Tabourot, sieur des Accords, *Quatrième et cinquième livre des touches* (Paris: J. Richer, 1588), V: f. 65v. 引用Boase, Fortunes 7-8與Millet 62-3. Emerson 92. Gide, A., *Montaigne* (London & New York: Blackamore Press, 1929), 77-8. Zweig, 'Montaigne' 17。

註8 http://www.amazon.com/Michel-Montaigne-Complete-Penguin-Classics/dp/0140446044. 評論來自於tepi, Grant, Klumz, diastolei與lexo-2x。

註9 Whitman, W., 'Song of Myself', in *Leaves of Grass* (Brooklyn, 1855), 55.

註10 III:2 740.

註11 Saint-Sernin, J. de, *Essai et observations sur les Essais du seigneur de Montaigne* (London: E. Allde, 1626), f. A6r.

註12 II:8 338.

註13 III:13 1044.

註14 Gustave Flaubert寫給Mlle Leroyer de Chantepie的信，1857年6月16日，引自Frame, *Montaigne in France* 61。

第一章　我們問：如何生活？ 蒙田說：別擔心死亡

註1 I:20 73.

註2 Cicero, *Tusculan Disputations* I: XXX, 74. Cicero的觀念來自於Plato的*Phaedo*

(67 e)。蒙田以這句話做為隨筆的標題：I:20。
註3 阿爾諾的死，與「經常出現這種尋常的例子」：I:20 71。
註4 I:20 72.
註5 III:4 771.
註6 III:12 980.
註7 騎馬：我們不知道這起事件確切的發生時間，但蒙田曾說這件事發生在第二次或第三次內戰期間，因此可以推估應該介於1568年秋天到1570年初之間：II:6 326。擺脫雜務：III:5 811。關於蒙田與騎馬，見Balsamo, J., 'Cheval', in Desan, *Dictionnaire* 162-4。
註8 Marcetteau-Paul 137-41.
註9 脊髓：II:12 507。鮣魚：II:12 417。貓：I:21 90-1。
註10 蒙田對這場意外及後續影響的敘述：II:6 326-30。除非特別指明，否則往後幾頁引用的內容全都來自於此。
註11 「虛弱而恍惚」：III:9 914。佩特羅尼烏斯與提吉里努斯：III:9 915。兩人的資料引自Tacitus：佩特羅尼烏斯出自*Annals* XIV：19；提吉里努斯出自*Histories* I:72。馬爾克里努斯：II:13 561-2。資料來源是Seneca, *Letters to Lucilius*, Letter 77。Loeb edn II:171-3。
註12 III:12 980.
註13 III:12 979.
註14 「受重擊而傷痕累累」，「我仍感受得到」，與恢復記憶：II:6 330。
註15 「最壞的狀況」：III:10 934。

第二章　我們問：如何生活？ 蒙田說：活在當下

註1 蒙田退休：官方的退休時間是1570年7月23日，但職務移交卻是在1570年4月，所以蒙田一定是在更早的時間做了退休的決定。見Frame, *Montaigne* 114-15。關於他的申請遭到拒絕：ibid., 57-8。
註2 退休的題詞：譯文來自Frame, *Montaigne* 115。
註3 比較蒙田、唐吉訶德與但丁的中年危機：Auerbach, E., *Mimesis*, tr. W. A. Trask (Princeton, NJ: Princeton University Press, 2003), 348-9。
註4 關於蒙田的城堡與塔樓，見Gardeau and Feytaud; Willett; Hoffmann 8-38; Legros 103-26; and Legros, A., 'Tour de Montaigne', in Desan, *Dictionnaire* 984-7。「大鐘」：I:23 94。
註5 書架：III:3 763。繼承自拉博埃西：III:12 984。
註6 「我保留他們的手稿」：II:18 612。南美的收藏品：I:31 187。
註7 私人藏書的潮流：Hale 397。「店鋪後間」與「很可憐的」：III:3 763。
註8 旁邊小房間的壁畫：Willett 219；Gardeau and Feytaud 47-8。橫梁上的字句：Legros。其他類似的題詞：Frame, *Montaigne* 9。
註9 關於退休的習尚：Burke 5。「讓我們把捆綁自己與他人的繩索切斷」：I:39 214。
註10 Seneca, 'On Tranquility of Mind', in *Dialogues and Letters* 34, 45.
註11 「憂鬱氣質」：II:8 337-8。野馬奔馳、水的反射與其他意象：I:8 24-5。
註12 關於幻想：Morrissey, R. J., *La Rêverie jusqu'à Rousseau: recherches sur un topos littéraire* (Lexington, Ky.: French Forum, 1984), 尤其是37-43。

註13 寫作的幻想：II:8 337-8。「奇邁拉與各種幻想怪物」：I:8 25。
註14 Seneca, *Letters to Lucilius*, Letter 78, Loeb edn II:199。
註15 寫作是為了家人與朋友：'To the reader', *Essays* I p. 2. 關於尋常書籍，見Moss, A., *Printed Commonplace-Books and the Structuring of Renaissance Thought* (Oxford: Clarendon, 1996)。我要感謝Peter Mack提示我，蒙田可能是讀了Amyot翻譯Plutarch的著作而寫了《隨筆集》。
註16 蒙田寫作的年代日期，我參考Villey在*Les Sources*的研究：見Frame, *Montaigne* 156。但對於真正的年代日期，學者仍存在爭議。
註17 II:6 331。這句話出自Pliny, *Natural History* XXII: 24。
註18 II:6 331.
註19 「我思索滿足是怎麼一回事」，與叫他起床：III:13 1040。
註20 Heraclitus, Fragment 50. Heraclitus, *The Art and Thought of Heraclitus,* tr. and ed. C. H. Kahn (Cambridge: Cambridge University Press, 1979), 53. 意識流：James, W., *The Principles of Psychology* (New York: Henry Holt, 1890), I: 239。
註21 蒙田引用赫拉克利特：II:12 554。「有時輕柔，有時劇烈」：II:1 291。沙丘：I:31 183。「總是變幻無常」：III:6 841。branloire：III:2 740。見Rigolot 203。關於十六世紀對變遷與變化的普遍著迷：Jeanneret, *Perpetuum mobile*。
註22 與跛足女子做愛的說法：III:11 963。亞里斯多德的說法出自*Problemata* X: 24, 893b。見Screech 156-7。
註23 「幸福要等死後方可定論」：I:19 64-6。梭倫的說法出自Herodotus, *Histories* I: 86與Plutarch的 'Life of Solon', in *Live*s, LVIII。
註24 III:2 740.
註25 III:2 740.
註26 Woolf, V., 'Montaigne', 78.
註27 Huxley, A., *Island* (London: Chatto & Windus, 1962), 15.
註28 「生命不會大張旗鼓」與「你必須快些喝下它」：Seneca, 'On the Shortness of Life', in *Dialogues and Letters* 68-9。
註29 「使意識對自己感到吃驚」：Merleau-Ponty 322。吃驚與多變：Burrow, C., 'Frisks, skips and jumps' (對Ann Hartle的*Michel de Montaigne*的評論), *London Review of Books* 6 Nov. 2003。
註30 III:13 1040.
註31 「當我一個人走在」與「我跳舞時就跳舞」：III:13 1036。

第三章　我們問：如何生活？　蒙田說：呱呱墜地就是福

註1 蒙田的誕生：I:20 69與Montaigne, *Le Livre de raison*，二月二十八日的條目。關於蒙田的小名米修：Frame, *Montaigne* 38。
註2 十一個月：II:12 507-8。「這聽起來奇怪嗎？」：*Gargantua*, I: 3, in Rabelais, *The Complete Works* 12-14。
註3 誠實：II:11 377。腎結石：II:37 701。
註4 III:9 901.
註5 家族與貴族：Frame, *Montaigne* 7-8，Lazard 26-9；Supple 28-9。關於艾坎家族：Cocula, A.-M., 'Eyquem de Montaigne (famille)', and Balsamo, J.,

'Eyquem de Montaigne (généalogie ascendante)', in Desan, *Dictionnaire* 381-3. 關於釀酒事業：Marcetteau-Paul。

註6 Supple 27-8.

註7 Montaigne, *Le Livre de raison*，二月二十八日的條目。

註8 波爾多的背景：Lazard 12；Frame, Montaigne 5-6。英格蘭運酒船隊：Knecht, *Rise and Fall* 8。

註9 皮耶簽署文件的方式：例見家族記錄簿中蒙田出生的條目：Montaigne, *Le Livre de raison*，二月二十八日的條目。見Lacouture, 32。

註10 III:9 931.

註11 許多傳記作家猜測他母親的家族是猶太人，唯一持不同意見的是Roger Trinquet (Trinquet, *La Jeunesse de Montaigne*)。見Lazard 41與Frame, *Montaigne* 17-20。

註12 蒙田談猶太人見I:14 42-3，I:56 282，II:3 311。

註13 蒙田父母的婚姻與他母親的年齡：Frame, *Montaigne* 29。

註14 安東妮特的法律文件與皮耶的遺囑：Lazard 45與Frame, *Montaigne* 24-5。

註15 她與蒙田同住直到1587年：根據安東妮特在1597年4月19日擬的遺囑，上面提到她已離開城堡十年。1568年8月31日的文件與安東妮特的遺囑：譯文引自Frame, *Montaigne* 24-7。

註16 III:9 882-4。也可見II:17 601-2。

註17 蒙田的父親：Balsamo, J., 'Eyquem de Montaigne, Pierre', in Desan, *Dictionnaire* 383-6。

註18 P. de Bourdeilles, seigneur de Brantôme, *Oeuvres completes*, ed. L. Lalanne (Paris, 1864-82), V: 92-3。引自Desan, P., 'Ordre de Saint-Michel', in Desan, *Dictionnaire* 734與Supple 39。

註19 皮耶的故事：I:14 14。

註20 義大利對法國士兵的影響：Lazard 32, 14；Frame, *Montaigne* 10。

註21 蒙田對父親的描述：II:12 300-1。

註22 皮耶擔任市長承受的壓力：III:10 935。

註23 I:35 200.

註24 未繼續記錄的筆記本與波特的天體曆，都收藏於波爾多市立圖書館。「我覺得自己實在太蠢了，居然沒有持續下去」：I:35 201。Montaigne, *Le Livre de raison*即為以抄寫方式完成的波特摹寫本。見Desan, P., 'Beuther', in Desan, *Dictionnaire* 100-5，當中也討論了未繼續記錄的筆記本。蒙田在日期與數字上的錯誤，包括他弟弟阿爾諾因網球意外去世時的年紀（I:20 71; Frame, *Montaigne* 33），他自己結婚時的歲數（II: 8 342），1588年他在巴黎被逮捕時的日期，但他後來更正了（Montaigne, *Le Livre de raison*, 7月10日與7月20日的條目），以及他的長女死時的年紀（蒙田為拉博埃西翻譯的Plutarch's *Lettre de consolation*, 1570寫的獻詞）。

註25 半途而廢的工作：III:9 882。蒙田的置之不理：III:10 935。

註26 皮耶的腎結石發作：II:37 701；III:2 746。

註27 皮耶的遺囑：Frame, *Montaigne* 14。

註28 「完成一道停工許久的圍牆」：III:9 882。「人們不該努力超越自己的父親」：Nietzsche, *The Gay Science* 142 (s. 210)。

註29 聖人與神諭：II:12 387。

註30 艾坎家族以和諧著稱：I:28 166。「珍惜這份優良的名聲」：蒙田在給父親的信上引用了這句話，這封信出版於蒙田的版本La Boétie, *La Mesnagerie* [etc.]與Montaigne, *The Complete Works*, tr. D. Frame, 1285。

註31 蒙田的弟妹：Balsamo, J., 'Frères et soeurs de Montaigne', in Dedan, *Dictionnaire* 419-21。

註32 蒙田被送往農家：III:13 1028；蒙田的平凡造就他的不平凡：II:17 584。

註33 III:13 1028.

註34 霍斯特：Banderier, G., 'Précepteur de Montaigne', in Desan, *Dictionnaire* 813。

註35 「我父母」，「不用不自然的方法」，與老師們的誇讚：I:26 156-7。

註36 今人不如古人，因為他們學習拉丁文的方式不自然：I:26 156。

註37 「我們把球拋向空中，在它還沒落地時必須講出語尾變化」，但往後學習希臘文卻不盡理想：I:26 157。也可見II:4 318。

註38 用樂器喚醒：I:26 157。只吃過兩次棍子，「智慧與機敏」：II:8 341。

註39 伊拉斯謨斯：Erasmus, D., *De pueris statim ac liberaliter instituendis declamatio* (Basel: H. Froben, 1529).「窮盡各種方式進行研究」：I:26 156-7。

註40 因疏於練習而退步：II:17 588；用拉丁文叫嚷：III:2 746。

註41 法文不會永遠存在，這種性質使他得以自由寫作：III:9 913。

註42 拉丁文社區：Étienne Tabourot, sieur des Accords, *Les Bigarrures* (Rouen: J. Bauchu, 1591), Book IV, ff. 14r-v. Robert Estienne與François de La Trémouïlle也進行了實驗。見Lazard 57-8。

註43 蒙田對教育的建議：I:26 135-50。

註44 III:2 746.

註45 蒙田埋怨父親試圖改變他的心智：I:26 157。其他可能的原因：Lacouture 19-21。

註46 蒙田時代的波爾多：Cocula, A.-M., 'Bordeaux', in Desan, *Dictionnaire* 123-5。

註47 吉衍學校：Hoffmann, G., 'Étude & éducation de Montaigne', in Desan, *Dictionnaire* 357-9。關於課程內容，取材自Elie Vinet, *Schola aquitanica* (1583)。關於學校管理：Lazard 62-3；Trinquet；Porteau, P., *Montaigne et la vie pédagogique de son temps* (Paris: Droz, 1935)。蒙田說他上學之後拉丁文反而退步：I:26 158。

註48 蒙田的戲劇演出：I:26 159。

註49 古維亞：Gorris Gamos, R., 'Gouvéa, André', in Desan, *Dictionnaire* 438-40.

註50 鹽稅暴動：Knecht, *Rise and Fall* 210-11, 246。學校停課：Nakam, *Montaigne et son temps* 85。

註51 莫蘭遭到殺害：I:24 115-16。

註52 關於蒙莫朗西的「鎮壓」與波爾多喪失各項權利：Knecht, *Rise and Fall* 246-7, Nakam, *Montaigne et son temps* 81-2。

第四章　我們問：如何生活？ 蒙田說：大量閱讀，然後把所學拋諸腦後，讓自己遲鈍一點

註1 蒙田的閱讀並未受到教師攔阻：I:26 158。關於這名教師是誰有許多猜測，見Hoffmann, G., 'Étude & éducation de Montaigne', in Desan, *Dictionnaire* 357-9。

註2 蒙田發現奧維德：I:26 158。關於奧維德與蒙田，見Rigolot, and McKinley, M., 'Ovide', in Desan, *Dictionnaire* 744-5。

註3 蒙田幼年的探索與「然而，這裡畢竟是學校」：I:26 158。

註4 奧維德帶來的刺激逐漸消散：II:10 361。但仍然仿傚風格：II:35 688-9。Villey發現《隨筆集》有72處引用奧維德的句子：Villey, *Les Sources* I: 205-6。見Rigolot 224-6。維吉爾需要整理一下：II:10 362。

註5 人的「多樣與真實」與「人的性格是以千奇百怪的方式組合而成」：II:10 367。Tacitus:III:8 873-4。

註6 蒙田論普魯塔克：「普魯塔克的著作無所不包」：III:5 809。他的作品充滿「事物」：II:10 364。「也沒那麼糟嘛」與鏡子上的蒼蠅：Plutarch, 'On Tranquility of Mind', *Moralia* VI, 467C and 473E, Loeb edn VI: 183, 219。普魯塔克表示我們可以隨心所欲：I:26 140。「我覺得自己甚至可以感受到他內心深處的靈魂」：II:31 657。人們喜愛的人死去多久並不重要：III:9 927。普魯塔克的作品有兩部法文譯本，獲得蒙田的讚賞：Jacques Amyot: Plutarch, *Vies des hommes illustres* (Paris: M. de Vascosan, 1559), and *Oeuvres morales* (Paris: M. de Vascosan, 1572), both tr. J. Amyot。見Guerrier, O., 'Amyot, Jacques', in Desan, *Dictionnaire* 33-4。

註7 關於蒙田的書房：Sayce 25-6。藏書在他死後分散各地，此後人們不斷努力重建原來的藏書清單。見Villey, *Les Sources* I: 273-83；Desan, P., 'Bibliothèque', in Desan, *Dictionnaire* 108-11。

註8 佩脫拉克、伊拉斯謨斯與馬基維利：Friedrich 42。馬基維利的信，轉引自Hale 190。西塞羅：II: 10 365；維吉爾：II: 10 362。

註9 「我隨意翻覽這本書」與「我幾乎不看書的」：III:3 761-2。「我們這種幾乎不碰書的人」：III:8 873。「如果我遇到艱澀難懂的書籍」：II:10 361。

註10 盧克萊修：Screech, M.A., *Montaigne's Annotated Copy of Lucretius* (Geneva: Droz, 1998).

註11 I:26 157.

註12 II:17 598.

註13 I:9 25。

註14 希望他能記得點子與夢境：III:5 811。「我的腦子到處都是裂縫」：II:17 600。出自Terence, *The Eunuch*, I:105。

註15 林塞斯提：III:9 893。出自Quintius Curtius Rufus, *History of Alexander the Great* VII:1. 8-9。

註16 蒙田談公眾演說：III:9 893-4。

註17 圖皮族人：I:31 193。拉博埃西的死：蒙田寫給父親的信，收錄於他編輯的拉博埃西全集：La Boétie, *La Mesnagerie* [etc.], and Montaigne, *The Complete Works*, tr. D. Frame, 1276-7。

註18 因人們不相信他而生氣：I:9 25。關於他記得引文的能力，見Friedrich 31,

338。波迪耶：出自他的拉丁韻文後的散文評論，'To the noble heroine Marie de Gournay', Baudier, D., *Poemata* (Leyden, 1607), 359-65。引自Millet 151-8, and Villey, *Montaigne devant la postérité* 84-5。馬爾布朗許：Malbranche 187-8。

註19 不好的記憶暗示著誠實：I:9 26-7；II:17 598。講述的軼事簡潔明瞭：I:9 26。擁有高明的判斷力：I:9 25。不會因此憤懣不平：I:9 27。

註20 史都華：Stewart, D., *Elements of the Philosophy of the Human Mind*, in *Collected Works*, ed. W. Hamilton (Edinburgh: T. Constable, 1854-60), II: 370-1。

註21 「我想求它，但必須裝出若無其事的樣子」：II:17 598。你愈努力回想過去，愈是想不起來：III:5 811。想記住事情最有效的方式，就是努力地忘記它：II:12 443。

註22 「我只是順其自然地輕鬆記憶」：II:17 599。「懶散、漫不經心與呆滯」：I:26 157。

註23 「天底下的事無論多麼簡單」：II:17 600-1。「理解力遲緩」：I:26 157。

註24 一旦理解就能觸類旁通：II:17 600。「我看東西一定看得非常仔細」：II:10 31。「大膽的觀念」：I:26 157。

註25 Nadolny, S., *Die Entdeckung der Langsamkeit* (München: Piper, 1983), translated by R. Freedman as *The Discovery of Slowness* (New York: Viking, 1987)。關於慢活，見http://www.slowmovement.com/。也可見Honoré, C., *In Praise of Slow* (London: Orion, 2005)。World Institute of Slowness: http://www.theworldinstituteofslowness.com/。

註26 「我幾乎從未離開原有的立場」：III:2 746。「難以屈服」：I:26 159。

註27 III:13 1034。

註28 「我記得在非常年幼時」：II:17 582。只是把它當成外表的「點綴」：II:17 584。

註29 「一旦身材矮小」與「你的主人在哪裡」：III:17 590。因為矮小而被輕視：II:17 589-90。騎馬消遣：III:13 1025。

註30 體格強健厚實：II:17 590。拄著拐杖：II:25 633。穿著黑白色調的衣服：I:36 204。披風：I:26 155。

註31 拉博埃西的詩：這是兩首詩的第二首，這兩首詩都收錄到蒙田編輯的拉博埃西全集中：La Boétie, *La Mesnagerie* [etc.], ff. 102r-103r ('Ad Belotium et Montanum') and 103v-105r ('Ad Michaëlem Montanum')。這兩首詩也刊載於*Montaigne Studies* 3, no. 1, (1991)，由R. D. Cottrell譯為英文（16-47）。

註32 蒙田說他曾在土魯斯遇見西蒙．托馬斯（Simon Thomas）（I:21 82），並且提到馬丹．蓋赫（Martin Guerre）的審判，不過蒙田沒有說他是否親眼目睹這場審判：III:11 959。巴黎：III:9 903。

註33 蒙田擔任法官：見Almqvist, K., 'Magistrature', in Desan, *Dictionnaire* 619-22。關於早年在佩里格的生活與轉調到波爾多：Frame, *Montaigne* 46-51，包括Frame翻譯的蒙田發言內容。

註34 蒙田的工作：現今還留存五件蒙田做的司法詮釋。見Lazard 89。

註35 III:13 996.

註36 布里德古斯法官：*Tiers livre*, chaps 39-44, in Rabelais, *The Complete Works*。擲骰子：457。

註37 III:13 998.

註38 蒙田論法律：見Tournon, A., 'Justice and the Law', in Langer (ed.), *Cambridge Companion* 96-117, and 'Droit', in Desan, *Dictionnaire* 284-6。至於同時代批評法律的人物，見Sutcliffe, F., 'Montaigne and the European legal system', in Cameron (ed.), *Montaigne and his Age* 39-47。

註39 II:12 514.

註40 III:13 1000.

註41 我們知道蒙田在1559年到1561年間曾數度前往巴黎。見Lazard 91, 107。

註42 I:46 244.

註43 法國1550年代與1560年代的政治與宗教背景：見Holt; Knecht, *Rise and Fall and The French Civil Wars*; Nakam, *Montaigne et son temps*。

註44 「痴人說夢」：Michel de L'Hôpital，引自Knecht, *Rise and Fall* 338。「每個人都認為自己的上帝」與「一個國王、一個信仰與一個法律」：Elliott, J. H., *Europe Divided* 1559-1598 (London: Fontana, 1968), 93-4，前句引自Pedro Cornejo的 *Compenio y breve relación de la Liga* (Brussels, 1591), f. 6。

註45 「巨大的恐懼」：Knecht, *Rise and Fall* 349。瓦西鎮與戰爭爆發：ibid., 352-5。

註46 帕斯基耶給M. de Fonssomme的信，1562年春：Pasquier, E., *Lettres historiques* 98-100。引自Holt 50。

註47 II:23 628-9.

註48 蒙呂克的故事：Monluc 246-72。下令設置更多的車輪與火刑柱：Nakam, *Montaigne et son temps* 144。

註49 蒙田論蒙呂克：II:8 348。

註50 戴斯卡的陰謀與蒙田的回應：見Frame, *Montaigne* 53-5；該書也翻譯了蒙田的辯詞，法文取材自Payen, J.-F., *Recherches sur Montaigne. Documents inédits*, no. 4 (Techener, 1856), 20. 蒙田讚揚拉吉巴東的派系：II:17 609。

註51 III:5 824.

註52 關於蒙田回應的討論，見Frame, *Montaigne* 52-5。

第五章　我們問：如何生活？ 蒙田說：經歷愛與失去

註1 拉博埃西：見Cocula; and Magnien, M., *Montaigne Studies* 11 (1999)，絕大部分內容都在討論拉博埃西。

註2 I:28 165.

註3 I:28 169.

註4 拉博埃西的詩收錄於蒙田編輯的拉博埃西全集：La Boétie, *La Mesnagerie* [etc.], ff. 103v-105r ('Ad Michaëlem Montanum')。這首詩也刊載於*Montaigne Studies* 3, no. 1, (1991)，由Robert D. Cottrell譯為英文（16-47），此外Frame, *Montaigne* 75也有這首詩的英譯。

註5 意志的融合為一：I:28 170。關於愛情與友情的問題，見Schachter, M. D., ' "That friendship which possesses the soul": Montaigne loves La Boétie', *Journal of Homosexuality* no. 41 3-4 (2001) 5-21, and Beck, W.J., 'Montaigne face à la homosexualité', *BSAM* 6e sér. 9-10 (jan-juin 1982), 41-50。

註6 醜陋：III:12 986。見Desan, 'Laid-Laideur' in Desan, *Dictionnaire* 561。蘇格

拉底與阿爾西比亞德斯：Plato, *Symposium* 102 (216a-b)。

註7 「我們的靈魂融合」，「如果你硬要我說明」與「我們的友誼沒有其他模式可以形容」：I:28 169。「有好幾次我多麼希望」：Plato, *Symposium* 102 (216a-b)。

註8 蒙田談論《論自願為奴》：I:28 175。原稿已經亡佚，只留下複本流傳至今。其中Henri de Mesmes是一般公認最可靠的版本。它是絕大多數現代版本的依據，包括本書使用的英文版，D. L. Schaefer: La Boétie, 'Of Voluntary Servitude' (見'Sources')。政治社會學的韓波：Lacouture 86。見Magnien, M., 'Discours de la servitude volontaire', in Desan, *Dictionnaire* 272-6。

註9 尼祿與凱撒：La Boétie, 'Of Voluntary Servitude', 210-11。暴政的神祕程度就跟愛情一樣：ibid. 194。

註10 ibid. 192.

註11 阿布杜拉·納蘇爾（Abdullah Nasur）的訪談，*The Man Who Ate His Archbishop's Liver*, Channel 4 (UK), 12 March 2004。感謝Elizabeth C. Jones的這段引文。

註12 「打從心裡忘卻自由」與習慣的力量：La Boétie, 'Of Voluntary Servitude', 201。

註13 有些人研讀歷史而獲得自由：La Boétie, 'Of Voluntary Servitude', 205-6。

註14 拉博埃西的目標：見Smith, 53。

註15 'Contr'un', in *Reveille-matin des François* (1574) and Goulart, S., *Mémoires de l'estat de France sous Charles IX* (1577, and 2nd edn 1579)。它也收錄於*Vive description de la tyrannie*。見Magnien, M., 'Discours de la servitude volontaire', in Desan, *Dictionnaire* 273-4, and Smith, M., introduction to his edition of La Boétie, *De la Servitude volontaire* (1987), 24-6。

註16 《反獨裁者》：La Boétie, *Anti-Dictator*, tr. H. Kurz (New York: Columbia University Press, 1942)。後來，這個版本收錄了Kurz的譯本，改名為*The Politics of Obedience: The Discourse of Voluntary Servitude* (New York: Free Life Editions, 1975)，裡面附加了自由放任主義者Murray Rothbard的導論，再改名為*The Politics of Obedience and Étienne de la Boétie* (Montreal, New York & London: Black Rose Books, 2007)；與*The Will to Bondage*, ed. W. Flygare, 由James J. Martin撰寫導論 (Colorado Springs: Ralph Myles, 1974)，它結合了1577年新教的法文版本與1735年佚名的英文版本。

註17 Martin, James J., 針對拉博埃西撰寫了導論，*The Will to Bondage*, ed. W. Flygare (Colorado Springs: Ralph Myles, 1974), ix。

註18 Spooner, L., 'Against woman suffrage', *New Age*, 24 Feb. 1877。相關文獻可查閱http://www.voluntaryist.com/。認為可以用不投票的方式來促成革命，這種觀念啟發了葡萄牙作家José Saramago的小說*Seeing*，M. Jull Costa翻譯 (London: Vintage, 2007)。

註19 Emerson, 92.

註20 蒙田對於《論自願為奴》提出的所有說法：I:28 175-6。

註21 蒙田明白指出作者是誰：見Magnien, M., 'Discours de la servitude volontaire', in Desan, *Dictionnaire* 274-5。

註22 「我打算用其他文章取代這篇嚴肅的論文」：I:28 176。「這些詩還有別

的版本」：I:29 177。這29首十四行詩，由R. P. Runyon譯為英文，見Schaefer (ed.), *Freedom over Servitude* 223-35。

註23 七星詩社：La Boétie, 'Of Voluntary Servitude', 214。「回到我們的主題吧」：ibid. 208。「回到原先討論的主題吧」：ibid. 215。

註24 Armaingaud, A., 'Montaigne et La Boétie', *Revue politique et parlementaire* 13 (mars 1906), 499-522 and (mai 1906), 322-48，他繼續發展這個觀點於*Montaigne pamphlétaire: l'enigme du 'Contr'Un'* (Paris: Hachette, 1910)。Schaefer, D. L., 'Montaigne and La Boétie' in Schaefer (ed.), *Freedom over Servitude* 1-30, esp. 9-11；與他的*Political Philosophy of Montaigne*。關於薛佛，見Supple, J., 'Davis Lewis Schafefer: Armaingaud rides again', in Cameron and Willett (eds), *Le Visage changeant* (259-75)。Martin, D., 'Montaigne, author of *On Voluntary Servitude*', in Schaefer (ed.), *Freedom over Servitude* 127-88 (flute: 137)。

註25 I:21 83-4.

註26 蒙田的誠實：I:9 25-30。拙於猜謎：II:17 600-1。

註27 蒙田論拉博埃西：Travel Journal, in *The Complete Works*, tr. D. Frame, 1207。

註28 蒙田寫給父親的信，收錄在他編輯的拉博埃西全集中：La Boétie, *La Mesnagerie* [etc.]；也收錄在*The Complete Works*, tr. D. Frame, 1276-88，本書的引文全引自此書。

註29 「他的心靈是以其他時代為準繩」：I:28 176。

註30 蒙田與拉博埃西對於瀕死經驗有不同的看法：II:6 327。

註31 「陰暗而沉鬱的深夜」：I:28 174。「內心滿溢著痛苦」：'Travel Journal', in *The Complete Works*, tr. D. Frame, 1207 (1581年5月11日條目)。「我一直深切地想念這個人」與「任何愉悅都沒了滋味」：III:9 917。

註32 塞內卡論換朋友：Seneca, *Letters to Lucilius*, Letter 9。Loeb edn I:45。「一些相稱的人物」：III:9 911。「這不正是我愚蠢的性格造成的嗎？」：III:3 755。

註33 I:39 216.

註34 牆上文字的推測，見Thibaudet版的蒙田全集（Montaigne, *Oeuvres completes*, Paris: Pléiade, 1962）。英文版見Starobinski, *Montaigne in Motion* tr. Goldhammer 311 (n.32)（本書使用這個版本）與Frame, *Montaigne* 80。

註35 找到值得讚賞的人：Seneca, *Letters to Lucilius*, Letter 12。Loeb edn I:63。為別人而活與為朋友而活：ibid. Letter 48, I:315。

註36 蒙田（給Henri de Mesmes）的呈獻書信，收入他編輯的拉博埃西全集，La Boétie, *La Mesnagerie* [etc.], in *The Complete Works*, D. Frame, 1291。

第六章　我們問：如何生活？ 蒙田說：略施小技

註1 關於蒙田與一般希臘化哲學的結合，見Hadot。

註2 eudaimonia與ataraxia的翻譯：Nussbaum 15，只有ataraxia是「免於焦慮」這句翻譯來自於Popkin xv。

註3 帕庫維烏斯：Seneca, *Letters to Lucilius*, Letter 12。Loeb edn I:71。盧克萊修的兩種可能，引自Montaigne：I:20 78。原文出處是Lucretius, *De rerum natura* III:938-42。

註4 Plutarch, 'In consolation to his wife', *Moralia*. Loeb edn VII:610.

註5 Plutarch, 'On Tranquillity of Mind', *Moralia*. Loeb edn VI: 469-70.

註6 Seneca, *Letters to Lucilius*, Letter 78。Loeb edn II:199.

註7 突然提出的問題：Epictetus, *Discourses* II:16 2-3 and III:8 1-5，引自Hadot 85。「適切地」生活：III:13 1037。

註8 Marcus Aurelius, *Meditations*, tr. M. Hammond (Harmondsworth: Penguin, 2006), 47 (VI: 13).

註9 ibid. 120 (XII: 24).

註10 Seneca, *Letters to Lucilius*, Letter 99。Loeb edn III:135。

註11 這個觀念出自Nemesius *De natura hominis* XXXVII: 147-8, Plato, *Timaeus* 39d, and Cicero, *De natura deorum* II: 20。見White, Michael J., 'Stoic natural philosophy (physics and cosmology)', in Inwood, B. (ed.), *Cambridge Companion to the Stoics* (Cambridge: Cambridge University Press, 2003), 124-52, and Barnes, J., 'La Doctrine du retour éternel', in *Les Stoïciens et leur logique. Actes du colloque de Chantilly 18-22 septembre 1976* (Paris, 1978), 3-20。尼采進一步發展了這個觀念：例見Nietzsche, *The Gay Science*, s. 341, and Stambaugh, J., *Nietzsche's Thought of Eternal Return* (Washington, DC: Center for Advanced Research in Phenomenology & University Press of America, 1988)。

註12 Epictetus, *Manual* VIII:援引與譯自Hadot 136。

註13 III:2 751-2.

註14 Seneca, *Letters to Lucilius*, Letter 54。Loeb edn I:363-5。

註15 里卡斯與斯拉西勞斯：II:12 444。里卡斯的故事來自Erasmus, *Adages* no. 1981: 'In nihil sapiendo iucundissima vita'。斯拉西勞斯的故事來自Aelian, *Various Histories* IV: 25.

註16 III:4 770.

註17 III:4 765.

註18 III:4 769.

註19 III:4 769.

註20 III:5 775.

註21 I:43 239。出自Diodorus Siculus, *Bibliotheca historica* XII:V：21。

註22 「不要為此煩心」：III:12 979。「我們的心思無法停留於一處」與「僅僅掃過它們的表皮」：III:4 768。

註23 帕斯基耶於1619年寫給A. M. de Pelgé的信，見Pasquier, *Choix de lettres* 45-6，譯文見Frame, *Montaigne* 283. Raemond, *Erreur populaire* 159。

註24 艾斯匹利的十四行詩，見古拉爾版的蒙田《隨筆集》（1595），與*Poèmes* (Paris: A. L'Angelier, 1596)，引自Boase, *Fortunes* 10。

註25 II:16 570。拉博埃西內化成蒙田的一部分，最早探討這項觀點的是Michel Butor的*Essais sur les Essais* (1968)。

註26 I:40 225.

註27 Wilden, A., 'Par divers Moyens on arrive à pareille fin: a reading of Montaigne', *Modern Language Notes* 83 (1968), 577-97, esp. 590。

註28 蒙田對拉博埃西的'Vers françois'的獻詞，收錄在他編輯的拉博埃西全集裡：La Boétie, *La Mesnagerie* [etc]。這篇獻詞也收錄到*The Complete Works*, tr. D. Frame, 1298。

註29 塞邦的翻譯：II:12 387-8。原文是Sebond, R. de, *Theologia naturalis, sive liber creaturarum* (Deventer: R. Pafraet, 1484)；蒙田譯本是Sebond, *Théologie naturelle* (Paris: G. Chaudière, 1569)。關於塞邦，見Habert, M., 'Sebond, Raimond', in Desan, *Dictionnaire* 898-900。

註30 「在閒暇無事時偶然接到這個要求」：II:12 388。關於他翻譯所花費的時間，見蒙田獻給父親的題辭，*The Complete Works*, tr. D. Frame, 1289。

註31 「〈為雷蒙・塞邦辯護〉」：II:12 386-556。瑪格麗特・德・瓦洛瓦顯然是在讀了蒙田的譯本之後，於1578-79年間要求蒙田撰寫這篇文章。見E. Naya, 'Apologie de Raimond Sebond', in Desan, *Dictionnaire* 50-4, esp. 51。關於這部作品的通論性介紹，見Blum, C. (ed.), *Montaigne: Apologie de Raymond Sebond: de la 'Theologia' à la 'Théologie'* (Paris: H. Champion, 1990)。

註32 「就像一條高掛著絞死者的繩索一樣」：Cons, L., *Anthologie littéraire de la Renaissance française* (New York: Holt, 1931), 143，英譯見Frame, *Montaigne* 170。

第七章　我們問：如何生活？ 蒙田說：凡事存疑

註1 艾斯提安在他編輯的塞克斯圖斯作品導言中講了這個故事，*Sextus Empiricus, Sexti Philosophi Pyrrhoniarum Hypotyposeon libri III*, ed. H. Estienne. ([Geneva]: H. Stephanus, 1562), 4-5。

註2 艾爾維的故事見Popkin 33-4。

註3 II:12 454。關於蒙田聽聞與描述的皮隆懷疑論，見Bailey；Popkin；與Nussbaum。

註4 Bailey 21-2.

註5 關於「存而不論」的三段陳述：Sextus Empiricus, *Outlines of Scepticism* 49-51 (三段分別出現在Book I: 196, 197 and 202)。

註6 II:12 452.

註7 Moore, T., *Poetical Works*, ed. A. D. Godley (London: H. Frowde, Oxford University Press, 1910), 278.

註8 關於皮隆的故事：II:29 647-8。所有這些故事的出處，無論是不為所動還是堅持說完，見Diogenes Laertius, *Lives and Opinions of Eminent Philosophers* X: 52-4。

註9 「他不想讓自己麻木不仁」與「被編派、安排好的固定真理」：II:12 454。

註10 蒙田的紀念章或錢幣：私人收藏品中仍留有一件複本。蒙田對紀念章的描述：II:12 477。見Demonet, M.-L., *A Plaisir: sémiotique et scepticisme chez Montaigne* (Orléans: Editions Paradigme, 2002), esp. 35-77。

註11 III:11 959.

註12 III:6 841.

註13「謙遜」與「渴望得到驚奇的感受」：Friedrich 132, 130。

註14 「我的立足腳變得如此不牢靠」：II:12 516-17。關於蒙田看法的變化：II:12 514。

註15 發燒、吃藥或感冒的影響：II:12 515-16。蘇格拉底胡言亂語：II:2 302與II:12 500。「所有的哲學……口出狂言」與「在我眼裡，哲學家」：II:12 501。

註16 動物對色彩有不同的感覺：II:12 550。我們也許需要八到十種感官：II:12 541-2。

註17 II:12 553.

註18 II:12 553.

註19 II:12 514.

註20 「我們必須繃緊自己的靈魂」：III:13 1034。對於自己的記憶模糊感到高興：III:13 1002。

註21 關於教會對皮隆懷疑論的肯定：Popkin 3-6, 34。

註22 II:12 390.

註23 I:56 278.

註24 II:12 521.

註25 貓催眠了鳥：在蒙田那個時代，對於「想像」的力量感興趣，通常意謂著對於是否真有女巫與魔鬼感到懷疑，因為想像可以為奇怪的現象提供另一種解釋。「一頭栽進死亡」：III:9 902。這段話受到批評，Arnauld, A. and Nicole, P., *La Logique ou l'art de penser* (Paris: C. Savreux, 1662)。見Friedrich 287。「別把人釘上十字架」：Quint 74。

註26 宗教裁判：'Travel Journal', in *The Complete Works*, tr. D. Frame, 1166。關於神意，見Poppi, A., 'Fate, fortune, providence, and human freedom', in Schmitt, C. et al. (eds), *The Cambridge History of Renaissance Philosophy* (Cambridge: Cambridge University Press, 1988), 641-67。

註27 加強信仰對抗異端：Raemond, *Erreur populaire* 159-60。「〈為雷蒙・塞邦辯護〉與「〈無法解釋的奇聞〉」：Raemond, *L'Antichrist* 20-1。關於雷蒙，見Magnien-Simonin, C., 'Raemond, Florimond de', in Desan, *Dictionnaire* 849-50。

註28 II:12 427-8.

註29 II:12 428.

註30 悔恨的大象：II:12 429。翠鳥：II:12 429-30。

註31 II:12 418.

註32 II:12 430-1.

註33 Bossuet, J.-B., *Troisième Sermon pour la fête de tous les saints* (1668)，引自Boase, *Fortunes* 414。

註34 笛卡兒論動物：他的《笛卡兒談談方法》（*Discourse on Method*, 1637）第五章處理這個主題。見Gontier, T., *De l'Homme à l'animal: Montaigne et Descartes ou les paradoxes de la philosophie modern sur la nature des animaux* (Paris: Vrin, 1998), and his 'D'un Paradoxe à l'autre: l'intelligence des bêtes chez Montaigne et les animaux-machines chez Descartes', in Faye, E. (ed.), *Descartes et la Renaissance* (Paris: H. Champion, 1999) 87-101。

註35 「當我跟我的貓玩耍時」：II:12 401。「我們一起玩耍嬉戲」：II:12

401n。這段話出現在蒙田死後出版的1595版中，有些現代版本少了這段描述（見第18章）。

註36 「蒙田的所有想法」：Lüthy 28。這篇文章：Michel, P., 'La Chatte de Montaigne, parmi les chats du XVIe siècle', *Bulletin de la Société des Amis de Montaigne* 29 (1964), 14-18。字典條目：Shannon, L., 'Chatte de Montaigne', in Desan, *Dictionnaire* 162。

註37 「缺陷」與「我們對動物表情達意的方式稍有了解」：II:12 402。

註38 笛卡兒在火爐旁的危機：Descartes, *Discourse on Method* 35-9 (Discourse 2)。

註39 笛卡兒的論點發表在他的《談談方法》與《沉思錄》中。「我清楚而明晰地知覺到的事物，不可能不為真」：*Meditations* 148-9 (Meditation 5)。

註40 「昨日的沉思」：Descartes, *Meditations* 102 (Meditation 2)。

註41 Descartes, *Meditations* 100 (Meditation 1).

註42 Clark 163.

註43 Descartes, *Meditation* 98 (Meditation 1)。見Popkin 187。

註44 「不知何故」：II:16 570。「我們無法與人溝通」：II:12 553。

註45 巴斯卡〈火〉的筆記，時間是1654年：引自Coleman, F. X. J., *Neither Angel nor Beast* (New York & London: Routledge & Kegan Paul, 1986), 59-60。

註46 Pascal, B., *De l'Esprit géométrique* [etc.] (Paris: Flammarion, 1999).

註47 Eliot 157.

註48 Pascal, *Pensées no*. 164, p. 41.

註49 「他懷疑一切」與「居於有利的位置」：*Pascal*, 'Discussion with M. de Sacy', in *Pensées* 183-5。

註50 Eliot 157.

註51 Pascal: *Pensées* no. 568, p.131.

註52 蒙田：「我們是這般為了相同的事哭泣與大笑」：I:38 208。巴斯卡：「我們因此為了相同的事哭泣與大笑」：Pascal, *Pensées* no. 87, p. 22。蒙田：「他們想擺脫自己」：III:13 1044。巴斯卡：「人既非天使亦非野獸」：Pascal, *Pensées* no. 557, p. 128。蒙田：「把一名哲學家放進籠子裡」：II:12 546。巴斯卡：「如果你把世界上最偉大的哲學家放在足夠他行走的木板上」：Pascal, *Pensées* no. 78, p. 17。

註53 Bloom, H., *The Western Canon* (London: Papermac, 1996), 150. Borges, J. L., 'Pierre Menard, author of the *Quixote*', in *Fictions* (Harmondsworth: Penguin, 1999), 33-43.

註54 Pascal, *Pensées no*. 30, p. 9.

註55 I:50 268.

註56 Pascal, *Pensées* no. 230, pp. 66-7.

註57 ibid., no. 229, p. 65.

註58 Pascal, *Pensées* no. 513, p. 123.

註59 ibid. no. 525, p. 124.

註60 Voltaire: 'On the *Pensées* of Pascal', in his *Letters on England*, tr. L. Tancock (Harmondsworth: Penguin, 1980), Letter 25, 120-45。「我大膽支持人們」，ibid. 120。「當我看著巴黎」，ibid. 125。「讀來令人愉快」：III:ibid. 139。

註61 III:13 1042.

註62 II:12 556.
註63 III:13 1044.
註64 Pascal, 'Discussion with M. de Sacy', in *Pensées* 188 and 191。
註65 馬爾布朗許：Malebranche 184-90。「他的觀念是錯的，但很動聽」：ibid. 190。「閱讀一名作者的作品時，心靈不可能完全不採納他的意見」：184。
註66 「引誘者」蒙田：Guizot, *Montaigne: etudes et fragments*，引自Tilley 275。「一部巨大的誘惑機器」：Mathieu-Castellani, G., *Montaigne: l'écriture de l'essai* 255。
註67 La Bruyère, J. de, Characters, tr. J. Stewart (Harmondsworth: Penguin, 1970), Book I, no. 44, p. 34（譯自*Caractères*, 1688）。
註68 關於放蕩主義者，見Pessel, A., 'Libertins-libertinage', in Desan, *Dictionnaire* 588-9, and *Montaigne Studies* 19 (2007), 這本書也討論了這個主題。
註69 關於瑪麗・德・古爾內，見Dotoli, G., 'Montaigne et les libertins via Mlle de Gournay', in Tetel (ed.), *Montaigne et Marie de Gournay* 105-41, esp. 128-9。
註70 關於拉封丹，見Boase, *Fortunes* 396-406。
註71 拉羅什富科：La Rochefoucauld, F. de, *Maxims*, tr. L. Tancock (Harmon-dsworth: Penguin, 1959)。「有時我們看自己就像看別人一樣陌生」：ibid. no. 135, p. 51。「自以為比別人聰明，最容易受騙」：ibid. no. 127, p. 50。「世事偶然無常」：ibid. no. 435, p. 88。「最容易激怒別人」：ibid. no. 242, p. 66。
註72 「美好的精神」：「快樂，活潑，充滿熱情」，這個定義來自於Bohours, *Entretiens d'Ariste et d'Eugène* (1671), 194, 引自Pessel, A., 'Libertins - libertinage', in Desan, *Dictionnaire* 589。「正直」：法蘭西學術院定義，引自Villey, *Montaigne devant la postérité* 339。見Magendie, M., *La Politesse mondaine et les théories de l'honnêteté, en France, au XVII siècle* (Paris: Alcan, 1925)。
註73 Nietzsche, *Human, All Too Human*, Aphorism 37, p. 41.
註74 「最自由、最強有力」與「此人寫的作品」：Nietzsche, 'Schopenhauer as Educator', in *Untimely Meditations* 135。「如果我必須再活一次」：III:2 751-2。關於尼采與蒙田，見Donellan, B., 'Nietzsche and Montaigne', *Colloquia Germanica* 19 (1986), 1-20; Williams, W. D., *Nietzsche and the French: A Study of the Influence of Nietzsche's French Reading on his Thought and Writing* (Oxford: Blackwell, 1952): Molner, David, 'The influence of Montaigne on Nietzsche: a raison d'être in the sun', *Nietzsche Studien* 22 (1993), 80-93; Panichi, Nicola, *Picta historia: lettura di Montaigne e Nietzsche* (Urbino: Quattro Venti, 1995)。
註75 阿爾諾與尼可的攻擊：Arnauld, A. and Nicole, P., *La Logique ou l'art de penser* (Paris: C. Savreux, 1662), and 2nd edn (Paris: C. Savreux, 1664)。見Boase, *Fortunes* 410-11。
註76 III:5 781.
註77 Pascal, *Pensées no*. 568, p. 131.

第八章　我們問：如何生活？ 蒙田說：在店鋪後頭保留一個私人房間

註1 III:5 830.
註2 III:3 755.

註3 III:5 828-9.

註4 III:5 800.

註5 「我討厭跟毫無感情的肉體在一起」與喪心病狂的埃及人故事：III:5 816。

註6 III:5 828.

註7 「勉為其難」與「想像自己蘸著別人更美味的醬汁」：III:5 817。

註8 「比實際的大三倍」與「給大家找麻煩」：III:5 791。

註9 III:5 822。出處是*Diversorum veterum poetarum in Priapum lusus* (Venice: Aldus, 1517), no. 72(I), f. 15v. and no. 7(4-5), f. 4v.，蒙田改編。

註10 「我們的人生有部分是痴愚」與貝茲、聖傑雷的引文：III:5 822-3。Bèze, T. de, *Poemata* (Paris: C. Badius, 1548), f. 54v. Saint-Gelais, 'Rondeau sur la dispute des vits par quatre dames', in *Oeuvres poétiques françaises*, ed. D. H. Stone (Paris: STFM, 1993), I:276-7。

註11 法蘭索瓦茲・德・拉夏瑟涅與她的家庭：Balsamo, J., 'La Chassaigne (famille de)' and 'La Chassaigne, Françoise de', in Desan, *Dictionnaire* 566-8。關於法蘭索瓦茲與這場婚姻：Insdorf, 47-58。蒙田談亞里斯多德的適婚年齡：II:8 342。資料來源是Aristotle, *Politics* VII: 16 1335a。蒙田在他的波特天體曆日記中記錄了法蘭索瓦茲的出生日期與他們的結婚日期：分別是1二月13日與9月23日。

註12 II:8 347.

註13 II:31 660.

註14 蘇格拉底與水車：III:13 1010。資料來源是Diogenes Laertius, *Lives and Opinions of Eminent Philosophers*, II: 36。蘇格拉底利用妻子的脾氣做為哲學訓練：II:11 373。

註15 加馬什的描述：Gamaches, C., *Le Sensé raisonnant sur les passages de l'Escriture Saincte contre les pretendus réformez* (1623)，引自Frame, *Montaigne* 87。她與馬克安東尼・德・聖伯納神父的書信往來：Frame, *Montaigne* 87-8。

註16 Gardeau and Feytaud 21。

註17 III:3 763.

註18 Alberti, L. B., *On the Art of Building*, tr. J. Rykwert, N. Leach and R. Tavernor (Boston, Mass., 1988), 149，引自Hale 266。

註19 I:38 210。對這場婚姻的不同看法，見Lazard 146。

註20 「要說就讓他們去說」與「我相信自己」：蒙田寫給妻子的信，做為拉博埃西翻譯普魯塔克安慰妻子的信的獻詞，in La Boétie, *La Mesnagerie* [etc.] and in *The Complete Works*, tr. D. Frame, 1300。

註21 蒙田談自己的婚姻：III:5 783-6。

註22 雷蒙在自己的《隨筆集》頁緣做的註解，引自Boase, 'Montaigne annoté par Florimond de Raemond', 239, and in Frame, *Montaigne* 93，本書譯文取材於此。

註23 「一個男人……應該謹慎自持地撫摸自己的妻子」，與凝結的精液：III:5 783。波斯國王：I:30 179。關於這類理論，見Kelso, R., *Doctrine for the Lady of the Renaissance* (Urbana: University of Illinois Press, 1956), 87-9。

註24 妻子最好是從丈夫以外的人身上染上放蕩的習性：I:30 178。女性偏愛這種做法：III:5 787。

註25 理想的婚姻類似於理想的友誼：III:5 785。但不是自由選擇，且女性不夠「堅強」：I:28 167。

註26 「傷了她的心」：Sand, G., *Histoire de ma vie* (Paris: M. Lévy, 1856), VIII: 231。

註27 關於女性的教育與露易絲・拉貝：Davis, N.Z., 'City women and religious change', in Davis, *Society and Culture* 72-4。有人認為拉貝是一群男詩人的筆名：Huchon, M., *Louise Labé: une créature de papier* (Geneva: Droz, 2006)。

註28 「她們並沒有錯」：III:5 787-8。「男人與女人是同一個模子刻出來的」：III:5 831。雙重標準：III:5 789。「我們幾乎在各方面對女性做了不公正的評斷」：III:5 819。

註29 I:39 215.

註30 引自Montaigne, *Le Livre de raison*, 2月21日、5月16日、6月二十八日、7月5日、9月9日與1二月27日。

註31 蒙田談孩子的死：I:14 50。他落馬的時間：II:6 326。「活了兩歲」：蒙田寫給妻子的獻詞，收錄在拉博埃西翻譯普魯塔克的安慰信中，in La Boétie, *La Mesnagerie* [etc], and in *The Complete Works*, tr. D. Frame, 1300-1。

註32 I:14 50.

註33 I:2 6-9。Donald Frame認為時間在1572到1574年間，見他編輯的*The Complete Works*, p. vii。妮歐貝：I:2 7。故事出自Ovid, *Metamorphoses* VI:304。

註34 見Balsamo, J., 'Léonor de Montaigne', in Desan, *Dictionnaire* 575-6。

註35 「女人的治理之道」，fouteau的故事與雷歐娜「還沒發展成熟」：III:5 790。輕輕教訓一番：II:8 341。

註36 「我手裡拿著牌」：I:23 95。與兩個極端有關的字謎遊戲：I:54 274。

註37 III:9 882.

註38 III:9 880.

註39 「葡萄酒發酵」：II:17 601。關於歉收、瘟疫與運用影響力賣酒：Hoffmann 9-10。

註40 「辛勤工作而不以為苦」：II:17 591。從未搞清楚土地權狀：III:9 884。

註41 II:17 601.

註42 參見I:31 186。

註43 讚賞實用而明確的知識：III:9 882-3。「老師從不逼我」與「極度懶散，極度獨立」：II:17 592。「自由與懶散」：III:9 923。

註44 破財總比追問每一分錢來得好：II:17 592。詐財時有所聞：III:9 884。

註45 II:8 346。蒙田沒有指出他的名字；雷蒙在頁緣註解中寫出他的姓名。見Boase, 'Montaigne annoté par Florimond de Raemond'。

註46 「我最不想遇到的事」與想要一個女婿：III:9 883-4。

註47 III:9 897.

註48 III:9 899.

註49 III:9 900.

註50 III:9 899。故事來自Plato, *Hippias minor* 368 b-d, and Cicero, *De oratore* III:32 127。

註51 Nietzsche, *Human, All Too Human*, Aphorism 291, 173-4。

第九章　我們問：如何生活？ 蒙田說：與人自在地相處

註1 「有人天生喜歡獨處、靦腆而且個性內向」與「我的個性健談」：III:3 758。

註2 交談比閱讀有趣多了：I:17 59。「敏銳而令人驚奇的機智言談」：III:8 871。「判斷力更加明敏正確」：I:26 140。

註3 「沒有任何主題嚇得倒我」：III:8 855。喜歡聽到與自己見解矛盾的看法：III:8 856-7。愜意的談話：Raemond, *Erreur populaire* 159。「你不需要等候誰」：III:3 758。

註4 閒話家常令蒙田覺得厭煩：II:17 587。他的注意力無法集中：III:3 754。但他看見了它的價值：I:13 39。

註5 和藹可親是使生活美好的技藝：III:13 1037。「歡愉而善於交際的智慧」：III:5 778。

註6 Nietzsche, *Human, All Too Human*, Aphorism 49, p. 48.

註7 弗瓦家族：見Balsamo, J., 'Foix (famille de)', in Desan, *Dictionnaire* 405-8。舉辦太多宴會的男子：II:8 344。擤鼻涕的男子：I:23 96。與蒙田同時代的弗羅里蒙·德·雷蒙表示這兩個人分別是尚·德·路西尼恩與法蘭索瓦·德·拉羅什富科：見Boase, 'Montaigne annoté par Florimond de Raemond'。受蒙田獻文的女性：顧爾松女伯爵黛安娜·德·弗瓦（I:26），瑪格麗特·德·格拉蒙（I:29）與德斯提薩克夫人（II:8）。

註8 1584年，蒙田為納瓦爾的亨利舉辦獵鹿活動：見Montaigne, *Le Livre de raison*，12月19日條。關於馬上比武：III:8 871。關於室內娛樂：I:54 273。畫謎或許類似於與蒙田時代相近的塔布洛·德·阿寇德在*Bigarrures*中描述的猜謎遊戲：Étienne Tabourot, sieur des Accords, *Les Bigarrures* (Rouen: J. Bauchu, 1591), [Book 1]。

註9 丟小米粒的人：I:54 274。出生的孩子身上還黏著其他孩子的身體：II:30 653-4。雌雄同體的牧羊人：II:30 654。沒有手臂的男子：I:23 95。「怪物」並不違反自然，只是與平日所見不同：II:30 654。

註10 III:11 958.

註11 莊園事務：見Hoffmann 14-15。

註12 III:9 901.

註13 波提洛：Botero, G., *The Reason of State and The Greatest of Cities*, tr. R. Peterson and P. J. and D. P. Waley (London, 1956), 279，引自Hale 426。「一名根據古代習尚與禮儀設置的門房」：II:15 567。

註14 戒備森嚴的房子反而容易受到攻擊，塞內卡做了解釋：II:15 567-8。資料來源見Seneca, *Letters to Lucilius,* Letter 68。Loeb edn II:47。搶奪不設防的莊園不是什麼體面的事：II:15 567。「你的手下可能就是你該提防的人」：II:15 568。

註15 III:12 988-90.

註16 III:12 990-1。這與他1588年前往巴黎時遇到的事情不同，《隨筆集》也提到這件事。

註17 對立與屈服的故事：I:1 1-5。

註18 II:11 383。評論家大衛·昆特認為這則雄鹿故事是蒙田思考這件事的原始雛型，因此它不斷在《隨筆集》中出現，卻從未獲得解決。Quint 63。

註19 不要畏畏縮縮地討饒與施予憐憫：I:5 20。「純粹的自信」：I:24 115。
註20 III:1 739。資料來源是Lucan VII:320-2。
註21 埃帕米農達斯：II:36 694-6，I:42 229，II:12 415與（「掌控住戰爭」）III:1 738。見Vieillard-Baron, J.-L., 'Épaminondas', in Desan, *Dictionnaire* 330。
註22 III:1 739.
註23 「殘暴地」痛恨殘忍：II:11 379。痛恨狩獵：II:11 383。雞或兔子：II:11 379。關於蒙田與殘忍，見Brahami, F., 'Crusauté', in Desan, *Dictionnaire* 236-8, and Hallie, P. P., 'The Ethics of Montaigne's "De la cruauté",' in La Charité, R. C. (ed.), *O un amy! Essays on Montaigne in Honor of Donald M. Frame* (Lexington, Ky.: French Forum, 1977), 156-71。
註24 「即使是依法處決」：II:11 380-1。「我不願意讓人痛苦」：III:12 992。
註25 法國人與他們的另一半：I:31 193。「單一而相同的本性」：II:12 416。
註26 「人性中具有某種面向」與「我不介意承認」：II:11 385。
註27 Pascal, 'Discussion with M. de Sacy', in *Pensées* 188。
註28 雷歐納德・伍爾夫討論蒙田與殘忍，以及淹死犬仔：Woolf, L., 17-21。
註29 威廉・詹姆斯：James, W., 'On a certain blindness in human beings', from *Talks to Teachers on Psychology* (New York: Henry Holt, 1912), in *The Writings of William James*, ed. J. J. McDermott (Chicago: University of Chicago Press, 1977), 629-45。 'Zest and tingle': 629-31。忘記這點是最糟糕的錯誤：644-5。

第十章　我們問：如何生活？ 蒙田說：從習慣中覺醒

註1 Woolf, V., *Diary* I:190（1918年9月8日條目）。
註2 各種風俗的例子：I:23 98-9；I:49 263-5；II:12 431-2。
註3 I:26 141.
註4 Hale 173。
註5 法國的殖民前景與冒險：Knecht, *Rise and Fall* 287, 297-300 (Brazil), 392-4 (Florida)。
註6 蒙田與圖皮族人的對話：I:31 193。他收藏的南美紀念品：I:31 187。
註7 蒙田閱讀的作品：López de Gómara, *Historia de las Indias*, Martin Fumée於1568年譯為法文版的*Histoire generalle des Indes*。Bartolomé de Las Casas, *Brevisima relación de la destruccion de las Indias*，譯為法文版的*Tyrannies et cruautés des Espagnols*......(1579)。Thevet, A., *Les Singularitez*, and Léry, J. de, *Histoire d'un voyage fait en la terre du Brésil* (La Rochelle: A. Chuppin, 1578)。這裡提到的雷里軼事取材自現代英譯本：Léry, *History of a Voyage*。老人沒有白髮：ibid. 56-7。為榮譽而戰：ibid. 112-21。主菜是人犯的宴席：ibid. 122-33。烤人腿：ibid. 163-4。雷里覺得比較安心：ibid. 169。桑塞爾的吃人肉事件：Léry, J. de, *Histoire mémorable de la ville de Sancerre* ([La Rochelle], 1574)。關於雷里，見Lestringant, F., *Jean de Léry ou l'invention du sauvage*, 2nd edn (Paris: H. Champion, 2005)。
註8 印加人與阿茲特克人：III:6 842。
註9 I:31 186.
註10 Kramer, S. N., *History Begins at Sumer* (New York, 1959), 222，引自Levin 10。

註11 Melville, H., *Typee*，引自Levin 68-9。

註12 斯多噶派：Seneca, *Letters to Lucilius*, Letter 90。Loeb edn II:395-431。關於斯多噶派與原始主義，見Lovejoy, A. O. and Boas, G., *A Documentary History of Primitivism and Related Ideas*, Vol. 1 (Baltimore: Johns Hopkins Press, 1934), 106-7。

註13 I:31 185.

註14 I:31 191-2.

註15 I:54 276.

註16 食人族情歌日後的發展：Chateaubriand, *Mémoires d'outre-tombe*, ed. M. Levaillant and G. Moulinier (Paris: Gallimard, 1964), 247-8(Book VII, chap. 9)，引自Lestringant 189。克萊斯特、赫德與歌德：見Langer, U., 'Monaigne's "coulevre": notes on the reception of the *Essais* in 18th-century Germany', *Montaigne Studies* 7 (1995), 191-202, and Bouillier, *La Renommée de Montaigne en Allemagne* 30-1。關於歌德，見Bouillier, V., 'Montaigne et Goethe', *Revue de Littérature comparée* 5 (1925), 572-93。關於德國火爐：Moureau, F., 'Le Manuscrit du *Journal de Voyage*: découverte, édition et copies', in Michel et al. (eds), *Montaigne et les* Essais *1580-1980*, 289-99，本章引用文字出自297。

註17 I:30 181.

註18 I:31 189.

註19 寇斯特：Montaigne, *Essais*, ed. P. Coste (London, 1724, and La Haye, 1727)。關於寇斯特，見Rumbold, M. E., *Taducteur Huguenot: Pierre Coste* (New York: P. Lang, 1991)。驚訝於蒙田居然要等這麼久才為人重新認識：例如Nicolas Bricaire de la Dixmerie, *Eloge analytique et historique de Michel Montagne* (Amsterdam & Paris: Valleyre l'aîne, 1781), 2。見Moureau, F., 'Réception de Montaigne (XVIIIe siècle)', in Desan, *Dictionnaire* 859。

註20 Diderot, D., *Supplément au voyage de Bougainville* (1796)。J. Hope Mason與R. Wokler英譯本收錄於Diderot, *Political Writings* (Cambridge: Cambridge University Press, 1992), 31-75。遵循本性可以得到快樂：52-3。關於狄德羅，見Schwartz, J., *Diderot and Montaigne: the* Essais *and the Shaping of Diderot's Humanism* (Genèva: Droz, 1966)。

註21 關於盧梭與蒙田：見Fleuret, and Dréano。盧梭的《隨筆集》複本現藏於劍橋大學圖書館。

註22 盧梭，《論不平等的起源》。「我看到動物」：26。艱困的環境使他茁壯：ibid. 27。文明使他「學習社交與成為一名奴隸」：ibid. 31。野蠻人不會自殺：ibid. 43。在哲學家的窗下發生的謀殺案件：ibid. 47。

註23 「我認為蒙田是個十足的偽君子」：這篇序言出現在Neuchâtel版中，但以巴黎手稿為根據的現代版卻沒有這篇文章。它收錄到Angela Scholar的譯本附錄中：Rousseau, *Confessions*, 643-9，本章引用文字出自644。「這是世界上唯一一部描繪人的本性」：巴黎版序言，Rousseau, *Confessions* 3。

註24 Rousseau, *Confessions* 5.

註25 III:2 740.

註26 時人的指控：Cajot, J., *Plagiats de M. J. J. R[ousseau], de Genève, sur l'éducation* (La Haye, 1766), 125-6。Bricaire de la Dixmerie, N., *Eloge analytique et historique de Michel Montagne* (Amsterdam & Paris: Valleyre l'aîne, 1781), 209-76，本章引用文字出自259。

第十一章　我們問：如何生活？ 蒙田說：溫和穩健

註1 關於十九世紀初的回應，尤其是蒙田與拉博埃西的友情，見Frame, *Montaigne in France* 17-23。桑：Sand, G., *Histoire de ma vie* (Paris: M. Lévy, 1856), VIII:230-1。拉馬丁：「我最讚賞他的地方」，「因為是你」與「我的朋友，蒙田」：Lamartine寫給Aymon de Virieu的信，分別在1811年5月21日、1810年7月26日與1809年11月9日，in Lamartine I:290，I:235，I:178。

註2 關於到塔樓參觀，見Legros。

註3 關於十九世紀前城堡的狀態：Willett 221。

註4 孔彭與蓋雍：引自Legros 65-75。

註5 「從來沒出現過憤慨激昂的情緒」：II:12 520。「我喜歡溫和穩重的人」：I:30 177。「縱然我有過分的行為，也嚴重不到哪裡去」：III:2 746。「最美好的人生」：III:13 1044。

註6 拉馬丁轉而反對蒙田：Lamartine寫給Aymon de Virieu的信，1811年5月21日，in Lamartine I:290。

註7 桑「不再是蒙田的門徒」：George Sand寫給Guillaume Guizot的信，1868年7月12日，in Sand, G., *Correspondance* (Paris: Garnier, 1964-69), V:268-9。

註8 關於塔索：II:12 441。詩需要「狂熱」：II:2 304。但「百發百中的射手如果脫靶」：I:30 178。

註9 「不是詩人」：Chasles, P., *Etudes sur le XVIe siècle en France* (Paris: Amyot, 1848), xlix。「斯多噶式冷漠」：Lefèvre-Deumier, J., *Critique littéraire* (Paris: Firmin-Didot, 1825-45), 344。關於Chasles與Lefèvre-Deumier，見Frame, *Montaigne in France* 15-16。

註10 Nietzsche, *Daybreak* 167 (Book IV, s. 361).

註11 關於文藝復興時代的狂熱，見Screech 10。

註12 III:13 1044.

註13 III:2 745。

註14 人類與低於人類：III:13 1044。

註15 適切地生活：III:13 1037。「天底下最美好」：III:13 1039。

註16 West, R., *Black Lamb and Gray Falcon* (London: Macmillan, 1941), II:496-7。

第十二章　我們問：如何生活？ 蒙田說：守住你的人性

註1 關於誰是科里尼攻擊事件的幕後指使者，見Holt 83-5。關於聖巴爾多祿茂大屠殺的介紹，見Diefendorf, and Sutherland, N. M., *The Massacre of Saint Bartholomew and the European Conflict 1559-72* (London: Macmillan, 1972)。蒙田在《隨筆集》中對此事隻字未提，但他可能在日記中提及此事，波特天體曆8月24日與10月3日的書頁不見了，這兩天在巴黎與波爾多分別發生了大屠殺事件。或許他對於自己寫的感到不妥，因此將其撕去；或許這是他的子孫做的。見Nakam, *Montaigne et son temps* 192。

註2 呂索爾的故事引自Diefendorf 100-2。關於火與水的淨化作用：Davies, N.Z.,

'The rites of violence', in her *Society and Culture* 152-87, esp. 187。

註3 關於死亡人數，見Holt 94 and Langer, U., 'Montaigne's political and religious context', in Langer (ed.), *Cambridge Companion* 14。

註4 波爾多大屠殺：Holt 92-4。在奧爾良唱歌與彈琴：Holt 93。對孩子參與的解釋、超越人類規模的事件，以及羅馬的紀念章：Crouzet II:95-8。查理九世的紀念章：Crouzet II:122-3。

註5 引自Salmon, J. H. M., 'Peasant revolt in Vivarais, 1575-1580', in *Renaissance and Revolt* (Cambridge: Cambridge University Press, 1987), 221-2。見Holt 112-14。

註6 末日將近：見Cunningham and Grell 19-91，分析了依次出現的每個「騎士」。狼人、連體嬰與新星：Crouzet II:88-91。「最終的毀滅」：Gournay, *Apology for the Woman Writing* [etc.] 138。波斯特爾：Crouzet II:335。

註7 撒旦最後奮力一搏：見Clark 321-6。維耶：Wier, J., *De praestigis daemonum* (Basel: J. Oporinus, 1564)，引自Delumeau, 251。

註8 布丹與女巫：Bodin, J., *On the Demon-Mania of Witches*, tr. R. A. Scott (Toronto: Centre for Reformation and Renaissance Studies, 1995), *De la Démonomanie des sorciers*的譯本 (Paris:I. Du Puys, 1580), 200 (「法律規定」) and 198 (坊間的傳言可以視為「跡近真實」)。關於中世紀拷問技術的重啟，例如水試法與烙燒法：Clark 590-1。女巫恐慌在1640年左右達到巔峰，歐洲各地女巫恐慌的巔峰時間各自不同，這些恐慌導致數萬人死亡。拷問是無用的：II:5 322-3。「這代價未免太大」：III:11 961。

註9 敵基督：非洲／巴比倫的故事，見Jean de Nury's *Nouvelles admirables d'un enfant monstre* (1587)，引自Crouzet II:370。雷蒙：Raemond, *L'Antichrist*。見Magnien-Simonin, C., 'Raemond, Florimond de', in Desan, *Dictionnaire* 849-50。

註10 熱忱：Crouzet II:439-44。

註11 激進新教徒在這個時期的出版品包括François Hotman的*Francogallia*（大部分在之前寫成，但出版於1573年，並在大屠殺發生後大受歡迎），Theodore de Bèze的*Du Droit des magistrats sur leurs subiets*（1574）與1579年由Hubert Languet寫成的*Vindiciae contra tyrannos*，不過有些人認為這本書的作者應該是Philippe Duplessis-Mornay。見Holt 100-1。

註12 亨利三世諷刺與行為異常的故事，絕大多數來自Pierre de L'Estoile，一名多少還算可靠的新教回憶錄作家。L'Estoile, P. de, *The Paris of Henry of Navarre as seen by Pierre de l'Estoile*, ed. N. Lyman Roelker (Cambridge, Mass.: Harvard University Press, 1958)。用叉子進食、穿睡衣、洗髮：Knecht, *Rise and Fall* 489。

註13 蒙田論悔罪行列：I:26 140。關於預言的曖昧：I:11 34-5。巫術是想像：III:11 960-1。

註14 想像的危險：Del Rio, M., *Disquisitionum magicarum libri sex* (1599) 與Lancre, P. 2I2 *De l'Incrédulité et mescreance du sortilège* (1622)，兩者引自Villey, *Montaigne devant la postérité* 360, 367-71。見Courcelles, D. de, 'Martin Del Rio', 與Legros, A., 'Lancre, Pierre Rostegui de', 兩者見Desan, *Dictionnaire* 243-4, 561-2。

註15 Crouzet II:250-2.

註16 Dieudonné, R. de, *La Vie et condition des politiques et athéistes de ce temps*

(Paris: R. Le Fizelier, 1589), 17.

註17 政治派對天主教同盟的指控：例見*Lettre missive aux Parisiens d'un Gentilhomme serviteur du Roy...*(1591), 4-5，引自Crouzet II:561。蒙田：「當我們的熱忱」與「沒有仇恨」：II:12 393-4。

註18 政治派認為一切終將塵埃落定：例見Loys Le Caron的*De la Tranquillité de l'esprit* (1588), Saint-Germain d'Apchon的*L'Irenophile discours de la paix* (1594)，與Guillaume du Vair的*La Constance et consolation ès calamitez publiques* (1594-95)。Crouzet II:555-7。

註19 認為蒙田的經驗深受戰爭影響的評論者中，最重要的是Frieda Brown：見Brown, F., *Religious and Political Conservatism in the* Essais *of Montaigne* (Geneva: Droz, 1963)。關於這個爭議，見Coleman, J., 'Montaigne and the Wars of Religion', in Cameron (ed.), *Montaigne and his Age* 107。蒙田：「我感到驚奇」與「只要有人」：I:26 141。「已經很了不起了」：II:16 577。「我並不感到絕望」：III:9 892。

註20 利普修斯的信：尤斯圖斯・利普修斯給蒙田的信，1588年8月30日與1589年9月18日，引自Morford, M. P. O., *Stoics and Neostoics: Rubens and the Circle of Lipsius* (Princeton, NJ: Princeton University Press, 1991), 160。

註21 這些陳述來自Zweig, 'Montaigne' 8-9。

註22 褚威格的流亡：Zweig, *World of Yesterday* 430-2。「我不屬於任何地方」：ibid. xviii。

註23 「他的時代與處境」：褚威格寫給Jule Romains的信，1942年1月22日，引自Bravo Unda, G., 'Analogies de la pensée entre Montaigne et Stefan Zweig', *Bulletin de la Société des Amis de Montaigne* 11, no.2 (1988), 95-106。「在這個兄弟相殘的世界裡」：Zweig, 'Montaigne' 10。

註24 Zweig, 'Montaigne' 14.

註25 ibid. 15.

註26 ibid. 76.

註27 Zweig, 'Montaigne' 55-8。

註28 自殺的道別紙條：重印於附錄，Zweig, *World of Yesterday* 437。

註29 Zweig, 'Montaigne' 10.

註30 ibid. 7.

註31 Woolf, L. 18-19.

註32 Macé-Scaron 76.

註33 福樓拜給Mlle Leroyer de Chantepie的信，1857年6月16日，引自Frame, *Montaigne in France* 61。

第十三章　我們問：如何生活？ 蒙田說：做沒有人做過的事

註1 所有早期《隨筆集》版本的詳細介紹，見 'Sources'；也可見Sayce and Maskell。米朗吉：見Hoffmann 66-83。關於米朗吉的兩個版本（1580年與1582年），見Blum, C., 'Dans l'Atelier de Millanges', in Blum & Tournon (eds), *Editer les Essais de Montaigne* (79-97)。關於第一版的印量：Desan, P., 'Édition de 1580', in Desan, *Dictionnaire* 297-300, 本章所引見頁300。

註2 拉克羅瓦・杜・曼內：La Croix du Maine 329。《隨筆集》在Antoine Du

Verdier的類似傳記中被提及，*La Bibliothèque d'Antoine Du Verdier, seigneur de Vauprivas* (Lyon, 1585)，「米歇爾・德・蒙田」條，872-81。《隨筆集》比蒙田預期來得受歡迎：III:9 895。「一件公開展示的傢俱」：III:5 781。

註3 「想必陛下也會喜歡我這個人」：La Croix du Maine 329。參見蒙田形容他的書「與它的作者同質」：II:18 612。

註4 紅酒：斯卡里傑與杜普伊均引自Villey, *Montaigne devant la postérité* 73。從紅酒到白酒再到紅酒：III:13 1031。「厚顏無恥」：Malebranche, *La recherché de la vérité* (1674), 369, 引自Marchi 48。巴斯卡：Pascal, *Pensées* no. 534, p. 127。

註5 帕提森：Pattison, M., review article in *Quarterly Review* 198 (Sept. 1856), 396-415，本章所引見頁396。「連篇廢話」：St John, B., *Montaigne the Essayist* (London: Chapman & Hall, 1858), I:316-17。「人物本身」，「核心本質」：Sterling 323-4。

註6 II:17 606。關於這段文字，見Starobinski 225-6。也可見Coleman 114-15，對這段譯文有爭議。

註7 關於《隨筆集》是巴洛克或風格主義作品，見：Buffum；Butor；Sayce, R. A., 'Baroque elements in Montaigne', *French Studies* 8 (1954), 1-15；Nakam, G., 'Montaigne manieriste', in her *Le dernier Montaigne* 195-228；Rigolot, F., 'Montaigne's anti-Mannerist Mannerism', in Cameron and Willett (eds), *Le Visage changeant de Montaigne* 207-30。

註8 蒙田：「荒誕不經的」與「怪物的軀體」：I:28 164。賀拉斯論詩：Horace, *Ars poetica* 1-23。

註9 以談話的韻律寫作：II:17 587。他在指示波爾多出版社時提到他的「切下來的語言」(langage coupé)：見Sayce 283。

註10 I:50 266.

註11 〈論馬車〉：III:6 831-49。關於這篇隨筆的標題：見Tournon, A., 'Fonction et sens d'un titre énigmatique', *Bulletin de la Société des Amis de Montaigne* 19-20 (1984), 59-68，與他的「馬車」條，見Desan, *Dictionnaire* 175-6。〈論相貌〉：III:12 964-92。

註12 薩克雷：見Dédéyan I:288。「通常這些標題只是一種用來標示文章的符號」與「相關的一些話語……每個角落」：III:9 925。見McKinley, M. B., *Words in a Corner: Studies in Montaigne's Latin Quotations* (Lexington, Ky.: French Forum, 1981)。

第十四章　我們問：如何生活？ 蒙田說：看看這個世界

註1 「大自然無窮的種類與形式」：III:9 904。「真實的好奇」：I:26 139。感受古典英雄的存在：III:9 928。「腦袋靈光」：I:26 136。

註2 排出結石：Travel Journal, in *The Complete Works*, tr. D. Frame, 1243。他的父親、祖父與曾祖父：II:37 702。威尼斯松節油：Travel Journal 1143。山羊：II:37 718-19。關於溫泉浴：II:37 715-16。

註3 關於旅行的路線與日期，見Travel Journal, in *The Complete Works*, tr. D. Frame。

註4 馬特庫隆涉入了兩人被殺的案件，他參與他人的決鬥，並且擔任幫手的角

色。由於法王直接的干預，才使他免於牢獄之災。對此，蒙田表示，遵守榮譽規章毫無道理可言：II:27 639；Travel Journal 1257。關於另一名離開帕多瓦（Padua）的男子M. de Cazalis，見Travel Journal 1123。

註5 關於旅行的情況：Heath, M., 'Montaigne and travel', in Cameron (ed.), *Montaigne and his Age* 121-32; Hale 145-8。蒙田改變路線：Travel Journal 1130。

註6 蒙田寧可騎馬：III:6 833-4。關於沿河旅行：III:6 834。Travel Journal, 1092 and 1116。關於暈船：Travel Journal, 1123。在腎結石發作時，騎馬比較舒服：III:6 833-4，III:5 811。

註7 隨遇而安：III:9 904-5。「如果右邊的景色很醜」：III:9 916。關於維吉妮亞．伍爾夫：Woolf, L., *Downhill All the Way* (London: Hogarth, 1968), 178-9。「輕鬆地滾著」：II:17 605。

註8 沒有主題：Travel Journal, 1115。

註9 晚點出發：III:9 905；III:13 1024。吃用當地做法做的當地菜，而且希望自己把廚師帶來：Travel Journal 1077, 1086-7。

註10 其他的旅人完全拒絕與人溝通：III:9 916-17。「事實上，在他的判斷裡夾雜著」：Travel Journal 1087。

註11 用義大利文寫日誌：III:5 807。他的義大利語不錯，但並非毫無瑕疵，早期的《旅行日誌》版本做了一些修正。見Garavini, F., 'Montaigne: écrivain italien?' in Blum and Moreau (eds), *Études montaignistes* 117-29, and Cavallini, C., 'Italianismes', in Desan, *Dictionnaire* 515-16。奧格斯堡的手帕：Travel Journal 1096-7。

註12 受洗：Travel Journal, 1094-5。猶太會堂：ibid. 1119。割禮：ibid. 1152-4。

註13 白鬍子與白眉毛：Travel Journal 1063。變裝與性別改變：ibid. 1059-60。

註14 瑞士的餐桌禮儀與臥室：Travel Journal 1072, 1077。

註15 鳥籠：Travel Journal 1085。鴕鳥：ibid. 1098-9。雞毛撣子：ibid. 1096。搖控的城門：ibid. 1099-100。

註16 富格家族的花園：Travel Journal 1097-8。

註17 米開朗基羅：Travel Journal 1133。

註18 《旅行日誌》：在被發現並且出版之後，這份手稿一直存放在皇家圖書館，相當於今日的國家圖書館裡，但不知何時手稿遺失了。我現在只剩下1774年版，加上內容有出入的手抄複本。見Moureau, F., 'La Copie Leydet du *Journal de Voyage*', in Moureau, F. and Bernouilli, R. (eds.), *Autour du Journal de voyage de Montaigne* (Geneva & Paris: Slatkine, 1982), 107-85; and his 'Le manuscript du *Journal de Voyage*. décourverte, édition et copies', in Michel et al. (eds), *Montaigne et les* Essais *1580-1980* 289-99；and Rigolot, F., '*Journal de voyage*', in Desan, *Dictionnaire* 533-7。「三回廁所」：Travel Journal 1077。「大小便」：ibid. 1078。「又大又長，像松子一樣」：ibid. 1243。瑞士火爐：ibid. 1078。

註19 關於祕書：見Brush, C. B., 'The secretary, again', *Montaigne Studies* 5 (1993), 113-38, esp. 136-8。這名祕書或許也是蒙田家族的人：他顯然對莊園附近的城鎮相當熟悉：Travel Journal 1089, 1105。冗長的演說：Travel Journal 1068-9, 1081。

註20 波蘭或希臘，與「我從未看過他精神這麼好」：Travel Journal 1115。

註21 威尼斯：Travel Journal 1121-2。關於法蘭科，見Rigolot, F., 'Franco, Veronica', in Desan, *Dictionnaire* 418。
註22 費拉拉：Travel Journal 1128-9。見到塔索：II:12 441。波隆納的擊劍：Travel Journal 1129-30。充滿把戲的花園：ibid. 1132, 1135-6。
註23 進入羅馬：Travel Journal ibid. 1141-3。
註24 宗教裁判所的官員：Travel Journal 1166。「看來我在這些官員心中」：1178。
註25 羅馬不寬容，但帶有世界主義的精神：Travel Journal 1142, 1173。羅馬市民身分：*Essays* II:9 930；Travel Journal 1174。
註26 布道、爭論與娼妓：Travel Journal, 1172。梵蒂岡圖書館：ibid. 1158-60。割禮：ibid. 1152-4。
註27 覲見教宗：Travel Journal 1144-6。
註28 悔罪行列：Travel Journal 1170-1。
註29 驅魔：Travel Journal 1156。處死卡特納：ibid. 1148-9；參見II:11 382關於殘暴地對待屍體。
註30 牆頂：Travel Journal 1142。柱頂：ibid. 1152。
註31 塞內卡與普魯塔克的戰利品：II:32 661。需要心靈的努力：Travel Journal 1150-1。
註32 歌德：Goethe, J. W., *Italian Journey*, tr. W. H. Auden and E. Mayer (Harmondsworth: Penguin, 1970; repr. 1982)：「我年輕時的夢想」：129（1786年11月1日條）；「我現在處於澄澈而平靜的狀態」：ibid. 136（1786年11月10日條）。佛洛伊德：Freud, S., 'A disturbance of memory on the Acropolis', in *Works*, tr. and ed. J. Strachey (London: Hogarth, 1953-74), 22 (1964), 239-48，本章所引見頁241。「我靈魂中的羅馬與巴黎」：II:12 430。「我享受心靈的平靜」：Travel Journal 1239。
註33 洛雷托：Travel Journal 1184-5。拉維拉：ibid. 1210, 1240-6。

第十五章　我們問：如何生活？ 蒙田說：把工作做好，但不要做得太好

註1 市政官員的兩封信與他前往羅馬的旅程：Travel Journal 1246-55。
註2 「我推辭了」：III:10 934。國王的信：譯文見Frame, *Montaigne* 224。
註3 返家：Travel Journal 1270, and Montaigne, *Le Livre de raison*, 11月30日條。
註4 關於蒙田擔任市長的任務，以及當時的困難：Lazard 282-3; Lacouture 227-8; Cocula, A.-M., *Montaigne, maire de Bordeaux* (Bordeaux: Horizon chimérique, 1992)。廣開言路，有自己的判斷：III:8 855。
註5 關於馬提尼翁，見Cooper, R., 'Montaigne dans l'entourage du maréchal de Matignon', *Montaigne Studies* 13 (2001), 99-140; and his 'Matignon, Maréchal de' in Desan, *Dictionnaire* 640-4。
註6 關於皮耶因旅行而累垮：III:10 935。蒙田擔任市長後的旅行：Frame, *Montaigne* 230。他在城堡的作品：Nakam, *Montaigne et son temps* 311。
註7 「我獲得連任」：III:10 934。關於他的連任，與反對者周旋：Frame, *Montaigne* 230。
註8 蒙田擔任中間人：Frame, *Montaigne* 232-4。
註9 瓦雅克叛亂與從波爾多流亡：Frame, *Montaigne* 238-40。蒙田寫給馬提尼翁的信，1585年5月22日與27日，見*The Complete Works*, tr. D. Frame, 1323-7。

註10 當時的讚美之詞：Thou, J.-A. de, *Mémoires* (1714)，與莫爾內寫給蒙田的信，1583年11月25日，譯文見Frame, *Montaigne*, 229, 233。
註11 III:10 953.
註12 「漫不經心」與「這樣才好」：III:10 950。在「改革」時期保持城市的平靜：III:10 953。勇於任事的真正動機：III:10 951。
註13 應盡的責任：III:10 954。
註14 莎士比亞，《李爾王》（約完成於1603-6年）。「我尤其討厭阿諛奉承者的嘴臉」：I:40 225-6。
註15 「我坦白告訴他們我做不到」：III:1 731。坦率的言談能讓人卸下面具，與兩派人馬相處並不難：III:1 730。
註16 不是每個人都能了解：III:1 731。「該說的都說了，該做的都做了」：III:8 854。
註17 馬提尼翁寫信給亨利三世，1585年6月30日，他也寫信給蒙田，1585年7月30日，這兩封信的譯文見Frame, *Montaigne* 240。
註18 蒙田寫給波爾多市政官員的信，1585年7月30與31日，見*The Complete Works*, tr. D. Frame, 1328-9。
註19 下令禁止外人入城：見Bonnet, P., 'Montaigne et la peste de Bordeaux', in Blum and Moreau (eds), *Études montaignistes* 59-67, 本章所引見頁64。
註20 對蒙田決定的批評：德切維里、格林、佛蓋爾與勒孔特，這些全引自Bonnet, P., 'Montaigne et la peste de Bordeaux', in Blum and Moreau (eds), *Études montaignistes* 59-67, 本章所引見頁59-62。這些書信首次出版於Detcheverry, A., *Histoire des Israélites de Bordeaux* (Bordeaux: Balzac jeune, 1850)。
註21 II:12 454.
註22 關於這個時代的虛無主義，見Gillespie, M. A., *Nihilism before Nietzsche* (Chicago: University of Chicago Press, 1995)。
註23 法格：他的作品被集結成書，並且附了一篇序，見A. Compagnon as Faguet, *Autour de Montaigne*。夏姆皮翁：Champion, E., *Introduction aux Essais de Montaigne* (Paris, 1900)：見Compagnon, A., Preface to Faguet 16。
註24 基佐：Guizot, G., *Montaigne: études et fragments*。「他無法使我們成為這個時代的中監」：ibid. 269。基佐花了25年的時間編輯新版的《隨筆集》與研究蒙田的生平，但兩本著作均未完成。他死後，朋友將他既有的作品集結成書。
註25 米什雷：Michelet, *Histoire de France* (1861) VIII: 429（「軟弱消極」）and X: 397-8（「整天做著白日夢」）。兩句引自Frame, *Montaigne in France* 42-3。
註26 Church, R. W., 'The Essays of Montaigne', in *Oxford Essays contributed by Members of the University. 1857* (London: John Parker, 1857), 239-82。「視人類為無物……責任的觀念」：ibid. 265。「懶散而欠缺道德氣息」：ibid. 280。關於丘奇，見Dédéyan I:295-308。
註27 哈利法克斯的說法出現在Hazlitt的1842年版的Montaigne, *The Complete Works* xxxv。
註28 霍諾里亞的版本：Montaigne, *Essays*, ed. Honoria (1800)（見「出處」）。這個計畫跟Henrietta Maria Bowdler的*The Family Shakespeare* (1807)的精神是一致的，而後者的名字為英文創造了bowdlerise（刪節）這個新字。「披

沙揀金」與「他的主題之間經常沒有連繫」：Honoria's introduction, xix。蒙田因為對聖巴泰勒米大屠殺隻字未提而受到責難：Honoria's edition, 104n。不要用音樂叫孩子起床：ibid. 157n。蒙田對生活的要求，他的因襲傳統，以及他「崇高的宗教情懷」：Honoria's introduction, xviii。

註29 「我懷疑我是否能冷靜地坦承」：III:12 975。

註30 繼承問題與政治派的傾向：Nakam, *Montaigne et son temps* 329-32。

註31 納瓦爾的造訪，包括獵鹿：Montaigne, *Le Livre de raison*, 1二月19日條，譯文引自Frame, *Montaigne* 235。

註32 蒙田寫給馬提尼翁的信，1585年1月18日，引自*The Complete Works*, tr. D. Frame, 1314-15。

註33 「吉貝林家族眼中的古爾夫」：III:12 972。「沒有正式的指控」：III:12 972。圍攻卡斯提雍：Frame, *Montaigne* 256。

註34 「承受動亂帶來的沉重負擔」：III:12 969。瘟疫：III:12 976。

註35 III:12 979.

註36 III:12 976.

註37 關於蒙田在逃難期間與之後的政治工作：Frame, *Montaigne* 247。

註38 凱薩琳·德·梅第奇於1586年1二月31日寫信給財政大臣，要他撥一筆錢給蒙田：見Frame, *Montaigne* 267。

註39 蒙田與柯莉桑德合作：Frame, *Montaigne* 269-70。

註40 蒙田的使命，與提到此次使命的書信：Frame, *Montaigne* 270-3。英格蘭人的焦慮：ibid. 276。

註41 蒙田寫給馬提尼翁的信，〔1588年？〕二月16日，見*The Complete Works*, tr. D. Frame, 1330-1。

註42 亨利三世與吉斯在巴黎，以及街壘日：見Knecht, *Rise and Fall* 523-4，教宗的評論：引自Neale, J. E., *The Age of Catherine de Medici*, new edn (London: Jonathan Cape, 1957), 96。

註43 帕斯基耶寫給Sainte-Marthe的信，1588年5月，見Pasquier, *Lettres historiques* 286-97。

註44 蒙田的逮捕與獲釋：Montaigne, *Le Livre de raison*，7月10日與20日條；後者譯文見Frame, *Montaigne* 281。跟以往一樣，蒙田搞混了日期：他一開始把條目寫在7月20日那一頁，後來才發現自己寫錯了，於是重新寫在7月10日那一頁。第二次寫的比較簡短；也許是因為他覺得寫第二次有點厭煩，也許是因為修正使他寫得比較簡潔一點。

註45 III:13 999-1000.

註46 布拉克寫給利普修斯的信，1593年二月4日，譯文見Frame, *Montaigne* 282。關於布拉克，見Magnien, M., 'Brache, Pierre de', in Desan, *Dictionnaire* 126-8。

註47 關於瑪麗·德·古爾內，見第18章。

註48 帕斯基耶在風格上的建議，與蒙田無視他的說法：帕斯基耶寫給A. M. de Pelgé的信，1619年，見Pasquier, *Choix de lettres* 45-6，譯文見Frame, *Montaigne* 283。「哦，多麼悲慘的景象」：Pasquier, *Lettres historiques* 286-97。關於艾提安·帕斯基耶，見Magnien, C., 'Estienne Pasquier "familiar" de Montaigne?' *Montaigne Studies* 13 (2001), 277-313。

註49 傳道者要求殺死國王：如Boucher, J., *De justa Henrici tertii abdicatione*

(Aug. 1589)。見Holt 132。
註50 陷入瘋狂的城市：勒斯圖瓦與德圖，兩人引自Nakam, *Montaigne et son temps* 341-2。
註51 II:12 392.
註52 III:12 971.
註53 蒙田寫給亨利四世的信，〔1590年？〕1月18日與〔1590年？〕9月2日，見*The Complete Works*, tr. D. Frame, 1332-6。
註54 III:1 728.
註55 關於亨利四世頗具男子氣概的習慣：Knecht, *Rise and Fall* 559-61。
註56 亨利四世於1599年的演說：引自Knecht, *Rise and Fall* 545-7。

第十六章　我們問：如何生活？ 蒙田說：偶然探究哲理就好

註1 II:17 587.
註2 哈利法克斯：收錄於Cotton原初譯本（1685-86）的書信，之後又重印於黑茲里特1842年版的無頁碼序文頁。
註3 Hazlitt, W., 'On old English writers and speakers', Essay X in *The Plain Speaker* (London: H. Colburn, 1826), II: 277-307，本章所引見頁305。
註4 Woolf, V., 'Reading', in *Essays*, ed. A. McNeillie (London: Hogarth, 1986-), III: 141-61，本章所引見頁154。
註5 Hazlitt 180.
註6 II:12 496-7.
註7 關於弗洛里歐：Yates, *John Florio*; Pfister, M., 'Inglese italianato-Italiano anglizzato: John Florio', in Höfele, A. and Koppenfels, W. von (eds), *Renaissance Go-Betweens: Cultural Exchange in Early Modern Europe* (Berlin & New York: Walter de Gruyter, 2005), 31-54。他的對話初級課本與字典：Florio, J., *Firste Fruites* (London: T. Woodcock, [1578]), *Second Frutes* (London: T. Woodcock, 1591), and *A Worlde of Wordes* (London: E. Blount, 1598)。他的《隨筆集》譯本：Montaigne, *Essayes* (1603): 詳見「出處」。
註8 Montaigne, *Essayes* (1915-21)，I:2.
註9 II:2 298.
註10 Montaigne, *Essayes* (1915-21)，II:2 17.
註11 I:18 62.
註12 Montaigne, *Essayes* (1915-21)，I:17 67。弗洛里歐譯本的章節數字與弗蘭姆不同，因為弗洛里歐根據的是不同的文本，也就是瑪麗・德・古爾內1595年版。關於這個問題，參見本書第18章。
註13 貢薩羅的說法：*The Tempest* II. i.145-52。類似的地方是蒙田〈論食人族〉裡的某個段落：Montaigne, *Essayes* (1915-21)，I:30 220。同樣地，章節數字的不同是因為版本根據的是不同的文本。愛德華・卡佩爾最早注意到這個類似點，見*Notes and Various Readings to Shakespeare* (London: H. Hughs, [1775])，II:63。
註14 與《哈姆雷特》的比較：「不知何故，每個人的內心似乎都有兩個我」：II:16 570。「羞怯的、傲慢的；貞潔的」：II:1 294。考慮太多不利於行動：II:20 622。關於這個問題，見Boutcher, W., 'Marginal Commentaries: the

cultural transmission of Montaigne's *Essais* in Shakespeare's England', in Kapitaniak and Maguin (eds), *Shakespeare et Montaigne*, 13-27, and his '"Learning mingled with Nobilitie": directions for reading Montaigne's *Essais* in their institutional context', in Cameron and Willett (eds), *Le Visage changeant de Montaigne*, 337-62, esp. 337-9; and Peter Mack's forthcoming *Shakespeare, Montaigne and Renaissance Ethical Reading*。關於《哈姆雷特》的成書年代，最近出現了許多研究；目前的看法認為應該是在1599年底或1600年初完成，而這引起了莎士比亞是否真的讀過弗洛里歐譯本的疑問。但我們知道弗洛里歐的手稿複本在還沒出版前就已經流通甚廣：與莎士比亞同時的威廉・康瓦里斯（William Cornwallis）在1599年提到這些複本「到處傳閱」。

註15 共同主題：Robertson, J. M., *Montaigne and Shakespeare* (London: The University Press, 1891), 引自Marchi 193。共同的氣氛也討論於Sterling 321-2。

註16 培根寫了蒙田：Donnelly, I., *The Great Cryptogram: Francis Bacon's Cipher in the So-called Shakespeare Plays* (London: Sampson, Low, Marston, Searle & Rivington, 1888)，II:955-65, 971-4。「培根」與「雪白的胸部」：Donnelly II:971。「山」：II:972-3。「有誰會相信這一切完全出於偶然？」II:974。

註17 安東尼・培根的角色：II:955。

註18 關於培根的哥哥：見Banderier, G., 'Bacon, Anthony', and Gontier, T., 'Bacon, Francis', in Desan, *Dictionnaire* 89-90。法蘭西斯・培根確實在自己的《隨筆集》裡提到蒙田，但不是在第一版。

註19 Cornwallis, W., *Essayes*, ed. D. C. Allen (Baltimore: Johns Hopkins University Press, 1946).

註20 Burton, R., *The Anatomy of Melancholy* (New York: NYRB Classics, 2001)，I:17。

註21 Browne, Thomas, *The Major Works* (Harmondsworth: Penguin, 1977)。見Texte, J., 'La Descendance de Montaigne: Sir Thomas Browne', in his *Etudes de littérature européenne* (Paris: A. Colin, 1898), 51-93。

註22 卡頓：Montaigne, *Essays*, tr. Cotton (1685-86)：詳見「出處」。關於卡頓，見Nelson, N., 'Montaigne with a Restoration voice: Charles Cotton's translation of the *Essais', Language and Style* 24, no. 2 (1991), 131-44；and Hartle, P., 'Cotton, Charles', in *Oxford Dictionary of National Biography* (http://dx.doi.org/10.1093/ref:odnb/6410)，本章的詩句引自此處。

註23 引自Coleman 167。

註24 《旁觀者》：*Spectator* no. 562（1714年7月2日），引自Dédéyan I:28。「他的作品讀來令人愉快」：Dédéyan I:29。

註25 Pater, W., 'Charles Lamb', in *Appreciations* (London: Macmillan, 1890)，105-23，本章所引見116-17。

註26 Montaigne, *Complete Works* (1842), 41，大英圖書館複本（C.61.h.5）。這個段落引自弗蘭姆版本的I:22 95。

註27 Hazlitt 178-80.

註28 黑茲里特編輯卡頓的蒙田作品譯本：Montaigne, *Complete Works* (1842)。

黑茲里特修訂黑茲里特編輯的卡頓蒙田作品譯本：Montaigne, *Essays*, tr. C. Cotton, ed. W. Hazlitt and W. C. Hazlitt (London: Reeves & Turner, 1877)。關於黑茲里特的家族事業，見Dédéyan I:257-8。

註29 斯登：Sterne, L., *Tristram Shandy*, ed. I. Campbell Ross (Oxford: Oxford Paperbacks, 1998)。提到蒙田的部分：38，174，289-90（第1冊第4章，第2冊第4章，第4冊第15章）。線條圖案：453-4（第6冊第40章）。承諾的章節：281（第4冊第9章）。「歷史學家」：64-5（第1冊第14章）。

第十七章　我們問：如何生活？　蒙田說：時時回顧，但從不後悔。

註1 這些例子來自於Burgess, A., *Here Comes Everybody*, rev. edn (London: Arena, 1987), 189-90。

註2 過去的蒙田是完全不同的人：III:2 748-9。「我們每個人都是拼湊起來的」：II:1 296。

註3 III:9 876.

註4 Woolf, V., 'Montaigne', 77.

註5 Montaigne, *Essais*, '5th edn' (1588)：見「出處」。

註6 III:9 925.

註7 III:8 872.

註8 「為了多放入幾篇隨筆」：I:40 224。普魯塔克用手指指明：I:26 140。

註9 寫在「波爾多複本」的標題頁上：Montaigne: *Essais. Reproduction en fac-similé*。句子出自Virgil, *Aeneid*, 4: 169-77。

註10 蒙田寫給洛瓦塞爾的1588年版複本題詞，見*The Complete Works*, tr. D. Frame, 1332。

第十八章　我們問：如何生活？　蒙田說：懂得放手

註1 關於瑪麗・德・古爾內：Fogel; Ilsley; Tetel (ed.), *Montaigne et Marie de Gournay*; Nakam, G., 'Marie le Jars Gournay, "fille d'alliance" de Montaigne (1565-1645)', in Arnould (ed.), *Marie de Gournay et l'édition de 1595 des* Essais *de Montaigne*, 11-21。她的作品被結集為Gournay, *Oeuvres complètes* (2002)。

註2 Gournay, *Apology for the Woman Writing* (1641 version)，由Hillman與Quesnel翻譯，參見他們編輯的Gournay, *Apology for the Woman Writing and Other Works*, 107-54，本章所引見頁126。

註3 Gournay, *Peincture des moeurs, in L'Ombre de la demoiselle de Gournay* (1626)，引自Ilsley 129。

註4 Gournay, *Preface* (1998) 27.

註5 「他怎麼這麼了解我」Levin：*The Times* (1991年1二月2日)，頁14。「他簡直就是另一個我」：Gide, A., *Montaigne* (London & New York: Blackamore Press, 1929)，77-8。「這裡的『你』」：Zweig, 'Montaigne' 17。

註6 Gournay, *Preface* (1998) 27.

註7 I:14 49。在波爾多本中，蒙田只說「一名女孩」，但古爾內自己的版本則詳細說是蒙田前往布洛瓦之前看到的「皮卡迪女孩」。

註8 在皮卡迪一起工作：事實上，新增添的部分只有三處由她抄寫。*Montaigne: Essais. Reproduction en fac-similé*, ff. 42v., 47r. and 290v。見

Hoffmann, G. and Legros, A., 'Sécretaires', in Desan, *Dictionnaire* 901-4，本章所引見頁901。

註9 「自己有幸能稱他為父親」與「諸位讀者，我無法用別的名字來稱呼他」：Gournay, *Preface* (1998) 27, 29。「如果有人驚訝於」：Gournay, *The Promenade of Monsieur de Montaigne*, in Gournay, *Apology for the Woman Writing* [etc.], 21-67, 本章所引見頁29 。

註10 雷歐娜是古爾內的妹妹：Ilsley 34。「我不擔心後世如何看待我們的友情」：Gournay, *The Promenade of Monsieur de Montaigne*, in Gournay, *Apology for the Woman Writing* [etc.] 21-67，本章所引見頁32。「我擁有他才四年的時間」與「當他稱讚我時」：Gournay, *Preface to the* Essays 99。

註11 II:17 610。對這段文字的質疑始於Arthur-Antoine Armaingaud，他在一場演說中提出這項疑問，講稿出版於1913年首期*Bulletin of the Société des Amis de Montaigne*。見Keffer 129。她在1635年版的《隨筆集》裡刪除了這段文字。關於掉落的紙條：例見：I:18 63n，in D. Frame's edition of the *Complete Works*。關於波爾多本的重新裝訂，見Desan, P., 'Exemplaire de Bordeaux', in Desan, *Dictionnaire* 363-8，本章所引見頁366。

註12 古爾內寫給利普修斯的信，1593年4月25日與1596年5月2日，譯文見Ilsley 40-1與79-80；利普修斯寫給古爾內的信，1593年5月24日，收錄於Lipsius, J., *Epistolarum selectarum centuria prima ad Belgas* (Antwerp: Moret, 1602), I:15，這裡的譯文引自Ilsley 42。

註13 《漫步》：Gournay, M. de, *Le Proumenoir de Monsieur de Montaigne* (Paris: A. l'Angelier, 1594)，譯本收入Gournay, *Apology for the Woman Writing* [etc.] 21-67。書信說明了這本書的起源：25。

註14 Montaigne, *Essais* (1595)：見「出處」。

註15 關於她最後的修改：Sayce and Maskell 28 (7A條)；and Céard, J., 'Montaigne et ses lecteurs: l'édition de 1595'，2002年國家圖書館一篇辯論1595年版的論文，1-2，http://www.amisdemontaigne.net/cearded1595.pdf。

註16 古爾內是保護者：Gournay, *Preface to the* Essays：「在失去父親後」：101。「當我反駁這類指控時」：43。「在意細微末節不可能寫出偉大的作品」：53。「一味地認為西比奧」：79。「才華出眾」：與「痴迷」：81。從人們對《隨筆集》的看法來評價他們：31。狄德羅：article 'Pyrrhonienne', in the *Encyclopédie*, 引自Tilley 269。

註17 Gournay, *Preface to the* Essays 85。

註18 關於她的個性與蒙田的個性之間的矛盾：Bauschatz, C. M., 'Imitation, writing ,and self-study in Marie de Gournay's 1595 "Préface" to Montaigne's *Essais*', in Logan, M. R. and Rudnytsky, P. L. (eds), *Contending Kingdoms* (Detroit: Wayne State University Press, 1991), 346-64，本章所引見頁346。

註19 Gournay, *Preface to the* Essays 35.

註20 對序言改變心意：古爾內寫給利普修斯的信，1596年5月2日，引自McKinley, M., 'An editorial revival: Gournay's 1617 Preface to the *Essais*', *Montaigne Studies* 7 (1996), 193。十行的序言使用在所有十七世紀的版本上，直到1617年，較長的序言才又在經過修改之後放進《隨筆集》裡：Montaigne: *Essais*, ed. Gournay (Paris: J. Petit-pas, 1617)。在這段時期，各

種版本的序言全出現在Gournay, *Le Proumenoir* (1599)。

註21 不夠虔誠：Gournay, *Peincture des moeurs*, in *L'Ombre* (1626)。見Ilsley 129。關於古爾內是一名祕密的放蕩主義者：Dotoli, G., 'Montaigne et les libertins via Mlle de Gournay', in Tetel (ed.), *Montaigne et Marie de Gournay* 105-41。

註22 關於法蘭西學術院：Ilsley 217-42。古爾內對風格的看法：Ilsley 200-16，與Holmes, P. P., 'Mlle de Gournay's defence of Baroque imagery', *French Studies* 8 (1954), 122-31，本章所引見頁122-9。

註23 古爾內的墓誌銘：引自Ilsley 262。關於她死後聲名的變化：Ilsley 266-77。「她已在生前得到最高的讚譽」：Niceron, J.-P., *Mémoires pour servir à l'histoire des homes illustres dans la République des lettres* (Paris, 1727-45), XVI:231 (1733)，引自Ilsley 270。

註24 古爾內是水蛭：Chapelain提出的最著名指控，他與計畫和古爾內版競爭的Elzevir版有關聯：見Boase, *Fortunes* 54，and Ilsley 255。

註25 「白髮蒼蒼的老處女」：Rat, M., introduction to Montaigne, *Oeuvres complètes* (Paris: Gallimard, 1962)，由R. Hillman翻譯為Gournay, *Apology for the Woman Writing* 18。維雷：Villey, *Montaigne devant la postérité* 44。

註26 重新恢復的名聲：Schiff, M., *La Fille d'alliance de Montaigne, Marie de Gournay* (Paris: H. Champion, 1910)。根據她生平寫的小說：Mairal, M., *L'Obèle* (Paris: Flammarion, 2003), and Diski, J., *Apology for the Woman Writing* (London: Virago, 2008)。新的學界版本包括她的全集：Gournay, *Oeuvres complètes* (2002)。

註27 見Keffer，包括他對凱尼爾書信的翻譯：62-3；and Desan, P., 'Cinq siècles de politiques éitoriales des Essais', in Desan, *Montaigne dans tous ses états* (121-91)。

註28 關於斯特洛夫斯基的自誇：Compagnon, A., 'Les Repentirs de Fortunat Strowski', in Tetel (ed.), *Montaigne et Marie de Gournay* 53-77，本章所引見頁69。關於阿曼戈的誤標年代：Keffer 18-19。

註29 他認為蒙田是《論自願為奴》的作者：Armaingaud, A., *Montaigne pamphlétaire* (Paris: Hachette, 1910)。「只有他才能深入了解蒙田」：Perceval, E. de, article in the *Bulletin de la Société des Bibliophiles de Guyenne* (1936)，譯文見Keffer 163。關於維雷：Defaux, G., 'Villey, Pierre', in Desan, *Dictionnaire* 1023-4。關於他的眼盲：Villey, P., 'Le Travail intellectuel des aveugles', *Revue des deux mondes* (1909年3月1日)，420-43。關於1933年未被邀請：Keffer 21。

註30 20世紀晚期支持波爾多本的有A. Thibaudet與M. Rat的七星詩社版：Montaigne, *Oeuvres complètes* (Paris: Gallimard, 1962)，D. Frame採用這個版本並加以翻譯，而維雷則加以修改：Montaigne, *Les Essais* ed. P. Villey and V.-L. Saulnier (Paris: PUF, 1965)。

註31 德澤梅里的假說：Dezeimeris, R., *Recherche sur la recension du texte posthume des Essais de Montaigne* (Bordeaux: Gounouihou, 1866)。對於這項假說的討論與一般看法：Maskell, D., 'Quel est le dernier état authentique des Essais de Montaigne?', *Bibliothèque d'humanisme et Renaissance* 40 (1978),

85-103, and his 'The evolution of the *Essais*,' in McFarlane and Maclean (eds), *Montaigne: Essays in Memory of Richard Sayce* 13-34; Desan, P., 'L'*Exemplar* et L'Exemplaire de Bordeaux', in Desan, Montaigne *dans tous ses états* 69-120; Balsamo, J. and Blum, C., 'Édition de 1595', in Desan, *Dictionnaire* 306-12; Arnould, J-C. (ed.), *Marie de Gournay et l'édition de 1595* des Essais *de Montaigne*; O'Brien。

註32 新七星詩社版與圖爾農版：詳細資料見「出處」。A. Tournon與J. Céard代表著兩種立場，他們在2002年二月9日於國家圖書館展開論辯，'Les deux visages des *Essais*' (The Two Faces of the *Essays*)：兩人的論文見http://www.amisdemontaigne.net/visagesessais.htm。

註33 Montaigne, *Essays*, ed. Honoria (1800)。

註34 Charron, *De la Sagesse*。人類與動物的關係：72-86。關於夏隆，見Gontier, E., 'Charron, Pierre', in Desan, *Dictionnaire* 155-9。「改造」：Bellenger 188。Charron, *Petit traité de la sagesse* (Paris, 1625)。

註35 Montaigne, *Les Essais*, ed. Gournay (Paris: Jean Camusat, 1635), Preface，引自Villey, *Montaigne devant la postérité* 162。

註36 擷取精華：*L'Esprit des Essais de Montaigne* (Paris: C. de Sercy, 1677)。*Pensées de Montaigne, propres à former l'esprit et les moeurs* (Paris: Anisson, 1700)，包括「再爛的書也有可取之處」：5。

註37 「《白鯨記》……難以卒讀」：Ben Hoyle, 'Publisher makes lite work of the classics', *The Times* (2007年4月14日)。「好書每個被省略的地方，都是愚蠢的省略」：III:8 872。

註38 「多元而起伏」：I:15。「每個人的內心似乎都有兩個我」：II:16 570。

註39 潛意識，與康利的例子：Conley。蒙田提到他早在知道羅浮宮之前就知道羅馬：III:9 927。「迷戀」：III:9 928。康利引用Cotgrave, R., *A Dictionarie of the French and English Tongues* (London: A. Islip, 1611)：embabouyner指「欺騙、受騙之人、載著、帶領進入愚者的天堂；哺育；像孩子般地使用」。

註40 I:26 140.

註41 III:13 995.

註42 II:12 538.

註43 「這本書已經討論得相當充分」：III:13 995。「聰明的讀者」：I:24 112。

註44 I:26 140.

註45 Woolf, V., *A Passionate Apprentice: The Early Journals*, ed. M. A. Leaska (London: Hogarth, 1990)，178-9。引自Lee, H., *Virginia Woolf* (London: Vintage, 1997), 171。

第十九章　我們問：如何生活？ 蒙田說：當個普通人與不完美的人

註1 III:2 740.

註2 II:37 698。此外，關於習慣於腎結石發作以及瀕臨死亡：III:13 1019。

註3 I:20 76。也可見III:13 1020，III:13 1030。

註4 III:13 1021.

註5 III:5 775.

註6 III:13 1019.

註7 II:37 697.
註8 III:2 752.
註9 III:1 726-7.
註10 II:20 621-2.
註11 蒙田寫給亨利四世的信，收錄於Montaigne, *The Complete Works*, tr. D. Frame, 1332-6。關於他的訪客：Frame, *Montaigne* 303-4。
註12 法蘭索瓦茲在成年後不久即死去。雷歐娜第二段婚姻生下的女兒瑪麗・德・加馬什，長大後繼承了蒙田莊園，並且延續家族的傳承達數世紀之久。Frame: *Montaigne* 303-4。關於加馬什家族：Legros, A., 'Gamaches (famille de)', Desan, *Dictionnaire* 425-6。

第二十章　我們問：如何生活？ 蒙田說：生活會給你答案

註1 這段關於蒙田臨終的描述主要來自帕斯基耶：Pasquier, *Choix de lettres* 48-9，引自Frame, *Montaigne* 304-6。「臉色蒼白、涕泗縱橫的僕役」：I:20 81-2。伯納・歐托恩：Automne, B., *Commentaire sur les coustumes générales de la ville de Bourdeaux* (Bordeaux: Millanges, 1621)，引自Frame, *Montaigne* 305。關於蒙田真正死因的討論，1996年由Société des Amis de Montaigne主辦的討論會認為，最後結束蒙田生命的是中風：Eyquem, A. (et al)., 'La Mort de Montaigne: ses causes rediscutées par la consultation posthume de médecins spécialists de notre temps', *Bulletin de la Société des Amis de Montaigne*, series 8, no. 4 (juillet-déc. 1996), 7-16。布拉克的描述：布拉克寫信給利普修斯，1593年二月4日，引自Villey, *Montaigne devant la posterité* 350-1, 與Millet 64-6。
註2 Montaigne, *Le Livre de raison*，9月13日條。關於他在教堂的安葬，見Legros, A., 'Montaigne, Saint Michel de', and Balsamo, J., 'Tombeau de Montaigne', in Desan, *Dictionnaire*，分見於683-4 and 983-4。
註3 弗揚派：Balsamo, J., 'Tombeau de Montaigne', in Desan, *Dictionnaire* 983-4。蒙田談弗揚派，I:37 205。
註4 引自Millet 192-3；譯文見Frame, *Montaigne* 307-8。
註5 蒙田遺骨的各種經歷：Frame, *Montaigne* 306-7, and Balsamo, J., 'Tombeau de Montaigne', in Desan, *Dictionnaire* 983-4。革命時期的遷葬：Nicolaï, A., 'L'Odyssée des cendres de Montaigne', *Bulletin de la Société des Amis de Montaigne*, series 2, no. 15 (1949-52), 31-45。
註6 III:12 980。維吉妮亞・伍爾夫在她的日記裡寫道：「我愈來愈常複述我對蒙田的理解，『真正要緊的就是活著』。」Woolf, V., Diary III:8（1925年4月8日條）。她在另外兩個條目也說了類似的話：II:301（1924年5月5日）與IV：176（1933年9月2日），以及她討論蒙田的隨筆，'Montaigne', in *Essays* IV：71-81。
註7 不再需要蒙田了嗎？早期戰後對這項可能的討論，見Spencer, T., 'Montaigne in America', *The Atlantic* 177, no. 3 (March 1946), 91-7。我們無法藉由殺人來取悅天地：I:30 181。

出處

蒙田著作（含譯著、編著）：

La Boétie, E. de, *La Mesnagerie de Xenophon, Les regles de mariage de Plutarque, Lettre de consolation de Plutarque à sa femme.* Ed. M. de Montaigne (Paris: F. Morel, 1572 [i.e. 1570]).

Montaigne, M. de, *Oeuvres complètes.* Ed. A. Thibaudet and M. Rat (Paris: Gallimard, 1962). (Old Pléaide edition)

——*The Complete Works.* Tr. C. Cotton, ed. W. Hazlitt (London: J. Templeman, 1842).

——*The Complete Works.* Tr. and ed. D. Frame (London: Everyman, 2005). (Originally published Palo Alto: Stanford University Press, 1943)

——*Le Livre de raison de Montaigne sur l'*Ephemeris historica *de Beuther.* Ed. J. Marchand (Paris: Compagnie Française des Arts Graphiques, 1948). (A facsimile edition of Montaigne's family diary)

——*Essais* (Bordeaux: S. Millanges, 1580).

2nd edn (Bordeaux: S. Millanges, 1582).

3rd edn (Paris: J. Richer, 1587).

'5th edn' (Paris: A. L'Angelier, 1588).

A facsimile edition of the annotated 'Bordeaux' copy of this edition was published as *Montaigne: Essais. Reproduction en fac-similé de l'exemplaire de Bordeaux de 1588.* Ed. R. Bernouilli (Geneve: Slatkine, 1987).

Ed. M. de Gournay (Paris: A. L'Angelier, 1595).

Ed. P. Coste (London: J. Tonson & J. W. Watts, 1724).

Ed. P. Coste (La Haye: P. Gosse & J. Nealme, 1727).

Ed. P. Villey and V.-L. Saulnier (Paris: PUF, 1965).

Ed. A. Tournon (Paris: Imprimerie nationale, 1988).

Ed. J. Balsamo, M. Magnien, and C. Magnien-Simonin (Paris: Gallimard, 2007) (Pléiade).

——*Essayes.* Tr. J. Florio (London: V. Sims for E. Blount, 1603).

Tr. J. Florio (London: Everyman, 1915–21).

——*Essays.* Tr. C. Cotton (London: T. Basset, M. Gilliflower, W. Hensman, 1685–86).

Tr. C. Cotton, ed. W. Hazlitt and W. C. Hazlitt (London: Reeves & Turner, 1877).

——*Essays, Selected from Montaigne with a Sketch of the Life of the Author.* Ed. Honoria (London: T. Cadell, W. Davies & E. Harding, 1800).

——*The Complete Essays.* Tr. M.A. Screech (London: Penguin, 2004). (Originally published London: Allen Lane, 1991).

——*Journal de voyage.* Ed. M. de Querlon (Rome & Paris: Le Jay, 1774).

Ed. F. Garavini (Paris: Gallimard, 1983).

Ed. F. Rigolot (Paris: PUF, 1992).

——'Travel Journal', in *The Complete Works* (ed. D. Frame), 1047–1270.

Sebond, R. de, *Théologie naturelle.* Tr. M. de Montaigne (Paris: G. Chaudière, 1569).

其他著作：

Arnould, J.-C. (ed.), *Marie de Gournay et l'édition de 1595 des* Essais *de Montaigne. Actes du colloque (1995)* (Paris: H. Champion, 1996).

Bailey, A., *Sextus Empiricus and Pyrrhonian Scepticism* (Oxford: Clarendon Press, 2002).
Bellenger, Y., *Montaigne: une fête pour l'esprit* (Paris: Balland, 1987).
Blum, C. and Moreau, F. (eds), *Études montaignistes en hommage à Pierre Michel* (Paris: Champion, 1984).
Blum, C. and Tournon, A. (eds), *Editer les* Essais *de Montaigne. Actes du colloque tenu à l'Université Paris IV-Sorbonne les 27 et 28 janvier 1995* (Paris: H. Champion, 1997).
Boase, A. M., 'Montaigne annoté par Florimond de Raemond', *Revue du XVIe siècle*, 15 (1928), 237–278.
——*The Fortunes of Montaigne: A History of the* Essays *in France, 1580–1669.* (London: Methuen, 1935).
Bouillier, V., *La Renommée de Montaigne en Allemagne* (Paris: Champion, 1921).
Brunschvigg, L., *Descartes et Pascal, lecteurs de Montaigne* (Neuchâtel: La Baconnière, 1942).
Buffum, I., *Studies in the Baroque from Montaigne to Rotrou* (New Haven: Yale University Press, 1957).
Bulletin de la Société des Amis de Montaigne.
Burke, P., *Montaigne* (Oxford: Oxford Paperbacks, 1981).
Butor, M., *Essais sur les* Essais (Paris: Gallimard, 1968).
Cameron, K. (ed.), *Montaigne and his Age* (Exeter: University of Exeter Press, 1981).
Cameron, K. and Willett, L. (eds), *Le visage changeant de Montaigne/The Changing Face of Montaigne* (Paris: H. Champion, 2003).
Charron, P., *De la Sagesse livres trois* (Bordeaux: S. Millanges, 1601).
——*Of Wisdome: Three Bookes*, tr. S. Lennard (London: E. Blount & W. Aspley [n.d. – before 1612]). (Also in facsimile: Amsterdam: Theatrum Orbis Terrarum; New York: Da Capo, 1971)
Clark, S. *Thinking with Demons: The Idea of Witchcraft in Early Modern Europe.* New edn (Oxford: Oxford University Press, 1999).
Cocula, A.-M., *Étienne de La Boétie* (Bordeaux: Sud-Ouest, 1995).
Coleman, D. G., *Montaigne's* Essais (London: Allen & Unwin, 1987).
Compagnon, A., 'Montaigne chez les post-modernes', *Critique*, 433–4 (juin-juillet 1983), 522–534.
Conley, T., 'A suckling of cities: Montaigne in Paris and Rome', *Montaigne Studies*, 9 (1997), 167–186.
Crouzet, D., *Les Guerriers de Dieu* (Seyssel: Champ Vallon, 1990).
Cunningham, A. and Grell, O. P., *The Four Horsemen of the Apocalypse* (Cambridge: Cambridge University Press, 2000).
Davis, N. Z., *Society and Culture in Early Modern France* (London: Duckworth, 1975).
——'A Renaissance text to the historian's eye: the gifts of Montaigne', *Journal of Medieval and Renaissance Studies*, 15 (1985), 47–56.
Dédéyan, C., *Montaigne chez les amis anglo-saxons* (Paris: Boivin, 1946).
Delumeau, J., *La Peur en Occident, XIVe-XVIIIe siècles* (Paris: Fayard 1978).
Desan, P., 'Montaigne en lopins ou les *Essais* à pièce décousues', *Modern Philology*, 88, no.4 (1991), 278–291.
——*Montaigne dans tous ses états* (Fassano: Schema, 2001).
——*Portraits à l'essai: iconographie de Montaigne* (Paris: H. Champion, 2007).
——(ed.), *Dictionnaire de Montaigne* (Paris: H. Champion, 2004); new edn 2007.
Descartes, R., *Discourse on Method and The Meditations*, tr. F. E. Sutcliffe (Harmondsworth: Penguin, 1998). (Translation of *Discours de la méthode*, 1637 and *Meditationes de prima philosophia*, 1641)
Diefendorf, B., *Beneath the Cross* (Oxford: Oxford University Press, 1991).
Dréano, M., *La Renommée de Montaigne en France au XVIIIe siècle* (Bordeaux: Editions de l'Ouest, 1952).
Eliot, T.S., 'The *Pensées* of Pascal', in his *Selected Prose* (London: Faber, 1975).
Emerson, R.W., 'Montaigne; or, the Skeptic', from *Representative Men* (1850), in *Collected Works*, ed. W.

E. Williams and D. E. Wilson, Vol. IV (Cambridge, Mass. & London: Belknap Press of Harvard University Press, 1987), 83–105.

Faguet, E., *Autour de Montaigne* (Paris: H. Champion 1999).

Fleuret, C., *Rousseau et Montaigne* (Paris: A.-G. Nizet, 1980).

Fogel, M., *Marie de Gournay: itinéraires d'une femme savante* (Paris: Fayard, 2004).

Frame, D., *Montaigne in France, 1812–1852* (New York: Columbia University Press, 1940).

——*Montaigne's Discovery of Man* (New York: Columbia University Press, 1955).

——*Montaigne: A Biography* (London: H. Hamilton, 1965).

Friedrich, H., *Montaigne*, tr. D. Eng, ed. P. Desan (Berkeley: University of California Press, 1991). (Translation from the German: *Montaigne*, 1947)

Gardeau, L. and Feytaud, J. de, *Le Château de Montaigne* (Paris: Société des Amis de Montaigne, 1984).

Gournay, M. de, *Oeuvres completes*, ed. J.-C. Arnould, É. Berriot, C. Blum et al. (Paris: H. Champion, 2002).

——*Apology for the Woman Writing and Other Works*, ed. and tr. R. Hillman and C. Quesnel (Chicago & London: Chicago University Press, 2002).

——*Le Proumenoir de Monsieur de Montaigne* (Paris: A. L'Angelier, 1594).

——'Préface' (1595 version), in her edition of Montaigne, *Essais* (Paris: A. L'Angelier, 1595).

——*Preface to the* Essays *of Michel de Montaigne. By his adoptive daughter, Marie Le Jars de Gournay*, tr. and ed. R. Hillman and C. Quesnel, based on the edition by F. Rigolot (Tempe, Arizona: Medieval & Renaissance Texts & Studies, 1998).

——*Égalité des hommes et des femmes* (Paris, 1622).

——*Apologie pour celle qui escrit* (1626 version), and *Peincture des moeurs*, in *L'Ombre de la demoiselle de Gournay* (Paris: J. Libert, 1626).

——*Apologie* (1641 version), in *Les advis ou Les présens de la demoiselle de Gournay*, 3rd edn (Paris: T. du Bray, 1641).

Gray, F., *Le Style de Montaigne* (Paris: Nizet, 1958).

Greengrass, M., *Governing Passions: Peace and Reform in the French Kingdom, 1576–1585* (Oxford: Oxford University Press, 2007).

Guizot, G., *Montaigne: études et fragments*, ed. M. A. Salles (Paris: Hachette, 1899).

Hadot, P., *Philosophy as a Way of Life*, ed. Arnold I. Davidson, tr. M. Chase (Oxford: Blackwell, 1995).

Hale, J., *The Civilization of Europe in the Renaissance* (London: HarperCollins, 1993).

Hartle, A., *Michel de Montaigne: Accidental Philosopher* (Cambridge: Cambridge University Press, 2003).

Haydn, H., *The Counter Renaissance* (New York: Scribner, 1950).

Hazlitt, W., 'On the periodical essayists'. Lecture V in *Lectures on the Comic Writers* (London: Taylor & Hessey, 1819), 177–208.

Hoffmann, G., *Montaigne's Career* (Oxford: Clarendon Press, 1998).

Holt, Mack P., *The French Wars of Religion*, 2nd edn (Cambridge: Cambridge University Press, 1995).

Horowitz, M. C., 'Marie de Gournay, editor of the *Essais* of Michel de Montaigne: a case-study in mentor–protégée friendship', *Sixteenth Century Journal*, 17 (1986), 271–284.

Ilsley, M. H., *A Daughter of the Renaissance: Marie le Jars de Gournay, her Life and Works* (The Hague: Mouton, 1963).

Insdorf, C., *Montaigne and Feminism* (Chapel Hill, NC: University of North Carolina Press, 1977).

Jeanneret, M., *Perpetuum mobile* (Paris: Argô, 2000).
——*Perpetual Motion: Transforming Shapes in the Renaissance from da Vinci to Montaigne*, tr. N. Pollet (Baltimore & London: Johns Hopkins University Press, 2001).
Kapitaniak P. and Maguin, J.-M. (eds), *Shakespeare et Montaigne: vers un nouvel humanisme* (Montpellier: Société française Shakespeare, 2004).
Keffer, K., *A Publication History of the Rival Transcriptions of Montaigne's 'Essays'* (Lewiston, NY: E. Mellen, 2001).
Knecht, R. J., *The French Civil Wars, 1562–1598* (Harlow: Longman, 2000).
——*The Rise and Fall of Renaissance France* (London: Fontana, 1996); new edn: Oxford: Blackwell, 2001.
La Boétie, E. de, *Mémoire sur la pacification des troubles*, ed. M. Smith (Geneva: Droz, 1983).
——*De la Servitude volontaire, ou, Contr'un*, ed. M. Smith (Geneva: Droz, 1987).
——*Slaves by Choice*, tr. M. Smith (Egham, Surrey: Runnymede Books, 1988).
——'Of Voluntary Servitude', tr. D. L. Schaefer, in Schaefer (ed.), *Freedom over Servitude: Montaigne, La Boétie, and* On Voluntary Servitude (Westport, Conn.: Greenwood Press, 1998), 189–222.
Lacouture, J., *Montaigne à cheval* (Paris: Seuil, 1996).
La Croix du Maine, François Grudé, seigneur de, 'Messire Michel de Montagne', in *Premier volume de la Bibliothèque du sieur de la Croix-dumaine* (Paris: Abel L'Angelier, 1584), 328–330.
Lamartine, A., *Correspondance*, 2e série (1807–29) ed. C. Croisille and M.-R. Morin (Paris: H. Champion, 2004).
Langer, U. (ed.), *The Cambridge Companion to Montaigne* (Cambridge: Cambridge University Press, 2005).
Lazard, M., *Michel de Montaigne* (Paris: Fayard, 1992).
Legros, A., *Essais sur poutres. Peintures et inscriptions chez Montaigne* (Paris: Klincksieck, 2000).
Léry, J. de, *History of a Voyage to the Land of Brazil*, tr. J. Whatley (Berkeley: University of California Press, 1990). (Translation of *Histoire d'un voyage fait en la terre du Brésil*, 1578).
Lestringant, F., *Cannibals: The Discovery and Representation of the Cannibal from Columbus to Jules Verne*, tr. R. Morris (Cambridge: Polity Press, 1997). (Translation of *Le cannibale*, 1994)
Levin, H., *The Myth of the Golden Age in the Renaissance* (London: Faber, 1970).
Lüthy, Herbert, 'Montaigne, or The Art of Being Truthful', in H. Bloom (ed.), *Michel de Montaigne* (New York: Chelsea House, 1987), 11–28. (Originally published in *Encounter*, Nov. 1953, 33–44)
Macé-Scaron, J., *Montaigne: notre nouveau philosophe* (Paris: Plon, 2002).
Magnien, M., *Etienne de la Boétie* (Paris: Memini Paris, CNRS Éditions, 1997).
Magnien-Simonin, C., *Une Vie de Montaigne, ou Le sommaire discours sur la vie de Michel Seigneur de Montaigne* (Paris: H. Champion, 1992).
Malebranche, N., *The Search after Truth*, tr. and ed. T. M. Lennon and P. J. Olscamp (Cambridge: Cambridge University Press, 1997). (Translation of *La Recherche de la verité*, 1674)
Marcetteau-Paul, A., *Montaigne propriétaire foncier: inventaire raisonné du* Terrier de Montaigne *conservé à la Bibliothèque municipale de Bordeaux* (Paris: H. Champion, 1995).
Marchi, D., *Montaigne among the Moderns* (Providence, RI & Oxford: Berghahn Books, 1994).
Maskell, D., 'Quel est le dernier état authentique des Essais de Montaigne?' in *Bibliothèque d'humanisme et Renaissance*, 40 (1978), 85–103.
Mathieu-Castellani, G., *Montaigne: l'écriture de l'essai* (Paris: PUF, 1988).
——*Montaigne ou la vérité du mensonge* (Geneva: Droz, 2000).
McFarlane, I.D. and Maclean, Ian (eds), *Montaigne: Essays in Memory of Richard Sayce* (Oxford: Clarendon Press, 1982).

McGowan, M., *Montaigne's Deceits: The Art of Persuasion in the 'Essais'* (London: University of London Press, 1974).

Merleau-Ponty, M., 'Lecture de Montaigne', in *Éloge de la philosophie et autres essais* (Paris: Gallimard, 1960), 321–347.

Michel, P. et al. (eds), *Montaigne et les* Essais *1580–1980: Actes du Congrès de Bordeaux* (Paris: H. Champion; Geneva: Slatkine, 1983).

Millet, O., *La Première Réception des Essais de Montaigne (1580–1640)* (Paris: H. Champion, 1995).

Monluc, B. de, *The Commentaries of Messire Blaize de Montluc* (London: A. Clark for H. Brome, 1674). (Translation of *Commentaires*, 1592)

Montaigne Studies

Nakam, G., *Montaigne et son temps: les événements et les 'Essais'* (Paris: Nizet, 1982).

——*Les* Essais *de Montaigne: mirroir et procès de leur temps* (Paris: Nizet, 1984).

——*Le dernier Montaigne* (Paris: H. Champion, 2002).

Nietzsche, F., *Untimely Meditations*, tr. R. J. Hollingdale (Cambridge: Cambridge University Press, 1983). (Translation of *Unzeitgemässe Betrachtungen*, 1876)

——*Human, All Too Human*, tr. M. Faber and S. Lehmann (London: Penguin, 1994). (Translation of *Menschliches, allzu menschliches*, 1878)

——*Daybreak*, tr. R. J. Hollingdale (Cambridge: Cambridge University Press, 1982). (Translation of *Morgenröte*, 1881)

——*The Gay Science*, tr. W. Kaufman (New York: Random House, 1991). Translation of *Die fröhliche Wissenschaft*, 1882)

Nussbaum, M. C., *The Therapy of Desire* (Princeton: Princeton University Press, 1994).

O'Brien, J., 'Are we reading what Montaigne wrote?', *French Studies*, 58 (2004), 527–532.

Pascal, B., *Pensées and Other Writings*, tr. A. and H. Levi (Oxford: Oxford World's Classics, 1999).

Pasquier, E., *Choix de lettres*, ed. D. Thickett (Geneva: Droz, 1956).

——*Lettres historiques pour les années 1556–1594*, ed. D. Thickett (Geneva: Droz, 1966).

Plato, *Symposium*, tr. W. Hamilton (Harmondsworth: Penguin, 1951).

Plutarch, *Moralia*, tr. W. C. Helmbold. Loeb edn (London: W. Heinemann; Cambridge, Mass: Harvard University Press, 1936–57).

Popkin, R., *The History of Scepticism from Erasmus to Spinoza* (Berkeley: University of California Press, 1979).

Pouilloux, J-Y., *Lire les 'Essais' de Montaigne* (Paris: Maspero, 1970).

Quint, D., *Montaigne and the Quality of Mercy: Ethical and Political Themes in the* Essais (Princeton: Princeton University Press, 1998).

Rabelais, F., *The Complete Works*, tr. J. Le Clerc (New York: The Modern Library, 1944).

Raemond, F. de, *Erreur populaire de la papesse Jane*, 2nd edn (Bordeaux: S. Millanges, 1594).

——*L'Antichrist* (Lyon: Jean Pillehotte, 1597).

Rigolot, F. *Les Métamorphoses de Montaigne* (Paris: PUF, 1988).

Rousseau, J-J., *Discourse on the Origin of Inequality*, tr. F. Philip, ed. P. Coleman (Oxford: Oxford University Press, 1994). (Translation of *Discours sur l'origin et les fondaments de l'inégalité parmi les hommes*, 1755)

——*Émile*, tr. Allan Bloom (London: Penguin, 1991). (Translation of *Émile*, 1762)

——*Confessions*, tr. A. Scholar (Oxford: Oxford University Press, 2000). (Translation of *Les Confessions*, 1782)

Sayce, R.A., *The Essays of Montaigne: A Critical Exploration* (London: Weidenfeld & Nicolson, 1972).

Sayce, R. A. and Maskell, D., *A Descriptive Bibliography of Montaigne's* Essais *1580–1700*. (London: Bibliographical Society & Modern Humanities Research Association, 1983).

Schaefer, D. L., *The Political Philosophy of Montaigne* (Ithaca & London: Cornell University Press, 1990).

——(ed.), *Freedom over Servitude: Montaigne, La Boétie, and* On Voluntary Servitude (Westport, Conn.: Greenwood Press, 1998).

Screech, M. A., *Montaigne and Melancholy* (Harmondsworth: Penguin, 1991).

Seneca, *Ad Lucilium epistulae morales [Letters to Lucilius]*, tr. Richard M. Gummere. Loeb edn (Cambridge, Mass: Harvard University Press; London: W. Heinemann, 1917–25).

——*Dialogues and Letters* (Harmondsworth: Penguin, 2005).

Sextus Empiricus, *Outlines of Scepticism*, ed. J. Annas and J. Barnes (Cambridge: Cambridge University Press, 2000).

Smith, M. C., *Montaigne and Religious Freedom: The Dawn of Pluralism* (Geneva: Droz, 1991).

Starobinski, J., *Montaigne in Motion*, tr. A. Goldhammer (Chicago: Chicago University Press, 1985). (Translation of *Montaigne en mouvement*, 1982)

Sterling, J., 'Montaigne and his Essays', *London and Westminster Review*, 29 (1838), 321–352.

Supple, J. J., *Arms versus Letters: The Military and Literary Ideals in the 'Essais' of Montaigne* (Oxford: Clarendon Press, 1984).

Tetel, A. (ed.), *Montaigne et Marie de Gournay: actes du colloque international de Duke* (Paris: H. Champion, 1997).

Thevet, A., *Les Singularitez de la France antarctique* (Paris: Les heretiers de Maurice de la Porte, 1557).

Tilley, A., 'Montaigne's interpreters', in his *Studies in the French Renaissance* (Cambridge: Cambridge University Press, 1922), 259–293.

Trinquet, R., *La Jeunesse de Montaigne* (Paris: Nizet, 1972).

Villey, P. *Les Sources et l'évolution des* Essais *de Montaigne* (Paris: Hachette, 1933).

——*Montaigne devant la postérité* (Paris: Boivin, 1935).

Willett, L., 'Romantic Renaissance in Montaigne's chapel', in Yannick Portebois and Nicholas Terpstra (eds), *The Renaissance in the Nineteenth Century = Le XIXe Siècle renaissant* (Toronto: Centre for Reformation and Renaissance Studies, 2003), 217–240.

Woolf, L., *The Journey Not the Arrival Matters* (London: Hogarth, 1969).

Woolf, V., *The Diary of Virginia Woolf*, ed. A. Oliver Bell (London: Penguin, 1980–85).

——'Montaigne', in *Essays*, ed. A. McNeillie (London: Hogarth, 1986–), IV: 71–81.

Yates, F.A., *John Florio: The Life of an Italian in Shakespeare's England* (Cambridge: Cambridge University Press, 1934).

Zweig, S., *The World of Yesterday* (Lincoln, Nebr.: University of Nebraska Press, 1943).

——'Montaigne', in *Europäisches Erbe*, ed. R. Friedenthal (Frankfurt am Main: S. Fischer, 1960), 7–81.

圖片版權説明

問題：如何生活？

25 Montaigne, *Essais* (Bordeaux: S. Millanges, 1580).

28 Anonymous, *Montaigne*, ca. 1590. Oil on copper. Private collection.

第二章

48 Château de Montaigne. From F. Strowski, *Montaigne* (Paris: Nouvelle Revue Critique, 1938).

49 Panoramic view of Montaigne's library. Photograph by John Stafford.

53 Roof beams from Montaigne's library. Photograph by Sarah Bakewell.

第三章

69 Wine label of the Château Michel de Montaigne. Photograph by John Stafford.

77 Sixteenth-century gymnasts, from A. Tuccaro, *Trois dialogues de l'exercice de sauter et voltiger en l'air* (Paris: C. de Monstr'oeil, 1599).

88 Andrew, Adolphe Best, Isidore Leloir, *Le Réveil de Montaigne enfant*, from *Musée des Familles, Lectures du soir*, VI (Jan. 1840), p. 100.

第四章

102 Hermaphroditus, and Rhodope and Hemo, from Ovid, tr. L. Dolce, *Le Trasformationi* (Venice: G. Giolito de Ferrari, 1561).

106 The reading fool, by A. Dürer, from S. Brant, *Narrenschiff* (Basel: J. Bergmann von Olpe, 1494).

130 Blaise de Monluc. Frontispiece to his *The Commentaries* (London: H. Brome, 1674).

第五章

139 The 'Bordeaux Copy' of Montaigne's *Essais* (Paris: A. L'Angelier, 1588), v. I, fol. 71v., showing Montaigne's marginal addition: 'qu'en respondant: parce que cestoit luy parce que c'estoit moy' ('except by answering: Because it was he, because it was I'). *Reproduction en quadrichromie de l'Exemplaire de Bordeaux des* Essais *de Montaigne*, ed. Philippe Desan (Fasano-Chicago: Schena Editore, Montaigne Studies 2002).

第七章

185 Montaigne's medal or *jeton*. The only copy is in a private collection; drawing by Sarah Bakewell based on a photograph in M.-L. Demonet, *A Plaisir* (Orléans: Editions Paradigme, 2002).

197 Arthur Ditchfield, Portrait of Michel Eyquem de Montaigne, ca. 1866-1868. Etching, © The Trustees of the British Museum, All righis reserved.

第八章

233 Entry recording death of Montaigne's child Thoinette, from M. Beuther, *Ephemeris historica* (Paris: Fezandat, 1551), Montaigne's copy, page for 28 June. Bibliothèque municipale de Bordeaux.

第十章

269 A defiant prisoner among the Tupinambá, from M. Léry, *Histoire d'une voyage* (Paris: A. Chuppin, 1580).

第十一章

281 L. Le Coeur, *Montaigne*, 1789. Aquatint, from *Galerie universelle des hommes qui se sont illustrés dans l'Empire des lettres, depuis le siècle de Léon X jusqu'à nos jours* (Paris: Bailly, 1787-1789). Montaigne as windswept Romantic.

285 Montaigne's visit to Tasso in Ferrara. Lithograph by P. J. Challamel after Louis Gallait's painting *Le Tasse visité dans sa prison par Montaigne* (1836), in *Revue des peintres* (1837), no. 208.

第十二章

296 Charles IX's medal depicting the St. Bartholomew's massacres as a defeat of the Hydra. N. Favyer, *Figure et exposition des pourtraictz et dictons contenuz es medailles de la conspiration des rebelles en France* (Paris: J. Dallier, 1572).

第十四章

339 Colosseum and unidentified ruin, from H. Cock, *Praecipua aliquot Romanae*
340 *antiquitatis ruinarum monimenta, vivis prospectibus, ad veri imitationem affabredesignata* (Antwerp: H. Cock, 1551). University of Chicago.

第十五章

372 Assassination of the Duc de Guise, from J. Boucher, *La vie et faits notables de Henri de Valois* (Paris: Didier Millot, 1589).

第十六章

385 John Florio. Frontispiece to his *Queen Anna's New World of Words* (London: E. Blount & W. Barrett, 1611).

395 Diagram of digressions in each volume, from L. Sterne, *The Life and Opinions of Tristram Shandy*, Vol. 6, Chap. 40 (New York: J. F. Taylor, 1904).

第十七章

403 The 'Bordeaux Copy' of Montaigne's *Essais* (Paris: A. L'Angelier, 1588), v. I, fol. 34r. *Reproduction en quadrichromie de l'Exemplaire de Bordeaux des* Essais *de Montaigne*, ed. Philippe Desan (Fasano-Chicago: Schena Editore, Montaigne Studies, 2002).

第十八章

409 Marie de Gournay. Title-page portrait in her *Les Advis* (Paris: T. du Bray, 1641).

410 Michel Iturria, 'Enfin - une groupie!' *Sud-Ouest*/Michel Iturria.

413 H. Wallis, *Montaigne in his Library*, 1857. Oil on canvas. Photograph from J. Sawyer sale catalogue; present location of original unknown. A nineteenth-century fantasy, with Marie de Gournay at Montaigne's feet taking dictation.

431 Pierre Charron. Frontispiece to his *De la sagesse* (Paris: Douceur, 1607).

432 *L'Esprit des Essais de Michel, seigneur de Montaigne* (Paris: C. de Sercy, 1677), and *Pensées de Montaigne* (Paris: Anisson, 1700).

435 Romulus and Remus suckled by the she-wolf. Engraving by A. Lafreri from a 4th century BC Etruscan bronze, in his *Speculum Romanae magnificentiae* (Rome: A. Lafreri, 1552). University of Chicago Library, Special Collections Research Center.

第二十章

450 Joseph Robert-Fleury, *Derniers moments de Montaigne*, 1853. Oil on canvas. Collections Ville de Périgueux, Musée d'art et d'archéologie du Périgord (Maap), France. Inv. No. B. 438. Photograph by Maap.

453 Montaigne's tomb. From F. Strowski, *Montaigne* (Paris: Nouvelle Revue Critique, 1938).

國家圖書館出版品預行編目資料

閱讀蒙田，是爲了生活 / 莎拉. 貝克威爾（Sarah Bakewell）著；黃煜文譯. -- 二版.-- 臺北市：商周出版，城邦文化事業股份有限公司出版：英屬蓋曼群島商家庭傳媒股份有限公司城邦分公司發行, 民111.05
面； 公分.
譯自：How to Live: A Life of Montaigne in One Question and Twenty Attempts at an Answer

ISBN 978-626-318-275-2（平裝）

1. CST：蒙田（Montaigne, Michel de, 1533-1592） 2. CST：傳記 3. CST：法國

784.28 111005747

閱讀蒙田，是為了生活

原文書名 / How to Live: Or A Life of Montaigne in One Question and Twenty Attempts at an Answer
作者 / 莎拉. 貝克威爾 Sarah Bakewell
譯者 / 黃煜文
企畫選書 / 葉咨佑
責任編輯 / 葉咨佑、李尚遠

版權 / 林易萱
行銷業務 / 周丹蘋、賴正佑
總編輯 / 楊如玉
總經理 / 彭之琬
事業群總經理 / 黃淑貞
發行人 / 何飛鵬
法律顧問 / 元禾法律事務所 王子文律師
出版 / 商周出版
臺北市中山區民生東路二段141號9樓
電話：(02) 2500-7008 傳眞：(02) 2500-7759
E-mail：bwp.service@cite.com.tw
發行 / 英屬蓋曼群島商家庭傳媒股份有限公司城邦分公司
臺北市民生東路二段141號2樓
書虫客服專線：(02)2500-7718；2500-7719
24小時傳眞專線：(02)2500-1990；2500-1991
服務時間：週一至週五上午09:30-12:00；下午13:30-17:00
劃撥帳號：19863813 戶名：書虫股份有限公司
E-mail：service@readingclub.com.tw
歡迎光臨城邦讀書花園 網址：www.cite.com.tw
香港發行所 / 城邦（香港）出版集團有限公司
香港灣仔駱克道193號東超商業中心1樓
電話：(852) 25086231 傳眞：(852) 25789337
E-mail：hkcite@biznetvigator.com
馬新發行所 / 城邦（馬新）出版集團 Cité (M) Sdn. Bhd.
41, Jalan Radin Anum, Bandar Baru Sri Petaling,
57000 Kuala Lumpur, Malaysia.
電話：603-90578822 傳眞：603-90576622
E-mail：cite@cite.com.my

封面設計 / 李東記
排版 / 浩瀚電腦排版股份有限公司
印刷 / 韋懋實業有限公司
總經銷 / 聯合發行股份有限公司 電話：(02) 2917-8022 傳眞：(02) 2911-0053

■2012年（民101）7月11日初版一刷
■2022年（民111）5月二版
定價／600元

Printed in Taiwan
城邦讀書花園
www.cite.com.tw

商周出版

廣　告　回
北區郵政管理登
台北廣字第00079
郵資已付，免貼

104台北市民生東路二段141號2樓

英屬蓋曼群島商家庭傳媒股份有限公司　城邦分公

請沿虛線對摺，謝謝！

商周出版

書號：BK7041X	**書名：**閱讀蒙田，是為了生活	**編碼：**

請於此處用膠水黏貼

商周出版

讀者回函卡

線上版讀者回函卡

感謝您購買我們出版的書籍！請費心填寫此回函卡，我們將不定期寄上城邦集團最新的出版訊息。

姓名：＿＿＿＿＿＿＿＿＿＿ 性別：☐男 ☐女

生日：西元＿＿＿＿年＿＿＿＿月＿＿＿＿日

地址：＿＿＿＿＿＿＿＿＿＿

聯絡電話：＿＿＿＿＿＿＿＿ 傳真：＿＿＿＿＿＿＿＿

E-mail ：

學歷：☐ 1. 小學 ☐ 2. 國中 ☐ 3. 高中 ☐ 4. 大學 ☐ 5. 研究所以上

職業：☐ 1. 學生 ☐ 2. 軍公教 ☐ 3. 服務 ☐ 4. 金融 ☐ 5. 製造 ☐ 6. 資訊

☐ 7. 傳播 ☐ 8. 自由業 ☐ 9. 農漁牧 ☐ 10. 家管 ☐ 11. 退休

☐ 12. 其他＿＿＿＿＿＿＿＿

您從何種方式得知本書消息？

☐ 1. 書店 ☐ 2. 網路 ☐ 3. 報紙 ☐ 4. 雜誌 ☐ 5. 廣播 ☐ 6. 電視

☐ 7. 親友推薦 ☐ 8. 其他＿＿＿＿＿＿＿＿

您通常以何種方式購書？

☐ 1. 書店 ☐ 2. 網路 ☐ 3. 傳真訂購 ☐ 4. 郵局劃撥 ☐ 5. 其他＿＿＿＿

您喜歡閱讀那些類別的書籍？

☐ 1. 財經商業 ☐ 2. 自然科學 ☐ 3. 歷史 ☐ 4. 法律 ☐ 5. 文學

☐ 6. 休閒旅遊 ☐ 7. 小說 ☐ 8. 人物傳記 ☐ 9. 生活、勵志 ☐ 10. 其他

對我們的建議：＿＿＿＿＿＿＿＿＿＿

＿＿＿＿＿＿＿＿＿＿

＿＿＿＿＿＿＿＿＿＿

請於此處用膠水黏貼